法 学 阶 梯
INSTITUTIONES
普通高等教育法学规划教材
普通高等教育“十一五”国家级规划教材

法律文书教程

A Course in Legal Papers

第三版

主 编 张泗汉

撰稿人 张泗汉 周水清 陈国庆
以编写章节先后为序 王 佳 黄应生 吴兆祥
蔡小雪 吴丙林 李 静
毕文胜 陈福勇 江晓亮

法律出版社
——北京——
始创于1954年

出 版 说 明

法律出版社在其奋进发展的六十年光辉历程中，秉精诚之心，集全社之力，服务于我国法学教育事业，致力于法学教材出版。尤其在改革开放三十余年间，本社以“传播法律信息，推进法制进程，积累法律文化，弘扬法治精神”为宗旨，协同司法部法学教材编辑部，规划并组织出版了国家“八五”、“九五”期间的法学规划教材，为我国改革开放之初的法学教育和法治建设做出了开创性贡献；进入21世纪之后，法律出版社又根据教育部的部署和指导，相继规划并组织出版了“十五”、“十一五”和“十二五”法学规划教材，为我国法学教育事业的发展与改革付出了艰辛努力。

承蒙法学教育领域专家作者的信任，以及广大法律院校师生的支持，法律出版社经过三十年的发展与积累，相继出版各类法学教材达四百余种。在学科范围方面，完成以法学核心课程为重心，涉及法学诸学科的“全品种”横向结构；在培养层次方面，健全以本科教育为根本，兼顾职业教育和研究生教育的“多层次”纵向结构，进而打造“法律版”法学教科书体系，以期更好地为法学教育服务，为法治建设贡献绵薄之力。

近年来，法律出版社应因法学教育的发展变化，在教材编写体例及系列安排方面做出相应调整。在教材编写体例方面，结合当前教学实际与培养方案，将系统、全面的理论知识讲授与灵活、丰富的法律实践和能力训练相结合，倡导教材内容差异化，增加教材可读性，以期更好地培养法科学生的思维能力和法学素养。在教材系列安排方面，全力推进新品教材编写与注重既有教材修订相结合，根据教材风格与特色进行适当的套系整合，集中现有的国家级规划教材和在编的规划教材，形成以“普通高等教育法学规划教材”为名的全新教材系列。

本系列教材多为出版多年并广受好评的经典教科书。此次全新推出，既是向长期以来关心支持法学教育出版事业的专家作者的崇高致敬，也是法律出版社为中国当代法学教育事业发展拳拳努力之情的真诚表达。法律出版社将以高度的精品意识和质量标准，不断丰富、完善本系列教材的结构和内容；除教材文本之外，还将配有多层次、多形式的教辅材料，更好地为广大师生服务。

“好书，同好老师和好学生分享”，法律出版社愿与法律共同体诸同仁，分享好书，分享智识，分享法治进程中的点点滴滴！

法律出版社　谨识

2014年10月

作 者 简 介

张泗汉 1933年生,江西省泰和县人;1958年毕业于北京政法学院法律系。现任国家法官学院教授、中国法学会法律文书学研究会名誉会长、中国刑法学研究会顾问。曾任最高人民法院研究室副主任、中国法官协会研究部主任、中国写作协会司法行政文书研究会常务理事。1996年,被国务院授予享受政府特殊津贴专家;2014年获得中国刑法学研究会授予的"资深刑法学家"荣誉称号。主要致力于刑事法学、刑事立法与司法改革研究以及法官培训教育。专著、合著及主编、作品二十余部,主要有:《六害案件法律实务》《贪污贿赂犯罪的认定与处理》《中国刑法》《刑法的修改与适用》《刑事诉讼法的修改与适用》《司法文书写作教程》《张泗汉文集》及《中国刑法教程》《法律文书教程》等;发表论文一百余篇。

周水清 公安部刑侦专家;曾任公安部刑事侦查局办案指导处处长,兼任中国法学会法律文书学研究会公安文书专业委员会副主任委员。主编《公安机关刑事法律文书的制作与使用》等。

陈国庆 最高人民检察院检察委员会副部级专职委员、二级大检察官;法学博士。历任最高人民检察院法律政策研究室主任、公诉厅厅长;兼任中国法学会法律文书学研究会副会长。编著有《检察法律文书制作与适用》《检察法律文书格式与实例》等。

王　佳 最高人民检察院法律政策研究室副处级干部;法学博士。

黄应生 最高人民法院研究室刑事处副处长。

吴兆祥 最高人民法院研究室民事处处长、审判员;法学博士。编著有《民商事办案全典》。

蔡小雪 最高人民法院行政审判庭原审判长、一级高级法官、首届全国审判业务专家、全国优秀法官(2010年);国家法官学院、上海交通大学、辽宁大学兼职教授。专著、合著作品14部,主要有:《行政审判中的合法性审查》《中国行政诉讼法教程》《行政诉讼实务指引》等。

吴丙林 中央司法警官学院监狱学学院教授。主编《监狱文书写作》《监狱文书制作原理和实务》等。

李 静 司法部监狱管理局刑罚执行处处长，兼任中国监狱工作协会刑罚执行专业委员会副主任委员。

毕文胜 北京市嘉观律师事务所律师。

陈福勇 北京仲裁委员会/北京国际仲裁中心副秘书长，兼任亚太区域仲裁组织副主席；法学博士、副研究员。

江晓亮 原任职于司法部公证律师司，曾任中国公证员协会秘书长；是《公证法》《公证程序规则》等法律、法规的主要起草人之一。

第三版说明

《法律文书教程》(第二版)自2007年1月问世以来,受到广大读者的欢迎。

本教程第二版出版至今,已历经十年。这期间,随着改革开放的深化和依法治国方略的推进,与法律文书息息相关的《刑事诉讼法》《民事诉讼法》《行政诉讼法》以及《国家赔偿法》《监狱法》《律师法》《公证法》等法律,相继都作了修订,与之相关的司法解释亦已相应修改出台,立法、司法进一步完善,民主法治建设有了很大发展。

与此同时,伴随以审判为中心的司法改革的全面推动,法律文书的研究与制作也日趋繁荣,成绩卓著,众多部门的法律文书制作规范和文书样式,诸如人民法院的《民事裁判文书制作规范》《民事诉讼文书样式》《行政诉讼文书样式》《国家赔偿案件文书样式》,人民检察院的《刑事诉讼法律文书格式样本》,公安机关的《侦查技术文书》,司法行政部门的《暂予监外执行执法文书》《要素式公证书格式》《定式公证书格式》等,在总结执法实践经验的基础上,也已先后制定、修订、补充、完善,为今后各类法律文书的制作,提供了新的模本和依据。

原有版本的《法律文书教程》内容陈旧,不能满足广大读者的学习需求。为了适应司法改革面临的新挑战,全面反映立法、司法的新发展、新变化,吸收近年来法律文书发展和创新的成果,我们决定对本教程再次进行修订,进一步提高本书的质量,使之成为内容翔实新颖、理论结合实际、组合规范科学、可操作性强的应用型法学教材。

这次修订是对2007年《法律文书教程》第二版的改造。我们在总结十年法律文书教学和文书制作经验的基础上,本着除旧纳新、理论联系实际、重在实用的原则,按照各部门现行修订的法律文书格式,对本教程重新进行编撰,内容、结构都有很大变化。全书由原15章96节精减至14章91节,删除15节,改变节名、内容作重大调整25节,新增11节,主要是关于新设的技术侦查文书、刑事和解书、公益诉讼民事裁判书、小额程序判决书、要素式民事判决书、公示催告除权判决书、司法确认调解协议裁定书、行政协议行政判决书、国家赔偿案件立案受理文书、暂予监外执行文书、律师非诉讼文书、律师代书文书等。同时,还对常用的第一审刑事、民事和行政三类判决书、裁定书、审查逮捕文书、律师代理文书、公证文书以及其他常用的侦查、检察、审判、监狱文书和律师、仲裁文书作了较大的整合和补充。丰富内容,规范结构要素,突出重点,反映实践,避免重复,以使本书质量进一步提升,较好地适应新形势下的教学需求。

此外,本书的编撰和修订人员作了较大调整。原主编周道鸾教授已千古,其他原编撰人员有4位因岗位调离等多种缘由不再参与修订,而改由法律实务部门优选的业务精英7人参与撰写。本书由张泗汉教授担任主编,参加本书撰写、修订的人员有:

张泗汉、周水清、陈国庆、王佳、黄应生、吴兆祥、蔡小雪、吴丙林、李静、毕文胜、陈福勇、江晓亮。各章撰写人（以编写章节先后为序）分工如下：

张泗汉　第一章、第二章、第三章、第四章、第十章、第十二章第八节

周水清　第五章

陈国庆、王佳　第六章

黄应生　第七章

吴兆祥　第八章

蔡小雪　第九章

吴丙林、李静　第十一章

毕文胜　第十二章第一节至第七节

陈福勇　第十三章

江晓亮　第十四章

本书先由各位作者按"《法律文书教程》（第三版）修订方案"进行撰写和修订，尔后由主编张泗汉教授进行审改、统稿并审定。

本书修订过程时间紧促，编撰人员水平有限，难免有疏漏和不妥之处，恳请读者批评、指正。

张泗汉

二〇一七年六月廿日

编写说明

一

1999年以来，我国社会的政治、经济形势发生了很大变化，经济建设取得了举世瞩目的成就，社会主义民主与法治建设取得了巨大进步。2001年12月，我国加入了世界贸易组织（WTO），我国立法、行政、司法机关做了一系列准备，以便为“入世”后我国的经济发展和社会进步提供有力的法律保障。改革法律文书的制作，增强它的公开性、说理性和透明度，提高文书质量，是其中的重要措施之一。2002年11月，江泽民同志在党的十六大所作的报告中，第一次明确提出了“推进司法体制改革”的任务，强调“社会主义司法制度必须保障在全社会实现公平和正义”。〔1〕最高人民法院院长肖扬提出“‘公正与效率’是21世纪人民法院工作的主题”。〔2〕而司法机关制作的法律文书，就是司法公正的载体。

为了适应新形势对司法工作提出的要求，规范法律文书的制作，中央公、检、法、司各机关根据新修正或者制定的《刑事诉讼法》、《刑法》、《监狱法》、《律师法》和有关司法解释或者其他规范性文件的规定，在调查研究的基础上，对原有的各类法律文书格式进行了多次较大的修改和补充，于1996～2003年先后制定、下发了《公安机关刑事法律文书格式（2002版）》、《人民检察院法律文书格式（样本）》、《法院刑事诉讼文书样式（样本）》、法院刑事诉讼文书的补充样式、《刑事诉讼中律师使用文书格式（试行）》、《监狱执法文书格式（试行）》、《要素式公证书格式（试行）》以及《〈关于民事诉讼证据的若干规定〉诉讼文书样式（试行）》和《海事诉讼文书样式（试行）》，从而使法律文书格式得到进一步完善。

公、检、法机关和律师、仲裁、公证部门在诉讼活动和非诉活动中制作的各种文书，对于保证国家法律的正确实施，弘扬社会主义民主与法治，维护社会主义市场经济秩序和社会治安秩序，保护公民、法人和其他组织的合法权益，惩罚犯罪，保护人民，保障依法治国方略的实施和社会主义现代化建设事业的顺利进行，具有十分重要的意义和作用。最高人民法院院长肖扬早在1998年年底召开的全国高级法院院长会议上的讲话中，就把裁判文书的质量提高到维护司法公正的高度来认识。他说，司法公正是人民法院审判工作的生命和灵魂。“维护司法公正，必须进一步提高办案质量。”“要提高办案质量，最重要的就是要做到程序

---

〔1〕 江泽民：《全面建设小康社会开创中国特色社会主义事业新局面——在中国共产党第十六次全国代表大会上的报告（2002年11月8日）》，人民出版社2002年版，第35页。

〔2〕 肖扬：“最高人民法院工作报告——2001年3月10日在第九届全国人民代表大会第四次会议上的报告”，载《中华人民共和国最高人民法院公报》2001年合订本，第44页。

合法,认定事实准确,证据确实充分,裁判文书叙述事实清楚,说理充分,引用法律条文准确无误,说服力强。”针对目前在制作裁判文书上存在的问题,他强调“要加快裁判文书的改革步伐”。指出:“现在的裁判文书千案一面,缺乏认证断理,看不出裁判结果的形成过程,缺乏说服力,严重影响了公正司法形象”,要求“做到裁判文书无懈可击,使裁判文书成为向社会公众展示法院文明、公正司法形象的载体,真正具有司法权威”。[1] 肖扬同志的讲话虽然是对法院和法官们讲的,但其精神,即改革法律文书的制作,提高法律文书的质量,对从事法律文书教学和研究的部门及其工作人员同样是适用的。

二

本着改革的精神和理论联系实际的原则,我们邀请中央有关政法部门和律师、仲裁、公证机构中对法律文书有一定研究,亲自主持或者参加过文书制定、修改,或者从事监狱、律师、仲裁、公证业务等有丰富实践经验的同志,编写了本书。

本书是在《新编司法文书教程》的基础上修订而成的,结构上分为三编。第一编为绪论,着重阐述了法律文书的概念、特征、结构要素,法律文书写作技巧,制作法律文书的原则和要求等法律文书的基本理论问题。第二编为侦查、检察、裁判、监狱和国家赔偿文书,裁判文书包括刑事、民事和行政裁判文书。第三编为律师、仲裁和公证文书。律师文书为诉讼文书,仲裁、公证文书为非诉文书。

撰写本教程的要求是:

第一,以公、检、法、监狱机关制作的法律文书为主。

第二,重点写叙述式(拟制式)文书。格式化、填充式文书原则上不写。

第三,充分反映近年来法律文书改革和法律文书教学、研究取得的新成果。

第四,鉴于本学科的学时有限,尽量压缩篇幅,有关章节能合并的尽量合并,能不写的不写,能删的删,并且原则上不写实例。为此,我们还另外编写了《法律文书格式与实例点评》一书,以弥补书中不写实例之不足。

本教程经修订后,同原教程相比较,全书由 18 章改为 15 章,即删除第 4 章法律文书的语言、文字运用,删除第 12 章,将涉外民事、经济纠纷案件和海事案件专用文书作为两节并入第 9 章民事裁判文书,并删除第 14 章笔录;由 114 节改为 96 节,删除了 25 节,即原教程第 4 章的 1、2、3、4、5 节,第 7 章第 6 节检察通用文书,第 9 章第 6 节公示催告程序除权案件民事判决书、第 9 节民事决定书、第 10 节支付令,第 13 章第 8 节奖惩文书,第 14 章第 1 节至第 11 节,第 15 章中的第 8 节专用函件,第 16 章第 4 节反诉状和第 7 节申请书,第 17 章第 4 节组庭通知;同时,增加了 7 节,即未成年人刑事案件刑事判决书、简易程序刑事判决书和民事裁判文书的改革、行政裁判文书的改革、刑事赔偿复议决定书、行政案件代理词、要素式公证书,从而丰富了内容,突出了重点,反映了实践,较好地适应了新形势下教学工作的需要。

---

〔1〕 肖扬:“全面推进人民法院的各项工作,为改革、发展、稳定提供有力的司法保障”,载《中华人民共和国最高人民法院公报》1999 年第 1 期。

考虑到“法律文书”这一概念的外延比“司法文书”要大，我们相应地将书名由《新编司法文书教程》改为《法律文书教程》。因此，本书具有内容新颖，科学性、实用性强的特点。

三

本书由周道鸾教授任主编，张泗汉教授任副主编。

参加本书撰写的人员有：周道鸾、张泗汉、陈国庆、何昕、周水清、龙学群、吴丙林、牛琳娜（女）、王喜莲（女）、江晓亮。各章撰写人（以编写章节先后为序）分工如下：

张泗汉　第1章，第2章，第3章，第4章，第10章第1、2、4节

周水清　第5章（第2节第2、3目除外）

陈国庆　第6章，第5章第2节第2目，第10章第3节

周道鸾　第7章，第8章第10节，第9章

何　昕　第8章第1—9节，第13章

龙学群、吴丙林　第11章，第5章第2节第3目

牛琳娜　第12章

王喜莲　第14章

江晓亮　第15章

本书由主编、副主编按分工分别审改、统稿后，由周道鸾对全书进行统稿并审定。

本书的编写得到最高人民法院咨询委员会、中国法官协会研究部、最高人民检察院法律政策研究室、司法部监狱管理局、中国公证员协会、中华全国女律师协会、北京仲裁委员会的大力支持，在此表示衷心的感谢！

本书供各高等学校法学院、校、系使用，并且适用于各政法管理干部学院以及业大、函授、夜大法律专业，同时，对从事政法实务工作者也有参考价值。

由于水平有限，加之时间仓促，书中疏漏乃至错误之处在所难免，敬请读者批评、指正。

周道鸾

二〇〇三年五月

目　　录

第一章　法律文书概述

第一节　法律文书的概念

法律文书，是司法机关以及非讼机关、当事人及其代理人依照法定程序，在进行诉讼或者与诉讼有联系的非诉讼活动中，依据事实，适用法律、法规所制作的具有法律效力或者法律意义的文书。

法律文书这一概念，有广义与狭义之分。广义的法律文书，即一切用文字表述法律内容的文书，它包括规范性文件与非规范性文件两大类。规范性文件仅指用条文表述的法律、行政法规、地方性法规和部门规章，具有普遍的约束力；非规范性文件则包括诉讼文书、仲裁文书、公证文书等，只对特定对象具有约束力。狭义的法律文书，则专指非规范性文件所涵盖的文书。本书所说的法律文书是狭义的法律文书，它既包括人民法院、人民检察院、公安机关（含国家安全机关，下同）和监狱管理机关在诉讼活动中依照职权所制作的司法文书，也包括仲裁、公证机构和诉讼当事人及其代理人依法制作的各类文件、文书。前者是法律文书的核心，也是法律文书学研究的主要对象。

法律文书的概念中有以下五个要素：

1. 法律文书的制作主体必须是行使国家司法权的各级国家司法机关或者负有侦查、起诉、审判和监管职责的司法工作人员。作为诉讼法律关系主体的诉讼当事人及其代理人，依法也有权制作各类书状，这些都是进行诉讼活动不可缺少的文书。属于司法文书范畴的仲裁文书和公证文书，依法只能由仲裁调解机构、仲裁员、调解员和公证机构、公证员制作，除上述机构、人员外，其他任何机关、团体或者个人都无权制作。

2. 法律文书制作的法律依据是《刑事诉讼法》《民事诉讼法》《行政诉讼法》《海事诉讼特别程序法》《国家赔偿法》《监狱法》《律师法》《仲裁法》《调解法》《公证法》以及其他相关的法律法规、最高司法机关的有关司法解释。法律文书的制作，必须依据各主体的职能、诉讼权利，严格按照法定程序进行。任何超出或者违背三大诉讼法及其他相关法规规定所制作的文书，都是无效的，不具有法律文书的效力。

3. 法律文书的产生只限于诉讼和与诉讼有联系的非讼活动的特定范围。所谓诉讼活动，是指在国家司法机关的主持下，查明案件事实，分清是非曲直，解决诉辩双方争议的活动。具体包括立案、侦查、起诉、审判和执行的刑事诉讼活动、解决各类民商事纠纷案件的民事诉讼活动，以及解决行政争议案件的行政诉讼活动。所谓与诉讼有联系的非讼活动，则是指与民事诉讼有一定联系的，依法对非诉案件或者事件、事项所进行的仲裁活动和公证活动。离开上述特定范围所制作的文书,则不具有法律文书的属性。

4. 法律文书制作内容和形式的依据是案件事实及其所适用的法律、法规,以及制作各类法律文书的规范样式。一定的事实与适用的法律是构成某一法律文书的内容,而作为载体的文书结构则是表达这一内容的形式。法律文书正是内容与形式的完整统一。

5. 法律文书是具有法律效力或者法律意义的司法文书。在依法办理诉讼案件或者非讼案件、事件、事项时,法律文书是一种必要的工具,也是具体实施法律和实现权利、义务的结果。它不同于一般的实用文书,有着特定的法律效力或者法律意义。例如,法院的判决书、裁定书等,一经依法作出并生效后,当事人就必须执行;否则,将承担相应的法律后果。有些法律文书如开庭笔录、当事人的诉状、代理词等,则是对某一法律行为的如实反映与确认,并能引起一定的法律后果,如原告不告诉,没有诉状,诉讼也就无从谈起。

法律文书是反映法律活动的专业文书。从文书内容上讲,它是一个法学概念,它所调整和研究的对象是法律事实的确认与法律的适用。制作法律文书,必须根据案件事实,综合运用法学理论知识和司法实践经验来正确适用法律,具体解决司法活动中的实体问题和程序问题,使之符合法律、符合法理,进而揭示文书的法律实质及其特征。法律文书的制作与适用,涉及各个法律学科知识的综合运用。从这个意义上说,法律文书的研究,是法学体系中的一门独立学科,有其独特性。如果从写作学上讲,法律文书是一种实用文书,属于文章概念范畴。它的制作也必须符合写作学的理论知识和写作技巧,只有符合写作规律,体现实用性特点的,才能称为实用文章。因而法律文书的研究又是写作学的一个重要分支,其并非纯粹的写作学,而是一门法律专业性很强的应用写作学。也可以说,这种既依附而又相对独立于法学和写作学的法律文书学,是法学的一门边缘学科。

第二节 法律文书的性质和特征

一、鲜明的人民性

法律文书是反映处理诉讼程序与实体结果,或者确认一定法律行为或者有关法律事实的真实性和合法性的文书。每一具体法律文书所要解决的问题可能千差万别,要达到的具体目的也可能各种各样,但透过现象,究其实质,无一不是以保障人权,维护法制为归宿的。《刑事诉讼法》规定,它的任务是“保证准确、及时地查明犯罪事实,正确应用法律,惩罚犯罪分子,保障无罪的人不受刑事追究,教育公民自觉遵守法律,积极同犯罪行为作斗争,维护社会主义法制,尊重和保障人权,保护公民的人身权利、财产权利、民主权利和其他权利,保障社会主义建设事业的顺利进行”。所以,无论是刑事侦查、起诉、裁判文书还是刑事执行文书,它们的制作与适用,都是旨在完成刑事诉讼的任务。作为实施法律工具的刑事法律文书,其所体现的本质正是惩罚犯罪,保护人民,因而具有鲜明的人民性。

同样,民事、行政等法律文书,也都是为保证完成民事诉讼任务和行政诉讼任务而制作和使用的,充分体现了保护当事人诉讼权利和合法权益,以及维护和监督依法行政的理念,全面展示了以人为本，调节关系，定分止争，平衡利益，以及维护社会、经济秩序、构建和谐社会的宗旨。我们的法律是国家和人民意志的体现，因而反映法律实施结果的法律文书，必然要求以人民利益为本而服务于人民。法律文书通过摆事实，讲道理，评析是非，判断曲直，以伸张正义、维护公正，旗帜鲜明地保护人民的最根本利益。

二、法定的强制性

法律、法规是由国家制定，要求人人必须遵守，并以国家强制力为后盾的行为规范。法律、法规所具有的这种普遍约束力，虽经国家制定、颁布，但还只是个观念上的立法，处于静态。要实现法律的效力，除靠公民自觉遵守外，很重要的一个方面就是有赖于司法机关执法活动的运行。只有当法律、法规在实践中得到了贯彻实施，即由静态立法转化为动态司法，观念上的法律效力才具有现实意义，立法目的才能落到实处，真正发挥法律、法规的作用。

为执行法律而制作的法律文书正是司法职能运行的产物以及具体实施法律的结果。它同法律一样，是以国家强制力为保证的。其强制性表现在两个方面：(1)依法必须执行，不具有任意性。法律文书一经司法机关制定，相关机关、单位和个人都必须执行或者认可，不得违抗，否则，就要承担相应的法律后果。例如，对于拒不执行人民法院裁判文书的，《刑法》第313条明确规定："对人民法院的判决、裁定有能力执行而拒不执行，情节严重的，处三年以下有期徒刑、拘役或者罚金……"(2)非经法定程序不得任意改变。这是法定强制力的必然要求，即如果认为法律文书在认定事实、适用法律上确有错误，也必须严格依照一定的法律程序，经有关机关复核审定，方能依法作出变更，其他任何机关、单位和个人都无权随意变更。

三、制作的法定性

法律文书是反映法律活动的文书，因此它的制作必须合乎法律规定，即依法制作，不能任意制作。

1. 法律文书的制作主体由法律规定，有其特定的范围，如公证书的制作，依据《公证法》第32条规定，须"由公证员签名或者加盖签名章并加盖公证机构印章"。又如，民事裁判文书的制作，《民事诉讼法》第二编审判程序中作了专节规定，其中第152条和第154条明确规定，判决书、裁定书由审判人员、书记员署名，加盖人民法院印章。《刑事诉讼法》第195条、第197条，也都分别规定"人民法院经过审理，根据不同情况，分别作出判决"，"判决书应当由合议庭的组成人员和书记员署名"。由此表明，这类法律文书的制作者也只能是人民法院及审理案件的合议庭的组成人员或者独任审判员，非法定的制作主体不得制作法律文书。

2. 法律文书的制作需于法有据。这是法律文书合法存在的前提，没有法律根据的文书，就不可能是法律文书。我国三大诉讼法及有关的法规和司法解释对于法律文书具体制作的根据都有相应的规定。例如，在适用督促程序的诉讼活动中，债权人依照《民事诉讼法》第214条之规定向人民法院提出支付令申请书，人民法院经审查认为申请不成立的，应当依照《民事诉讼法》第216条第1款的规定制作驳回支付令裁定书。如果债务人提出书面异议,则应依照《民事诉讼法》第217条第1款规定制作终结督促程序民事裁定书。可见,情况不同,法律依据不同,制作何种法律文书也就不同了。离开制作的合法性,就会失去法律的效力和法律上的意义。所以说,制作的合法性,乃是法律文书生命力所在。

3. 要正确适用实体法,符合法定程序。大多数法律文书都是为解决实体问题而制作的。无论是案件事实叙述、证据材料分析引用,还是理由阐述、结论表述,都应当遵守以事实为根据,以法律为准绳的原则,符合实体法的规定。包括仲裁文书、公证文书,凡涉及实体问题的,无一例外,也都要正确予以适用。只有这样,才能切实有效地解决问题,显示法律文书实用的特性。

一定内容的法律文书反映一定法律程序的运作。不同性质的诉讼法律关系受不同的诉讼法调整,与之相适应而制作、使用的是不同的法律文书。如刑事案件不能制作、使用民事法律文书;对于在解决刑事责任的同时还需要一并附带解决民事赔偿责任的案件,既不能只制作刑事法律文书,也不能刑民各制作一个法律文书,而只能依照法律规定制作刑事附带民事裁判的文书;不能基于审理的是知识产权纠纷案件就制作所谓的知识产权法律文书,因为这类诉讼所适用的仍是民事诉讼程序,依法只能制作、使用民事法律文书。同样,侦查、起诉、审判、执行所处的诉讼阶段不同,亦应制作不同阶段相对应的侦查、检察、裁判和监狱文书。同是审判阶段,还有审级和审判程序的差别,属于一审或者二审的应制作相应的第一审或者第二审裁判文书;属于审判监督程序的,应制作再审裁判文书。

法律文书的提交、移送、拟稿、审核、签发、宣布、送达等具体程序的运行,也要合乎法定的手续。非经法定的程序、手续制作的文书是无效的。因此,程序的合法与实体的合法,都是法律文书有效性的重要保证。

四、形式的规范性

法律文书是严肃的文书,是内容合法与形式规范有机结合的统一体。形式规范是它区别于其他公文的重要标志。法律文书的规范性主要表现在以下三个方面:

1. 样式格式化。简便、实用、易行是制作法律文书的一项重要原则。在各式法律文书中,采用表格样式的占有相当数量。格式化的特点在于:内容要素立项简明,格式固定,层次清楚,标准统一,一目了然,便于制作和使用,符合诉讼经济的要求。

2. 结构程式化,即文书框架构成相对固定,符合司法机关规定的样式标准。具体表现在:(1)文书结构固定化。文书段落层次虽各有差异,但一般都由首部、正文、尾部三部分组成。其中,文书的正文还可分为事实、理由和结论三部分。只是文书结构三大组成部分的具体内容,各类法律文书不尽相同。(2)写作事项要素化。各类法律文书的内容均由若干要素构成。以当事人项为例,它包括姓名、性别、年龄、出生年月日、民族、籍贯、文化程度、职业、住址,等等;又如表述案件事实,离不开构成这一事实的时间、地点、原因(动机、目的)、手段(方法)、情节(行为过程、经济数额)、后果、被告人事后态度,以及其他有关的人和事等。这些必备的要素,在相应的法律文书中相对固定,要逐一写明,不可缺少。

3. 用语规范化。法律文书是由语言文字组成的,除法律专业术语要符合法律规定外,结构要素用语也要求标准化。例如,当事人和其他诉讼参与人的称谓,文书结构间的承接、转折部分的表述，以及案件由来、合议庭组成、审判经过的叙述等，在性质相同的文书中都有固定的用语，必须按照规范化的要求正确使用。

五、制作的时效性

办案有时限，反映在法律文书上也就有了时效问题。制作这类文书，必须严格遵守法律有关时限的规定。例如，依照《民事诉讼法》第148条的规定，人民法院当庭口头宣告判决的，应当在10日内发送判决书；定期宣判的，宣判后立即发给判决书。同样，不服人民法院第一审刑事判决的，也必须在法定的上诉期限内，提交上诉状或者抗诉书，逾期未提出的，判决即发生法律效力，上诉或者抗诉不成立，该文书即归于无效。应当指出，还有相当一部分法律文书虽然没有法定的时限规定，但不意味着这类文书不存在时效问题。诉讼经济是进行诉讼的基本要求，办案贵在及时，不能拖延诉讼，况且从总体上讲，法律对各个诉讼阶段都有严格的时限规定，各个具体诉讼环节的法律文书也应受制于这一总的时限要求。

第三节 法律文书的历史沿革

我国法律文书源远流长，经历了一个产生、发展的漫长历史阶段。

一、新中国成立前法律文书的沿革

早在虞舜时代我国就有了刑法，相传夏商之世诉讼法规出现，及之周代李悝著《法经》六篇，诉讼断狱相继形成，与诉讼相伴随的法律文书也随之兴起。

据考证，《𠑇匜铭》[1]上所记载的西周晚期的一篇判词是我国现已发现的最早的判决书。它对定罪科刑、主刑附加刑并用，以及如何适用减轻处罚，都作了精辟阐述。而《云梦秦简》[2]中的《封珍式》对当时法律文书的程式、制作要求也都有规定。从典籍上看，西周时期已实行裁判宣告制度。《国语·晋语三》中记载了晋惠公下令处决庆郑在行刑前所宣读的一份判决书。其在叙述方法上，先叙述在韩原战前所颁布的军令誓言的规定，即"失次犯令，死；将止不面夷，死；伪言误众，死。"接着，根据庆郑大夫的行为，对照军令规定，指出：现在庆郑违反军令，不听指挥，擅自进退，贻误了战机，致使秦穆公脱逃，晋国的君主被俘，而庆郑面部无伤痕。最终，在逐一列举了庆郑的罪状后，判决将其处以死刑。

先秦以前，可以说是古代法律文书的开创时期。到了汉代，法制有了很大发展，萧何在李悝《法经》的基础上，建立了完整的汉律体系。法律文书尤其是判词(即鞫)的制作，侧重案例和文辞，比秦代进了一步。可以说，汉代法律实践活动的基本方式是成文法与判例法相结合的混合法。

---

〔1〕 1975年陕西省岐山县出土的青铜器匜上刻有的铭文。

〔2〕 1975年，在湖北省云梦睡虎地出土的一批秦简，称为《云梦秦简》。

魏晋南北朝,又有科、比、格、式等法律形式出现。与秦汉时期相比,这个时期的判词在审判原则和法律概念的解释方面(如故意与过失、共犯、累犯之加重等)有了新的发展。这些封建司法经验的总结,在一定程度上丰富了判词的内容。

隋唐以后,随着科举的兴盛,增加了"试判三则"的规定,将判词写作设为专科,用写作模拟判词作为考试命题,借以选拔官吏,这在客观上促进了判词写作的发展,如白居易为应试所拟的一篇题为"得甲牛牴乙马死,乙请偿马价"的判词就是其中的代表作。

到了宋代,开始有实判的专集传世,如《名公书判清明集》〔3〕等。这些用散文写成的实判,大多数属于民事判词,风格上有了变化,在剖析案情、阐述理由、引证律文上,都比较明晰、精当,是古代判词的一大进步。

明清时代,法律文书发展更趋完备,不少实判专集问世。诸如明朝李清的《折狱新语》、清朝于成龙等人的《清朝名吏判牍》以及《刀笔精华》一类的集子,内含有许多诉状文书。这个时期的判词,以散体为主,散骈结合,文字精练,讲究叙述方法,并注意分析证据,叙事说理,论据充分,颇具说服力。

1840 年以后,西方法律思想和法律制度传入中国。清朝开始修律,也借鉴外国法律文书的制作经验。宣统年间由奕劻、沈家本编纂的《考试法官必要》中,对刑事和民事判决书格式和写作内容作了统一规定。此外,其他司法文书如各类笔录、诉状的制作方法,也都比较完备。

辛亥革命后,上述判词格式、写作内容经过民国年间司法机关和革命根据地司法部门的沿用,不断修正、补充,逐步形成"当事人基本情况—主文—事实—理由"这一较为固定的程式。

二、新中国成立后法律文书的沿革

中华人民共和国成立后,在批判继承中国司法文书格式传统的基础上,主要根据这一时期法制建设的实际,创制了有自己特色的法律文书格式。早在 1951 年,中央人民政府司法部就制定了《诉讼用纸格式》,1956 年又制定了统一的《公证文书格式》。但律师诉讼文书大都限于刑事辩护词和民事代理词,文书格式未统一规定。其间经过 1952 年至 1953 年的司法改革运动和后来对苏联司法工作经验的学习,判决书正文逐步演变为现在的"事实—理由—主文"的三段论式,但是内容趋向简单化,被告人的辩解和辩护人的辩护意见在判决书中不提了,有利于被告人的事实、证据和理由也不讲了。20 世纪 50 年代后期起,法律虚无主义盛行,司法程序和司法文书不受重视。

1979 年党的十一届三中全会以后,随着司法部门的恢复与重建,社会主义民主与法制建设不断加强,特别是第一部《刑法》《刑事诉讼法》相继颁布,法律文书也步入了发展的春天。1980 年司法部制发了《诉讼文书样式》,共计 8 类 64 种。1982 年 3 月,为配合《民事诉讼法(试行)》施行,最高人民法院制发了内容共计 70 种的《民事诉讼文书样式》,第一次比较系统地规范了民事裁判文书的样式和写法。1991 年 4 月,其又就公示催告程序、督促程序和企业法人破产还债程序所需的民事裁判文书制发了样式。1992 年 6 月,最高人民法院

〔3〕 此书国内已失藏,是近代从日本发现而影印回国出版的。

又制发了包括刑事、民事、行政诉讼文书在内的《法院诉讼文书样式(试行)》,共计14类314种,从而实现了法院诉讼文书的规范化、统一化。

这期间,检察文书的规范化工作也随之启动。1983年最高人民检察院制发了《刑事检察文书格式(样本)》,1991年又进行了修订。1986年至1992年,还相继就控告申诉、监所检察、刑事技术和直接受理自行侦查刑事案件的文书格式的样本进行了统一规范。与此同时,侦查文书也有了发展,公安部先后制定了一批侦查文书,以适应“两法”实施的需要。1982年6月,又制定了《劳动改造机关执法文书格式》,构成了监狱执法文书的基本框架。1983年司法部主管监狱工作后,监狱管理局陆续出台了一些专用文书格式。公证制度重建后,司法部于1981年颁行了《公证书试行格式》,共24种。1992年,为适应改革开放和公证业务的发展需要,对试行格式进行了大规模修订,颁布了《公证书格式(试行)》,共56式106种,进一步扩大了公证书格式的适用范围,提高了文书的制作质量。

随着社会主义市场经济的建立与发展,特别是1996年《刑事诉讼法》和1997年《刑法》的全面修正,社会主义法律体系逐步完善,国家的各个司法部门相继制定、修订了一批适应各自司法工作需要的法律文书格式。1996年10月,最高人民法院决定对1992年下发的法院诉讼文书试行样式进行全面修订,并于1999年4月制发了《法院刑事诉讼文书样式(样本)》,共计9类164种。2003年5月为适应刑事审判程序的改革又补充了包括死缓期间故意犯罪一审适用普通程序、未成年人刑事案件一审适用普通程序、延期审理、一审公诉案件适用简易程序等使用的7份文书样式,进一步规范了刑事诉讼文书的制作。2003年至2004年最高人民法院还分别出台了民事诉讼证据、简易程序、申请再审、执行、破产,以及涉外和一审行政判决书等诉讼文书样式。2012年以来,随着国家赔偿法和三大诉讼法的修订,最高人民法院于2012年、2015年、2016年相继修改法院诉讼文书样式,先后发布了《人民法院国家赔偿案件文书样式》《行政诉讼文书样式》和《人民法院民事裁判文书制作规范》《民事诉讼文书样式》。刑事裁判文书制作规范及其诉讼文书样式亦即将出台实施。

同期,最高人民检察院对刑事检察文书亦进行了全面修订,于1996年12月下发了《人民检察院刑事诉讼法律文书格式(样本)》。随后,又相继制发了审查批准逮捕、审查起诉、自侦案件的内部工作文书格式样本,以及民事行政检察文书样式(试行)、刑事赔偿法律文书样式。2001年9月,最高人民检察院经过对检察机关的法律文书的全面完善,出台了《人民检察院法律文书格式(样本)》,新增文书64种,共9类159种,对其适用的刑事检察、民事行政、刑事赔偿、刑事申诉等文书作了全面规范,构成一个统一、完整的检察法律文书体系。2013年最高人民检察院应《刑事诉讼法》的修订和实践经验的发展,对检察法律文书样本进行了新一轮的修订,检察文书进一步完善。

1996年,公安部为保证公安机关顺利实施修正的《刑事诉讼法》,组织专门力量对各业务部门的侦查文书进行全面清理,经过修改、补充,新增35种,共计93种的《公安机关刑事法律文书格式(样本)》于同年11月14日出台。1998年公安机关在实行侦查预审合一的体制改革后,颁布了《公安机关办理刑事案件程序规定》。2002年为适应《刑事诉讼法》《刑法》修订的需要,再次对公安机关的法律文书进行了修改、补充,于同年12月18日颁布了《公安机关刑事法律文书格式(2002版)》,并于2003年5月1日起施行。2013年年末,公安部又对《公安机关刑事法律文书格式(2002)版》进行了修改和补充,于2013年1月开始启用。

2002年7月1日,司法部监狱管理局根据修订的《刑法》《刑事诉讼法》和《监狱法》的有关规定,对已有的监狱文书格式进行了全面修订,颁布了《监狱执法法律文书格式(试行)》,共计48种,监狱文书进一步得到完善。2014年12月司法部监狱管理局出台了《暂予监外执行执法文书》,填补了监外执行文书的空白,促进了监狱执法规范化建设。

1998年3月,司法部决定对《公证书格式(试行)》进行全面修改,将定式化公证书改为定式格式与要素式格式相结合的格式,并在试点的基础上于2000年3月11日印发了《关于保全证据等三类公证书试行要素式格式的通知》,在全国推广要素式公证书格式,以适应公证工作改革和公证业务发展的需要。2015年司法部在公证改革的基础上,推出了新的定式公证书格式,公证书要素更加完整,结构进一步完善。

1979年律师制度重建以来,律师的业务范围从最初的刑、民事案件拓宽到社会经济生活的各个领域,律师诉讼文书也随之发生了很大变化,仅刑事案件的律师诉讼文书就达几十种。1997年1月1日《律师法》施行后,中华全国律师协会为规范律师执业行为,颁布了《律师办理刑事案件规范》和《律师办理民事诉讼案件规范》,其中,对律师诉讼文书作了比较详细的规定。2015年根据修订的《刑事诉讼法》修改的《律师办理刑事案件格式文书》即将出台。

我国的仲裁制度是在改革开放后逐步建立和发展起来的。仲裁法施行前,仲裁文书缺乏统一规范,制作多仿照行政文书格式或者法院诉讼文书格式,没有自己的特色。1994年8月颁布的《仲裁法》对各类仲裁文书的制作都提出了概括的规范要求。仲裁文书的格式,既要区别于行政文书格式,也不能直接照搬民事诉讼文书格式,而应当根据仲裁法的规定和仲裁工作的具体情况,制定出仲裁专用的文书格式。但具体如何设计、规范,尚待进一步探索、总结经验,以待日臻完善。

第四节 法律文书的作用

法律文书是法院、检察院、公安(含国家安全)机关和监狱代表国家行使司法权的一种形式,是社会主义国家权力的象征,也是律师和仲裁、公证机构办理法律事务的专用文书。这对于保证国家法律的正确实施,维护社会秩序和经济秩序,营造安全稳定的社会,保护公民、法人和其他组织的合法权益,加强法治,教育公民有着十分重要的作用。概括起来,主要表现在如下方面。

一、保证国家法律的正确实施

法律实施的一个重要方式便是运用法律文书这一具体形式。依据刑事法律制作的刑事司法文书,可以有效地实现法律对于犯罪的惩治和人民的保护,达到减少犯罪和预防犯罪的目的。民事司法文书和仲裁文书的具体适用,有利于调节民商事法律关系,保障当事人的合法权益,促进和发展社会主义市场经济。行政司法文书的适用,旨在保护公民、法人和其他组织的合法权益，维护和监督行政机关依法行政，从而使行政法律、法规得以正确贯彻实施。公证文书则是通过对公证事项真实性和合法性的确认，以有效地预防、减少纠纷，保障自然人、法人和其他组织的合法权益。由此可见，法律文书的制作是关系到维护国家法律的严肃性、实现执法公正的大事情。正如最高人民法院前任院长肖扬指出的："提高办案质量，最重要的就是要做到程序合法，认定事实准确，证据确实充分，裁判文书叙述事实清楚，说理充分，引用法律条文准确无误，说服力强。"他强调"要加快裁判文书的改革步伐"，提出"现在的裁判文书千案一面，缺乏认证断理，看不出判决结果的形成过程，缺乏说服力，严重影响了公正司法的形象。要做到裁判文书无懈可击，使裁判文书成为向社会公众展示法院文明、公正司法形象的载体，真正具有司法权威"。

二、保证诉讼活动依法进行

依照法定程序办案，是公正司法、确保办案质量的基本前提。法律文书是以法律为依据制作的。关于诉讼活动的每个阶段和每个环节如何运作，三大诉讼法都有相应规定。司法机关办案和诉讼参与人参加诉讼，都要严格依照法律规定的程序进行。每个诉讼程序的开始又必须以相应的法律文书作为实施的前提，否则，某一诉讼程序就不可能进行。一个没有相应法律文书作为前提而实施的程序是不具有法律效力的。例如，人民检察院审查批准逮捕，必须先有公安机关制作的提请批准逮捕书，这是检察机关批捕的文书基础和依据。而公安机关只有接到人民检察院的批准逮捕决定书后，经过审查才能依法逮捕犯罪嫌疑人。如果没有这一文书作为依据，公安机关就不能执行逮捕，否则将构成违法。又如，民事案件的当事人不服一审判决，在法定上诉期限内提交上诉状，二审法院必须按照第二审程序对本案进行审理。可见，法律文书是司法机关启动依法办案，诉讼参与人依法参与诉讼的文书凭据，是保证诉讼活动依法进行不可缺少的工具。

三、进行法制宣传教育的重要教材

宣传法制，教育公民自觉遵守宪法和法律，是执法机关的一项重要任务。依据事实和法律制作的起诉、判决、仲裁等各类法律文书，是处理各类案件具体生动的写照，是正确适用法律的结果。通过法律文书的制作与发布，进一步揭示了案件中各种法律关系的发生、发展和消灭的过程，反映了法律、法规实际运行的大量信息。它生动地告诫人们：什么是违法，什么是犯罪，什么是民事侵权行为，什么是民事违约行为，什么是依法行政，什么是违法行政，不同的行为，应当承担什么样的法律责任，以及案件产生的原因，给国家和人民带来什么样的危害后果。使当事人和其他公民、法人懂得什么可以做，什么不可以做，从中受到深刻的法治教育。事实证明，以法律文书内容为教材的法制课，不仅可以增长人们的法律意识，使其知法守法，自觉规范自己的行为，加强管理，堵塞漏洞，减少纠纷，预防犯罪；而且有利于提高人们同各种违法、违规和犯罪行为作斗争的主动性和积极性。

四、诉讼活动和非讼活动的忠实记录

按照法律规定，从立案起诉、证据收集、开庭审理到判决执行的每个诉讼程序和环节，都需要相应法律文书的制作和使用,并最终形成完整的诉讼案卷。这些诉讼案卷忠实地记载了办理案件的全过程,是诉讼活动的产物。透过法律文书所反映的情况,不仅可以了解具体案件事实认定是否清楚,证据是否确实、充分,适用法律和据以定案的理由是否有理有据,处理的结果是否正确,判决是否已如实执行;而且还可以检验办案是否符合法定程序,手续是否齐全、完备。从这个意义上说,已经结案的司法文书,既是检验办案质量的标尺,也是对案件进行申诉复查的重要依据。至于仲裁文书、公证文书,则是在国内外民商事的非诉争议和有关公证事项方面,忠实地记载了仲裁活动和公证活动,储存着一定数量的相关法律信息。

需要指出的是,一定时期的法律文书,往往从一个侧面反映了一定历史进程中的社会、政治、经济、法律、文化的状况和特点。随着时间的推移,这些文书档案将是考察研究司法工作和其他有关领域的历史资料,具有重要的历史意义。

五、考核司法人员的有效尺度

法律文书主要是由司法人员制作的司法运行的终端产品。一份优秀法律文书的制作者,首先,要有较高的法律专业水平和写作基础;其次,要有一定的政治理论水平、相应的社会知识和必要的工作经验;最后,还要有高度的工作责任感和精细的工作作风。可以说,法律文书的制作是知识、经验和工作能力综合运用的成果,也是工作责任心、工作作风的反映。很难设想针对一个在认定事实或者适用法律上有错误的案件,能写出一篇高质量的判决书。只有将扎实的法律专业基础与写作功底结合,将法官的“工匠精神”与务实作风融合,才能写出好的法律文书来。因此,法律文书质量的高低,一定程度上是对司法人员政治、业务能力和文化水准、文字表达能力的综合检验,也是考核司法人员德才素质的一个有效工具。

第五节　法律文书的种类

法律文书的种类,是不同法律文书依照一定标准所进行的归类,也是法律文书规范化的一项重要标志。因此,正确科学的分类,对于进一步认识法律文书的性质,正确适用和研究法律文书,都有十分重要的意义。

根据司法机关的现有规定和法律文书学界的意见,法律文书的分类主要有以下四种:

1. 按照文书制作主体分类,可分为司法文书、非讼法务文书、当事人诉求文书。其中,按制作主体职能分类,可分为侦查文书、检察文书、裁判文书、监狱文书、律师文书、仲裁文书、公证文书。每一类文书中又各包括若干种法律文书。以侦查文书为例,它又分为:立案文书,律师参与诉讼文书,强制措施文书,调取证据文书,勘验、搜查文书,查询、扣押、冻结文书,委托检验鉴定书,通缉文书,延长羁押期限文书,要求复议意见书,提请复核意见书,起诉意见书,补充侦查报告书,不起诉意见书,撤销案件决定书等。

2. 按照文书的性质分类,可分为诉讼文书和非诉讼文书两大类。其中诉讼文书按诉讼的性质又可分为刑事诉讼文书、民事诉讼文书、行政诉讼文书。每类再以不同的审级和诉讼程序来划分，又可为若干种法律文书。例如，在刑事诉讼文书中又分为第一审程序刑事裁判文书、第二审程序刑事裁判文书、简易程序刑事裁判文书、死刑复核程序刑事裁判文书、审判监督程序刑事裁判文书和执行程序刑事裁定书。

3. 按照文书内容和用途分类，可分为：侦查类，起诉类，裁判类，执行类，国家赔偿类，笔录类，报告类，命令、决定类，公告、布告类，公函、通知类等文书。其中每一类文书又可分为若干种文书。例如，在笔录类文书中，主要分为：检举笔录，勘察笔录，侦查实验笔录，搜查笔录，人身检查笔录，调查笔录，询问证人笔录，讯问犯罪嫌疑人、被告人笔录，庭前会议笔录，法庭笔录，调解笔录，合议庭评议笔录，宣判笔录，验明正身笔录，执行死刑笔录，死刑临场监督笔录，强制执行财产笔录，等等。

4. 按照文书格式及表达方法的分类，可分为：拟制类（或称制作类，即用文字直接叙述）、表格类、填空类、笔录类。拟制类文书主要包括起诉意见书、不起诉意见书、起诉书、不起诉决定书、抗诉书、判决书、裁定书、调解书以及诉状、代理词、辩护词、仲裁裁决书、公证书，等等。这种文书是本教程讲授的重点。

第二章　法律文书的结构要素

第一节　主　　旨

一、法律文书主旨的概念

法律文书主旨，是指文书制作者依据案件事实，正确适用法律，而对某一法律文书所形成的核心观点。

任何一篇文章都有自己的主题。这个主题就是作者写作的目的，即其在文章中所提出并要解决的主要问题。在不同体裁的文章中，主题的称谓不一。论说文的主题就是文章的中心论点思想或者基本观点；在记叙文中又往往称其为主题思想；而法律文书则习惯把主题称为主旨。

法律文书主旨反映某一具体文书制作的目的，体现文书的中心思想。构成法律文书主旨的要素，一是案件事实，二是对法律的适用。主旨的产生，是文书制作者基于对案件反映的客观事实的不断认识，以及对有关法律规定适用不断深化的结果。因此，法律文书主旨既不同于这类文书的标题，也不同于一般公文的主题词，在实质上更具有集中性、鲜明性和深刻性。

法律文书的标题，虽然在一定程度上也反映了这一文书的基本属性和主旨内容，但它只是文书制作机关和文书种类组合的书面表述，并不像法律文书主旨那样深入揭示文书的核心内涵。一般公文的主题与法律文书主旨，都是文章中心思想内容的表现，没有质的差异，所不同的是，两者表现形式有别。前者是以最核心的规范词语表述，写在公文的适当位置上，用于文件的储存和检索；后者则是作者在文书制作过程中，对文书所形成的一种基本观点。这种观点只是制作者的一种内心认识的升华，是法律文书制作的灵魂和统率，是文书中心思想的所在，并不见诸书面文字，无须像“标题”“主题词”“关键词”那样把它表述出来。

二、法律文书主旨的特点

法律文书主旨就其本质属性来说，具有以下特点：

1. 合法性。法律文书是实施法律的工具，它的制作则是实施法律的结果。因此，作为体现文书核心思想的主旨必须符合法律规定。主旨要求制作者根据有关法律规定，准确提出解决诉讼中某一环节的意见。如果忽视这一点，文书主旨就不具有合法性。例如，有的公安机关制作的起诉意见书在表达办案目的时,往往写成"特此公诉,请依法严惩",或者写"现移送贵院起诉,请予严惩",甚至写成"现将被告交付公诉,应依法判刑"。上述写法,从法定程序上来看,明显不符合法律规定,其所提交的机关即检察院并非审判机关,它的职能是审查起诉。这种程序上的"越位"表述,导致主旨错误。主旨的合法性还表现在主旨的公正性上。文书制作者务必全面、正确地理解法律,排除干扰,秉公执法,按照事物的本来面目,实事求是地提出处理意见。可见,主旨的公正又是以合法为前提,以客观事实为基础的。法律程序性的系列规定从宏观上保证了主旨的公正性。

2. 实效性。法律文书是一种应用性的诉讼文书。它的制作不是作者抒发激情、表达个人见解、供人欣赏的作品,而是司法机关在诉讼活动中为解决某一特定问题或者认定法律责任所形成的书面决定。因此,任何一份法律文书主旨的确立,都应当充分考虑它在解决特定问题时的实际效用。以审查起诉环节为例,主旨的实效性表现在起诉书或者不起诉决定书上,应当写明被指控的犯罪嫌疑人的行为是否构成犯罪,并以什么罪提起公诉;不构成犯罪或者具有不应当追究刑事责任的情形,或者犯罪情节轻微,依照刑法不需要判处刑罚或者免除刑罚的,或者认为经过补充侦查仍然证据不足,不符合起诉条件的,而分别以何种情形(是法定、酌定还是存疑的情形)决定不予起诉。只有把主旨建立在解决具体案件的有效性上,才能充分发挥法律文书的作用。

3. 鲜明性。所谓主旨的鲜明性,是指法律文书能依法明确表达对案件性质的认识以及评判其是非曲直的观点。法律文书主旨不同于一般文章的主题,其中心意旨必须鲜明、突出,制作目的要十分明确,不容含蓄。它对于支持什么,反对什么,需一目了然;对于制裁违法,惩罚犯罪,保障人权,无罪不究,必须一清二楚,旗帜鲜明,态度明确。

4. 集中性。在不同的诉讼阶段,无论是解决程序还是实体问题,都应有与之相适应的法律文书。现已设置的门类繁多的文书样式,足以体现法律文书主旨单一而集中的特性。如起诉书旨在将被告人交付法庭审判,追究其刑事责任;刑事有罪判决书的主旨则是对被告人定罪判刑,最终解决其刑事责任问题。不同用途要求使用不同的文书,目的在于确保法律文书主旨集中而不分散,以有利于融入法律文书中的法律法规的具体贯彻实施。

三、法律文书主旨的作用

法律文书主旨是文书的灵魂。正确确定文书主旨,对于法律文书的制作及其质量的提高,都有着重要的作用。

(一)有利于确定写作重点

法律文书主旨就像一条红线贯穿文书全篇,统率全文,是整个文书的中心。有了明确的主旨,就可以提出文书写作的重点,什么问题该突出,重点叙述,什么问题只需兼顾,予以略述,便一目了然。写作重点一经确定,各个项目的写作都要围绕它展开叙述。以制作提请批准逮捕书为例,由于其主旨是为表明已经具备逮捕条件的犯罪嫌疑人应予逮捕,以排除对侦查、审判的妨碍,防止犯罪行为继续危害社会。因而文书的重点应在于阐述有证据证明已经发生的犯罪事实是犯罪嫌疑人实施的,即以逮捕为视角,将构成犯罪的主要情节、实施犯罪的时间、地点、动机、目的、手段、后果等具体事实、证据予以叙述证明。同时,要根据其所实施的犯罪事实,阐述其行为存在社会危害性、依法可能判处徒刑以上刑罚、具备逮捕的必要性。这种有重点的写作不仅有利于提高文书写作效率,也保证了文书的质量。

(二)可以为选用材料定标准

法律文书是以有序的实用文字材料构筑的文字工程。要制作一篇优秀的法律文书,制作者必须按照文书主旨的要求,反复琢磨,精心选材,而文书主旨一经明确,也就有了对写作材料选择、取舍的标准。在民事裁判文书中,同样是裁定“驳回”,由于“驳回”内容,即文书主旨的不同,因而在书写理由和处理结果上所选用的材料标准也就各不相同。因起诉不符合受理条件而被驳回的是起诉权,选材应以是否符合起诉的程序为标准;如果因当事人的具体诉讼请求不成立而予以驳回的,则是当事人实体上的诉讼请求权不成立,选材必须要以是否具备构成某一实体的事实为标准。总之,主旨是全文的核心,在依据主旨确定用材标准之后,再围绕核心来选择、取舍材料就比较容易了。

(三)对运用写作技巧有指导作用

明确的主旨,不仅有利于文章结构组合,而且对组合的方法也有不容忽视的指导作用。比如,对一件事实的叙述或者一个法理的阐述,如何下笔,先写什么,后写什么,是以事论理,还是叙事寓理,什么地方详述,什么地方略述等,都需要视文书的主旨而定。不同的主旨,写作技巧运用的方法不同。技巧作为表达文书主旨的一种手段,必须从属于主旨,服务于主旨,只能根据文书主旨的要求,并在它的指导下展现技巧的运用。离开了主旨的指导,写作技巧的运用就将无的放矢,难以发挥它应有的作用,更无法把文书写好。

第二节　材　　料

一、材料的基本要素

盖房子要有砖瓦、木料、钢材、水泥,没有这些原材料,房子就盖不成。同样,法律文书写作也离不开用以表达一定主旨内容的文字材料。材料是制作法律文书的物质基础,也是构成法律文书机体的重要组成部分。

构成材料的基本要素,即材料的范围,主要是指用来说明观点的具体事件、情况、数据、法律条款等,具体包括以下几种:

1. 当事人和其他诉讼参与人的基本情况。这是用来说明诉讼主体和相关人或者非诉主体在诉讼或者非诉案件(事件)中的地位及其各自的基本信息,即姓名或单位名称、性别、出生年月日、籍贯、职业、住址或住所等,是文书首部使用的主要材料。

2. 案件事实材料。这是叙述案件或者事件事实部分使用的材料。一般包括案件或者事件发生、发展和结果的各类事实要素(如时间、地点、原因等),涉及的人和数额以及证明某一事实存在或者不存在及其相联系的各种证据材料。

3. 论证材料。这是用来分析、论证案件性质,评判是非曲直,阐明处断理由的材料。主要包括法学理论、法的基本原则、基本原理,以及相关的政策原则、经典援引、数据对比等。

4. 法律条款。即据以立案、定案或者对某一诉讼程序或者仲裁公证事项的确认而引用的相关法律、法规条文以及司法解释规定的材料。

二、选材

写作材料从哪里来？这是写作首先要解决的问题。法律文书的写作材料来源于具体案件的事实与法律。法律文书写作不同于文学作品，无论是第一手素材还是第二手素材，必须经过核实，才能选用。

（一）材料的收集

写作前，制作者必须掌握大量和丰富的材料，这是搞好写作的基本前提。如果材料不足，文书内容就会空洞干瘪，没有说服力，不能发挥法律文书应有的作用。

材料收集的方法主要有四种：一是直接向当事人及其代理人、证人，以及涉案的相关人员调查核实，取得第一手材料；二是从经办的案卷中获取已经调查的材料，即各类证明、鉴定材料，或者适用其他程序制作的司法文书材料；三是收集和了解适用于本案的法律、法规和司法解释等有关材料；四是收集由上级司法机关发布供参照使用的指导性案例。

（二）材料的选择

写作材料收集后，要按照一定的步骤和方法进行严格筛选，不能将所有收集到的材料简单堆砌，那样是写不出好的实用文书的。

收集的步骤，第一，将材料分类审核，即哪些是原始材料，哪些是二手材料；哪些是直接证据材料，哪些是间接证据材料；哪些是说明事实的材料，哪些是阐述理由的论据，按照不同文书制作的需要逐一排列出来。然后通过去伪存真，由表及里的分析、筛选，从中选出适合文书制作使用的材料。第二，围绕主旨选材。材料是主旨形成的客观依据，是主旨赖以产生的土壤；而主旨则是材料土壤滋养出的硕果。因此，在收集、鉴别、确认材料时，必须从法律规定出发，并以法律适用为归宿。当然，主旨一旦确定，反过来又要以主旨为指导，选用足以说明主旨的材料。

三、用材

写作材料经过筛选后，直接用于写作。在材料的使用上，必须坚持以下原则：

1. 要符合法律规定性的要求。法律文书使用的材料不同于一般应用文的材料，其具有法律规定性的特点，制作者不得任意取舍。比如，在叙述事实时，对于当事人提出的不同意见的陈述或者辩解的材料，不能因为制作者不赞同而不使用，而必须如实写明。又如，对认定累犯的叙述，必须按照《刑法》关于累犯构成的规定使用材料，不能脱离法律规定的犯罪人的主观罪过形式、刑期以及两次犯罪的间隔时间，将任意两次犯罪的事实材料用来认定累犯。如果这样使用材料，则不具有任何法律意义。

2. 运用的事实材料必须是客观真实的，既不能虚假，也不能随意夸大缩小。法律文书不是文学作品，不能虚构情节，任意拔高。在材料的使用上，要实事求是。事实是不以人的主观意志为转移的客观存在，反映这一事实的材料也必然要求是客观真实的。只有如实使用材料，才能保证司法文书的真实性和公正性。需要指出的是，这里所说的“如实”，既包括材料来源的客观性,也包括材料所反映事物自身的客观性,这是从两个不同的角度来使用材料,不能用后者否定前者,也不能以前者取代后者。例如,判决书上要写明当事人双方所陈述的事实,只要这一陈述确实来自当事人双方,就是对材料的如实使用。至于这些陈述内容是真是假,能否真实反映事件的全貌,则有待于法院去查明认定,不属于如实写明当事人陈述要求的范围。如果只有真实的陈述才能写上,那无异于用法院认定事实的叙述取代了或者混同于当事人对事实的陈述,其结果自然不能很好地反映出判决书制作的全面性和客观性。

3. 运用的法律条款材料要准确、完整,有针对性。法律、法规是处理案件、办理法律事项的准绳。在法律文书上引用的法律,无论是实体法还是程序法,必须与案件的性质、阐述的理由及其结论相适应,使其言之有据。所谓准确、完整,一是指引用的法律、法规的名称要准确无误,使用全称,不得任意简化、缩写;二是条款项的表述要明确、具体、规范,其序号要准确,不能省略,需引用某款、某项的,不能只引某条而不引该款项,即要加强针对性。

第三节　结　　构

法律文书结构,是指构成法律文书的基本框架。它的主要特点是相对固定化,结构用语程式化,行文章法多样化。

一、结构的固定性

法律文书结构的固定化,即行文模式程式化。无论是拟制文书还是填充文书,在结构上大体都是由文书的首部、正文和尾部三部分组成。[1] 但是,拟制文书的结构较填充文书更为严谨、翔实,正文分事实、理由和主文,两者各有特色。因此,这种结构的固定又是相对的。法律文书结构的内容要素如下。

(一)首部

首部是法律文书的开头部分。它的内容要素一般包括文书名称(标题),文书编号(即案号),诉讼主体与诉讼参与人或者非诉主体的基本情况,受文(主送)机关或者主管领导人姓名,案由或者事由、案件来源和审理经过,以及原判认定事项六项。这六项并非每类法律文书都具备,有的只有其中某几项,但文书标题是任何法律文书都必须具备的。

1. 文书名称。一般由制作文书机关名称、案件性质和文书种类三个要素组成,如"×××市××区人民法院刑事判决书"。书写制作机关名称必须规范,使用全称,不能简化,要与

---

〔1〕 最高人民法院《民事裁判文书制作规范》认为,民事裁判文书由标题、正文、落款三部分组成。标题包括法院名称、文书名称、和案号;正文包括首部、事实、理由、裁判依据、裁判主文、尾部;落款包括署名和日期。鉴于适用于各部门文书结构体例的普遍性,本书在文书结构上的划分,原则上仍采用通行的体例,即首部、正文和尾部的组合。

尾部使用的机关印章名称相一致。

2. 文书编号。主要包括三项内容：年度、制作机关和文书性质代字和顺序号。但这几项要素的组成顺序各有不同。公安机关的文书编号样式为“　　字(　　)号”；人民检察院的样式为“　　检　　×〔　　〕号”；人民法院的样式则为“(××××)×　　字第×号”。上述用空间或括号表示年度的，均应用全称，如“2017”。通常应将文书编号置于文书名称下一行的右端。

3. 诉讼主体与诉讼参与人或者非诉主体的基本情况(基本信息)。这一项要素因文书种类不同而由不同的内容构成。诉讼文书一般包括公诉机关、当事人、其他各种诉讼参与人的基本情况；非诉讼文书则包括申请方、被申请方或者多方当事人的基本情况。

4. 案由或者事由、案件来源和审理经过。这里所说的“案由或者事由”，是指提起该案或者该法律事项的由头，即以什么名义提起的诉讼，如民事案件起诉内容要写“原告×××与被告×××离婚(案由)一案”。案由应当准确反映案件所涉及的诉讼法律关系的性质，符合司法机关有关案由的规定。“案件来源”，主要是指人民检察院或者人民法院受理该案的过程，如“被告人×××(姓名)××(公安机关认定的罪名)一案，由××市公安局侦查终结，向本院移送审查起诉”。至于“审理经过”，则只限于人民法院依法审判该案的过程，主要包括审判该案的组织形式是合议审判还是独任审判，是依法公开审理还是不公开审理，以及诉辩各方、证人等出庭的具体情况。

(二)正文

正文，是法律文书的核心部分。提出问题、分析问题和解决问题构成正文的主体内容。具体包括事实、证据、理由和处理结果等项。

1. 事实、证据。事实和证据是处理案件和认定法律事项的客观依据，也是定案的基础。不同的法律文书，其事实、证据的内容及结构形式也不尽相同。以常用的拟制文书为例，起诉书上的事实，必须是经检察机关查证核实认为构成犯罪，依法应提起公诉的事实；而刑事判决书上须先概述控辩双方各自的意见，再重点写明法院经审理查明的事实和认定事实的证据。在结构上，前者只有一个层次，后者则分为四个层次。

至于事实与证据的结构安排，尚无统一的模式，要因案而异。主要有三种方式：(1)一事一证，分项举证，逐罪论定；(2)边叙事边举证，夹叙夹证，事证结合，据实而断；(3)先叙事后举证，集中采证，前后衔接，相互照应，清楚明了。裁判文书一般采取第三种模式。

2. 理由。在正文结构上，它上接事实部分，下连处理结果，处于承上启下的纽带地位。说理必须立足于事实，以事说理；着眼于法律，以法论理。只有这样，才能为最后处理在理论上和法律上奠定坚实的基础。

理由部分，一般可分为两个结构层次：一是据实论理，即根据认定的事实、情节、证据和有关的法学原理、法律规定，阐述定性及处理的理由；二是以法为据，即正确引用处理决定所依据的法律条款的具体规定。

3. 处理结果。它是制作者依据已经查明的事实、证据和有关的法律规定，对案件所作出的处理决定或者对某一法律事项所作的结论，为全文之归宿，具有十分重要的意义。

不同的法律文书，其处理结果的表述形式各有不同，抗诉书的结论为“特提出抗诉，请依法判处”。刑事一审判决书的判决结果则因判决内容不同而有定罪处刑、定罪免刑和宣告无罪三种不同的表述。所有这类表述,其共同的结构特点是:文字简短,用语肯定、明确、完整。

(三)尾部

尾部是法律文书的结束部分。它的特点是程式严格,用语简短、固定。主要包括以下五个部分:

1. 告知有关事项。主要是表明行文结束,不同的法律文书“告知有关事项”的方式及用语不同。有的写“特此通知”;有的写“以上报告,请审批”;有的要写明受文单位名称;有的写明诉讼费用的负担、上诉权利、上诉法院和上诉方法,等等。

2. 签署。主要是文书制作机关或者负责人、承办人员署名。

3. 日期。一般是文书制作或者发出的日期,裁判文书的日期则是签发判决书、裁定书的日期。日期包括年月日,要依次写明。

4. 用印。一般是加盖文书制作机关的印章,有的文书还要加盖机关负责人的印章。

5. 附项。主要是写明随文移送的有关卷宗、材料,或者需要注明的其他有关事项。

二、结构用语程式化

法律文书是由首部、正文、尾部若干层次构成的一个有机整体。任何一个层次结构在文书中都不是孤立存在的,而是彼此联系、相互衔接的,构成承接和过渡部分的样式固定,用语程式化。以第一审刑事判决书为例分述如下:

在首部的末尾,通常用“现已审理终结”一句引出正文,即开始事实部分的叙述。

在事实部分,第一层次叙述结束后,紧接着叙述第二层次即法院认定的事实及其证据。衔接这两个层次的过渡用语通常写为“经审理查明”,从而表明以上叙述的是诉辩双方各自的意见,以下则是经法庭审理核实的事实。如果没有这个过渡用语,两个层次很难分清,甚至会使人感到内容重复,从而失去划分两个层次的意义。

对于适用分项举证或者集中采证这类结构模式,它的开头一般都要先写“上述事实有×××证实”,然后再对证据进行分析、认证。如果须列举多个证据的,也可写为“上述犯罪事实的证据有:”,采用这一用语就把“事实”与“证据”这两个结构要素紧密连接成为一个不可分割的整体。

理由部分开头的用语也是固定的,即“本院认为”,它表明以下开始论理。“本院认为”一词,既是上承事实叙述的转折,更是下启理由论述之缘由,在结构上具有承上启下的重要作用。在理由部分的末尾,均采用“判决如下”的规范用语作为理由阐述的结束,进而引出下一个层次“处理结果”的表述来。如果缺少这一过渡,判决结果这个层次的表述都将难以开端。

综上所述,连接裁判文书全文的结构用语,可概括为“现已审理终结→经审理查明→上述事实有×××证实→本院认为→判决如下”的程式。

三、行文章法的多样化

法律文书虽然有严格的程式，但在谋篇布局、具体行文的方法上，则是多种多样，各有千秋。概括起来，常用的有以下几种章法：

1. 由事而理，由理而断。在拟制类文书中，这是常见的一种行文章法。一般来说，叙述事实之前先要介绍诉辩双方的基本情况及案由，章法上称为起头。接着，叙述事实，这是落笔的基础部分。叙事完结，文章即转入阐述处理的理由及其法律依据。最后，水到渠成，归结为判断处理之决定，即表现为文章的合结。如果用公式表示这一章法的脉络，即是“起头（介绍情况）—承接（叙述事实）—转折（阐述理由）—合结（判断处理）”。这种行文章法既清晰又紧凑，一脉贯通，十分得体。

2. 突出重点，兼顾一般。对于一人犯数罪或者多人犯一罪，在叙述犯罪事实时，多采用这一章法，以突出主罪或者主犯。同时存在数罪或者多种事实的，不能不分主次，平铺直叙，而应区别对待，主要事实要详述，次要事实要略述。在叙述顺序上，主要事实置前，次要事实列后，并不拘泥于时间顺序。

3. 揭示矛盾，明确焦点。这一章法通常在叙述诉辩双方的诉讼请求和意见时采用。无论是刑事判决还是民事判决，在概括诉辩双方意见时，都要准确如实反映诉辩双方的诉讼要求及其争执焦点，要注意揭示矛盾，加强针对性。

4. 论辩说理，章法多样。在理由部分的阐述中，其较之对事实的叙述行文章法更具多样性，特别是一些侧重说理的法律文书，诸如公诉词、辩护词、代理词、抗诉书、判决书、裁定书、上诉状和申诉状等，章法套路往往因案而异，有着自身独有的特点，灵活多样。在司法实践中，有的公诉词采用反衬对比的方法来揭示被告人犯罪的严重危害性。例如，姚锦云以其他危险方法危害公共安全一案的公诉词就是采用这一章法。该公诉词列举多个被害人在天安门广场被撞死前后的具体事实进行对照，形成鲜明的反差，激起义愤，取得了良好的社会效果。有的辩护词、代理词在谋篇布局上，往往运用“环环相扣”“欲进先退”“针锋相对”“揭示矛盾”和“深入浅出”等章法写作，以充分展示其驳辩性的需要，取得更好的办案效果。例如，李强律师诉贵州××县公安局限制人身自由违法案，律师在代理词中指出，其委托人韩××是1994年4月7日被抓走的，而公安局却把对李强的立案时间说成是3月31日，显然时间倒置了。这样一来，委托人韩××供述李强唆使其转移赃款的行为在后，而对李强立案却在前。律师抓住对方所犯的这一时间顺序上的错误，逐一列表对照，从而使李强立案根据的谎言不攻自破。〔2〕

---

〔2〕 田文昌专辑：《中国名律师辩护词代理词精选》，法律出版社1998年版，第317页。

第三章　法律文书写作的基本技巧

第一节　叙　　述

文章写作通常的表达方式有叙事、说理(或称议论)、说明、描写、抒情五种。法律文书属于实用公文类,其写作目的,是依法处理案件和办理法律事项而不是用来欣赏,是达意而不是抒情,是以法服人而不是感人。因此,法律文书写作的基本技巧,主要是叙述、说理、说明三种。

叙述,是指反映事物产生、发展、变化的一种表达方式。它是法律文书写作中最常用的一种基本技巧。通常采用第三人称进行叙述,以便于全面、客观地叙述事实。但有些调查报告、结案报告,也采用第一人称进行叙述。

一、叙述的方式

在法律文书中,叙述的方式主要有五种。

(一)顺叙

顺叙,是按照事情发生、发展的先后顺序依次进行的一种叙述。这是最常用的一种叙述方式。例如,湖南省新化县人民法院有一份民事判决书,对案件事实是这样叙述的:

> "2013年6月8日,被告吴笃华以转据为由与原新华县农村信用合作联社所属维山信用社签订《借款合同》,合同约定:借款本金50000元,约定期限36个月,月利率10.25%,按季结息,逾期加收3%的利息。借款后,被告按约支付利息至2013年10月1日止。此后,经原告多次催讨,被告未予归还借款本息。"

上述这一段文字,完全是按照事情发展的先后顺序来写的。这种顺叙,线条清晰,履约过程一目了然。

(二)倒叙

倒叙,即把结局或者事件中最突出的片断提到前面来叙述,然后再按事件发展顺序进行的叙述。文学作品、新闻稿件常采用这一方式叙述,但法律文书只有个别情况才使用倒叙。例如,继承案件的裁判文书,有的先写"被继承人×××于××××年××月××日病故",再写他生前何时结婚、生育子女的情况,以及何时建造或购置的房产,等等。这种倒叙不是要给人造成悬念,而是基于案件的特定需要,方便叙述。因为继承是从被继承人死亡开始,没有被继承人的死亡,继承也就无从谈起。

（三）插叙

在叙述过程中，由于表达需要而暂时中断叙述线索，插进有关的另一件事的叙述，称为插叙。它常用于破案报告，其他法律文书则很少使用。例如，某一起砍人重伤案的破案报告写道：

“经过大量工作，排查范围从四个村缩小到李庄一村。在李庄的嫌疑对象中，从15人筛选过渡到3个重点对象，又从3个对象缩小到该村李××。据刘××再三回忆，两年前一个晚上，李××曾夜闯她家，企图强奸她，被她当场拒绝，未逞。这是我们几天侦查工作中唯一疑点较大的对象，经过调查，李××当晚确实无作案可能。”

从“据刘××再三回忆”至“未逞”这一段插叙的使用，为以下接着叙述的主线，即侦查所作的结论奠定了基础。

（四）分叙

分叙，即叙述一件事，按照不同时间或者地点，或者不同的人，或者事件的不同方面分别进行叙述的方法。在一人犯数罪或者多人共同犯罪案件中，可以从不同角度分叙，或者按各罪分叙。例如，柯福刚抢劫、盗窃一案的判决书，就是将两罪分开叙述，先写抢劫罪，再写盗窃罪。其中，抢劫三次，也是按作案的先后顺序依次叙述。

（五）补叙

补叙，即在叙述中对人、事所作的必要解释或者注释。例如：

“马××将一小包海洛因（重5克）以150元的价格卖给杨×宝（这一小包海洛因是马××的姑夫、被告人马×几天前交给马××的，委托马××帮其联系买主）。”

括号内的叙述即为补叙，是对这一小包海洛因的来源所作的注释。

二、叙述的方法

法律文书主要是以当事人的活动为线索进行叙述的。各类案件有简有繁，情况不同，因此，叙述的线索、方法亦各有不同。概括起来，司法实践中常用的方法主要有以下几种。

（一）自然顺序法

自然顺序法，是指按时间顺序将案件的发生、发展直至结局的情况依次进行记叙的方法。这是基本的方法。一般来说，这种方法适用于记叙一人一次一罪或者一人一次多罪。适用于民事案件时，则要围绕民事权益纠纷的产生、发展变化情况来写。

这种叙述方法与顺叙一样，都是以时间顺序进行叙述的，其区别在于角度不同：前者叙述的是某一罪或者某一纠纷发展的全部进程，着眼于反映案件的完整性；后者则只是对案件中的某一具体事项的叙述，具有局部性的特点。

（二）突出主要事件（主罪）法

突出主要事件（主罪）法，是指对于有多个事实或者数罪的，为了突出主要事实或者主罪,而将主要事实或者主罪提前,次要的后移,主要事实或主罪详写,次要事实或次罪略写,不受时间顺序约束的叙述方法。这种叙述方法对于事与事、罪与罪之间来说是分叙,对于每一事件或者每一具体罪来讲,则又是顺叙。因此,也可以说,这是一种写作技巧的综合运用。

(三)突出主要当事人(主犯)法

突出主要当事人(主犯)法,是指在有多个当事人的情况下,不宜平铺直叙,而应突出主要当事人(主犯),围绕其侵权或者犯罪的事实、情节进行记叙的方法。它通常适用于多人一次一罪、多人一次多罪、多人多次一罪或者多人多次多罪的情况。如果共犯中单独犯有罪行的,应在叙述完共同犯罪后再单叙。主犯如果犯有数罪,在突出主罪的前提下,具体叙述某一罪时,仍应使用自然顺序法。

对于民商事权益纠纷的叙述,同样要突出主要责任人,切忌不分主次,平均用墨。例如池×诉上影厂、北影厂著作权纠纷案中,同时有两个被告,根据被告侵权责任的主次,判决书重点围绕第一被告上影厂的违约行为和其将剧本转让北影厂的无效行为全面、系统地进行了叙述,突出上影厂构成侵犯池×依法享有的作品使用权和获得报酬权的事实。同时,对第二被告北影厂没有合法根据而使用池×的作品摄制电影的行为,也相应作了叙述,从而使侵权纠纷的是非分清,两被告的民事责任主次分明。

(四)综合归纳法

综合归纳法,是指在手段、对象相同时,将时间相连的多起事实加以综合归纳而予以叙述的方法。这是一种概括叙述的方法,目的在于避免烦琐和写流水账。从某种意义上讲,综合归纳法实际上是前述叙述方法的综合运用。例如:

> “2011 年至 2012 年 3 月间,被告人李某甲担任重庆国杰公司四川宜宾分公司销售副经理,负责销售挖掘机及向客户催收货款。在此期间,李某甲利用其向客户催收货款的职务便利,先后五次挪用客户支付给公司的货款归自己使用,一直未还,共计人民币 132450 元。”

鉴于被告人在一段时间内 5 次挪用贷款,犯罪手段、对象相同,因此,采纳综合归纳法可以做到简而明。如果把每次挪用行为按自然顺序法逐一列出,则会导致重复,文字也显得累赘。

(五)纵横交错法

纵横交错法,是指将纠纷发展变化情况与诉辩双方争执意见相结合的叙述方法。它主要用来记叙民事案件的事实。从“纵”的方面说,既要写清案件的来龙去脉;从“横”的方面讲,又要把双方争执放在一个平面上介绍清楚。如原告刘××诉被告张××、唐××债务纠纷案的事实认定,就是采用这一方法叙述的:判决书从“纵”的方面,先叙述了原告于何时何地基于何种情况,将人民币 1 万元借给被告张××做生意,且被告唐××(系张的妻子)立据作保的事实。然后,在“横”的方面,具体介绍了借款约定的内容。接着,又从“纵”的方面,再叙借款合同履行情况和返款付息纠纷的发生。最后,回到“横”的方面,叙述张、唐经调解离婚,只对共同财产的分割达成了协议,而没有明确夫妻双方所借共同债务如何承担。这种两“纵”两“横”相互交叉的写法,把较为复杂的案件事实叙述得清清楚楚。

三、叙述的要求

（一）要素明确

叙述要素也是构成案件事实的要素，从一定程度上讲，它是案件事实在法律关系和法律特征上的体现。各类案件事实所反映的叙述要素不尽相同。刑事案件有八要素：时间、地点、动机目的、手段、过程、结果、涉及的人和事、事后态度。民事、行政案件有六要素：当事人之间的法律关系、法律关系发生的时间、地点及内容、纠纷的原因、纠纷的过程、纠纷的情节、纠纷的后果。

上述要素在具体叙述时，不能含糊不清。特别是与犯罪构成或者民事法律关系有着密切的内在联系的要素，更应注意它们的法律特征。以时间、地点为例，两者都是事物运动存在的形式，是案件事实发生所借以表现的时空环境。在孤立叙述时间时，一定要以年月日表示，写地点地段时，所属关系要明晰。对于某些构成犯罪要件的特定时间、地点，如《刑法》规定的禁渔区、禁渔期等，一定要与相应的法律规定相联系，逐一叙述清楚。

（二）原因与结果之间的关系清楚

因果关系是现象之间的一种客观联系。有因必有果，有果必有因，且原因发生在前，结果产生在后，这是因果关系的一般规律。存在于刑事、民事和行政纠纷中的因果关系往往比较复杂，因此，对于事实的叙述，要善于透过现象，找出行为与结果之间有无必然的内在联系，不能有果无因，或者因果关系相脱离。有一份刑事判决书是这样写的："被告人赵×向王××头部猛砍一刀，造成王的头部、右手背、右臂三处刀伤。"这一句话着实使人费解，一刀下去怎会造成三处刀伤结果？如果这一结果的发生确实是这一刀造成的，那有可能是因"王××以右手护卫头部"或者是"以双手抵挡"所致，但文书制作者没有交代，以致刀砍与三处刀伤之间的因果关系不清楚。

（三）叙述事实具体、真实

叙述事实要具体、真实，只有这样，才能分清是非责任，正确裁判。所谓具体，就是不抽象，不笼统，能使人感受到它的真实存在。所谓真实，就是不虚假，真正反映了客观存在。下面这一段事实的叙述就符合上述要求：

> "被告人王××、童×于一九九三年七月十日二十一时许，携带铁锤、老虎钳、螺丝刀等作案工具，用偷配的钥匙窃得该部42号洞库钥匙和密码，打开库门潜入库内，撬开一只存放54式手枪的木箱，从中盗出54式手枪11支，手枪弹匣18个，锯条12根。盗出的手枪分散藏匿于该部20号地面库右侧护坡墙石缝中、五十一分队办公楼后厕所的瓦片下及王的住处。"

这段话不仅将盗窃的时间、地点、作案工具、窃得的物品种类和数量及其藏匿的地点写得十分具体，而且与本案列举的证据相一致，真实地反映了作案的全过程。

（四）叙事寓理，法在其中

在叙述事实的过程中也要说理，将说理渗透于叙事之中，这个理就是法理、学理、伦理和常理。例如，贪污罪的主体是身份犯，叙述事实时，要注意按照构成贪污罪的四个要件，把被告人的职务身份、实施贪污的手段、侵犯对象的财产属性，以及行为人实施贪污的主观心理状态,逐一叙述清楚,从而为下一个层次论证其构成贪污犯罪奠定坚实的事实基础。

(五)讲究分寸,注意界限

对于那些表现罪与非罪、此罪与彼罪、严重犯罪与轻微犯罪的事实,以及表现民事权利与义务关系以及侵权有无过错责任的事实,在具体叙述时要注意用词,表达要恰如其分,准确无误。例如,同是用刀作案,是用刀刺、刀砍、刀捅,还是刀划、刀晃,其表示的力度、方式不同,含义也各异,必须认真推敲。特别是一些关键情节的叙写,更要讲究分寸,字斟句酌,尽量做到分毫不差,巨细无遗。

第二节 说 理

说理,是指对客观事物进行分析评价,阐述道理,论证是非曲直的表达方法。法律文书的说理(一般称为理由)不完全同于论说文的议论,不上纲拔高,不具有鼓动性,不作长篇大论,力求客观、公正、充分、平实。说理上承事实,下启结论,是法律文书之魂。

说理通过概念、判断、推理进行论述,它由论点、论据和论证三部分构成。

一、论点

法律文书的论点,是对案件事实所作的判断和结论。论点是文书制作者的观点和见解。例如,“被告人王××系主犯”、“被告人石×不具有自首情节”,这两个言词判断就是论点。一篇说理文可以有若干论点,其中,贯穿全篇的论点为中心论点,围绕这个中心论点进行论述的是分论点。法律文书的论点有以下特点。

(一)正确、合法、鲜明

法律文书论点的确立,必须坚持“以事实为根据,以法律为准绳”的原则,做到正确、合法、鲜明。所谓正确,就是要用辩证唯物主义方法,全面客观地反映案件事实的本质。即全面历史地观察分析问题,透过现象抓住本质,使之与事物的性质相适应,评价一定要适度。同时,正确的论点,还必须合乎逻辑,准确地把握概念的内涵与外延,正确处置概念中的属种关系,并严格遵循逻辑思维的基本规律。只有这样,才能使论点立于不败之地。

所谓合法,就是论点的内容要符合法律规定,不能与法律的规定相悖。举例如下:“原告与被告签订的借款合同合法有效”,“被告借款后不按期偿还借款,是违约行为”。上述“合同合法有效”与“是违约行为”这两个论点,与现行的民事法律规定是相一致的,因而判断准确,论点成立。

所谓鲜明,就是主张见解旗帜鲜明,不含糊其辞,不模棱两可。支持什么,反对什么,清清楚楚,绝不含糊。例如,北京市海淀区人民法院判决的某人身损害赔偿案中,法院在阐述赔偿理由时,明确写道:

“保证产品质量，特别是保障消费者人身财产安全是产品生产者必须履行的基本法律责任和义务。因产品质量问题造成的侵权损害结果依法应当赔偿，以维护社会公平与市场秩序。”

而在另一份判决书上，则有论点不甚鲜明，如：

“本院考虑双方已结婚多年，婚后感情还是不错的，且生有三个子女，从目前情况看，还是不离为宜。”

该离还是不该离，法院应当有个明确态度。“为宜”，是一种表示商量口气的词语，用在须付诸执行的严肃的法律文书中，无疑是不妥当的。

（二）各具特色

侦查、起诉、审判等各类法律文书，由于写作主旨不同，因而所提出的论点也有各自不同的特性。

侦查文书中的立案报告，其主旨在于论述立案的必要，围绕开展侦查立案活动提出的论点，大都表现为对案件性质及其情节作出的初步分析和判断。

在检察阶段，起诉书的论点主要说明犯罪嫌疑人的行为已经构成犯罪，依法应当追究其刑事责任，提起公诉；不起诉决定书的论点，在于说明对被不起诉人终止刑事责任的追究。

刑事裁判文书的论点，有罪判决要集中说明被告人的行为已经构成犯罪，依法应予处罚；不构成犯罪的，其论点则重在说明被告人无罪；证据不足，不能认定被告人有罪的，其论点主要表现为指控的犯罪不能成立，应宣告无罪。属于民事判决的，它的主要论点是对当事人双方的权利与义务关系作出判断。

（三）必然性判断

论点，在语法上是用句式来表现的。在逻辑学上又称为判断，即肯定或者否定客观事物有无某种属性或者关系的思维形式。法律文书的论点不同于一般论说文中的论点，一般表现为单称判断、肯定判断、必然判断。例如，前例“被告人王××系主犯”，“王腊生的辩解及其辩护人的辩护意见成立”，这两个用语都是陈述句。主词“被告人王××”等是专有概念，所以是单称判断；如果从判断的确定性上讲，又都属于肯定判断；再从主词与宾词内在联系的确定程度上看，则是一种必然性判断。

在少数情况下，法律文书的论点有的表现为通称判断。例如，前述人身损害赔偿案例句的主词“保证产品质量，特别是保障消费者人身财产安全”，就是泛指一切产品生产者。有的则采用否定句式来表现否定判断，如“被告人石×不具有自首情节”“……与已查明的事实不符，本院不予采信”。只有极少数文书采用或然性判断，如立案报告中的“某甲可能是作案人”“死者大约在5小时以前丧命的”。这些论点的运用往往是侦查工作的需要，它反映了侦查人员对客观事物认识的程度。

二、论据

论据，就是用来说明论点的材料。法律文书的论据，是指文书制作者提出论点的理由和事实依据。

例一:“池×与上影厂依据著作权法的有关规定,在自愿协商基础上签订的将池×所著小说《太阳出世》由上影厂改编摄制成影视作品的著作权专有使用许可合同,合法有效。”

例二:“池×与上影厂均应按照合同的约定全面履行自己的义务。但上影厂在合同生效后,仅根据池×提出的意向性建议,即推断池×已经允许将小说《太阳出世》的摄制电影权转让给北影厂,并且单方面将自己依合同所取得的权利转让给北影厂的行为,已明显违反了其与池×签订的合同中关于“上影厂若要将该专有影视改编权许可(或转让)给第三方,必须事先征得池×的书面同意”的约定,属于违约行为。”

例一提出的论点是:双方所签的改编摄制合同合法有效。而支持这一论点所列举的两项理由就是论据:一是合同内容符合著作权法的有关规定;二是合同是由双方自愿协商签订的。同样,例二提出单方面转让摄制权的行为属于违约行为的论点,则用了三项事实材料作为论据来说明这一论点的成立:一是上影厂应履约而没有履约;二是根据错误推断即单方面转让摄制权;三是违反了转让给第三方要事先征得著作权专有权利人书面同意的约定。

在法律文书中,用做论据的材料通常包括以下方面:(1)案件事实情况。它是构成论据中的主要材料。上述例一、例二所列举的论据都属于这类材料。(2)证据。包括证人证言、物证、书证、鉴定结论、勘验检查笔录、当事人陈述、视听资料等各种证据材料。(3)数据。包括各种犯罪的数额、违法所得数额、诉讼标的数额,以及其他相关的数字材料。(4)法律文献史料、权威大家名言、指导性的典型案例。(5)法学理论。主要是指引用的法学基本原则、原理。(6)法律、法规或者司法解释规定。主要是引用有关的实体法或者程序法的条款作为论据。

论据要真实可靠、充分、有力。如果仅有论点的正确,没有确实有力的材料来说明它、支撑它,文章就会显得干瘪,剩下一堆口号,无血无肉,空洞无力,难以服人。

作为论据的事实材料,一定要可靠,必须选择那些经过查证核实的、典型的,并经得起推敲的材料使用。由于这些材料反映了事物本质,并具有代表性,因而也最具有说服力。“事实胜于雄辩”,说的就是这个道理。对于作为论据引用的法律条款,则务必准确,如此才有力度。

三、论证

论证,是运用论据借以证明论点的过程,也是将论据与论点联系以剖析事理的方法。

在法律文书中,论据是论点的具体表现,论点则是论据的集中结论。任何一个论点,如果离开了论据,就只是一个没有实际意义的概念。同样,不以论点为统率的论据,也不过是一些杂乱无章的材料,不具有说理的功效。可见,文书中的论点与论据并非孤立存在,而是相互联系,互为依存的。然而,能把论点与论据联系起来,形成一个统一整体,使论据能更好地服务于论点的,正是通过论证这一方法来完成的。因此,论证揭示了论点与论据之间的逻辑联系。也可以说,说明论点与论据关系的过程,就是论证的过程。

(一)论证的方法

论证必须遵循逻辑(指形式逻辑)规律,要按照逻辑的推理论述问题。从逻辑上讲,论点、论据都是以判断的思维形式表现的。所谓推理,是指由一个或者多个已知判断推出新的判断的思维形式。推理可分为由“一般到特殊”的演绎推理和由“特殊到一般”的归纳推理两种。在法律文书中,通常都采用演绎推理。这种推理,一般由两个判断和一个结论组成,称为“三段论式”。法律文书在运用三段论式进行推理论证时,由于要求文字简练,往往只使用两段推理,即省去大前提的简略形式。例如,前例“池×与上影厂签订的改编摄制……合同合法有效”的论断,就是采用这一形式推理的,所省略的大前提是:“一切依据著作权法有关规定,自愿协商签订的合同合法有效。”

法律文书的论证,往往比较复杂,需要从多方面进行,除了注意论证的逻辑性外,还要注意论证的步骤与层次。常见的论证方法如下。

1. 分析

分析,是指通过不同的角度和层次,剖析事理,揭示论点和论据间的因果关系,以阐明论点的正确性。例如:

> “本案鉴定意见经庭审质证,结论已经明确:气雾剂公司生产的‘白旋风’牌边炉石油气气罐没有根据气罐承压能力科学安全地按比例成分装填气体,充装使用方法的中英文标注不一致,内容互相矛盾,属于不合格产品,上述质量问题是造成此次事故的基本原因,气雾剂公司无可推卸地应当承担相当于百分之七十的主要责任;‘众乐’牌卡式炉燃气罐与炉具连接部位存在漏气可能,使用时安装不慎可能性更大,存在危及人身、财产安全的不合理危险,且不符合坚固耐用不漏气的行业生产标准,质量存在缺陷。在炉内存有小火酿成事故的因果关系中,漏气环节是一个不可或缺的过错诱因,因此厨房用具也负有百分之三十的责任。现没有证据证明春海餐厅提供服务存在过错,贾国宇要求该餐厅赔偿损失,缺乏事实依据,本院不予支持。”

这一段文字,从鉴定结论、产品质量缺陷和不存在过错事实等方面,分别对第一被告应承担主要责任、第二被告应负次要责任,以及第三被告不存在过错责任的理由,进行了全面剖析,分清了是非,明确了责任。这种分析方法有利于深入细致论证,阐明论据与论点之间的关系,把问题说透,较好地回答论点提出的“为什么”的问题。

2. 综合

所谓综合,就是把各个分散、零碎和不系统的论据,通过分析,予以归纳提高,使论点更加清楚。例如,关于马××、马×明抢劫、故意杀人一案的审理报告中,作者在审查原判和上诉理由的基础上,经过对抢劫和故意杀人两个犯罪事实及其依据的逐项分析,综合提出本案以下定性意见,较好地揭示了犯罪的本质及其危害的严重性:

> “综上所述,上诉人马××、马×明无视国法,持械抢劫公私财物,抢劫后又杀人灭口,非法剥夺他人生命,致人死亡,其行为均已构成抢劫罪、故意杀人罪,且情节恶劣,手段残忍,后果严重,对社会治安危害极大,应予严惩。”

综合与分析各有所长。分析可以分层深入,细致论证,得出合乎逻辑的结论;综合则可以汇集问题,将其上升到理论高度。因此,在写作实践中,综合与分析往往结合使用。但是,作为一种论证方法,只要能把问题分析透彻,也可以不进行综合。

3. 引证

引证是通过引用典型事例、法学原理或者法律条款等作为论据,以证明论点的方法。与一般论说文不同,法律文书特别是其中的裁判文书适用引用的范围较小,一般不包括经典著作、领导人言论、成语典故。引用最多的是法律、法规以及部门规章条款乃至司法解释规定,其次是法学原理。至于典型事例、上级文件等,在一些侦查终结报告、破案报告、公诉词或者辩护词中,根据需要有时也会采用作为引证。

4. 反驳

反驳,又称驳论,是一种反证法。它是通过运用正确观点来反驳对方错误的论点、论据或者论证方法,进而达到树立正确观点的目的。反驳既可以直接反驳,也可以间接反驳,即从揭示对方论据的虚假和论证方法的错误入手,将对方的观点驳倒。通常采用的驳论有:

(1)用事实证明对方论点错误或者虚假,予以驳斥。例如:“被告人余××在共同强奸、抢劫、拐卖人口犯罪中积极参与并为首抢劫肖××,显系主犯,故余××提出自己不是主犯及其辩护人提出给余××从轻处罚理由不予采纳。”余××在三起共同犯罪中有两起是积极参与,一起为首实施,其在共犯中的地位与作用已说明是主犯,因此,主张余××不是主犯及应从轻处罚的论点不能成立。

(2)指出对方论据错误,使其赖以建立的论点不攻自破。例如:“双方又以会议纪要形式对工程款调整达成了协议。因该会议纪要主要内容并非是钢材补差,而被告在国家有关部门对钢材差价补贴的文件废止前,已对原告履行了钢材补差义务,故被告提出的国家有关部门对钢材差价补贴的文件已经废止,该会议纪要属无效的理由不能成立。”作者从被告的论据入手反驳,既指出“纪要主要内容并非钢材补差”,又说明钢材补差义务在文件废止之前被告即已履行。这样,用作“会议纪要无效”这两个论据均被驳倒,其论点也就站不住脚了。

(3)用揭示论证方法的错误来说明对方论点的荒谬。具体适用应根据错误论证的情况而采取不同的对策。对于把没有必然联系的前提与结论放在一起推理的,要指出其违反推理思维形式,由于两者没有内在的逻辑关系,由此是推不出正确结论的,充其量不过是一些现象的罗列。对于大小前提都采用否定形式的推理,其要害就在于这种论证的结论不具有排他性,因而也是站不住脚的。对于大前提错误的演绎推理,则重在揭露其违反三段论式的推理规律,错误的前提必然导致结论的荒谬。例如,在一起强奸案中,八个被告开着车领着一些学生出去玩。过程当中,有的没有发生关系,有的是自愿发生两性关系,有的确实实施了强奸。但是,起诉书认定,凡是一起出去玩并发生关系的都是强奸,没有发生两性关系的也是共犯。针对这一大前提的错误,辩护词从事实、证据和法律依据等各个方面,反复论证了“玩”与强奸的本质,取得了反驳的良好效果。[1]

---

〔1〕 田文昌专辑:《中国名律师辩护词代理词精选》,法律出版社 1998 年版,第 31 页。

(二)论证的基本要求

论证的基本要求如下：

1. 立论要准确、具体，有根有据。立论，是指从正面确立自己的观点。它必须立足于准确的基石。一个论点的提出，不仅定性(说明行为性质、手段)要准，定量(时间、地点、行为过程等)也要准。这是使论点立于不败之地的前提。具体就是言之有物，能使人感到它的真实存在。法律文书的立论应当源于事实和法律，不能想当然，也不能装腔作势，靠大帽子唬人。

2. 分析要透彻，周密严谨，不讲套话，不作泛论。具体运用论证方法说理，要针对案情深入剖析，把理说透；要善于把逻辑思维与形象思维紧密结合起来，做到言必及义，论证精要，一语破的；论证全过程要保持观点首尾一致，前后贯通；说理要逻辑性强，无懈可击。

3. 辨别无误，公正不偏。说理要贬邪扶正，是非分清，责任分明，客观公正。不能因为是被告就认为其理低三分，把据理合法的辩解误断为抗拒、狡辩。对于指控不实之词，应据理反驳，不予采信。要坚持在真理面前人人平等，从客观实际出发，实事求是。只有这样分析事理、评判，才能真正做到以理服人。

4. 以事论理，以法论理，辅以情理。根据案件认定的事实进行分析，阐明理由，不能脱离事实作概念推演，要寓事于理，用夹叙夹议的复合方法进行说理。以法论理，是指理不能离开法，要以法为准绳，符合法学的基本原理，要用具体的法律条款来具体分析事实，阐明道理。既不能以一般的常情论断，又要注意在合乎法律规定的前提下，照顾到一般情理，使之互为融合，做到合法、合理。

第三节　说　　明

说明，是对客观事物的外形特征、性质、功能、种类所作的解释、介绍、比较或者对某一事理所进行解释的表达方式。它广泛使用于科学报告和说明书中。如果说一般记叙文、论说文也离不开说明这一表达手段，那么，它在法律文书中则有着更为重要的地位。

一、说明的适用范围及其分类

在法律文书中，说明适用于各类文书，所不同的是适用范围有所差别。拟制类文书的事实和理由部分一般不使用说明，但首部、处理结果和尾部等部分则均适用说明。例如，民事裁判文书中对当事人和诉讼代理人的诉讼地位及其各自的基本情况，以及案件由来和审理经过所作的表述，就是对说明的运用。它用简练的文字把谁告，告谁，谁来代理，所审案件性质，以及法院是怎样进行开庭审理的情况都一一作了说明，交代得一清二楚。

在表格、填空类文书中，除案件揭发过程、调查判明情况、处理等个别项目外，绝大多数都使用文字说明。至于现场勘查、检查、搜查、宣判等笔录，则几乎都使用说明。

在有关事实叙述和理由阐述的部分，有时某些论据往往需要补充交代某种关系、经历、

功用、特性等,也要使用说明的文字。例如:

"被告人傅××伙同刘×(另案处理)于……抢劫。"

"被告人解×在肥西县……公路上,见一辆个体货车停在路边(车出故障)……"

"……说后去附近小店买一条合肥牌香烟(小店无好烟),解×并不满足。"

"刘×同意借一万元给张×用于做生意。出于稳妥考虑,刘×要求张×立下借据,并要求唐×(当时张×与唐×是夫妻关系)在借据上签上自己的名字……"

上述四例括号内的文字,均是说明。它分别交代了以下情况:共同作案人刘×的现况,货车为何停在路边,为何只买合肥牌香烟,以及张×与唐×是什么关系。这样一来,刘×未能列为被告的背景、停车的原因、解×不满足的缘由以及张×借钱唐×签字的背景情况,也就十分清楚了。这些说明,文字虽少,却有助于事实的叙述,对于情况的介绍、事由的解说是不可缺少的。

按照解释对象的不同,说明可分为两类:(1)对具体事物的说明。它是文书中最常用的一种。这里说的"具体事物",可以是有形的,诸如物品[如自行车(26型永久牌)]、人物[如被害人赵×(女,21岁)]、景象(如现场勘查记录)等,也可以是无形的,包括时间,如去年(2016年)9月26日(周一)、事项(如上诉权利的告知)。这类说明主要是通过朴实的解说把事物的客观存在表述清楚,而不是作生动的形象描绘。(2)对抽象事理的说明,但这类说明法律文书极少使用。其与论证的区别就在于它不运用概念、判断进行推理来建立自己的观点。

二、说明的基本要求

说明用的是解释性文字,总的写作要求是真实、明确、具体。

(一)简而明,不烦冗

文字简练是手段,意思明确才是目的。"简"应以"明"为前提,简而不明,就失去了简的意义;虽明不简,文字啰唆,则有悖于说明要旨。例如:

"天门体委位于我县工人俱乐部门前,有新旧平房两栋,共25个房间,坐东朝西。东面紧靠天皂公路,旧平房北头几间存放着摩托、球类、田径等训练器材。南头几间住一部分工作人员。平房门前是训练摩托、篮球的场地。新平房共11个房间(15~25),有寝室、办公室、会议室等。平房前三面筑有院墙,两侧开设大小门,院墙内是射击靶场。"

这段文字简明扼要,把现场的位置、布局及其陈设说得清楚明白,没有多余的话,看后犹如身临现场,颇有立体实感。下面这例则写得不好,文字虽简,意思却不明白。"被告于×应给原告闵××人民币五千元。"由于没有写明给付的期限和方式,这样的判决实际很难执行。

(二)明白无误,没有歧义

说明的文字不仅要具体、准确,而且具有排他性,是什么就是什么,只能有一种释义,而不能有多种说法。否则,将给实际工作造成困惑,甚至贻误时机,造成损失。例如,“犯罪嫌疑人康某把重要的资料和手稿盗走了。”“重要的”是单指资料,还是包括手稿,含义不清。其可以有两种理解:一是重要的资料和“并非重要”的手稿;二是重要的资料和重要的手稿。

为避免歧义,对于时间、地点、人物和物品,有时必须用括号加以注释说明。当然,也可以采用同位语的方式说明,如将“4 月 8 日(星期三)”写成“4 月 8 日星期三”。

(三)圆满周详,滴水不漏

说明旨在使人了解全貌,不能以偏概全,有所疏漏。对于复杂的事物或者过程的说明,必须严密周详,即该详述的要详说,不能单纯求简。只有这样,才能使他人对这一事物或者过程有个全面、清晰的了解。例如,有这样一个“公告”:

“莫有霖(又名莫权),本院已判决潘巧英与你离婚。特此公告送达。

×××县人民法院××××年××月××日”

按照司法解释,公告期满即视为送达。但这份刊登在报上的公告,一没有写明送达期限,应视为送达难以确定;二没有交代有关上诉事项,影响了被告诉讼权利的行使。如果将这份公告改写为:

“莫有霖(又名莫权):本院依法判决潘巧英与你离婚。限你自公告之日起60日内来本院领取判决书,逾期则视为送达。如不服本判决,可在公告期满之日起15日内向本院递交上诉状及副本,上诉于××××中级人民法院。逾期本判决即发生法律效力。”

这样修改就使说明文字完整,合乎规范。

(四)言之有序,不紊乱

客观事物是有序的,反映事物的文字说明也应该是有序的,特别是对错综复杂的事物,尤其要注意语言表达的条理性和文字结构的层次性,要按照客观事物发展规律或者依存联系,使文字前后连贯,合乎逻辑。比如,写离婚判决书时只能先写准许双方离婚,再依次写明:子女抚养费、夫妻共同财产分割、债务承担等的处理内容。至于说明顺序的表达,采用何种方式,可以从各种不同的角度落笔,是采用由低而高或者由轻而重的递升式,还是由高而低或者由重而轻的递降式;是采用由源及流或者由后向前的推进式,还是由流溯源或由前推后的倒逆式,要善于依据说明对象的不同特点而相置宜,恰到好处。

第四章 制作法律文书的原则和要求

第一节 制作法律文书的原则

制作法律文书的原则，是指在制作法律文书的过程中应当遵循的准则。概括起来，主要有以下几项原则。

一、尊重客观事实

事实是定案的基础，也是法律文书制作的基础。案件事实是客观存在，不以办案人员的主观意志为转移。制作法律文书必须尊重客观事实，忠于事实真相。这是办案的一项守则，也是制作文书的一项准则。

《刑事诉讼法》第51条明确规定："公安机关提请批准逮捕书、人民检察院起诉书、人民法院判决书，必须忠于事实真象。故意隐瞒事实真象的，应当追究责任。"这一规定所体现的求实精神，同样适用于制作其他司法文书。

制作法律文书，任何时候都要实事求是，不能为适应某种需要而不顾客观事实，凭空捏造。叙述事实，写明证据，务必是就是，非就非；不夸大，不缩小，不捕风捉影，虚构事实，以假代真。写在法律文书上的事实，如果是经司法机关认定的，则必须是已查明核实的事实。

二、严格依法制作

法律文书是具有法律效力和法律意义的专用文书，也是国家法律实施的重要手段之一。毋庸置疑，法律文书的制作必须严格依法进行。主要表现在以下方面：

1. 应当按照法定程序的要求进行制作，不能超越程序，先写后办。那种"案件还没审，判决已写好"的做法是十分错误的。任何类似"先定后审"的文书制作，均有悖于法律规定，应当坚决杜绝。

2. 每类法律文书的制作，乃至对具体内容的要求，都应有相应的法律依据，不得任意发挥。例如，对于民事裁判文书的制作，《民事诉讼法》第152条和第154条，从案由、事实、理由、法律适用、裁判结果、诉讼费用负担到上诉事项和署名盖印，都作了明确规定，制作者必须依法制作。

3. 法律文书所解决的是法律实体或者程序问题，在文书中要引用相关的法律、法规乃至司法解释作为处理案件的法律依据，即要求文书的制作要准确适用有关的实体法或者程序法。

三、坚持司法公正

司法公正既是现代司法制度的基石，也是依法治国的基本要求。

司法公正反映在法律文书制作内容和方式上，一要“公”，不偏不倚，秉公执法；二要“正”，光明磊落，刚正不阿。在认定事实和适用法律上，对诉辩双方应平等相待，不能厚此薄彼，徇私枉法。只要是对的就支持，错的就反对，不能因为是控方，该据理批驳的不批驳；是辩方，不该批驳的却任意训斥。只有坚持诉讼地位上平等的原则，平等地保护双方当事人的诉讼权利，才能有效地体现司法公正。

司法公正，不仅要求实体要公正，程序也要公正。在文书的制作上，要坚决丢掉重实体、轻程序、重刑事、轻民事的观念。那种认为只要文书内容正确，形式无关大局的观点是错误的。没有程序的公正，就不会有实体的公正，法律面前人人平等就会是一句空话。

司法人员只有坚持严肃执法，把司法公正视为司法工作的生命，才能使我们制作的法律文书经得起历史的检验。

四、坚持依法公开

依法公开是现代司法工作的一项重要原则。在我国，除法律另有规定的以外，司法活动应当公开进行。这是实现司法公正的措施和手段。

无论是“检务公开”，还是“审判公开”，都包含法律文书的公开。法律文书既然是依法公之于世的文书，那就理所当然要置于社会公众的监督之下，不搞“暗箱操作”，以进一步增强文书的透明度。比如，某一案件为何起诉，被诉方如何答辩，事实如何认定，双方证据是否确认，当事人的观点是否采纳，采纳与否的根据又是什么，法律责任如何确定等，这些问题在裁判文书上都要逐一作出回答。只有把一切问题摆在明面，公之于众，才能使法律文书特别是裁判文书成为最讲理、最公正的文书。

当然，强调法律文书的公开，指的是依法公开。如果依照法律规定，不能公开的，诸如在特定诉讼活动中产生的一些文书，如侦查文书、审查起诉文书和评议笔录等，则不能公开。即使依法应当公开的裁判文书，在叙述事实和阐述理由中，如果涉及国家秘密或者个人隐私的，仍然存在保密问题，要妥善保护国家利益，保护受害人的隐私。这种依法不公开，是顺利进行司法活动的需要，也有利于司法的公平。

第二节　制作法律文书的要求

法律文书的制作，应当是高标准、严要求。

一、制作要严肃认真

法律文书体现司法机关办案的结果，具有特定的法律效力或者法律意义。它既关系到国家法律、法规能否正确贯彻执行，也关系到当事人合法权益能否得到切实保护。因此，法律文书的制作必须严肃认真,一丝不苟。

1. 提高认识,增强工作责任感。从文书起草开始就要抓紧抓细,从严要求,切不可掉以轻心。对每一种文书的制作,都要按样式规定,结合案情,认真写作。即使是表格文书,也要按表格栏目的要求,逐项认真填写,不写草书,不造生字,使制作的文书能如实反映案件的原貌。

2. 对重大、疑难案件的法律文书制作,要在吃透案件的基础上,先拟出写作细纲,经过研究后写出初稿,并反复进行修改、推敲,再予以定稿。

3. 认真校阅,严格把关。草拟的文书,特别是处理结果的表述,在完稿付梓以前,制作者一定要精心校阅,发现问题及时修正,避免出现笔误、差错。过去那种“一时笔下误,缠诉十余年”的错事,应吸取教训,绝不允许出现。

二、样式要标准化、规范化

随着时代的发展,技术日益进步,电脑广泛运用于社会生活的各个方面。法律文书的制作与适用,也要不断改革创新。

在法律文书中,由于司法机关、仲裁公证部门各自的具体职能不同,其所制定的文书样式、要求也不尽相同,各有特色。但其都是实施法律的产物,因此,文书制作的基本标准和要求要统一,以增强法律文书的严肃性和权威性。法律文书的制作应该做到:格式统一,合法实用;结构严谨,层次分明,繁简得当;内容明确,要素齐全;逻辑严密,文字通顺,用语准确。

从微观上讲,各个部门按照法律要求和实践需要所制定的适用于本部门的法律文书,在格式、结构、要素以及语言文字的运用上,也要逐步实现标准化、规范化,以适应网络的运用、储存和检索。同时,各个部门的法律文书之间要相互协调,前一个司法程序的文书要为后一个司法程序的文书的制作提供方便。

三、制作要准确无误

法律文书从内容到形式必须准确无误,这是衡量文书质量的一项重要标准。具体要求是:

1. 文书内容要准确无误。拟制文书,首部各项内容要准确表述。正文叙述或者认定的事实、采信的证据、阐明处理的理由和法律依据,以及具体处理结果,都应当做到准确无误、天衣无缝、无懈可击。对于填充文书,各项栏目内容要填写恰当,不错不漏;栏内无内容可填的,应写“无”,而不能空着。上下相连两栏填写内容一致的,也不能用“同上”代替,要具体写明。

2. 适用样式要准确无误。样式包括文书种类形式、行文格式、程式等。一定的内容决定一定的表达形式,必须按照文书内容正确使用相应的法律文书样式(或者格式),不能相互替代。该用判决书的,不能使用裁定书或者决定书;该用检察意见书的,也不应使用检察建议书。

3. 文书内的语言要正确使用。语意要清楚,不能模棱两可;遣词造句要精确,避免有两种解释;各种称谓用语要符合法律规定,不能随意造词;数字和标点符号的使用要准确、规范,符合标准。

四、文书制作要及时

办案贵在及时，反映办案过程和结果的法律文书，自然也要求及时制作，不能拖延。

对于法律文书的制作，凡是法律有明确时限规定的，必须在法定时限内尽早完成，否则就是失职。比如，抗诉书应当在法定抗诉期限的10日内制作并提交人民法院。如果由于制作拖延，超过了法定期限，将致使抗诉权丧失，贻误工作，影响办案质量。又如讯问笔录，若在犯罪嫌疑人被拘留24小时以后才制作，就是违法。

在程序进行期间制作的某些文书，法律虽然没有规定制作的时限，但侦查、起诉、审判阶段又各有法定的办案期限。如果制作不及时，同样会制约整个办案程序，拖累诉讼，影响办案效率的提高。因此，这一类法律文书也要求及时制作，以适应办案的需要。

第五章　侦 查 文 书

第一节　概　　述

一、侦查文书的概念

侦查文书,是公安机关(含国家安全机关,下同)和其他依法具有侦查职能的检察机关、监狱在刑事诉讼活动中依法制作或者认可的具有法律效力或法律意义的文书。

侦查文书是刑事诉讼文书的一个重要组成部分,它与刑事检察文书和刑事裁判文书有密切的联系,共同构成刑事诉讼文书的有机体系,充分体现了公、检、法三机关分工负责、互相配合、互相制约的原则。

侦查文书是侦查活动的产物,是公安机关和其他侦查机关在刑事诉讼活动中行使侦查权的主要表现形式,是对侦查活动的真实记载。侦查程序是否合法、有效,案件事实、证据是否确实、充分,法律手续是否完备,都要通过侦查文书反映出来。因此,制作侦查文书对保证严格执法,提高办案质量,研究犯罪活动规律,具有十分重要的意义。

二、侦查文书的分类

侦查文书的分类有多种方法,既可以从文书制作方式上分,也可以从文书表现形式上分,还可从诉讼程序上分。按照侦查办案程序编排组合的侦查文书,大体上符合侦查办案过程,使文书制作与办案程序融为一体,具有连贯性,实践中常采用此种分类方法。据此,现行侦查文书可分为以下九类:

1. 立案、破案文书,包括受理刑事案件登记表、不立案理由说明书、刑事案件破案报告表等,共12种。

2. 律师介入文书,包括涉密案件聘请律师审批表、准予会见涉密案件在押犯罪嫌疑人决定书等,共6种。

3. 强制措施文书,包括呈请取保候审报告书、呈请监视居住报告书、拘留证、提请批准逮捕书及逮捕证等,共21种。

4. 讯问犯罪嫌疑人文书,包括讯问笔录等,共6种。

5. 调查取证文书(含搜查、扣押类),包括询问笔录、鉴定结论、呈请搜查报告书、呈请查询犯罪嫌疑人汇款报告书、调取证据清单等,共36种。

6. 技术侦查类文书,包括呈请技术侦查报告书,采取技术侦查决定书,执行技术侦查通知书等，共7种。

7. 延长羁押期限文书，包括呈请延长拘留期限报告书等，共5种。

8. 侦查终结文书，包括侦查终结报告、起诉意见书等，共8种。

9. 补充侦查、复议复核文书，包括补充侦查报告书等，共3种。

三、制作侦查文书的特殊要求

（一）内容要真实

内容真实是制作侦查文书最根本的要求。只有内容真实可靠，才能确保办案顺利进行，反之内容虚假，必然会将办案活动引向歧途，影响刑事诉讼活动的顺利进行。侦查文书内容真实的要求主要包括以下三方面：

1. 侦查文书涉及有关人员的基本情况要真实，如姓名、性别、年龄、住址、单位、职业及简历等都必须真实无误。

2. 侦查文书列举的事实必须真实。例如，起诉意见书列举犯罪嫌疑人的犯罪事实必须是经查证属实的，一些似是而非未经查实的事实均不得列入。

3. 侦查文书中列举的证据必须真实，必须是经过查证无误的证据。

（二）制作要及时

侦查文书都是在办案中遇到特定案情时依法制作的，具有较强的时限性。因此，制作侦查文书必须及时，尤其是对那些时限性要求极强的文书，更应当在法定期限内及时制作。例如，犯罪嫌疑人被捕后，如果没有有碍侦查或者无法通知的情形时，应当在24小时内制作“对被捕人家属或单位通知书”，将逮捕的原因和羁押处所通知被捕人的家属或者单位。超过24小时未制作该通知书通知被捕人家属或者所在单位，是法律所不允许的。

第二节　立案文书

公安机关立案文书，分为呈请立案报告书和立案决定书两种。

一、呈请立案报告书

（一）呈请立案报告书的概念

呈请立案报告书，是公安机关侦查部门对报案、控告、举报、自首的材料进行审查后，认为符合立案的案件，报请领导审批决定是否立案所制作的侦查文书。《刑事诉讼法》第108条规定，公安机关、人民检察院或者人民法院对于报案、控告、举报，都应当接受。立案是全部侦查活动的起点，其他所有的侦查活动都是在立案后进行的。根据《公安机关办理刑事案件程序规定》第175条第1款之规定，公安机关受理案件后，经过审查，认为有犯罪事实需要追究刑事责任，且属于自己管辖的，由接受单位制作呈请立案报告书，经县级以上公安机关负责人批准,予以立案。

呈请立案报告书属审批文书,经县级以上公安机关负责人批准并制作立案决定书,便成为公安机关开展侦查工作的依据。

(二)呈请立案报告书的内容和制作方法

刑事案件立案报告书分为首部、正文、尾部三部分。

1. 首部,即标题。可按实际案情填写,如“关于×××杀人案的立案报告书”。

2. 正文。由四部分组成,包括报告导语、接受案件情况、立案根据、立案理由和意见。

(1)报告导语。主要概括写明案件来源,接受案件后的处置,从初查或现场勘查和访问获得的证据得出是否有犯罪事实发生,而后用程式句“现将有关情况报告如下:……”。

(2)接受案件情况。这部分写明如下三点:第一,案件来源,即案件是怎样发现的,是通过报案、控告、举报,还是犯罪嫌疑人自首或是其他机关转来的或者是上级公安机关交办的。第二,报案、控告、举报人、自首者的基本情况,包括姓名、性别、年龄、民族、职业、住址以及与案件的关系。第三,案件的基本情况,要根据报案、控告、举报人或犯罪嫌疑人提供的情况以及抓获或者发现犯罪嫌疑人的经过,写清犯罪嫌疑人的犯罪事实,包括犯罪时间、地点、手段、后果和被害人简要情况等,不明确的情况可暂不列入。

(3)立案根据。这部分是写作重点,是案件成立的关键。它一般包括现场勘查情况、现场调查访问情况及鉴定结论。第一,现场勘查情况。现场勘查的目的是发现和搜集犯罪的痕迹、物证,为研究分析案情、判断案件性质、确定侦查方向、明确侦查范围、侦破案件提供线索和依据,因此要按照现场勘查的基本要求步骤,写明现场方位、现场状态、现场的变动和各种痕迹、物证的情况以及提取的痕迹物证数量、特征等,具体内容要与现场勘查笔录的内容一致。第二,现场调查访问情况。要把侦查人员深入细致的调查访问所了解和收集的案件情况和证人证言叙述清楚。重点要写明被害人提供的关于案件发生、发现以及报案的经过和提出的与案件有关的情况。第三,鉴定结论。这部分内容并不要求每个立案报告书都必须具备。鉴定结论主要是指赃物估价、伤情鉴定、司法精神病鉴定结论等。

(4)立案理由和意见。这部分内容主要是对报案、控告、举报或者犯罪嫌疑人自首的交代、现场勘查、调查访问及鉴定结论的综合判断,说明立案的条件和依据。首先说明在什么时间、什么地点发生了什么性质的刑事案件,并且收集到了一定的证据,证明案件事实已经发生;其次写明行为人实施犯罪的动机、目的、手段等;最后写明造成的后果,依法应当追究的行为人的刑事责任。在上述事实和分析判断的基础上,引用具体的《刑法》和《刑事诉讼法》条款来认定案件性质和提出立案请求。要写明案件的严重程度,即说明是立为一般案件还是立为重大或者特大案件。

3. 尾部。要写明制作日期和制作单位并加盖公章。

(三)制作呈请立案报告书应当注意的问题

1. 呈请立案报告书一般用于重大、特大案件,对于一般刑事案件,填写刑事案件立案报告表即可。

2. 呈请立案报告书经县级以上公安机关负责人批准后,凭此报告书,制作立案决定书。

二、立案决定书

(一)概念

立案决定书是公安机关对报案、举报、控告、自首材料进行审查后,认为符合立案条件,经报请县级以上公安机关负责人批准后制作的立案决定文书。

立案决定书是公安机关对接受的刑事案件正式开展侦查活动的合法依据,只有立案之后,公安机关才能对案件进行侦查,对犯罪嫌疑人采取各种侦查手段和强制措施。否则,侦查活动就是违法行为。

(二)制作方法

立案决定书分为正本和存根两联。

1. 正本。正本是公安机关立案的合法凭据,由首部、正文和尾部三部分组成。

(1)首部。包括制作机关名称和文书名称、文书编号三项内容,只需按要求填写文书编号。

(2)正文。填写内容为“根据《中华人民共和国刑事诉讼法》第×条”。如果是公安机关发现犯罪事实或者犯罪嫌疑人的,或者上级公安机关交办的,填写“一〇七”;如果是公民报案、控告、举报、扭送或者犯罪嫌疑人自首的,则填写“一一〇”。在“第×条之规定,决定对”之后填写案件名称。如果已确认犯罪嫌疑人的,填写犯罪嫌疑人姓名和涉嫌罪名;如果是有组织犯罪的案件,填写首要犯罪嫌疑人姓名与涉嫌罪名;如果涉嫌多个罪名的,填写主要涉嫌罪名;如果是尚未确定犯罪嫌疑人的案件,以发生或者发现案件的时间、地点和案件的性质确定案件名称,也可以以被害人或单位名称加案件性质作为案件名称。但案件已确定犯罪嫌疑人的,必须以犯罪嫌疑人姓名和涉嫌罪名为案件名称。

(3)尾部。填写制作文书日期,并加盖制作文书的公安机关印章。

2. 存根。按照固定格式填写。

(三)制作立案决定书应当注意的问题

1. 在制作立案决定书之前,应制作呈请立案报告书,经县级以上公安机关负责人批准后凭报告书制作立案决定书。

2. 立案决定书正本存入侦查卷,作为公安机关开展侦查活动的依据。

第三节　侦查阶段律师参与诉讼文书

一、提供法律援助通知书

(一)概念

提供法律援助通知书,是公安机关在办案中发现犯罪嫌疑人属于法律规定的法律援助对象,没有委托辩护人,通知法律援助机构指派律师为其提供辩护时制作的文书。

《刑事诉讼法》第34条规定,“犯罪嫌疑人、被告人因经济困难或者其他原因没有委托辩护人的,本人及其近亲属可以向法律援助机构提出申请。对符合法律援助条件的,法律援助机构应当指派律师为其提供辩护。犯罪嫌疑人、被告人是盲、聋、哑人,或者是尚未完全丧失辨认或者控制自己行为能力的精神病人,没有委托辩护人的,人民法院、人民检察院和公安机关应当通知法律援助机构指派律师为其提供辩护。”《刑事诉讼法》第267条规定,未成年犯罪嫌疑人、被告人没有委托辩护人的,人民法院、人民检察院、公安机关应当通知法律援助机构指派律师为其提供辩护。

使用提供法律援助通知书应同时具备以下条件:(1)犯罪嫌疑人是盲、聋、哑人,或者是尚未完全丧失辨认或者控制自己行为能力的精神病人,或者是未成年人,或者是可能被判处无期徒刑、死刑的人。(2)犯罪嫌疑人没有委托辩护人。

(二)制作方法

提供法律援助通知书属于一纸多联式填空型文书,由附卷联、交法律援助机构联、存根组成。

1. 附卷联。该联是公安机关通知法律援助机构为犯罪嫌疑人提供法律援助的凭证,分为首部、正文和尾部三部分。

(1)首部。首部由制作机关名称、文书名称、文书字号组成。相关内容已印制好,只需填写文书字号即可。

(2)正文。正文由提供法律援助单位的名称、案件名称、犯罪嫌疑人基本情况、提供法律援助的理由、法律依据、联系人信息等组成。第一,提供法律援助单位的名称。提供法律援助单位的名称,应当在抬头“:”前的横线上顶格填写。第二,提供法律援助的理由。应当根据《刑事诉讼法》的规定,结合案件本身的实际情况选择其中一项理由填写,如犯罪嫌疑人是盲、聋、哑人,或者是尚未完全丧失辨认或者控制自己行为能力的精神病人,或者是未成年人,或者可能被判处无期徒刑、死刑,没有委托辩护人。第三,法律依据。有关法律条文文书已印制好,只需用横线划去不需要的法律条文即可。除未成年人案件引用《刑事诉讼法》第267条外,其余案件均应当引用《刑事诉讼法》第34条。第四,联系人、联系方式。一般应填写办案民警的姓名及联系电话。

(3)尾部。尾部填写制作文书的日期、公安机关名称,并加盖印章。公安机关还应要求法律援助机构的收件人在文书尾部签名并加盖单位印章。

2. 交法律援助机构联。该联是法律援助机构为犯罪嫌疑人提供法律援助的凭据,其制作方法与附卷联相同。

3. 存根。该联用于公安机关存档备查,应当按照文书印制的有关内容和顺序依次填写清楚。

(三)使用中注意的问题

1. 根据《公安机关办理刑事案件程序规定》第45条的规定,公安机关收到在押的犯罪嫌疑人提出的法律援助申请后,应当在24小时以内将其申请转交所在地的法律援助机构,并通知申请人的监护人、近亲属或者其委托的其他人员协助提供有关证件、证明等相关材料。犯罪嫌疑人的监护人、近亲属或者其委托的其他人员地址不详无法通知的,应当在转交申请时一并告知法律援助机构。犯罪嫌疑人拒绝法律援助机构指派的律师作为辩护人或者自行委托辩护人的,公安机关应当在3日以内通知法律援助机构。因此,提供法律援助通知书制作完毕后,侦查人员应当及时将文书送交法律援助机构,并让收件人在副本签收栏"本通知书已收到"后签名、加盖单位印章。

2. 法律援助机构签收后的提供法律援助通知书附卷联应当存入诉讼卷。

二、会见犯罪嫌疑人申请表

(一)概念

会见犯罪嫌疑人申请表,是侦查机关在办理危害国家安全犯罪、恐怖活动犯罪案件过程中,律师要求会见犯罪嫌疑人时填写的审批性文书。

《刑事诉讼法》第37条第3款、第5款规定,危害国家安全犯罪、恐怖活动犯罪案件,在侦查期间辩护律师会见在押的犯罪嫌疑人,应当经侦查机关许可。上述案件,侦查机关应当事先通知看守所。辩护律师同被监视居住的犯罪嫌疑人会见、通信,适用上述规定。

《公安机关办理刑事案件程序规定》第49条规定,对危害国家安全犯罪案件、恐怖活动犯罪案件,办案部门应当在将犯罪嫌疑人送看守所羁押时书面通知看守所;犯罪嫌疑人被监视居住的,应当在送交执行时书面通知执行机关。辩护律师在侦查期间要求会见前款规定案件的在押或者被监视居住的犯罪嫌疑人,应当提出申请。对辩护律师提出的会见申请,应当在收到申请后48小时以内,报经县级以上公安机关负责人批准,作出许可或者不许可的决定。除有碍侦查或者可能泄露国家秘密的情形外,应当作出许可的决定。有下列情形之一的,属于本条规定的"有碍侦查":(1)可能毁灭、伪造证据,干扰证人作证或者串供的;(2)可能引起犯罪嫌疑人自残、自杀或者逃跑的;(3)可能引起同案犯逃避、妨碍侦查的;(4)犯罪嫌疑人的家属与犯罪有牵连的。

因此,凡涉及危害国家安全犯罪、恐怖活动犯罪的案件,律师提出会见要求的,都应填写会见犯罪嫌疑人申请表,由办案人员、办案单位提出意见报县级以上公安机关负责人批准。

使用会见犯罪嫌疑人申请表必须同时满足以下条件:(1)案件涉及危害国家安全犯罪、恐怖活动犯罪。(2)犯罪嫌疑人已经接受公安机关第一次讯问或被采取强制措施。(3)犯罪嫌疑人在押或被监视居住。(4)申请人是犯罪嫌疑人的辩护律师。

(二)制作方法

会见犯罪嫌疑人申请表属于单联表格式文书,由申请人基本情况、犯罪嫌疑人基本情况、申请内容和侦查机关意见四部分组成。

1. 申请人基本情况。包括申请人的姓名、性别、出生日期、所在单位、律师执业证编号。

2. 犯罪嫌疑人基本情况。包括犯罪嫌疑人的姓名、性别、出生日期、涉嫌罪名、拘留、逮捕或监视居住时间。

3. 申请内容。主要填写律师的委托情况及申请会见的犯罪嫌疑人的姓名、法律依据。

4. 侦查机关意见。包括下列三项内容:

(1)办案人意见。由案件承办人填写,无论是呈请批准还是呈请不批准的意见,都应当按照《公安机关办理刑事案件程序规定》第49条第3款、第5款的规定写明具体理由,如:"因本案涉及危害国家安全犯罪,律师会见可能引起同案犯逃避、妨碍侦查,呈请不批准律师会见犯罪嫌疑人×××",或者"本案虽涉及危害国家安全犯罪,但律师会见不会影响对案件的继续侦查,呈请批准律师会见嫌疑人×××”。最后办案人应当签名并填写呈报日期。

(2)办案单位意见。由办案单位(如刑警大队)负责人填写,应当对批准或不批准律师会见提出具体的建议意见。

(3)领导批示。由县级以上公安机关负责人填写,批准或不批准律师会见应有明确的批示。

会见犯罪嫌疑人申请表填写完毕后,应当在48小时内作出许可或不许可会见的决定,并书面通知提出申请的律师。经领导批示后的会见犯罪嫌疑人申请表,应当依法存入侦查卷。

三、准予会见犯罪嫌疑人决定书、通知书

(一)概念

准予会见犯罪嫌疑人决定书、通知书,是侦查机关在办理危害国家安全犯罪、恐怖活动犯罪案件过程中,将批准律师会见的决定告知提出申请的律师和通知看守所安排会见时制作的文书。它是根据侦查机关批准的会见犯罪嫌疑人申请表制作的。

根据《刑事诉讼法》第37条第3款、第5款规定,制作和使用准予会见犯罪嫌疑人决定书、通知书必须同时具备以下条件:(1)案件确属危害国家安全犯罪、恐怖活动犯罪。(2)犯罪嫌疑人在押或被监视居住。(3)律师提出会见的申请已经县级以上公安机关负责人批准。

(二)制作方法

准予会见犯罪嫌疑人决定书、通知书属于多联式填空型文书,由附卷联、交申请人联、通知书联和存根组成。

1. 附卷联。该联是公安机关准予律师会见犯罪嫌疑人的决定凭证,分为首部、正文和尾部三部分。

(1)首部。首部由制作机关名称、文书名称、文书字号组成。文书字号已印制好,只需在空格处填写发文单位简称、年份、发文顺序号即可。

(2)正文。正文由申请人基本情况、会见的犯罪嫌疑人姓名、看守所或监视居住执行单位名称组成。

(3)尾部。尾部填写制作文书的时间、单位名称,并加盖制作文书的公安机关印章。公安机关将文书送达申请人时,还应要求其在文书尾部签名并填写收到文书的日期。

2. 交申请人联。该联是律师会见犯罪嫌疑人的凭证,其内容及制作方法与附卷联一致。

3. 通知书联。该联是侦查机关通知看守所或监视居住执行单位安排律师会见犯罪嫌疑人的凭据,由首部、正文和尾部三部分组成。

(1)首部。首部由制作机关名称、文书名称、文书字号组成。文书字号已印制好,只需在空格处填写发文单位简称、年份、发文顺序号即可。

(2)正文。正文包括通知单位名称、法律依据、律师事务所名称、律师姓名、律师执业证

编号、犯罪嫌疑人基本情况、被采取强制措施的时间和种类。填写通知单位名称时应在抬头“:”前的横线上顶格填写看守所名称或执行监视居住单位的名称。

(3)尾部。尾部填写制作文书的时间、单位名称,并加盖制作文书的公安机关印章。

4. 存根。该联由公安机关存档备查,应当按照文书印制的有关内容和顺序依次填写清楚。申请人填写提出会见申请的律师姓名,会见时间应当与正文一致。

准予会见犯罪嫌疑人决定书、通知书应当在收到律师提出会见申请后的48小时内作出,并及时送达。律师签收后的准予会见犯罪嫌疑人决定书附卷联,应当存入诉讼卷。

四、不准予会见犯罪嫌疑人决定书

(一)概念

不准予会见犯罪嫌疑人决定书,是公安机关在办理危害国家安全犯罪、恐怖活动犯罪案件过程中,将依法不批准会见犯罪嫌疑人的决定告知受委托律师时制作的决定文书。它是根据侦查机关不批准的会见犯罪嫌疑人申请表制作的。

根据《刑事诉讼法》第37条第3款、第5款规定和《公安机关办理刑事案件程序规定》第49条第4款规定,公安机关不许可会见的,应当书面通知辩护律师,并说明理由。有碍侦查或者可能泄露国家秘密的情形消失后,公安机关应当许可会见。

因此,使用不准予会见犯罪嫌疑人决定书必须同时具备以下条件:(1)案件确属危害国家安全犯罪、恐怖活动犯罪。(2)犯罪嫌疑人在押或被监视居住。(3)会见可能有碍侦查或泄露国家秘密。(4)律师提出会见申请后县级以上公安机关负责人批示不准予会见。

(二)制作方法

本决定书除附卷联的正文、通知书联以外,其余部分的制作方法与准予会见犯罪嫌疑人决定书、通知书相同。

正文,由申请人基本情况、案件名称、涉及案件类型、法律依据、犯罪嫌疑人姓名组成。填写案件类型时,根据案情用横线划去不需要的案件类型即可。填写法律依据时,可根据案件具体情况填写《刑事诉讼法》第37条第3款或第5款。

不准予会见的原因,在存根上应当填写“有碍侦查”或“泄露国家秘密”。

不准予会见犯罪嫌疑人决定书应当在收到律师提出的会见申请后48小时以内作出,并及时送达。律师签收后的不准予会见犯罪嫌疑人决定书附卷联,应当存入诉讼卷。

第四节　强制措施文书

一、呈请拘传报告书

(一)呈请拘传报告书的概念

呈请拘传报告书是承办案件的单位在侦查过程中,需要犯罪嫌疑人到案接受讯问时报请县级以上公安机关负责人审批的文书。

《刑事诉讼法》第64条规定,公安机关根据案件情况,对犯罪嫌疑人可以拘传。《公安机关办理刑事案件程序规定》第74条规定,需要拘传的,应当制作呈请拘传报告书并附有关材料,报县级以上公安机关负责人批准。这既是依法办案的需要,也是办案合法性的具体体现。

(二)呈请拘传报告书的内容和制作方法

呈请拘传报告书由首部、正文、尾部三部分组成。

1. 首部。包括文书名称、文书编号。犯罪嫌疑人的基本情况,写明犯罪嫌疑人的姓名、性别、年龄、出生年月日、身份证号码、单位及职业、住址及简历、违法犯罪经过等。

2. 正文。这是该文书的主要部分,内容包括报告导语、拘传理由及法律依据三部分。

(1)报告导语。写明正在侦查的案件名称,以及因侦查工作需要需拘传犯罪嫌疑人的请示,而后按程式句写明:“现将情况报告如下:……”。

(2)拘传理由。首先,要写明犯罪嫌疑人犯罪的时间、地点、手段、经过、后果等基本案情。如果仅有犯罪嫌疑,则要写明嫌疑的根据。其次,要说明经过合法传唤而无正当理由不到案受讯的情况。如果是未经传唤而直接拘传的,要说明直接拘传的理由。

(3)法律依据。要针对犯罪嫌疑人的犯罪事实,说明其行为触犯《刑法》的哪一条、哪一款,涉嫌什么罪,或者有何种犯罪嫌疑,并且要阐明通过拘传所要达到的目的(需要通过讯问查明的事实情节),并写明:“根据《刑事诉讼法》第六十四条之规定,拟对犯罪嫌疑人予以拘传,特呈请领导审查批示。”

3. 尾部。写明承办单位的名称,承办人署名以及制作日期。最后应注明附案件材料多少页数。

呈请拘传报告书经县级以上公安机关负责人批准后,由承办人凭呈请拘传报告书制作拘传证。一次拘传不得超过12小时,因案情特别重大、复杂,需要采取拘留、逮捕措施,拘传犯罪嫌疑人的时间需要延长至24小时的,应当制作呈请延长拘传时限报告书,经批准后,向犯罪嫌疑人宣布延长的时间,并在询问笔录中予以注明。

二、取保候审、监视居住决定书、执行通知书

(一)取保候审、监视居住决定书、执行通知书的概念

取保候审决定书、执行通知书,是公安机关在侦查过程中依法对犯罪嫌疑人采取取保候审措施的凭证文书。监视居住决定书、执行通知书,是公安机关决定对犯罪嫌疑人采取监视居住措施的凭证文书。

《刑事诉讼法》第64条、第65条规定,公安机关对犯罪嫌疑人可以监视居住、取保候审。《公安机关办理刑事案件程序规定》第66条、第95条分别规定,需要对犯罪嫌疑人取保候审、监视居住的,应当制作呈请取保候审、监视居住报告书。经县级以上公安机关负责人批准,并签发取保候审决定书、监视居住决定书。因此,决定书的制作,是对犯罪嫌疑人实行取保候审或者监视居住的合法依据。

犯罪嫌疑人具备下列情形之一的,可以制作取保候审决定书或者监视居住决定书:(1)可能判处管制、拘役或者独立使用附加刑的;(2)可能判处有期徒刑以上刑罚,采取取保

候审的方法，不致发生社会危险性的；(3)应当逮捕，但正在怀孕、哺乳自己未满周岁婴儿的妇女；(4)应当逮捕，但患有急性、恶性传染病或者其他严重疾病，采取取保候审的方法不致发生社会危险性的；(5)拘留后应当提请批准逮捕，而人民检察院不批准逮捕，需要复议复核的；(6)拘留后证据不符合逮捕条件的；(7)犯罪嫌疑人被羁押的案件，不能在法定期限内办结，需要继续侦查的；(8)逮捕后，发现犯罪嫌疑人具有第3项、第4项情形的。

鉴于监视居住决定书、执行通知书在结构、表述方式、适用对象上均相同，因而在这里仅介绍取保候审决定书、执行通知书的制作。

（二）取保候审决定书、执行通知书的内容和制作方法

这种文书是一种一纸多联填空类文书，分为取保候审决定书正本和副本、取保候审执行通知书、存根四联。

1. 决定书正本。它是对犯罪嫌疑人采取取保候审的合法凭证。

正文，包括犯罪嫌疑人姓名，取保候审原因，取保候审的法律依据，保证人姓名或者保证金数额和犯罪嫌疑人在取保候审期间应当遵守的具体规定等内容，并按照《公安机关刑事法律文书格式(2002版)》要求填写。

取保候审决定书既适用于对未被拘留、逮捕的犯罪嫌疑人直接取保候审，也适用于对已被拘留、逮捕关押的犯罪嫌疑人取保候审。因此，在填写取保候审的法律依据时，应当根据犯罪嫌疑人的具体情况填写。如患有传染病、怀孕和哺乳自己婴儿等情形，不能填写“因案情需要”或者“侦查工作需要”等含糊用语。对于不是因为传染病或者怀孕、哺乳自己未满周岁婴儿而直接取保候审的，可填写犯罪嫌疑人的行为性质，如盗窃、伤害等。

2. 决定书副本。内容与正本相同，在文书末尾增加一项，由被取保候审人写明“本决定书已收到”，并注明签收日期。

3. 执行通知书。这是执行机关对被取保候审的犯罪嫌疑人实施监管的凭据。正文包括执行单位名称、犯罪嫌疑人被取保原因和基本情况、取保起算时间以及在取保期间应当遵守的规定。具体可参照取保候审决定书中的内容填写。

4. 存根。由开具单位存档备查。要按照格式要求填写。

（三）制作取保候审决定书、执行通知书应当注意的问题

1. 在制作本决定书之前，应先制作呈请取保候审报告书，说明取保原因和取保方式以及执行机关，经县级以上公安机关负责人批准后，据此制作取保候审决定书、执行通知书。承办人凭此决定书对犯罪嫌疑人实行取保候审。

2. 对犯罪嫌疑人取保的方式，只能是人保或者保证金取保，不能同时并用。

三、呈请拘留报告书和拘留证

（一）呈请拘留报告书

1. 呈请拘留报告书的概念

呈请拘留报告书，是承办案件的单位对现行犯或者重大嫌疑分子需要采取拘留措施时所制作的报请县级以上公安机关负责人审批的文书。

《刑事诉讼法》第80条规定，公安机关对于现行犯或者重大嫌疑分子，如果有下列情形

之一的,可以先行拘留:(1)正在预备犯罪、实行犯罪或者在犯罪后即时被发觉的;(2)被害人或者在场亲眼看见的人指认他犯罪的;(3)在身边或者住处发现有犯罪证据的;(4)犯罪后企图自杀、逃跑或者在逃的;(5)有毁灭、伪造证据或者串供可能的;(6)不讲真实姓名、住址,身份不明的;(7)有流窜作案、多次作案、结伙作案重大嫌疑的。《公安机关办理刑事案件程序规定》第121条规定,拘留犯罪嫌疑人,应当填写呈报拘留报告书,经县级以上公安机关负责人批准,签发拘留证。因此呈请拘留报告书是制作拘留证的依据。

根据法律规定,全国人民代表大会代表或者县级以上地方各级人民代表大会代表,如果因为是现行犯需要拘留的,执行拘留的公安机关应向该级人民代表大会主席团或者常务委员会报告。对不享有外交特权和豁免权的外国人、无国籍人,依法应当刑事拘留的,由省、自治区、直辖市公安厅、局审批。执行拘留后,应当及时向当地外事办公室和有关外国人主管部门通报情况,并报公安部备案,按有关规定及时通知有关国家驻华使、领馆。

2. 呈请拘留报告书的内容和制作方法

呈请拘留报告书由首部、正文、尾部三部分组成。

(1)首部。只写文书名称,即“呈请拘留报告书”。

(2)正文。这是呈请拘留报告书的重点。它的内容包括报告导语、拘留理由和法律依据。

第一,报告导语。简要写明正在侦查的案件系某犯罪嫌疑人所为,需要采取拘留措施,“现将情况报告如下……”。

第二,被拘留人的基本情况。依次写清姓名、性别、年龄或出生年月日、民族、籍贯(如系外国人,应写明国籍)、户籍所在地、单位及职业、现住址,主要简历及违法犯罪记录。

第三,拘留的理由。首先,要把已经查清的被拘留人的犯罪事实或者重大嫌疑事实叙述清楚。如果被拘留人是现行犯,就要把犯罪的时间、地点、手段、经过、危害后果等情节反映出来。如果被拘人有重大嫌疑,要将认定嫌疑的事实根据叙述清楚。这些事实是适用拘留的基本理由。其次,要写明适用拘留决定条件方面的事实,即正在预备犯罪、实施犯罪或者在犯罪后及时被发觉的;被害人或者在场亲眼看到的人指认他犯罪的;在身边或者住处发现有犯罪证据的;犯罪后企图自杀、逃跑或者在逃的;有毁灭、伪造证据或者串供可能的;不讲真实姓名、住址,身份不明的;有流窜作案、多次作案、结伙作案重大嫌疑的。并且应说明情况紧急,如果不将其拘留,就会妨碍侦查工作的顺利进行或者发生新的社会危害。

第四,拘留的依据,根据上述拘留理由,说明被拘留人的行为符合《刑事诉讼法》第80条某一项规定的情形,已具备拘留条件,特呈请批准拘留。

(3)尾部。包括承办单位的名称、承办人签名以及制作文书的日期。

最后还应注明,附案件材料件数和页数。

3. 制作呈请拘留报告书应当注意的问题

(1)呈请拘留报告书制作完毕由承办单位负责人审阅后连同案件材料、证据报县级以上公安机关负责人审批。领导审查后,应在呈请拘留报告书上方“领导批示”一栏中明确写上同意或者不同意拘留,或者采取其他措施的意见,并签署姓名和日期。审核意见由承办案件单位领导(刑警大队、支队长)提出。

(2)对不讲真实姓名的犯罪嫌疑人,在制作时,可按犯罪嫌疑人自报的姓名制作。

(二)拘留证

1. 拘留证的概念

拘留证,是公安机关依法对被拘留人执行拘留所制作的具有法律效力的文书。它是根据批准的呈请拘留报告书制作的,既是侦查人员执行拘留的合法凭证,也是对被拘留人执行羁押的依据。

拘留证不仅能证明执行拘留的侦查员的身份和执行拘留活动的合法性,而且具有严厉的强制性。在紧急情况下凭拘留证可对被拘留人的人身、住处及其他有关场所进行搜查。

2. 拘留证的内容和制作方法

拘留证具有固定格式,分为正本、副本、存根三联。

(1)正本。它是执行拘留的凭证。

第一,首部。按照格式要求写明:制作文书机关、文书名称、文书编号。

第二,正文。包括拘留的法律依据、侦查人员(2名)姓名、被拘留人姓名、性别、年龄、住址。按照《公安机关刑事法律文书格式》式样中规定的固定格式填写。

在拘留证最后还应注明向被拘留人宣布的时间,并由被拘留人签名。被拘留人送到看守所关押时,应由收押民警签名,并加盖看守所印章。

(2)副本。它是看守所收押被拘留人的凭证。其结构内容与正本相同。在文书最后有两项"注",即被拘留的原因和执行拘留的时间。

(3)存根。由办案单位存档备查。按照规定要求填写。

3. 制作拘留证应当注意的问题

(1)对被拘留人执行拘留时,侦查人员应当向被拘留人出示拘留证(不识字的,应向其宣读),并令其在拘留证下面填写"本证已于××××年××月××日××时××分向我宣布"及其姓名。如果被拘留人拒绝签名的,执行人应在拘留证上注明情况。

(2)执行拘留后,除有碍侦查和无法通知的情形外,应当在24小时内将拘留的原因和羁押的处所通知被拘留人家属或者所在单位。

四、提请批准逮捕书和逮捕证

(一)提请批准逮捕书

1. 提请批准逮捕书的概念

提请批准逮捕书,是公安机关对有证据证明有犯罪事实且有逮捕必要的犯罪嫌疑人,提请同级人民检察院审查批准逮捕而制作的文书。

《刑事诉讼法》第78条规定,公安机关要求逮捕犯罪嫌疑人的时候,应当写出提请批准逮捕书,连同案卷材料、证据一并移送同级人民检察院审查批准。因此,提请批准逮捕书是公安机关提请逮捕犯罪嫌疑人的法律依据之一。

人民检察院经过审查,认为案件事实不清或证据不足则不批准逮捕,并向公安机关说明理由,需要补充侦查的,应同时通知公安机关补充侦查。

根据《全国人民代表大会组织法》和《地方各级人民代表大会和地方各级人民政府组织

法》的规定,县级以上的各级人民代表大会代表,非经本级人民代表大会主席团许可,在本级人民代表大会闭会期间,非经本级人民代表大会常务委员会许可,不受逮捕或者刑事审判。

2. 提请批准逮捕书的内容和制作方法

提请批准逮捕文书的正文,是制作的重点部分,主要包括以下内容:

(1)犯罪事实,是指犯罪嫌疑人具备《刑法》规定的犯罪构成要件的主要情节,包括犯罪嫌疑人是否达到了刑事责任年龄,是否具有刑事责任能力,犯罪的时间、地点、经过、手段、后果、动机、目的等。如果一人涉嫌数个犯罪或者一罪包括数个犯罪行为,经过侦查只获取了涉嫌一罪的证据,而其他罪尚无证据证明的,则只要把涉嫌实施一罪的行为叙述清楚就可以了。再如,涉嫌多次同类罪行的,只要其中一次(可能判处徒刑以上刑罚)有证据证明即可。在叙述犯罪事实后,要列举证据,包括证明发生了犯罪事实的证据;证明犯罪行为是被提请逮捕的犯罪嫌疑人实施的证据。所列举的证据,不要求达到充分的程度,只要求有证据即可,但证据必须是确实的。

(2)犯罪事实、证据叙述完后,还要说明可能判处徒刑以上刑罚和有逮捕必要的事实。并说明如果不对犯罪嫌疑人采取逮捕的措施,不足以防止继续发生犯罪、危害社会的事实。

(3)法律依据。首先要阐明犯罪嫌疑人的行为所触犯的《刑法》条、款,涉嫌何罪。然后说明犯罪嫌疑人的行为符合《刑事诉讼法》第 79 条规定的逮捕条件,依法应提请审查批准逮捕。

3. 制作提请批准逮捕书应当注意的问题

(1)共同犯罪案件,可合写一份提请批准逮捕书。在首部填写犯罪嫌疑人的基本情况,可按各犯罪嫌疑人在共同犯罪中的地位和作用(主犯、从犯、胁从犯)的顺序制作。在叙述犯罪事实时,应先把共同犯罪的主要事实叙述清楚,然后说明每个涉嫌共犯在共同犯罪中所实施的犯罪,分清主次、明确罪责。如果其中有的犯罪嫌疑人单独还有其他罪行,应予以注明。被采取取保候审或监视居住强制措施的共犯,在制作提请批准逮捕书时,应予注明对其所采用的其他强制措施的情况。

(2)提请批准逮捕书中涉及国家机密的内容,只要求写出泄露××机密,不要写出详细的内容,防止扩散。

(3)对被害人或者其他当事人的隐私,不宜写出他们的详细姓名,可写刘××、王××等。

(二)逮捕证

1. 逮捕证的概念

逮捕证,是公安机关执行逮捕时使用的法律凭证。它是根据人民检察院的批准逮捕决定书制作的。人民检察院或者人民法院直接受理的案件,需要逮捕犯罪嫌疑人或被告人时,由公安机关凭人民检察院决定逮捕通知书或人民法院决定书签发逮捕证,并执行逮捕。

逮捕证,不仅能证明执行逮捕的侦查人员身份和执行逮捕活动的合法性,而且具有严厉的法律强制性。持逮捕证执行逮捕的侦查人员对抗拒逮捕的犯罪嫌疑人可以采取相应的强制方法,在必要时可以使用械具(包括武器)。对阻挠执行逮捕的其他人员也可采取相应的防范措施。在紧急情况下,可以凭逮捕证对犯罪嫌疑人的人身、住处及其他有关场所进行搜查。

2. 逮捕证的内容和制作方法

逮捕证分为正本、副本和存根三联。

(1)正本。它是侦查人员执行逮捕的凭证。

正文部分,包括依据法律批准或者决定逮捕的机关、执行逮捕的侦查人员(2名)、被逮捕人的住址及姓名以及被羁押的地点等内容,按照规定格式填写即可。

本文书最后还有两项内容应当填写:一是说明已向被捕人宣布逮捕证,并让其签名和捺指印;二是看守所的接收民警签收收押被捕人的情况,并加盖看守所印章。

(2)副本。它是看守所收押犯罪嫌疑人的凭证。内容与正本相同,参照正本制作即可。在文书的最后注明执行逮捕的时间。

(3)存根。由办案单位存档备查,按照格式规定填写。

3. 制作逮捕证应当注意的问题

(1)执行逮捕时,应向被捕人出示逮捕证(不识字的应向其宣读),令其在逮捕证下面填写"本证已于××××年××月××日××时向我宣布"及其姓名。

(2)到外地执行逮捕时,执行人员应携带原地人民检察院签发的批准逮捕决定书、批准逮捕决定书副本和逮捕证、介绍信及犯罪嫌疑人犯罪的主要材料等,到犯罪嫌疑人所在地的检察机关送达批准逮捕决定书(副本)后,由犯罪嫌疑人所在地公安机关协助执行逮捕。

(3)执行逮捕后,除有碍侦查和无法通知的情形外,应在24小时内将逮捕的原因和羁押的处所通知被捕人家属或者所在单位。

(4)执行逮捕后,将执行情况及时通知原批准逮捕的人民检察院。

五、变更强制措施通知书

(一)变更强制措施通知书的概念

变更强制措施通知书,是公安机关对于人民检察院批准逮捕的案件,在侦查过程中,发现对犯罪嫌疑人采取强制措施不当而决定变更强制措施时,依法通知原批准的人民检察院所制作的法律文书。

《刑事诉讼法》第94条规定,公安机关释放被逮捕的人或者变更逮捕措施的,应当通知原批准的人民检察院。

《公安机关办理刑事案件程序规定》规定,公安机关如果发现对犯罪嫌疑人采取强制措施不当的,应当及时撤销或者变更。变更强制措施的,应当制作变更强制措施通知书,通知原批准逮捕的人民检察院。

(二)变更强制措施通知书的内容和制作方法

变更强制措施通知书分为正本、副本和存根三联。

1. 正本。这部分用于通知人民检察院。正文,是该文书的主体,包括以下内容:

(1)送达的人民检察院名称,即在正文前部填写被通知的人民检察院名称。

(2)原批准逮捕决定书的情况,即写明检察院批准逮捕的犯罪嫌疑人姓名、批准时间及文书编号。

(3)变更强制措施的理由,即根据案件和犯罪嫌疑人的实际情况填写,如患有严重疾病,发现是怀孕或哺乳自己婴儿的妇女;案情复杂,在侦查羁押期限内不能审结;需要作司法鉴定,等等。

(4)依据的法律条文。法律条文是事先印在通知书上的,不需填写。

(5)变更强制措施的时间及种类。根据案件的具体情况填写,如取保候审、监视居住等。

2. 副本。副本的内容与正本相同,只是在文书最后增加了人民检察院收件人的签收意见。

3. 存根。这是由签发单位留存的部分,作为签发文书的根据存档备查。依次写明文书编号、案件名称、案件编号、犯罪嫌疑人姓名、年龄、住址、逮捕时间、羁押处所、变更原因、变更后的强制措施、送往单位、批准人、批准时间、办案人、办案单位、填发时间、填发人姓名。这些内容的填写要注意与正文部分相关内容一致,不能互相矛盾。

第五节 通 缉 令

一、通缉令的概念

通缉令是公安机关为追捕罪该逮捕而在逃的或者拘留、逮捕后脱逃的犯罪嫌疑人及从监狱内逃跑的罪犯而制作的一种法律文书。

《刑事诉讼法》第153条规定,应当逮捕的犯罪嫌疑人如果在逃,公安机关可以发布通缉令,采取有效措施,追捕归案。各级公安机关在自己的管辖区域以内,可以直接发布通缉令;超出自己管辖的地区,应当报请有权决定的上级机关发布。通缉令具有法律强制性,对于被通缉的对象,各地公安机关都可以将其抓捕,任何公民都可以将其扭送公安、司法机关。通缉令只能由公安机关发布,其他任何单位都无权制作。

二、通缉令的内容和制作方法

通缉令分正本和存根两部分。

1. 正本。这是通缉犯罪嫌疑人、被告人、罪犯的正式文书。正文包括以下五部分:

(1)发布范围。本项应根据《刑事诉讼法》第153条第2款关于发布机关的管辖范围之规定填写。

(2)简单案情。要写明犯罪嫌疑人的作案时间、地点、作案概况、潜逃经过等简要案情。在制作时要注意三点:第一,叙述案情要简明,不写具体方式,只写作案的具体性质,如杀人、盗窃、强奸等。第二,对发案的时间、地点不要写得太详细、具体;对需要保密的单位,可不写报案的时间、地点。第三,不写涉及认定案件性质的重要情节。

(3)犯罪嫌疑人的基本情况,体貌特征和携带物品等情况。第一,基本情况包括姓名(别名、化名、绰号)、年龄(出生年、月、日,出生日期不详的,可写大约多少岁)、性别、职业、工作单位、籍贯(国籍)、住址、身份证件编号,如上网还要注明网上编号。第二,体貌特征,要根据犯罪嫌疑人的不同特点,尽量详细。应分别写明以下内容:犯罪嫌疑人身高(不知具体身高,可写多少厘米左右)、体型(胖、较胖、瘦、较瘦);脸型、发型、五官;并说明突出的特征,如脸上有斑、痣、疤痕,头发长短,有无白发,牙齿镶补情况,单眼皮还是双眼皮,视听觉有无缺陷,等等;突出特征、特长和生活习惯,走路姿势,步法特征,口音(是否口吃),是否左撇子,有无纹身等;逃跑时的衣着,包括上衣、裤子、鞋、帽、内衣的式样、颜色、新旧程度等;是否会武术等。第三,携带物品,要写明犯罪嫌疑人携带物品的数量及特征。要特别注意写明是否携带武器、弹药、匕首等凶器以及是否有行凶、自杀等情况。

(4)通缉的工作要求和注意事项。这部分主要是提出对犯罪嫌疑人的查缉措施及抓获后如何处理等,要写明办案单位联系人、联系电话及通讯地址。

(5)附件。有条件的,要在通缉令中附上犯罪嫌疑人照片、十指指纹、重要社会关系人名单(包括姓名、性别、单位、地址)。

2. 存根。这是由签发单位留存的部分,作为签发通缉令的根据,存档备查。在这部分中,要按照规定格式依次写明制作单位名称、文书名称和文书编文字号。然后,依次写明犯罪嫌疑人姓名、性别、年龄、住址、单位及职业、原籍、通缉原因、通缉时间、批准人、承办人、填发时间、填发人等情况。

三、制作通缉令应当注意的问题

1. 根据案件情况,确定通缉令发布的方式。主要有四种:(1)将通缉令发给有关单位,包括相关的公安机关,有关保卫部门、居民委员会和治保会等;(2)通过新闻媒介发布,如广播、电视、报刊等;(3)将通缉令张贴在有关场所,向全社会公开通缉;(4)网上通缉,通过互联网向社会公开通缉。

2. 确定通缉令发布的范围。通缉令的发布范围由签发通缉令的负责人根据案件性质决定。根据《刑事诉讼法》第153条第2款和公安机关办理刑事案件的有关规定,县级以上公安机关在自己管辖的地区内,可以直接发布通缉令;毗邻的和有固定协作任务的省、自治区、直辖市或行署、市、县公安机关,按协作规定可以互相抄发通缉令,同时报上级公安机关备案;需要在全国或者跨协作区通缉重要逃犯时,由省、自治区、直辖市公安厅、局报公安部,由公安部发布通缉令。

3. 被通缉的对象自杀或者被抓获、击毙后,要及时制作《关于撤销通缉令的通知》,撤销通缉。如果已经上网的,要从在逃人员信息库中撤销。

4. 凡被通缉的对象,都要填写在逃人员信息登记表,并登录上网。

5. 通缉令是一式多份的文书,一般不采取存根加正本方式。在呈请通缉报告书批准后,按确定的印数通过发行渠道发布。因此,领导批准的呈请通缉报告书即作为存档备查。

第六节 延长羁押期限文书

一、呈请延长拘留期限报告书

(一)呈请延长拘留期限报告书的概念

呈请延长拘留期限报告书,是公安机关对被拘留的人,在3日内未能获取证明其有犯罪事实的证据而报请县级以上公安机关负责人批准延长拘留期限所制作的文书。

《刑事诉讼法》第89条第1款规定,公安机关对被拘留的人,认为需要逮捕的,应当在拘留后3日以内,提请人民检察院审查批准。在特殊情况下,提请审查批准的时间可以延长1日至4日。第89条第2款规定,对于流窜作案、多次作案、结伙作案的重大嫌疑分子,提请审查批准的时间可以延长至30日。

不具备上述规定情形的,不能随意制作呈请延长拘留期限报告书。

(二)呈请延长拘留期限报告书的内容和制作方法

呈请延长拘留期限报告书包括首部、正文和尾部三部分。

1. 首部。首部只需制作文书名称即"呈请延长(被拘留人姓名)拘留期限报告书"。

2. 正文。正文包括报告导语、被拘留人的基本情况、延长拘留期限的理由和依据。第一,写清被拘留人姓名、性别、出生日期、民族、籍贯、文化程度、职业、户籍所在地、现住址、拘留时间。第二,用简明的语言写明呈请的事项。第三,要根据案件的具体情况叙述延长期限的理由。如果犯罪嫌疑人的犯罪事实尚未查明,要讲明是涉嫌什么性质的犯罪,还需要继续侦查;如果是收集的证据不足以证明犯罪嫌疑人有罪的,就要说明还需要补充什么证据;如果是流窜作案、结伙作案、多次作案的重大嫌疑分子,就应根据具体情况,说明他们具有流窜作案、多次作案、结伙作案的真实情节等。第四,延长拘留期限的法律依据要分别引用。如果需要延长1日至4日的,应引用《刑事诉讼法》第89条第1款;如果需延长至30日,则引用第89条第2款。

3. 尾部。注明承办人姓名和制作日期。

二、延长拘留期限通知书

(一)延长拘留期限通知书的概念

延长拘留期限通知书,是公安机关将依法延长犯罪嫌疑人的拘留期限通知看守所以继续羁押犯罪嫌疑人的文书。办案单位依据《刑事诉讼法》第89条的规定所制作的呈请延长拘留期限报告书,经县级以上公安机关负责人批准后,填写延长拘留期限通知书,通知看守所延长对犯罪嫌疑人的拘留羁押期限。

(二)延长拘留通知书的内容和制作方法

1. 正本。正本是通知看守所依法继续羁押犯罪嫌疑人的凭证。正文是正本的核心部分,包括收文单位名称、延长拘留原因、法律依据、犯罪嫌疑人基本情况、延长后的羁押期限等内容,按规定格式填写即可。

2. 副本。副本内容与正本相同。在文书的最后增加了"本通知书已向我宣布",并由被拘留人签署姓名和"本通知书已收到",由看守所盖印。

3. 存根。存档备查,按照规定填写。

三、提请批准延长侦查羁押期限意见书

(一)提请批准延长侦查羁押期限意见书的概念

提请批准延长侦查羁押期限意见书,是公安机关向上级人民检察院提请延长犯罪嫌疑人在侦查中羁押期限所制作的文书。

《刑事诉讼法》第154条规定:"对犯罪嫌疑人逮捕后的侦查羁押期限不得超过二个月。案情复杂、期限届满不能终结的案件,可以经上一级人民检察院批准延长一个月。"第155条规定:"因为特殊原因,在较长时间内不宜交付审判的特别重大复杂的案件,由最高人民检察院报请全国人民代表大会常务委员会批准延期审理。"第156条规定:"下列案件在本法第一百五十四条规定的期限届满不能侦查终结的,经省、自治区、直辖市人民检察院批准或者决定,可以延长二个月:(一)交通十分不便的边远地区的重大复杂案件;(二)重大的犯罪集团案件;(三)流窜作案的重大复杂案件;(四)犯罪涉及面广,取证困难的重大复杂案件。"第157条规定:"对犯罪嫌疑人可能判处十年有期徒刑以上刑罚,依照本法第一百五十六条规定延长期限届满,仍不能侦查终结的,经省、自治区、直辖市人民检察院批准或者决定,可以再延长二个月。"

凡是符合上述情况之一的案件,都可以根据不同情况,向人民检察院提请批准延长羁押期限。在制作时应当注意:犯罪嫌疑人逮捕后的侦查羁押期限,应从宣布逮捕之日起计算。逮捕前被刑事拘留的羁押期限不应计算在逮捕后的侦查羁押期限之内。

(二)提请批准延长侦查羁押期限意见书的内容和制作方法

1. 正本。包括以下内容:

(1)受文单位的名称。

(2)案件的简要情况。写明犯罪嫌疑人的身份事项和被批准逮捕的时间,以及犯罪嫌疑人已被执行逮捕的具体执行日期,便于人民检察院审查批准。这是公安机关依法提请批准延长犯罪嫌疑人羁押期限的基础。

(3)提请批准延长羁押期限的理由。要根据案件的具体情况进行叙述。如提请延长1个月的,则应说明案情复杂;如须延长2个月的,则应按法定情况据实说明。

(4)提请批准延期的法律根据。要根据案件延长期限的具体情况,分别引用不同的《刑事诉讼法》条款。

(5)具体延期要求。根据案件情况依照法定的期限提出延期的具体时间。

2. 副本。副本的内容与正本的内容相同,可参照正本制作。在副本的最后需由收文单位签收人填写"本意见书已收到"。

3. 存根。要按规定格式填写。

(三)制作提请批准延长侦查羁押期限意见书应当注意的问题

1. 要在羁押期限届满的7天前,将该文书及案件材料一起送交同级人民检察院转报。对于需要延长2个月或者再延长2个月以及须提交全国人民代表大会常务委员会审查批准的,应当在期限届满的15天前,将本文书报请同级人民检察院转报。

2. 公安机关收到人民检察院批准延长羁押期限决定书,应向犯罪嫌疑人宣读,并制作延长羁押期限通知书通知看守所。

3. 公安机关收到人民检察院不批准延长羁押期限决定书时,必须在规定期限届满前将犯罪嫌疑人先行释放,并发给释放证明书。同时可将逮捕的强制措施变更为取保候审或者监视居住的强制措施,并抓紧对案件的审理,尽快结案。

第七节　技术侦查文书

一、采取技术侦查措施决定书

(一)概念

技术侦查是公安机关为发现犯罪线索,收集犯罪证据,抓捕犯罪嫌疑人,使用专门的科学技术手段,对犯罪嫌疑人以及与犯罪活动相关联的人员、场所实施的一种侦查活动。采取技术侦查措施决定书是公安机关决定采取技术侦查措施时使用的凭证文书。

《刑事诉讼法》第148条第1款规定,公安机关在立案后,对于危害国家安全犯罪、恐怖活动犯罪、黑社会性质的组织犯罪、重大毒品犯罪或者其他严重危害社会的犯罪案件,根据侦查犯罪的需要,经过严格的批准手续,可以采取技术侦查措施。第3款规定,追捕被通缉或者批准、决定逮捕的在逃的犯罪嫌疑人、被告人,经过批准,可以采取追捕所必需的技术侦查措施。第149条规定,批准决定应当根据侦查犯罪的需要,确定采取技术侦查措施的种类和适用对象。批准决定自签发之日起3个月以内有效。对于不需要继续采取技术侦查措施的,应当及时解除;对于复杂、疑难案件,期限届满仍有必要继续采取技术侦查措施的,经过批准,有效期可以延长,每次不得超过3个月。

《公安机关办理刑事案件程序规定》第254条第1款规定,公安机关在立案后,根据侦查犯罪的需要,可以对下列严重危害社会的犯罪案件采取技术侦查措施:(1)危害国家安全犯罪、恐怖活动犯罪、黑社会性质的组织犯罪、重大毒品犯罪案件;(2)故意杀人、故意伤害致人重伤或者死亡、强奸、抢劫、绑架、放火、爆炸、投放危险物质等严重暴力犯罪案件;(3)集团性、系列性、跨区域性重大犯罪案件;(4)利用电信、计算机网络、寄递渠道等实施的重大犯罪案件,以及针对计算机网络实施的重大犯罪案件;(5)其他严重危害社会的犯罪案件,依法可以判处7年以上有期徒刑的。公安机关追捕被通缉或者批准、决定逮捕的在逃的犯罪嫌疑人、被告人,可以采取追捕所必需的技术侦查措施。

(二)制作方法

采取技术侦查措施决定书属于多联式填空型文书,由正本、副本和存根组成。

1. 正本。正本是公安机关对有关案件、人员、场所采取技术侦查措施的凭证，由负责实施技术侦查措施的单位存档备查。正本由首部、正文和尾部组成。

(1)首部。包括文书的制发机关名称、文书名称(已印制好)、文书字号。

(2)正文。包括法律依据(事先印制在文书上)；采取技术侦查措施的起止时间，根据案件需要填写，至多为3个月；案件名称，根据犯罪嫌疑人涉嫌的罪名填写；技术侦查对象，填写被采取技术侦查措施的具体人员或者场所；技术侦查措施类型，根据技术侦查对象和案情的需要选择技术侦查措施类型，可以同时选择多种。

(3)尾部。填写清楚成文时间，写明单位名称，并加盖制作文书的地(市)级以上公安机关印章。

2. 副本。这是公安机关决定对有关案件、人员、场所采取技术侦查措施的凭证，其内容及制作要求与正本一致。副本由办案部门附卷或者存档。

3. 存根。是公安机关对有关案件采取技术侦查措施的凭证，由公安机关留存备查。存根内容应当按照顺序填写清楚有关栏目内容。其中，“适用对象”一栏填写涉案人员或场所名称。

(三)使用中应注意的问题

1. 在立案后公安机关才可以采取技术侦查措施。

2. 采取技术侦查措施必须经过严格的批准手续，在制作采取技术侦查措施决定书之前，要制作呈请采取技术侦查措施报告书，由设区的市一级以上公安机关负责人审批后，才能制作采取技术侦查措施决定书。

3. 实施技术侦查要严格按照批准决定的内容执行。如果侦查中需要使用其他种类的侦查措施或扩大适用范围、对象的，侦查机关需要另行办理审批手续。

4. 侦查人员对采取技术侦查措施所获得的信息应当严格保密。经审查与案件有关的材料，侦查机关应当妥善保存、使用；对于采取技术侦查措施获取的与案件无关的材料，必须及时销毁，同时做好必要的销毁记录。

5. 采取技术侦查措施获取的材料仅限于刑事诉讼活动使用，只能用于对犯罪的侦查、起诉和审判，不得用于其他任何与此无关的用途。

二、执行技术侦查措施通知书

(一)概念

执行技术侦查措施通知书，是公安机关实施技术侦查的部门，根据人民检察院、监狱等部门依法出具的决定采取技术侦查措施的文书要求，实施技术侦查后，将执行技术侦查措施决定的情况向上述委托部门进行书面告知的通知性凭证文书。

《刑事诉讼法》第148条第2款规定，人民检察院在立案后，对于重大的贪污、贿赂犯罪案件以及利用职权实施的严格侵犯公民人身权利的重大犯罪案件，根据侦查犯罪的需要，经过严格的批准手续，可以采取技术侦查措施，按照规定交有关机关执行。第149条关于采取技术侦查措施的种类、适用对象和有效期限的规定。第290条第3款规定，军队保卫部门、监狱办理刑事案件，适用该法的有关规定。

《公安机关办理刑事案件程序规定》第256条第2款规定,人民检察院等部门决定采取技术侦查措施,交公安机关执行的,由设区的市一级以上公安机关按照规定办理相关手续后,交负责技术侦查的部门执行,并将执行情况通知人民检察院等部门。

上述规定是制作本通知书的法律依据。

(二)制作方法

执行技术侦查措施通知书属于多联式填空型文书,由正本、副本和存根组成。

1. 正本。由公安机关实施技术侦查的部门将执行技术侦查措施决定的情况告知委托单位的正式文书,交委托单位保存。

(1)首部。包括文书的制发机关名称、文书名称(已印制好)、文书字号。

(2)正文。包括受文单位,受文单位填写委托单位名称;执行技术侦查措施的法律依据,根据要求填写;执行技术侦查措施的起止时间,根据案情需要填写,最多为3个月;执行对象,填写被采取技术侦查措施的具体人员或者场所;具体技术侦查措施类型,根据技术侦查对象和案情的需要选择技术侦查措施类型,可以同时选择多种。

2. 副本。即公安机关用于证明已将执行技术侦查措施决定的情况告知委托单位的凭证,其内容及制作要求与正本一致。副本由执行技术侦查措施的单位存档备查。

3. 存根。由公安机关留存备查。存根内容应当按照顺序填写清楚有关栏目内容。

(三)使用中应注意的问题

1. 决定实施技术侦查的人民检察院、监狱等部门应将决定采取技术侦查措施的法律文书送交公安机关负责实施技术侦查的部门或者其他相关部门。

2. 应按委托单位的要求采取技术侦查措施并及时通知委托单位。

3. 委托单位根据侦查活动情况,需要变更或者增加技术侦查种类的,应当另行办理相关手续。

三、延长技术侦查措施期限决定书

(一)概念

延长技术侦查措施期限决定书,是公安机关在侦查过程中对于复杂、疑难的案件,先期采取技术侦查措施期限届满,仍有必要继续采取技术侦查措施,由办案部门或者委托单位提出申请,经过批准后延长技术侦查措施期限时使用的法律文书。

《刑事诉讼法》第149条规定,批准决定自签发之日起3个月以内有效;对于复杂、疑难案件,期限届满仍有必要继续采取技术侦查措施的,经过批准,有效期可以延长,每次不得超过3个月。

(二)制作方法

本决定书为多联式填空型文书,由正本、副本和存根组成。

1. 正本。正本是公安机关决定对有关案件延长技术侦查措施期限的凭证,由负责实施技术侦查的单位存档备查。

(1)首部。包括文书的制发机关名称、文书名称(已印制好)、文书字号。

(2)正文。包括决定采取技术侦查措施的机关名称、决定时间、案件名称和技术侦查措施执行对象等,根据原采取技术侦查措施决定书的相关内容填写;延长技术侦查措施期限的起止时间,根据案情需要填写,最多为3个月,起始时间应填写上一次技术侦查措施结束日的次日。

(3)尾部。填写清楚成文时间,写明单位名称,并加盖制作文书的公安机关印章。

2. 副本。这是公安机关决定对有关案件延长技术侦查措施期限的凭证,其内容及制作要求与正本一致。副本由办案部门或委托单位附卷或者存档。

3. 存根。这是公安机关办理延长技术侦查措施期限手续的凭证,由公安机关留存备查。存根内容应当按照顺序填写清楚有关栏目的内容。

(三)使用中应注意的问题

1. 延长技术侦查措施期限的种类以及适用对象不变,需要变更或者增加采取技术侦查措施种类或者适用对象的,应另行办理审批手续。

2. 因案情复杂需要再次延长的,每次延长不得超过3个月,且应重新办理呈批手续。

3. 延长技术侦查措施期限由负责技术侦查的部门审核后报原批准机关负责人批准。

四、呈请解除技术侦查措施报告书

(一)概念

呈请解除技术侦查措施报告书,是公安机关负责技术侦查的部门或者办案单位在实施技术侦查的期限届满前,因案情变化,发现不需要继续采取技术侦查措施,或者发现采取的技术侦查措施不当,或者实施技术侦查的目的已达到,不再需要采取技术侦查措施时而制作的报请原批准机关负责人批准解除技术侦查措施的一种文书。它是制作解除技术侦查措施决定书的依据。

《刑事诉讼法》第149条规定,批准决定应当根据侦查犯罪的需要,确定采取技术侦查措施的种类和适用对象。批准决定自签发之日起3个月以内有效。对于不需要继续采取技术侦查措施的,应当及时解除;对于复杂、疑难案件,期限届满仍有必要继续采取技术侦查措施的,经过批准,有效期可以延长,每次不得超过3个月。《公安机关办理刑事案件程序规定》第257条第2款规定,在有效期限内,对不需要继续采取技术侦查措施的,办案部门应当立即书面通知负责技术侦查的部门解除技术侦查措施;负责技术侦查的部门认为需要解除技术侦查措施的,报批准机关负责人批准,制作解除技术侦查措施决定书,并及时通知办案部门。

具有下列情形之一的,应当呈请解除技术侦查措施:(1)通过其他侦查措施达到采取技术侦查措施目的的。(2)通过技术侦查措施达到目的的。(3)撤销案件或者终止侦查的。(4)采取技术侦查措施仍然无法达到目的,不需要继续进行技术侦查的。

(二)制作方法

呈请解除技术侦查措施报告书为表格式文书,其内容包括案件基本信息、解除技术侦查措施原因、解除技术侦查措施适用对象情况、法律依据及呈请事项、交案单位和技侦部门意见等。

1. 案件基本信息。除增加了交案单位和删去联系方式外,其他内容与呈请采取技术侦查措施报告书相同。

2. 解除技术侦查措施原因。根据案件情况和技侦工作的情况填写,如通过其他侦查方式收集到了犯罪证据,或者抓获了犯罪嫌疑人,或者通过技术侦查措施达到了目的等。

3. 解除技术侦查措施适用对象情况。这部分内容按实际情况填写。

4. 法律依据及呈请事项。法律依据是事先印制好的,呈请事项根据实际情况填写。

5. 交案单位和技侦部门意见。由技侦部门审核提出同意或者不同意解除技术侦查措施意见后,报主管局领导审批。由主管领导签署意见,并加盖单位印章。

(三)使用中应注意的问题

1. 区、县公安机关和办案单位提出解除技术侦查措施的,应由承办单位提出意见后报分管领导批准制作呈请解除技术侦查措施报告书,以公安局名义报设区的市一级以上公安机关技侦部门审核。

2. 设区的市一级公安机关办案部门提出解除技术侦查措施的,由承办单位制作呈请解除技术侦查措施报告书,送同级技侦部门审核后报分管局领导审批。

3. 技术侦查部门认为需要解除技术侦查措施的,报分管领导批准后,制作解除技术侦查措施决定书,并及时通知办案单位。

4. 呈请解除技术侦查措施报告书存入侦查工作卷(副卷)。如果技术侦查材料单独立卷的,应归入技术侦查卷。

五、解除技术侦查措施决定书

(一)概念

解除技术侦查措施决定书,是公安机关负责技术侦查的部门或者办案单位在实施技术侦查的期限届满前,因案情变化,发现不需要继续采取技术侦查措施,或者发现采取的技术侦查措施不当,或者实施技术侦查的目的已达到,不再需要采取技术侦查措施等情况下,依法解除技术侦查措施时所使用的凭证文书。

《刑事诉讼法》第149条规定,批准决定自签发之日起3个月以内有效。对于不需要继续采取技术侦查措施的,应当及时解除;对于复杂、疑难案件,期限届满仍有必要继续采取技术侦查措施的,经过批准,有效期可以延长,每次不得超过3个月。

(二)制作方法

本决定书属于多联式填空型文书,由正本、副本和存根组成。

1. 正本。正本是公安机关决定对有关案件解除技术侦查措施,并告知办案部门或委托单位的凭证,由办案部门或委托单位附卷或者存档。

(1)首部。包括文书的制发机关名称、文书名称(已印制好)、文书字号。

(2)正文。包括决定采取技术侦查措施的机关名称、决定时间、案件名称和技术侦查措施适用对象等,根据原采取技术侦查措施决定书的相关内容填写;解除技术侦查措施的具体时间,根据批准的时间填写。

(3)尾部。填写成文时间,写明单位名称,并加盖制作文书的公安机关印章。

2. 副本。这是公安机关决定对有关案件解除技术侦查措施的凭证，其内容及制作要求与正本一致。副本由负责实施技术侦查的部门存档备查。

3. 存根。由公安机关留存备查。存根内容应当按照顺序填写有关栏目的内容。

（三）使用中应注意的问题

1. 公安机关负责实施技术侦查的部门，对依法不再需要采取技术侦查措施的，经报请所属公安机关负责人批准后，解除技术侦查措施，并将解除情况及时书面通知办案部门或者委托单位；办案部门在技术侦查期限内通过其他侦查手段获取了相关的证据线索，或者抓获了犯罪嫌疑人等，不再需要采取技术侦查措施的，应及时办理解除技术侦查措施的文书，并通知负责技术侦查的部门解除技术侦查措施；委托单位主动提出不再需要采取技术侦查措施的，应书面通知公安机关负责技术侦查的部门或者其他相关部门，负责技术侦查的部门收到通知后应及时解除技术侦查措施，并将解除情况书面通知委托单位。

2. 侦查人员对采取技术侦查措施所获得的信息应当严格保密。经审查与案件有关的材料，侦查机关应当妥善保存、使用；对于采取技术侦查措施获取的与案件无关的材料，必须及时销毁，同时做好必要的销毁记录。

第八节　侦查终结文书

一、起诉意见书

（一）起诉意见书的概念

起诉意见书，是公安机关在案件侦查终结后，认为应当追究犯罪嫌疑人刑事责任，向同级人民检察院移送案件所制作的文书。

《刑事诉讼法》第160条规定："公安机关侦查终结的案件，应当做到犯罪事实清楚，证据确实、充分，并且写出起诉意见书，连同案卷材料、证据一并移送同级人民检察院审查决定……"这一规定，是公安机关制作起诉意见书的法律依据。

公安机关制作起诉意见书的目的，是向人民检察院阐明案件事实，表明对犯罪嫌疑人的处理意见，提请人民检察院依法提起公诉，追究犯罪嫌疑人的刑事责任。

（二）起诉意见书的内容和制作方法

起诉意见书由首部、正文和尾部组成。

1. 首部。这部分内容与提请批准逮捕书首部内容基本相同。

2. 正文。这是该文书的核心部分，包括以下内容：

（1）犯罪嫌疑人的基本情况、制作方法参照提请批准逮捕书，但要注意以下三点：

第一，对犯罪嫌疑人的化名、别名、网名、乳名、笔名、艺名、绰号等曾经使用过的名字，除利用化名、别名等进行犯罪的以外，不必逐一列出。如有使用多个化名的，可填写其常用化名，其他则在叙述犯罪事实时注明。犯罪嫌疑人姓名未查清的，按其供称的姓名填写。

第二，在填写犯罪嫌疑人违法犯罪经历时，对其前科情况以及受到治安处罚的情况应尽量表述清楚。对于服刑期间逃跑后又犯罪的或者刑满释放后又犯罪的,应当写明有关的具体时间。共同犯罪案件有多个犯罪嫌疑人应当追究刑事责任的,其违法犯罪经历要分别按照首要分子、主犯、从犯、胁从犯的顺序排列,予以叙述。

第三,单位犯罪的,应当写明单位的名称、所在地址、法定代表人的姓名、性别和职务,如“××省××市××公司;地址××市××路××号;法定代表人周××,男,经理”。

(2)案件侦办情况。要写明案件的来源,如举报、报案、控告、自首、上级交办、有关单位移送或者侦查部门利用侦查手段获取的案件线索等,还要写明立案时间、破案时间,并说明本案已侦查终结。

(3)犯罪事实。要突出犯罪构成要件。构成犯罪的要件齐全,是认定犯罪的基本要求,也是起诉意见书赖以存在的基础。因此,要通过对事实部分的叙述,体现犯罪嫌疑人具备构成犯罪的要件。但在制作文书时,并不要求按照犯罪构成的四个要件进行全面具体的叙述,只要把构成犯罪要件的情节反映出来就可以了。具体地讲,要反映出犯罪嫌疑人出于什么动机和目的、实施了什么犯罪行为、作案的时间、地点、方式、方法、经过、危害后果等情节以及证明这些情节的主要证据。由于刑事案件错综复杂,在叙述犯罪事实时,要根据案件的具体情况,因案而异,因人而异,采用不同的方法,尽可能地把犯罪嫌疑人的犯罪事实简明扼要地叙述清楚。

在叙述犯罪事实时,应做到以下几点:

第一,要全面、准确地反映犯罪嫌疑人的犯罪事实。所谓全面,包含三层意思:一是犯罪的全部行为,涉嫌的所有罪行;二是犯罪的法定从重、从轻、减轻处罚或者免除处罚的事实;三是犯罪嫌疑人在侦查过程中检举、揭发他人犯罪活动或具有悔罪表现的事实。所谓准确,是指对犯罪嫌疑人的犯罪事实不夸大、不缩小、不主观臆断,真实地反映案件的本来面目。

第二,分清罪与非罪的界限。对不构成犯罪的事实,不能在正文中叙述。例如,犯罪嫌疑人违反行政法规和其他规定而受党纪或政纪处罚的事实,不得在正文中列举,但可在犯罪嫌疑人违法犯罪经历中注明。对与认定犯罪无关的事实,不要列入起诉意见书。

第三,对共同犯罪的案件,要分清每个犯罪嫌疑人在案件中所处的地位、作用、罪责。首先把共同犯罪事实叙述清楚,然后再分别叙述。主犯的行为对整个犯罪活动起着主要作用,在叙述时要作为重点,着重叙述其组织、策划犯罪活动的事实,并阐明其在犯罪过程中处于主导的地位;对从犯、胁从犯,要叙述他们在共同犯罪活动中的直接责任,并说明他们处于从属地位。

(4)证据情况。叙述犯罪事实之后,要列举一定的证据予以证明,但并不是要把证明犯罪嫌疑人犯罪的全部证据一一列举出来,而是根据不同性质的案件的不同特点,有针对性地列出部分主要证据,而且要叙述得简明扼要。在列明证据之后,要另起一行,说明“上述犯罪事实清楚,证据足以认定”。

(5)犯罪有关情节。要叙述犯罪嫌疑人是否具有从重、加重、从轻、减轻处罚的情节。

(6)提出起诉意见的理由和法律依据。提出起诉意见的理由,就是要说明犯罪嫌疑人的行为触犯的刑律、涉嫌的罪名,以及依法应当受到刑罚处罚。并写明移送起诉的法律依据是《刑事诉讼法》第160条之规定,“特将本案移送你院审查起诉”。在制作时应满足以下要求：

第一，要全面引用法律条款。应根据案件的实际需要，分不同的犯罪性质，正确引用法律条款。有些案件不仅要引用确定犯罪性质（罪名）的条款，而且要引用反映犯罪预备、未遂、中止、自首、累犯、教唆犯、共同犯罪以及犯罪地位（主犯、从犯、胁从犯）的法律条款。

第二，定性要准，即根据犯罪嫌疑人的犯罪事实来认定其行为性质（罪名）。避免叙述的犯罪事实与结论认定的涉嫌罪名不符，出现定性不准的问题。

3. 尾部。这部分包括受文机关名称、制作日期、公安局长章和公安局印。

在文末附注中要写明四项内容：（1）侦查结案时，本案犯罪嫌疑人所在的地点；（2）本案卷宗卷数、册数；（3）随案移送物品件数；（4）如被害人已提出附带民事诉讼要注明。

（三）制作起诉意见书应当注意的问题

1. 客观反映案件情况，做到起诉意见书中认定的犯罪事实、性质、涉嫌罪名准确无误。

2. 使用语言文字要确切、精练、通俗易懂，使人一看就明白，用语要大众化，反映事实要求准确无误，既不夸大，也不缩小，不能用比喻、夸张等修辞手法。

二、撤销案件通知书

（一）撤销案件通知书的概念

撤销案件通知书，是公安机关对经人民检察院批准逮捕的犯罪嫌疑人，发现不应当追究其刑事责任时制作的通知原批准逮捕的人民检察院撤销案件的文书。

《刑事诉讼法》第161条规定：“在侦查过程中，发现不应对犯罪嫌疑人追究刑事责任的，应当撤销案件，犯罪嫌疑人已被逮捕的，应当立即释放，发给释放证明，并且通知原批准逮捕的人民检察院。”第15条规定：“有下列情形之一的，不追究刑事责任，已经追究的，应当撤销案件，或者不起诉，或者终止审理，或者宣告无罪：（一）情节显著轻微，危害不大，不认为是犯罪的；（二）犯罪已过追诉时效期限的；（三）经特赦令免除刑罚的；（四）依照刑法告诉才处理的犯罪，没有告诉或者撤回告诉的；（五）犯罪嫌疑人、被告人死亡的；（六）其他法律规定免予追究刑事责任的。”

根据以上法律规定，制作撤销案件通知书必须同时具备两个条件：一是犯罪嫌疑人的行为不构成犯罪或者具备免除处罚的情节；二是犯罪嫌疑人已被逮捕羁押。如果发现犯罪嫌疑人不应当追究刑事责任，但本就没有被逮捕，就只需撤销案件，没有必要制作撤销案件通知书。

（二）撤销案件通知书的内容和制作方法

撤销案件通知书由首部、正文、尾部三部分组成。

1. 首部。包括文书名称、文书编号，按规定要求制作即可。

2. 正文。包括：

（1）案由。要写清人民检察院批准逮捕的日期、文书编号以及被逮捕人姓名等情况，便于人民检察院与原批准逮捕材料核对。

（2）撤销案件的原因。根据案件的具体情况说明犯罪嫌疑人的行为不应追究刑事责任或应当免除刑罚，具备《刑事诉讼法》第15条规定中的一种情形。但不能笼统地写符合《刑事诉讼法》第15条规定的情形,应明确说明具体的情节,如不构成犯罪、犯罪已过追诉的时限、犯罪嫌疑人死亡,等等。犯罪嫌疑人已释放的应当注明。

(3)法律依据,即根据《刑事诉讼法》第161条之规定,不应当追究刑事责任,公安机关决定撤销此案,特通知检察院备查。

3. 尾部。填写制作文书的日期并加盖公安局印。

(三)制作撤销案件通知书应当注意的问题

1. 在制作本通知书之前,应先制作撤销案件的内部请示报告,说明原立案侦查的情况,经过讯问和调查查清的事实及撤销案件的理由和依据,经县级以上公安机关负责人批准同意后方能制作撤销案件通知书。

2. 本通知书只适用于全案撤销的案件。对共同犯罪案件中,有部分已被逮捕的犯罪嫌疑人不应当追究刑事责任的不适用本文书,可以通过释放通知的方式处理。

3. 如果案件已经移送起诉,公安机关发现对犯罪嫌疑人不应追究刑事责任,要求撤销案件时,应制作撤回起诉意见书,将案件撤回;如果犯罪嫌疑人是被逮捕的,在制作撤回起诉意见书的同时,还应制作撤销案件通知书,通知人民检察院审查决定批准逮捕的部门撤销案件;如果犯罪嫌疑人未被逮捕,只需制作撤回起诉意见书,不必制作撤销案件通知书。

第九节 补充侦查和复议、复核文书

一、补充侦查报告书

(一)补充侦查报告书的概念

补充侦查报告书,是公安机关向决定退回补充侦查的人民检察院报告补充侦查结果所制作的文书。

《刑事诉讼法》第171条规定,人民检察院审查案件,对于需要补充侦查的,可以退回公安机关补充侦查,也可自行侦查。对补充侦查的案件,应当在1个月内补充侦查完毕。对于人民检察院不批准逮捕的案件,要求公安机关补充侦查的,公安机关经过补充侦查后,不必制作补充侦查报告书,应重新制作提请批准逮捕书提请批准逮捕。

(二)补充侦查报告书的内容和制作方法

1. 首部。首部包括制作文书的机关、文书名称、文书编号及受文机关的名称。

2. 正文。包括:

(1)案由。写明人民检察院补充侦查决定书的文书编号、日期以及退回补充侦查案件的名称,并告知已经补充侦查完毕。这部分内容格式固定,按照实际情况填写即可。

(2)补充侦查的结果。这是本文书的重点。要针对人民检察院退回补充侦查决定书中所列的补充侦查提纲,对补充侦查的有关情况逐条予以说明。对补充侦查的结果要根据案件的具体情况,尽量叙述得清楚、明白,要能反映出补充侦查的方式和所获物证、证人证言等证据情况,做到根据充分,结果有据。对于经过补充侦查,查清楚的问题,要把进行补充侦查的方法和结果如实叙述出来,以便检察院审核;对于案卷材料中已有材料证明,不需要补充侦查的问题,要在案卷中予以标注说明;对于法律手续不完备而退查的案件,要说明按照法定程序补办的情况。

(3)附项。说明补充侦查报告书所附卷宗的册数和补充侦查的证据材料的页数以及随案移送的物证情况。

3. 尾部。写明制作文书的日期并加盖公章。

(三)制作补充侦查报告书应当注意的问题

1. 补充侦查报告书应当在法定的时限内制作完毕,并要及时送达决定退查的人民检察院。如果因案情复杂,在法定的时限内不能补充侦查完毕,可提请批准延长羁押期限;如果在补充侦查期间发现犯罪嫌疑人另有新的重要罪行,可呈请批准重新计算侦查羁押期限,并制作相应的文书。

2. 利用秘密侦查手段所获的证据材料或者属于国家机密的证据材料,不宜在补充侦查报告书中反映,非写不可的,一定要转为合法的证据材料后,才能使用。

3. 经过补充侦查,发现不应移送起诉的,应撤回起诉意见书。如果发现新的同案犯罪嫌疑人或者新的罪行,可根据情况重新制作起诉意见书,不再制作补充侦查报告书,但应说明情况。

4. 经公安机关补充侦查后,对需要追加逮捕的应制作提请批准逮捕书,连同案卷、证据一并移送同级人民检察院审查决定。对于遗漏同案犯罪嫌疑人应当起诉的,应当制作起诉意见书,连同案卷材料、证据一并移送同级人民检察院审查决定。

二、要求复议意见书

(一)要求复议意见书的概念

要求复议意见书,是公安机关对同级人民检察院不批准逮捕、不起诉决定认为有错误时,依法要求同级人民检察院对其原决定重新进行审议所制作的文书。

根据《刑事诉讼法》第90条和第175条的规定,公安机关要求复议的有以下两种情况:一是公安机关对人民检察院不批准逮捕的决定,认为有错误的;二是公安机关移送起诉的案件,人民检察院作出不起诉决定的,公安机关认为不起诉决定有错误的。

(二)要求复议意见书的内容和制作方法

1. 首部。其内容与补充侦查报告书相同。

2. 正文。包括:

(1)案由,即要求复议的案件的简要情况。要写明同级人民检察院作出不批准逮捕,或不起诉决定书的签发日期、文书编号和案件名称。在填写案件名称时,一定要与人民检察院决定书中案件名称相符,目的是讲明要求复议一事的原委,便于人民检察院核对原案件材料。

(2)要求复议的理由。这是本文书的重点。要针对人民检察院作出决定的具体事项,结合案件情况,阐明公安机关要求复议的理由。对人民检察院不批准逮捕决定提出复议的,如决定认为犯罪嫌疑人没有构成犯罪,在制作复议理由时,要说明犯罪嫌疑人行为所触犯的

《刑法》条款，涉嫌何罪，应当追究刑事责任；如决定认为犯罪嫌疑人没有逮捕必要的，则要说明对犯罪嫌疑人不采取逮捕的强制措施不足以防止犯罪嫌疑人发生新的社会危险性或不能保证侦查、起诉和审判活动的顺利进行。对人民检察院不起诉决定提出复议的，要针对不起诉决定的理由，结合案件的具体情节进行叙述。如果人民检察院认为犯罪嫌疑人的行为不构成犯罪而作出不起诉决定的，在阐述复议理由时，要紧紧围绕犯罪构成的四个要件，说明犯罪嫌疑人的行为已经涉嫌犯罪，触犯了《刑法》的哪一条或哪几条，涉嫌什么罪名，依法应当追究刑事责任；如果人民检察院认为犯罪嫌疑人的行为虽已构成犯罪，但因犯罪已过追诉时效期限的或经特赦令免除刑罚的或其他法律、法令规定免予追究刑事责任而作出不起诉决定的，要说明犯罪嫌疑人不具备上述法定条件的事实，并要有充分的证据予以证明。在说明要求复议理由后，要根据案件具体情况，相应提出正确的处理意见。

(3)提出复议的法律依据和要求，要根据要求复议的内容来决定选择引用法律条款，对不批准逮捕决定提出复议的，应引用《刑事诉讼法》第 90 条；对不起诉决定提出复议的，应引用《刑事诉讼法》第 175 条。在引用法律条款之后提出明确要求，即要求检察院进行复议。

3. 尾部。其内容与补充侦查报告书基本相同。如对人民检察院不批准逮捕的决定提出复议的，同时要附案件材料，并注明附侦查卷宗册数。

(三)制作要求复议意见书应当注意的问题

1. 要求复议意见书是一种“驳论”性的文书，用语一定要注意分寸，有理有节，平心静气地进行说理，不要出言不逊，恶语伤人，影响两机关的关系。

2. 对要求复议的理由，一定要充分地阐明道理，对事实情节要叙述得清楚、具体，要用一定的证据予以证明，逻辑性要强，具有说服力。

3. 对人民检察院不批准逮捕、不起诉决定的案件，如果犯罪嫌疑人在押应立即释放，不得以复议为由继续关押，对需要复议的案件，可在释放犯罪嫌疑人的同时，对其采取取保候审或监视居住的强制措施。

三、提请复核意见书

(一)提请复核意见书的概念

提请复核意见书，是公安机关要求复议的意见未被同级人民检察院接受，并认为同级人民检察院的复议决定有错误时，向上级人民检察院申明理由，请求对案件重新审核而制作的文书。

《刑事诉讼法》第 90 条和第 175 条规定，公安机关认为人民检察院不批准逮捕、不起诉的决定有误时，可以要求复议，如果意见不被接受，可以向上一级人民检察院提请复核。提请复核，必须制作提请复核意见书，报请上一级人民检察院审查决定。据此，制作提请复核意见书的案件应具备以下三个条件：(1)必须是经过复议的案件。未经复议的案件，不得直接向上一级人民检察院提请复核。(2)必须是公安机关要求复议意见未被接受而认为有再议必要的案件，如果没有再议的必要，也不必制作提请复核意见书。(3)制作主体必须是原制作要求复议意见书的公安机关。其他机关没有要求复核的权利。

（二）提请复核意见书的内容和制作方法

1. 首部。同要求复议意见书的首部。

2. 正文。由以下三部分构成：

（1）案由，即提请复核一事的缘由。首先，要写明公安机关要求进行复议的简要情况；其次，要写明同级人民检察院复议的简要情况；最后，要明确表明公安机关的态度，认为同级人民检察院的复议决定有错误。

（2）提请复核的理由和意见。要针对人民检察院复议决定书中的决定事项和理由，逐条予以反驳，指出复议决定的事项不能成立。如复议决定书仍然维持原不批准逮捕的决定，就应针对维持原决定的理由，说明犯罪嫌疑人的行为已经符合逮捕的三个条件，并有确实的证据予以证明，从而明确指出同级人民检察院的复议决定是错误的。如复议决定仍然坚持不起诉，则要阐明犯罪嫌疑人涉嫌的犯罪，应当予以处罚。在叙述提请复核的理由时，应把犯罪嫌疑人犯罪的时间、地点、经过、手段、动机、目的、后果等情节交代清楚，做到有理有据。对人民检察院因适用法律不当而导致错误决定时，可以从法理上进行论证，要根据犯罪嫌疑人的犯罪事实，说明应当引用哪一条法律才符合本案的实际情况。对一些比较复杂的案件，应抓住重点问题进行论述，说明复核的理由，并在此基础上，提出对案件的正确处理意见，即应逮捕、起诉。

（3）提请复核的法律依据，要根据提请复核的具体内容，分别引用《刑事诉讼法》第 90 条和第 175 条。然后依法提请上一级人民检察院对此案复核。

3. 尾部。除写明送达机关、日期和加盖公章外，还要注明附本案案卷册数。

制作提请复核意见书应注意的问题，与制作要求复议意见书相同。

第六章 检 察 文 书

第一节 概 述

一、检察文书的概念

检察文书,又称检察法律文书或者检察诉讼文书,是人民检察院在刑事、民事、行政诉讼中,履行各项检察职权而依法制作的具有法律效力的法律文书。

根据《宪法》《人民检察院组织法》《刑事诉讼法》《民事诉讼法》等有关法律之规定,人民检察院作为国家法律监督机关,在刑事诉讼中依法履行对国家工作人员职务犯罪的立案侦查,审查批准、决定逮捕,审查起诉和提起公诉,并依法对刑事诉讼、民事诉讼和行政诉讼实行法律监督的职权。人民检察院在诉讼中履行各项检察职权、进行各种诉讼行为必须制作相应的法律文书。这既是人民检察院行使检察职权的体现,又是有关诉讼行为发生法律效力的依据。

二、检察文书的种类

检察文书的分类,同其他司法部门的文书一样,根据不同的标准有不同的分类。按照部门法分类,检察法律文书可以分为刑事检察法律文书、民事检察法律文书和行政检察法律文书。根据检察职能及其运行阶段,检察文书又可分为审查逮捕类文书、公诉类文书、抗诉类文书和法律监督类文书。如果以文书表述形式为标准,还可分为叙述式、填充式和表格式三类文书。由于分类标准不同,同一种检察文书如刑事抗诉书,既是抗诉类文书,也属刑事检察法律文书,同时也是广义法律监督的一种形式,亦可归属于法律监督类文书。

刑事检察法律文书是检察文书中最重要、最常用的主体文书。根据2013年修订的《人民检察院刑事诉讼法律文书格式样本》的分类,刑事检察法律文书分为:(1)立案文书;(2)回避文书;(3)辩护与代理文书;(4)证据文书;(5)强制措施文书;(6)侦查文书;(7)公诉文书;(8)执行监督文书;(9)特别程序文书;(10)申诉文书;(11)通用或其他文书,总共228种。连同2014年《人民检察院民事诉讼监督法律文书格式样本(试行)》的规定,载入人民检察院统一业务应用软件系统的各类法律文书达400种。

本章将重点讲授反映检察机关主要职能活动的常用检察法律文书。

第二节　审查逮捕文书

一、批准逮捕决定书

批准逮捕决定书，是人民检察院对公安机关（含国家安全机关等侦查机关，下同）提请批准逮捕的犯罪嫌疑人，依法审查批准逮捕所制作的文书。《刑事诉讼法》第78条规定："逮捕犯罪嫌疑人、被告人，必须经过人民检察院批准……"第85条规定："公安机关要求逮捕犯罪嫌疑人的时候，应当写出提请批准逮捕书，连同案卷材料、证据，一并移送同级人民检察院审查批准。"第88条规定："人民检察院对于公安机关提请批准逮捕的案件进行审查后，应当根据情况分别作出批准逮捕或者不批准逮捕的决定。"人民检察院批准逮捕决定书应当依据上述法律规定制作。

批准逮捕决定书适用于公安、国家安全、监狱、缉私警察等依法行使侦查权的机关对犯罪嫌疑人提请批准逮捕的案件，人民检察院经过审查后，对于符合《刑事诉讼法》第79条第1款规定条件的应当作出批准逮捕决定，制作本文书。批准逮捕决定书为存根、正本、副本、回执四联填充式文书。

（一）正本

1. 首部。包括制作文书的人民检察院名称。文书名称，即批准逮捕决定书。文书编号，即"检批捕〔　〕号"，空余地方依次填写人民检察院简称、具体办案部门简称、年度和序号（鉴于表格填充式首部的内容大致相同，具体文字表述要根据不同文书的要求填写，以下不再赘述）。

2. 正文。包括：送达单位，即提请批准逮捕机关名称，可简称"你厅"或"你局"。公安机关提请批捕文书的时间、文书编号及犯罪嫌疑人姓名，即："你×于××××年××月××日以××号提请批准逮捕书提请批准逮捕犯罪嫌疑人×××。"人民检察院的审查意见，即："经本院审查认为，该犯罪嫌疑人涉嫌××犯罪"，这里的罪名是指人民检察院审查认定的罪名。法律根据，即："符合《中华人民共和国刑事诉讼法》第七十九条规定的逮捕条件"。决定事项，即："决定批准逮捕犯罪嫌疑人×××。请依法立即执行，并将执行情况三日内通知本院"。

3. 尾部。包括填发文书的年月日、院印（以下写法相同的，不再赘述）。

（二）副本

除在文书名称下增加"副本"二字外，其他内容与正本相同。

（三）回执

1. 首部。要写明所送达的人民检察院名称。

2. 正文。包括：法律根据，即："根据《中华人民共和国刑事诉讼法》第八十八条的规定"；公安机关的执行情况，即："现将我局执行你院××号批准逮捕决定书的情况通知如下"，执行情况填写应准确、详细。

(四)制作批准逮捕决定书应当注意的问题

1. 应查明公安机关的提请批准逮捕书及案卷材料是否齐备,并在审阅案卷材料的基础上,制作阅卷笔录,提出审查意见,经侦查监督部门负责人审核后,报请检察长批准,重大案件应当经检察委员会讨论决定。

2. 对提请批准逮捕的犯罪嫌疑人,已被拘留的,应当在接到提请批准逮捕书后的7日内作出是否批准逮捕的决定;未被拘留的,应当在15日内作出是否批准逮捕的决定,重大复杂的案件,不得超过20日。

3. 人民检察院对已作出的逮捕决定发现有错误,应当撤销原逮捕决定,送达公安机关执行,对已作出的不逮捕决定发现有错误,需要逮捕的,应当撤销原不逮捕决定,并重新作出逮捕决定,送达公安机关执行;对已撤销原批准逮捕决定而被释放的犯罪嫌疑人,又发现需要逮捕的,应当重新制作批准逮捕决定书。

4. 发现应当逮捕而公安机关未提请批准逮捕的犯罪嫌疑人,应当建议公安机关提请批准逮捕,对不提请批捕,理由不能成立的,也可以直接作出逮捕决定,这种情况下不使用本文书,而应制作逮捕决定书(追捕),送达公安机关执行。

二、不批准逮捕决定书

不批准逮捕决定书,是人民检察院对公安机关提请批准逮捕的犯罪嫌疑人进行审查后,依法作出不批准逮捕决定所制作的文书。

《刑事诉讼法》第88条规定,人民检察院对于公安机关提请批准逮捕的案件进行审查后,应当根据情况分别作出批准逮捕或者不批准逮捕的决定。对于不批准逮捕的,人民检察院应当说明理由,需要补充侦查的,应当同时通知公安机关。《刑事诉讼法》第89条规定,人民检察院不批准逮捕的,公安机关应当在接到通知后立即释放,并且将执行情况及时通知人民检察院。以上规定是制作不批准逮捕决定书的法律依据。

不批准逮捕决定书适用于人民检察院办理公安机关等具有侦查职能的机关提请批准、逮捕的案件。

不批准逮捕决定书为四联填充式文书。第一联为存根,由制作部门统一保存。第二联为副本,由人民检察院送达提请批捕的机关,回证后附卷。第四联为回执,待提请批捕机关执行不批准逮捕决定书后,填写有关内容,再退回人民检察院附卷。

(一)正本和副本

正本(第三联)和副本(第二联)的内容,除首部和尾部外,主要是正文。应逐项写明提请批准逮捕的机关(即送达机关)、提请批捕的年月日、文书编号、犯罪嫌疑人姓名,以及审查意见、决定事项。

审查意见是本文书的写作重点,主要写明不批准逮捕的事实理由和法律依据。由于不批准逮捕的案件,事实情况不同,法律规定不同,因此要针对具体情况填写。实践中,不批捕的原因及写法有以下几种:

1. 不符合《刑事诉讼法》第79条规定逮捕的首要条件,即"有证据证明有犯罪事实"的。审查意见可表述为:"犯罪嫌疑人×××的犯罪事实不清(或:犯罪嫌疑人×××没有犯罪事实),不符合《刑事诉讼法》第七十九条规定的逮捕条件。”或者:“犯罪嫌疑人×××不满14周岁(或:系在不能控制或辨认自己行为时造成危害结果、系正当防卫行为、系紧急避险行为等),根据《刑法》第××条的规定,不负刑事责任,不符合《刑事诉讼法》第七十九条规定的逮捕条件。”

2. 不具备《刑事诉讼法》第79条规定逮捕的第二个条件的。审查意见应表述为:“经本院审查认为,犯罪嫌疑人×××涉嫌××犯罪,但因……(如情节较轻、有立功表现,等等),不可能判处徒刑以上刑罚,不符合《刑事诉讼法》第七十九条规定的逮捕条件。”

3. 不具备《刑事诉讼法》第79条规定逮捕的第三个条件,即社会危险性的要求的,可表述为:“经本院审查认为:犯罪嫌疑人×××涉嫌××犯罪,但因……,采取取保候审能防止发生社会危险性,没有逮捕必要,不符合《刑事诉讼法》第七十九规定的逮捕条件。”

4. 具有《刑事诉讼法》第15条规定情形之一的,不应当追究刑事责任,在这种情况下,人民检察院应当作出不批准逮捕的决定,审查意见表述为:“经本院审查认为:犯罪嫌疑人×××的行为情节显著轻微,危害不大,不认为是犯罪(或者:已过追诉时效;经特赦令免除刑罚……),根据《刑事诉讼法》第十五条第(一)项[或者第(二)项;第(三)项……]的规定,不应追究刑事责任。”

决定事项,即“决定不批准逮捕犯罪嫌疑人×××”。要求事项,即“请依法立即执行,并在3日之内将执行情况通知本院”。

(二)回执

回执(第四联)的正文,包括送达单位的名称,填写制作文书的人民检察院名称。执行情况,内容为:“现将你院×××号不予批准逮捕决定书的执行情况通知如下:……”第一个空格填写本决定书的文书号,第二个空格填写是否已将被拘留的人释放等内容。

(三)制作不批准逮捕决定书应当注意的问题

1. 要根据案件的具体特点,有针对性地、准确地写明不批准逮捕的事实原因和法律依据,不要笼统写为“不符合逮捕条件”。

2. 在填写审查意见中,无论哪一种不批捕的原因,作出不批捕决定在程序法上都要依据《刑事诉讼法》第88条的规定。

3. 需要同时通知公安机关补充侦查的,写明“附:补充侦查提纲”,同时制作补充侦查提纲,连同不批准逮捕决定书一同送达公安机关。补充侦查提纲同样一式两份,除送达公安机关外,另份附卷。

三、审查逮捕意见书

审查逮捕意见文书,是人民检察院在办理审查逮捕案件过程中形成的内部工作文书。审查逮捕意见书是案件全貌和处理意见的高度浓缩,也是承办人对侦查、审查逮捕过程所反映的事实认定证据取舍以及侦查监督意见的重要载体。质量优秀的审查逮捕意见书既可以起到“浓缩案卷”的作用,也是审查逮捕环节落实释法说理的重要体现。

审查逮捕意见书为叙述式文书,其内容包括下列八个部分,具体写法如下。

(一)受案和审查过程

受案和审查过程表述为:

"本院于××年×月×日接到×××(侦查机关)以××号文书提请审查逮捕的犯罪嫌疑人×××涉嫌××一案的文书及案卷材料、证据,承办人已告知犯罪嫌疑人及其法定代理人依法享有的诉讼权利,审阅了案卷,讯问了犯罪嫌疑人,听取了犯罪嫌疑人的辩护人的意见,核实了有关证据,现已审查完毕。"

(二)犯罪嫌疑人及其他诉讼参与人的基本情况

1. 犯罪嫌疑人基本情况。包括:第一,犯罪嫌疑人姓名(曾用名、与案情有关的别名、冒名、化名、绰号、不报姓名的代号),性别,出生年月日,(系盲、聋、哑人等特殊情况在此注明),公民身份号码,民族或国籍(外国人或无国籍人),出生地,文化程度,就读学校或职业(或工作单位及岗位),住址(户籍地和实际居住地均要写明)。第二,前科劣迹情况,写明曾受到过行政处罚、刑事处罚的时间、原因、种类、决定机关、执行情况及释放时间等。第三,健康状况,是否患有严重疾病或正在怀孕、哺乳自己的婴儿。第四,强制措施,写明采取强制措施的时间、种类及决定机关,其中拘留、提请逮捕人大代表或政协委员的,应写明是否经过许可或者通报有关人大常委会或政协党组(犯罪嫌疑人自报姓名又无法查实的,应当注明系自报;犯罪嫌疑人系人大代表的,写明罢免情况;外国人涉嫌犯罪的,应注明国籍、护照号码、国外居所)。

2. 辩护人基本情况。依次写明姓名、工作单位及职务或职业,与犯罪嫌疑人的关系,通讯方式等。辩护人是律师的,写明所属律师事务所;是法律援助律师的,则注明指派的法律援助机构。

3. 被害人基本情况。依次写明姓名、性别、年龄(未成年人写明出生日期)、民族、住址、单位、职务或职业,受害情况,联系方式。被害人情况不清楚的,予以说明。

4. 诉讼代理人基本情况。依次写明姓名、单位、职务或职业,与被害人的关系,联系方式。受委托的单位要先写单位名称、地址,再写明单位代表人的姓名、职务、联系方式。诉讼代理人为二人以上的要分别写明。如是法律援助律师的应注明指派机构。

(三)案件侦破过程

根据案件证据材料,简要叙写本案发案、立案、侦破的时间及经过,其中犯罪嫌疑人到案的经过需详细叙写。

(四)侦查机关认定的犯罪事实与意见

叙述事实要全面、客观,高度概括,注意如实表述公安机关的提请审查逮捕的意见,必要的可归纳和概括。

(五)听取意见的情况

依照《刑事诉讼法》第86条,《人民检察院刑事诉讼规则(试行)》第305条、第309条规定,写明听取犯罪嫌疑人及其法定代理人、辩护人等各方意见的情况。

(六)经审查认定的案件事实及证据

表述为:"经审查认定的案件事实及证据……认定上述事实的证据如下:"。

1. “经审查认定”这部分的表述,要根据案件的不同情况:(1)侦查机关认定的案件事实有证据证明的;(2)现有证据仅能证明侦查机关认定的部分案件事实的,或现有证据虽不足以证明侦查机关认定的事实,但有证据证明有其他犯罪事实的;(3)现有证据有欠缺但犯罪嫌疑人已经基本构成犯罪,经进一步侦查能收集到定罪所必需的充足证据,且符合司法解释规定的“附条件逮捕”条件的;(4)侦查机关认定的案件事实非犯罪嫌疑人所为的(应当不捕),或者现有证据不足以证明侦查机关认定的事实(证据不足不捕)的,则要相对应写明“经审查后认定……,上述事实有以下证据证明”或者“现有证据无法证明犯罪嫌疑人实施了侦查机关认定的犯罪行为”。然后,再按照证明内容、证据种类及其证明力进行必要摘录概括、分析或说明。

2. 对于共同犯罪案件的事实阐述及证据说明、分析,应写明未成年犯罪嫌疑人在本案中所处的地位、作用。

3. 认定未成年犯罪嫌疑人身份、年龄的证据,应单列分析,对出生日期等内容进行摘录、分析或说明。

4. 在全案证据罗列摘录说明之后,应围绕现有证据材料是否符合《人民检察院刑事诉讼规则(试行)》第139~142条关于“有证据证明有犯罪事实”等规定,对证据进行综合分析:证据与案件事实间的关系(即哪些证据证实了什么事实);有证据证明了的案件事实是否符合刑法规定的犯罪构成要件;证据是否客观、合法,且证据彼此之间是否已形成锁链,达到逮捕证明标准;排除非法证据(无此情况可略),最后得出犯罪嫌疑人的行为涉嫌犯罪(或不构成犯罪或事实不清、证据不足)的结论。

对于应当不捕案件的证据分析,应对足以认定犯罪嫌疑人无罪的证据进行重点分析,论证不捕理由;对证据不足不捕案件的证据分析,应针对认定犯罪嫌疑人涉嫌犯罪的证据尚未达到逮捕证据标准,分析案件证据的“疑点”,论证不捕理由;对无社会危性或社会危险性较小不予逮捕的犯罪嫌疑人的证据分析,应对照《人民检察院刑事诉讼规则(试行)》第144条、第488条的规定,论证不捕的理由。对符合监视居住条件不捕的,应对照该规则第145条的规定,论证不捕理由。对于未成年犯罪嫌疑人,还应对照《未成年人刑事检察工作指引(试行)》的有关规定,综合衡量其社会危险性。

(七)需要说明的问题

需要说明的问题包括:(1)案件管辖问题;(2)案件背景、有关领导批示情况;(3)法律监督事项,详细指出侦查部门办案中存在的违法问题(包括实体和程序方面),并针对这些问题提出的纠正意见和理由,对侦查机关是否依法办案进行法律监督;(4)提前介入引导公安机关取证的情况及需要继续侦查事项;(5)综合治理事项;(6)办案风险评估及应对预案;(7)其他需要说明的事项。

(八)处理意见

处理意见应写明:(1)对案件定性和法律适用的意见;(2)逮捕必要性、社会危险性分析;(3)处理意见。表述为:“综上,承办人认为:(对案情进行高度概括,应根据犯罪构成以及逮捕的条件来归纳。)”

1. 承办人认为批准逮捕的,应写明:“犯罪嫌疑人×××……,有××(罪名)犯罪事实,根据《中华人民共和国刑法》第××条、《中华人民共和国刑事诉讼法》第八十八条之规定,建议批准逮捕。”

2. 承办人认为附条件逮捕的,应写明:“依据现有已查证属实的证据,基本上能够认定犯罪嫌疑人×××的行为已构成×××犯罪,根据《中华人民共和国刑法》第××条、《中华人民共和国刑事诉讼法》第八十八条之规定,建议批准逮捕。并向公安机关制发《附条件逮捕案件继续侦查取证意见书》。”

3. 拟不批准逮捕的,应根据案件的具体情况,有针对性地写明意见和理由,不能笼统地写为“不符合逮捕条件”:

(1)因行为不构成犯罪或者犯罪非犯罪嫌疑人所为而不批捕的,应写明:“犯罪嫌疑人……(对案情高度概括),其行为不构成犯罪(或者本案非犯罪嫌疑人×××所为),根据《中华人民共和国刑事诉讼法》第八十八条之规定,建议不批准逮捕。”

(2)对现有证据不足以证明有犯罪事实而不批捕的,应写明:“现有证据不足以证明犯罪嫌疑人×××有××(罪名)犯罪事实,根据《中华人民共和国刑事诉讼法》第八十八条之规定,建议不批准逮捕。”

(3)对有证据证明有犯罪事实,但属于《人民检察院刑事诉讼规则》第144条规定情形之一的,应写明:“犯罪嫌疑人×××有××(罪名)犯罪事实,但所涉罪行较轻,犯罪后自首、有立功表现,系从犯等,根据《中华人民共和国刑事诉讼法》第八十八条之规定,建议不批准逮捕。”

(4)对未成年犯罪嫌疑人,有证据证明有犯罪事实,但属于《人民检察院刑事诉讼规则》第488条规定情形的,应写明:“未成年犯罪嫌疑人×××有××(罪名)犯罪事实,但罪行较轻、初次犯罪、有自首或立功表现、在校学生等,没有社会危险性或社会危险性较小,根据《中华人民共和国刑事诉讼法》第八十八条之规定,建议不批准逮捕。”

(5)因犯罪嫌疑人具有《刑事诉讼法》第72条第1款规定的情形,不需要逮捕的,应写明:“犯罪嫌疑人×××有××(罪名)犯罪事实,但因其患有严重疾病,或正在怀孕或系哺乳自己婴儿的妇女等情形,根据《中华人民共和国刑事诉讼法》第八十九条之规定,建议不批准逮捕,同时向侦查机关提出监视居住的建议。”

第三节 公诉文书

公诉文书,是指人民检察院在依法履行审查起诉和出庭支持公诉职责的过程中所制作的各种法律文书。

《刑事诉讼法》第167条规定:“凡需要提起公诉的案件,一律由人民检察院审查决定。”根据《刑事诉讼法》和最高人民检察院的有关规定,公诉活动主要分为审查起诉、提起公诉和出庭支持公诉几个阶段。在审查起诉阶段,人民检察院对于公安机关、国家安全机关移送起诉的案件,依法进行审查,可以要求公安机关提供法庭审判所必需的证据材料,可以退回公安机关补充侦查等;经过审查起诉,人民检察院依法应当作出提起公诉或者不起诉的决定。如果发现起诉、不起诉决定确有错误,还应当作出撤销不起诉决定书;提起公诉的,人民检察院应当派员出庭,支持公诉,对于适用简易程序的案件,人民检察院可以建议适用简易程序。人民检察院在履行上述公诉职能中,均应制作相应的法律文书。

公诉文书分为审查起诉文书、提起公诉文书、不起诉文书、适用简易程序文书、出席法庭文书等。本节重点介绍以下几种文书。

一、起诉书

起诉书,是人民检察院经依法审查,认为被告人的犯罪行为应当受到刑事追究,决定将其交付审判而向人民法院提起公诉所制作的法律文书。根据《刑事诉讼法》第3条、第166条、第167条和第172条的规定,凡需要提起公诉的案件,一律由人民检察院审查决定。人民检察院对公安机关、国家安全机关、监狱侦查终结移送起诉的案件以及对本院自侦部门侦查终结的案件进行审查后,认为犯罪嫌疑人的犯罪事实已经查清,证据确实、充分,依法应当追究刑事责任的,应当作出起诉决定,制作起诉书,并按审判管辖的规定,向同级人民法院提起公诉。

起诉书是检察机关代表国家将被告人提交人民法院审判的重要法律凭证,是公诉人出庭支持公诉,参加法庭调查,对证据和案件情况发表意见并且进行辩论的重要基础,也是人民法院审理公诉案件的合法依据。其既是告知已将被告人提交人民法院审判的通知,又是公开指控被告人犯罪行为的法定文件。起诉书是刑事公诉案件由审查起诉阶段进入审判阶段的重要标志,是连接起诉和审判程序的桥梁。

起诉书,即提起公诉文书。按照审理程序的不同,其又可分为普通程序案件适用的起诉书、简易程序案件适用的起诉书和单位犯罪适用的起诉书。鉴于普通程序案件适用的起诉书是司法实践中常用的最基本的起诉书,因而本书重点讲授这一类起诉书的制作。普通程序案件适用的起诉书,同其他两种起诉书一样,都是叙述式文书,在结构上也相同,大致可以分为以下部分。

(一)首部

1. 制作文书的人民检察院名称,除最高人民检察院外,各级地方人民检察院的名称前,应当写明所在的省、自治区、直辖市的名称,涉外案件还应在上述名称前冠以“中华人民共和国”字样。

2. 文书名称,即“起诉书”。

3. 文书编号,即“检刑诉〔 〕号”,空白地方依次填写:院名(代字)、部门(代字)、年度、顺序号。

4. 被告人的基本情况。应依次写明:

(1)被告人姓名。应写正式姓名(即户口簿、身份证等法定文件中使用的姓名)。如有曾用名或与案件有关的别名、化名的,要在其姓名后加括号注明。是又聋又哑人或盲人的,也要在姓名后注明。《刑事诉讼法》第158条第2款规定,对于符合起诉条件的不讲真实姓名、住址,身份不明的被告人,应按其自报的姓名书写,并加以括号注明。

(2)性别。

(3)年龄。一般应写公历的出生年、月、日。具体出生日期查不清楚的,应以公历计算的周岁写明年龄,但涉及刑事责任年龄界限(犯罪时不满14岁至18岁)的,必须写明出生的年、月、日。

(4)出生地和户籍地。出生地,本省的只写市、县名;外省的需加写省或自治区;直辖市的直接写为"××市人"。是外国人的应写明国籍。出生地难以查明的,可以只写户籍所在地。

(5)身份证号码。

(6)民族。应写全称。

(7)文化程度。应写经正规教育所达到的程度。不识字的,写为"文盲"。

(8)职业或工作单位及职务。应写明具体工作单位和职务;城镇无业者,写为"无业"。

(9)住址。一般写户籍所在地。户籍所在地与经常居住地不一致的,写经常居住地。对流窜犯,户籍所在地或经常居住地不明的,写其暂住地。

(10)是否受过刑事处罚。受过刑事处罚的,要写明何时因何罪被判处何种刑罚及刑满释放或逃跑的时间;受过劳动教养处分的,要写明决定劳教的因由、时间和解除劳教或逃跑的时间。受过行政处罚的,如行政拘留等情况,按时间顺序写明。

(11)被采取强制措施情况。应依次写明被采取强制措施的种类、因由、时间批准或决定的机关、执行的时间和机关。如果有两种以上强制措施的,要依时间顺序来写。如果一案中的多名被告人是在同一时间,被采取同种强制措施的,可在写完各被告人基本情况之后,另起一段,写明:"上列被告人因××(因由)均于××××年××月××日经××机关批准或者决定被××(强制措施名称)"。一案有两名以上被告人时,应按先首要分子、主犯,后从犯、胁从犯的顺序排列。不划分主从犯的,按各被告人在犯罪中的作用大小先后排列。

5. 辩护人的基本情况。依次写明:辩护人姓名;工作单位,即辩护人执业的律师事务所。非律师担任辩护人的,则写明其所在单位。

6. 案由和案件来源。分别写明以下内容:

(1)案由。应写公安机关(或国家安全机关、监狱,下同)移送起诉(或建议不起诉)时确定的案由(即涉嫌犯罪行为,下同),如"被告人孙××抢劫一案";检察机关直接侦查的案件,如果侦查终结和审查起诉时认定的案由不一致的,只写起诉时认定的案由。对一案多名被告人的,可省略各被告人姓名,用"上列被告人"一语替代。一案涉嫌数个犯罪的,要全部书写齐全。同案被告人涉嫌的犯罪不相同时,应当分别表述,如"被告人王××盗窃,赵××销赃一案"。多名被告人共同犯罪,并有多种罪交叉的案件,要将全案被告人所犯之罪一一列出,如"上列被告人盗窃、抢劫、强奸一案"。

(2)案件移送过程。写侦查机关侦查终结后,何时移送人民检察院审查起诉(或建议不起诉)。由于案件审判管辖变更而引起受理审查起诉的人民检察院变更的,应写明法律依据和移送时间。其他有关情况的变化,如撤回起诉后又起诉的,一律不写。接着,应写明:第一,依法告知的情况。根据《刑事诉讼法》的规定,人民检察院自收到移送审查起诉的案件材料之日起3日内告知犯罪嫌疑人有权委托辩护人,告知被害人及其法定代理人或者近亲属、附带民事诉讼的当事人及其法定代理人有权委托诉讼代理人。起诉书应当对有关情况予以交代。第二,办理审查起诉的简要情况。第三,其他有关情况,如退回补充侦查的,即写明退回补充侦查的时间和重新移送审查起诉的时间；延长审查起诉期限的情况等，这些内容一般要根据实际情况叙写。

（二）正文

1. 案件事实和认定证据

这部分是起诉书的主体，是指控犯罪的基础。应写明经检察机关审查认定的犯罪事实，包括犯罪时间、地点、经过、手段、动机、目的、危害后果和被告人犯罪后的态度以及有关的人和事等要素，并以是否具有犯罪构成要件为重点，兼叙影响量刑轻重的各种情节。既不能把查无实据或证据不足的行为作为犯罪事实写入起诉书；也不能将与犯罪无关的非犯罪行为及人员写入起诉书。

叙述事实要层次清楚、重点突出。应当根据案件情况，恰当选用表达方法。对于起诉指控的所有犯罪事实，无论是一人一罪、多人一罪，还是一人多罪、多人多罪都必须逐一列举，这是原则。具体叙述时，要按照合理的顺序进行。一般可以时间先后为序，如果是一人多罪的，应按多种犯罪轻重顺序叙述，重罪在前，轻罪在后；多人多罪的，则应突出主犯、重罪，从犯、轻罪在后叙述。

对于用做认定案件事实的主要证据，应写明证据的名称、种类，具体叙述，一般应采取“一事一证”的方式，即在每一起案件事实后，写明据以认定的主要证据。对于用概括叙述事实的，其证据的写法也可以采取“一罪一证”的方式，即在该罪概述后写明主要证据的种类即可。关于证人证言，要写出证明的直接程度，如“在场目睹者”；物证、书证，要写出具体名称、数量、来源和证明的具体事实，如“被告人杀人的凶器菜刀一把”；鉴定结论，要写明鉴定单位及鉴定的内容，使其足以说明认定的事实证据确凿。

叙事举证，应当注意以下问题：一是涉及国家秘密时，须注意保密，非叙述不可的，应概述，不能原文抄录；二是对有伤风化的污秽情节，应考虑社会影响，不作具体叙述；三是犯罪后自首的，应写明自首的时间、地点、内容，以及受理的机关等，如有立功表现的，也应同时写明；四是对行为已构成犯罪或严重违法，公安机关已经或正在另案处理的，应注明“另案处理”，对本案被害人，凡涉及个人隐私的，为保护其名誉，只留其姓，隐去其名；五是共同犯罪案件中有共犯在逃的，应在其后注明“另案处理”。

2. 起诉的根据和理由以及决定事项

这部分是起诉书的重点，要针对案情特点，运用犯罪构成要件分析被告人行为的性质，论证起诉的根据和理由。开头一般用“本院认为”，引出下文。

概括罪行事实，要突出本案特点，用准确的语言写明被告人主观恶性，犯罪行为的恶劣程度，犯罪的社会危害性的严重程度。

引用法律条文，首先要准确、完整、具体。准确就是引用的法律条文与适用的对象恰如其分；完整就是要把据以定性处理的法律规定全部列出；具体就是要写明第×条第×款第×项，有的条文只分项不分款的则写明第×条第×项。其次要有一定的条理和先后次序。先引用有关定罪与确定量刑幅度的条文，后引述从重、从轻、减轻的条文；适用以他罪论处的条文时，先引用本条文，再按本条文的规定，引用相应的他罪条文；一人犯数罪的，应逐罪引用法律条文，且引用定罪的法律条文顺序应与叙述各罪事实的顺序相一致；共同犯罪中，多人触犯同一罪名的,可集中引用法律条文。

确定罪名应以《刑法》分则条文规定的罪状特征为依据,一人犯数罪的,一般先控重罪,后诉轻罪;共同犯罪案件,应在分清各被告人的地位、作用和刑事责任的前提下,依次确定主犯、从犯的罪名。引述法律、确定罪名时,应先引定罪法律条文,后写明构成××罪,如:"触犯《中华人民共和国刑法》第×××条,构成×××罪"。对被告人具有从重或从轻、减轻处罚情节的,一般应予分别认定,并写出相应的量刑法律根据和处罚的意见。但不宜把轻重两种情节简单并列,以致分不出主从,要对倾向性意见写明理由,用肯定语气明确表述。

3. 决定事项

应当依次写清三方面内容:一是提起公诉的必要性,如"本院为维护社会秩序,保护公民的财产权利不受侵犯……";二是提起公诉的法律依据,应写明"依据《中华人民共和国刑事诉讼法》第一百七十二条之规定";三是提起公诉的决定,写明"特提起公诉,请依法判处"。

(三)尾部

尾部应当写明以下内容:

1. 主送的人民法院名称。在正文结束后,另用两行,先写送达用语:"此致",再写"×××人民法院"。

2. 公诉人法律职务及姓名。法律职务应写明检察长、副检察长、检察员、代理检察员等职务,姓名写在法律职务之后。

3. 尾部的日期应写检察长签发起诉书的日期,要写在检察人员法律职务及姓名的下一行对应位置,上面加盖院印。

4. 附注。应当写明以下事项:被告人羁押处所或监视居住、取保候审的处所;本案的证据目录、证人名单和主要证据复印件或者照片清单;同案被告人中,检察机关作出不起诉决定的文书副本;被害人(或其法定代理人)提出的附带民事诉状。附注应在文书尾部的顶格处写明"附:"字样,然后再具体写明内容。有两项以上内容的,应注明顺序号。

(四)制作起诉书应当注意的问题

1. 起诉书送达后,在法院开庭审理前,如果发现遗漏重要罪行,或抓获在逃犯应一并起诉,以及对起诉书须作重要补充修改的(如重新认定犯罪数额等),应收回起诉书,使用原文号重新制作。在原文号后加"—2"以示区别,如"第16—2号",不宜采用"补充起诉书"的方式。

2. 需要提起附带民事诉讼的,应另行制作刑事附带民事起诉书。

3. 在制作适用单位犯罪案件的起诉书时,要注意全面列举有关主体的基本情况。一般包括被告单位、被告单位诉讼代表人、被告人、被告单位、被告人委托的辩护人,等等。被告单位基本情况,包括被告单位名称、住所地、法定代表人姓名、职务等。被告单位住所地是其主要机构所在地。由于被告单位是法律上虚拟的人格主体,因此被告单位必须由诉讼代表人代表其参加诉讼。被告单位诉讼代表人的基本情况,包括诉讼代表人的姓名、性别、年龄、工作单位、职务等情况。在被告人基本情况中需要注意的是,这里的被告人是指单位犯罪中直接负责的主管人员和其他责任人员,要写明其姓名、性别、出生年月日、身份证号码、民族等,具体内容的写法与自然人犯罪的被告人的基本情况相同。

4. 当自然人犯罪、单位犯罪并存时,在叙写被告单位、被告人情况时,应当先叙述被告单位、法定代表人、诉讼代表人及有关属于责任人员的被告人情况,再叙述一般的自然人被告人情况;同时,在起诉理由和根据部分,也应当按照先单位犯罪、后自然人犯罪的顺序叙述。

5. 适用简易程序案件的起诉书一般应当一式八份,每增加一个被告人,增加起诉书五份。适用单位犯罪案件的起诉书一般应当一式八份,每增加一个被告单位、被告人,增加起诉书五份。

6. 起诉书应在尾部年月日的左下角加盖“本件与原件核对无异”字样图章。多页的,要在各页的一侧边沿与其相邻页合盖“×××人民检察院骑缝章”。起诉书中对文字作少量删改的,要在删改处加盖“核对章”。

二、不起诉决定书

不起诉决定书是人民检察院经过审查起诉,认为案件不符合《刑事诉讼法》规定的起诉条件,决定不将案件移送人民法院审判而终止诉讼所作出的书面决定。《刑事诉讼法》第171条第4款规定:“对于二次补充侦查的案件,人民检察院仍然认为证据不足,不符合起诉条件的,应当作出不起诉决定”(即存疑不起诉)。第173条第1款、第2款规定:“犯罪嫌疑人有本法第十五条规定的情形之一的,人民检察院应当作出不起诉决定”(即绝对不起诉)。“对于犯罪情节轻微,依照刑法规定不需要判处刑罚或者免除刑罚的,人民检察院可以作出不起诉决定”(即相对不起诉)。人民检察院在审查起诉中,认为案件符合上述法律规定的,可以或者应当分别作出不起诉决定,并相应制作适用上述三种不起诉情况的不起诉决定书。

不起诉决定书是叙述式文书。由首部、正文和尾部三部分组成。具体制作应按《人民检察院法律文书格式(样本)》的要求书写。

(一)首部

首部包括:(1)人民检察院名称即为提起公诉的人民检察院;(2)文书名称即不起诉决定书;(3)文书编号为“检刑不诉〔　〕号”,空白处分别填写提起公诉的人民检察院的简称、具体办案部门简称、年度和文件序号,其中年度必须填写完整的四位数,如“2016”。

(二)正文

1. 被不起诉人基本情况。应逐一写明被不起诉人的姓名、性别、出生年月日、身份证号码、民族、文化程度、职业或工作单位及职务(如案件系国家机关工作人员利用职权实施的犯罪,还应当写明犯罪期间在何单位任何职)、住址(一般写被不起诉人居住地,如果户籍所在地与暂住地不一致的,则应分别写明户籍所在地和暂住地),是否受过刑事处罚,采取强制措施的种类、时间、决定机关等。如果被不起诉的是单位,则应写明单位名称、住所地等,并以被不起诉单位替代不起诉格式中的“被不起诉人”。

2. 辩护人基本情况。包括辩护人的姓名、单位。

3. 案由和案件来源。具体表述为:“本案由×××(侦查机关名称)侦查终结,以被不起诉人×××涉嫌×××罪,于××年×月×日移送本院审查起诉。”如系检察机关直接受理立案侦查的案件,则表述为:“被不起诉人×××涉嫌×××一案,由本院侦查终结,于××年×月×日移送审查起诉或不起诉。”如果案件是其他人民检察院移送的,则应当将指定管辖、移送单位以及移送时间等情况写明。其中,“案由”应当写移送审查起诉时或者侦查终结时认定的行为的性质,而不是审查起诉部门认定的行为性质;在这部分里,还要写明移送审查起诉及本院受理的时间,如果案件曾经退回补充侦查,则应写明退回补充侦查的日期、次数以及再次移送审查起诉的时间。

4. 案件事实情况的表述要因案而异:

(1)属于绝对不起诉情形的,这部分可以根据不同情形采取以下两种不同的表述方法:第一,如果是根据《刑事诉讼法》第15条第1项的规定作出不起诉决定,即侦查机关认为已经构成犯罪而移送起诉,检察机关经审查后认定行为情节显著轻微、危害不大,不认为是犯罪而决定不起诉的,应先概括叙述侦查机关移送审查起诉意见书认定的犯罪事实(如系自侦案件,则不写此部分),然后叙写检察机关经过审查认定的事实及相应的证据,其中应重点反映显著轻微的情节和危害程度较小的结果。第二,如果被不起诉人的行为已构成犯罪,本应追究刑事责任,但在审查过程中,出现了《刑事诉讼法》第15条第2项至第6项规定的不追究刑事责任的情形之一,因而决定不起诉的,应当重点叙明符合法定不追究刑事责任的事实和证据,以充分体现法律规定的内容。

(2)属于相对不起诉情形的,这部分要概括叙写案件事实,重点写明有关被不起诉人具有的法定情节及检察机关酌情作出不起诉决定的具体理由的事实。应注意将检察机关审查后认定的事实和证据写清楚,而对于侦查机关移送审查时认定的事实和证据则不必叙写。对于证据不足的事实,不能写入此文书中。在事实部分中表述犯罪情节时应当以犯罪构成要件为标准,还要将体现其情节轻微的事实及符合相对不起诉条件的特征叙述清楚。在叙述完事实之后,应当将证明“犯罪情节”的各项证据一一列举,以阐明犯罪情节如何轻微。

(3)属于存疑不起诉情形的,这一部分只须概括叙述侦查机关认定的事实即可。

5. 不起诉理由、法律依据和决定事项。分以下不同情形而处理:

(1)属于绝对不起诉情形的,这部分根据决定不起诉的法定事由的不同有两种表述方法:

第一,如系根据《刑事诉讼法》第15条第1项的规定作出不起诉决定的,表述为:“本院认为,×××(被不起诉人的姓名)的上述行为,情节显著轻微、危害不大,不构成犯罪。依照《中华人民共和国刑事诉讼法》第十五条第(一)项和第一百四十二条第一款的规定,决定对×××(被不起诉人的姓名)不起诉。”

第二,如系根据《刑事诉讼法》第15条第2项至第6项的规定作出不起诉决定的,则应重点阐明不追究被不起诉人刑事责任的理由及法律依据,并写明决定不起诉的法律依据。

(2)属于相对不起诉情形的,其不起诉理由、法律依据和决定事项可表述为:“本院认为,犯罪嫌疑人×××实施了《中华人民共和国刑法》第×条规定的行为,但犯罪情节轻微,具有××情节(具体写明行为人具有从轻、减轻或者免除刑罚的情节表现),根据《中华人民共和国刑法》第×条的规定,不需要判处刑罚(或者免除刑罚)。依照《中华人民共和国刑事诉讼法》第一百七十三条第二款的规定,决定对×××(被不起诉人的姓名)不起诉。”

(3)属于存疑不起诉情形的,只需写明:“经本院审查并退回补充侦查,本院仍然认为×××(侦查机关名称)认定的犯罪事实不清、证据不足(或者本案证据不足),不符合起诉条件。依照《中华人民共和国刑事诉讼法》第一百七十一条第四款的规定,决定对×××(被不起诉人的姓名)不起诉。”

(4)如果系检察机关直接受理立案侦查的案件,则应表述为:“本案经本院侦查终结后,在审查起诉期间,经两次补充侦查,本院仍认为本案证据不足,不符合起诉条件。依照《中华人民共和国刑事诉讼法》第一百七十一条第四款的规定,决定对×××(被不起诉人的姓名)不起诉。”

6. 告知事项。对于有被害人的案件,不起诉决定书应当写明被害人享有的申诉权及起诉权,具体可表述为:“被害人如果不服本决定,可以自收到本决定书后七日以内向×××人民检察院申诉,请求提起公诉;也可以不经申诉,直接向×××人民法院提起自诉。”此处的“×××人民检察院”应为作出不起诉决定的上一级人民检察院。至于“×××人民法院”则一般是指与作出不起诉决定的人民检察院同级的人民法院。

如果是相对不起诉的,在告知事项书中还应写明被不起诉人享有的申诉权,可表述为:“被不起诉人如不服本决定,可以自收到本决定书后七日内向本院申诉。”同时,存在被不起诉人与被害人的,应按这一顺序分别写明各自享有的申诉权与起诉权。

(三)尾部

包括作出不起诉决定的人民检察院的名称、院印及文书制发日期。其中,文书制发日期应为签发日期。

(四)制作不起诉决定书应当注意的问题

1. 要正确把握不起诉决定书的使用范围。根据《人民检察院刑事诉讼规则(试行)》第401条的规定,没有犯罪事实,或者符合《刑事诉讼法》第15条规定的情形之一的,应当依法作出不起诉决定。对于犯罪事实并非犯罪嫌疑人所为,需要重新侦查的,应当在作出不起诉决定后书面说明理由,将案卷材料退回公安机关并建议公安机关重新侦查。而对于本院的自侦案件,如果发现有上述情形的,应当退回本院侦查部门,建议作出撤销案件的处理。

2. 对于人民检察院决定不起诉的案件,如果在侦查过程中对有关财物采取了查封、扣押、冻结措施的,应予解除。对于公安等侦查机关移送审查起诉的案件,人民检察院应当及时将不起诉决定书送达侦查机关,由其解除查封、扣押、冻结。

3. 人民检察院在作出不起诉决定时,如果认为应对被不起诉人给予行政处罚、行政处分或者需要没收违法所得的,应当提出检察意见书,连同不起诉决定书一并移送有关主管机关处理。

4. 本文书应分为正本和副本,其中正本一份归入正卷,副本发送被不起诉人、辩护人及其所在单位、被害人或者其近亲属及其诉讼代理人、侦查机关。

三、撤回起诉决定书

撤回起诉决定书,是人民检察院提起公诉后,在人民法院宣告判决前,出现不需要追究被起诉人刑事责任的情形而向人民法院要求撤销指控所制作的文书。

最高人民法院《关于适用〈中华人民共和国刑事诉讼法〉的解释》第242条规定:“宣告判决前,人民检察院要求撤回起诉的,人民法院应当审查撤回起诉的理由,作出是否准许的裁定。”《人民检察院刑事诉讼规则》第459条第1款规定:“在人民法院宣告判决前,人民检察院发现具有下列情形之一的,可以撤回起诉:(一)不存在犯罪事实的;(二)犯罪事实并非被告人所为的;(三)情节显著轻微、危害不大,不认为是犯罪的;(四)证据不足或证据发生变化,不符合起诉条件的;(五)被告人因未达到刑事责任年龄,不负刑事责任的;(六)法律、司法解释发生变化导致不应当追究被告人刑事责任的;(七)其他不应当追究被告人刑事责任的。”

本决定书适用于提起公诉后发现有不需要追究被告人刑事责任的情形。符合《人民检察院刑事诉讼规则》第459条第1款规定的情形的,人民检察院应当制作撤回起诉决定书。

撤回起诉决定书是三联填充式文书。具体的格式、内容如下。

(一)正本(第三联)

1. 首部。除文书名称为“撤回起诉决定书”和文书代字为“撤”字外,其他内容与补充移送起诉通知书相同。

2. 正文。写明“本院以×××号起诉书提起公诉的被告人×××××一案”,空白处分别为起诉书文书编号、被告人姓名及被指控的犯罪性质;再写撤回起诉的理由及决定,即“因事实、证据有变化,本院决定撤回起诉”;最后写明注销事项、要求,即“原×××号起诉书即行作废,请予注销”,空白处为提起公诉的起诉书文书编号。对受理法院的称谓,即“此致××××人民法院”,空白处为待填的受理法院的名称。

在此联表格下方标有“第三联送达人民法院”字样,由办案人员送交受理的人民法院,以便该人民法院及时核销终止诉讼。

(二)副本(第二联)

正文与正本联正文相同。在副本联表格下方标有“第二联附卷”,表明此联由决定撤回起诉的人民检察院归入检察内卷。

撤回起诉决定书以被决定撤回起诉的被告人为制作单位,一案有多个被告人被决定撤回起诉的,应分别制作,一人制作一份。

(三)制作撤回起诉决定书应当注意的问题

1. 撤回起诉是人民检察院对提起公诉案件作出终止诉讼的法律决定,必须经检察长或者检察委员会决定后方可制作。

2. 撤回起诉决定书具有终止诉讼的效力。撤回起诉后,不宜再制作不起诉决定书。

3. 在填写撤回起诉决定书时,在正本、副本中只需填写起诉书的文号。在本文书存根中要填明撤回起诉理由即“无犯罪事实”“犯罪事实并非被告人所为”或者“不认为是犯罪”等情况,以供备查。

四、提供法庭审判所需证据材料通知书

提供法庭审判所需证据材料通知书,是人民检察院在审查起诉时,认为公安机关移送起诉的案件缺乏法庭审判所必需的证据材料,而要求公安机关补充提供所制作的文书。

根据《刑事诉讼法》第171条第1款的规定，人民检察院审查案件，可以要求公安机关提供法庭审判所必需的证据材料。这一规定是制作本通知书的法律依据。本通知书适用于人民检察院在审查起诉阶段及法庭审理过程中，向公安机关提出要求提供法庭审判所必需的证据材料。

（一）内容

本文书是叙述式文书，其内容分为五个部分：

1. 首部。包括制作文书的机关名称；文书名称，即“提供法庭审判所需证据材料通知书”；文书编号，即“检诉提证〔　〕号”，空白处的写法与撤回起诉决定书相同。

2. 送达单位，即人民检察院要求提供证据材料的侦查机关名称，要顶格书写。

3. 案由和法律依据。可连续表述为：“你×（侦查机关简称，如‘局’、‘厅’等）移送审查起诉的犯罪嫌疑人×××（姓名）涉嫌×××（罪名）一案，为有效地指控犯罪，根据《中华人民共和国刑事诉讼法》第一百七十一条第一款的规定，请提供法庭审判所需的下列证据材料。”

4. 需要提供的证据材料。这一部分是本文书的重点，要根据案件具体情况，列出法庭审判所需证据材料。

5. 尾部。包括制作文书的人民检察院的名称及院印，制作文书的年、月、日。

（二）制作时应当注意的问题

1. 要正确理解和掌握本文书的适用条件和范围。适用本文书所需的证据材料，既不同于侦查监督部门要求公安机关提供的证据材料，也不同于补充侦查的要求，只限于在审查起诉阶段要求尽快提供法庭审判所需的证据材料时，才适用本通知书。

2. 制作本文书的重点和难点是对所需证据材料的列举。要根据个案的犯罪构成要件及量刑情节，对照案件现有事实、证据，提出比较具体的要求。列举证据材料，应当充分考虑法庭审判中揭露、证实犯罪的需要。但并不要求将所有证据材料全部列出，对于已经收集到的或者不为诉讼证明所需的证据材料，不应列举。

五、补充侦查决定书

补充侦查决定书，是人民检察院在审查起诉阶段认为侦查终结移送起诉的案件需要补充侦查，或者提起公诉在法庭审判过程中发现案件需要补充侦查，决定退回公安机关补充侦查所制作的法律文书。

《刑事诉讼法》第171条第2款规定：“人民检察院审查案件，对于需要补充侦查的，可以退回公安机关补充侦查，也可以自行侦查。”第198条第2项规定，在法庭审判过程中，检察人员发现提起公诉的案件需要补充侦查的，可以延期审理。《人民检察院刑事诉讼规则》第457条第1款规定：“在审判过程中，对于需要补充提供法庭审判所必需的证据或者补充侦查的，人民检察院应当自行收集证据和进行侦查，必要时可以要求侦查机关提供协助；也可以书面要求侦查机关补充提供证据。”补充侦查决定书依据上述法律规定制作。

补充侦查决定书，适用于审查起诉和审判阶段。主要是由于案件犯罪事实不清、证据不足，或者有遗漏罪行和其他应当追究刑事责任的人的情形，可能直接影响案件性质、罪名的认定及对犯罪嫌疑人、被告人是否追究刑事责任及定罪量刑等,而由人民检察院决定退回公安机关补充侦查。公安机关应当及时进行补充侦查,采取侦查措施收集有关证据,查清有关事实。

补充侦查决定书为三联填充式文书。各联具体的格式、内容如下。

(一)正本(第三联)的内容

1. 首部。要写明文书名称和文书编号。

2. 正文。包括:(1)公安等机关移送起诉意见书的制作时间、文书编号、犯罪嫌疑人姓名、犯罪性质,即"你局于×年×月×日以××号文书移送审查起诉的××××一案"。(2)决定退回补充侦查的理由,即"经本院审查认为,……"。(3)法律依据,即"根据《中华人民共和国刑事诉讼法》第×条第×款(项)的规定"。(4)作出退回公安等机关补充侦查的决定,即"现决定将此案退回你局补充侦查"。(5)对接收本文书正本联的补充侦查机关的称谓,即"此致×××"。

3. 备注。在本文书正本联表格内左下角标有"附:补充侦查事项",表明在制作本文书时,后面还应另外书面说明要求公安等机关将补充侦查的具体事项一起附上。另外,在本文书正本联表格下方标有"第三联送达移送审查起诉的机关",表明本文书正本联及随联一起附上的要求补充侦查事项的情况说明是送达给移送审查起诉的公安等机关的。

(二)副本(第二联)的内容

与正本内容基本相同,只是增加了"副本"二字。在此联表格内左下角也标有"附:补充侦查事项",表明在本文书副本联后面也应另外附上一份要求补充侦查事项的书面说明;另外,在此联表格下方标有"第二联附卷",表明此联及后面所附的要求补充侦查事项的书面说明一同归入检察内卷。

(三)制作补充侦查决定书应注意的问题

1. 注意掌握本文书的适用范围,如果只是个别证据需要查证、补充的,也可以要求公安机关根据《刑事诉讼法》第171条第1款的规定提供,而不必决定退回补充侦查。有些案件不便由公安机关补充侦查的,人民检察院也可以自行侦查。

2. 对于退回补充侦查的,要写明要求补充侦查的理由和事项,列明补充侦查提纲,并告知侦查机关补充侦查的法定期限,若作撤案处理应当通知人民检察院。

六、提请有关人员出庭意见书

提请有关人员出庭意见书,是人民检察院在法庭审理过程中,对现有证据材料不能证明证据收集合法性的,提请人民法院通知有关侦查人员或者其他人员出庭说明情况而制作的文书。

《刑事诉讼法》第57条规定:"在对证据收集的合法性进行法庭调查的过程中,人民检察院应当对证据收集的合法性加以证明。现有证据材料不能证明证据收集的合法性的,人民检察院可以提请人民法院通知有关侦查人员或者其他人员出庭说明情况……"

补充侦查决定书为三联填充式文书。各联具体的格式、内容如下。

（一）正本（第三联）的内容

1. 首部。要写明文书名称和文书编号。

2. 正文。包括：人民检察院起诉书的文书编号、被告人的姓名，涉嫌的案件，如"被告人赵某某涉嫌抢夺一案"；法律依据为《刑事诉讼法》第57条的规定；提请法院通知出庭人员的基本信息（包括姓名、性别、年龄、身份证号码等）；对接收本文书正本联的人民法院的称谓，即"此致××××"。

3. 备注。在本文书正本联表格内左下角标有"附我院对证据收集的合法性情况说明及相关材料"，表明在制作本文书时，后面还应附有本院对于证据收集的合法性进行说明的材料。人民检察院的这份说明材料应当与本文书一起随联送达给人民法院。

（二）副本（第二联）的内容

与正本内容基本相同，只是增加了"副本"二字。在此联表格内左下角也标有"附我院对证据收集的合法性情况说明及相关材料"，表明在本文书副本联后面也应另外附上一份说明及相关材料；另外，在此联表格下方标有"第二联附卷"，表明此联及后面所附的要求补充侦查事项的书面说明一同归入检察内卷。

需要注意的是，本文书不仅适用于提请侦查人员出庭时使用，对于需要提请其他人员出庭证明证据收集合法性时同样适用。

七、适用简易程序建议书

适用简易程序建议书，是基层人民检察院对于提起公诉的案件依法建议人民法院适用简易程序审判所制作的文书。

《刑事诉讼法》第208条规定："基层人民法院管辖的案件，符合下列条件的，可以适用简易程序审判：（一）案件事实清楚、证据充分的；（二）被告人承认自己所犯罪行，对指控的犯罪事实没有异议的；（三）被告人对适用简易程序没有异议的。人民检察院在提起公诉的时候，可以建议人民法院适用简易程序。"本文书适用于人民检察院提起公诉时建议适用简易程序的案件。

适用简易程序建议书为三联填充式文书。正本（第三联）的格式、内容如下：

1. 首部。包括制作文书的人民检察院名称；文书名称，即适用简易程序建议书；文书的编号，即"检简建〔 〕号"，空余地方依次填写人民检察院简称、具体办案部门简称、年度和序号。

2. 正文。包括检察机关对侦查终结的公诉案件进行审查的情况概要，即"×××一案，经本院审查"，空白处为待填的犯罪嫌疑人姓名、涉嫌犯罪的罪名；建议适用简易程序的法律依据，即"符合《中华人民共和国刑事诉讼法》第二百零八条的规定"；适用简易程序的建议，即"建议你院对此案适用简易程序审理"。

3. 尾部。包括此致单位，即被建议适用简易程序审理公诉案件的人民法院；制作文书的年、月、日；制作本文书的人民检察院院印。

八、延期审理建议书

延期审理建议书,是人民检察院在第一审法院审判过程中,发现提起公诉的案件需要补充侦查,建议人民法院延期审理所制作的文书。

《刑事诉讼法》第198条规定:“在法庭审判过程中,遇有下列情形之一,影响审判进行的,可以延期审理:……(二)检察人员发现提起公诉的案件需要补充侦查,提出建议的……”上述规定是制作延期审理建议书的法律根据。人民检察院通过制作延期审理建议书,补充侦查有关案件事实、情节和证据材料,以有效地履行公诉职责,有力地指控、揭露和证实犯罪。

适用本建议书的条件是,在第一审法院审判过程中,公诉人通过法庭调查、辩论,发现提起公诉的案件具有事实不清、证据不足,需要进行补充侦查的情形。

延期审理建议书为三联填充式文书。

(一)正本(第三联)

1. 首部。除文书名称为延期审理建议书、文书编号代字为:“检延”外,其他部分的写法与适用简易程序建议书基本相同。

2. 正文。填写需要补充侦查的情况,即“我院以××号起诉书向你院提起公诉的被告人×××一案,需要补充侦查”,空白处为起诉书文书编号、被告人姓名及被指控的犯罪性质;法律依据,即“根据《中华人民共和国刑事诉讼法》第一百九十八条第(二)项的规定”;建议的内容为,“建议你院对该案延期审理”。

在此联表格下方标有“第三联送达人民法院”字样。由出庭的检察人员在一审法院作出判决前送交法院。

(二)副本(第二联)

其首部与正本联首部基本相同,只增加了“副本”二字。由检察院归入检察内卷。

第四节　抗诉文书

一、抗诉请求答复书

抗诉请求答复书,是被害人及其法定代理人不服地方各级人民法院第一审的判决,向人民检察院提出抗诉请求后,人民检察院决定是否抗诉并答复请求人所制作的文书。

《刑事诉讼法》第218条规定:“被害人及其法定代理人不服地方各级人民法院第一审的判决的,自收到判决书后五日以内,有权请求人民检察院提出抗诉。人民检察院自收到被害人及其法定代理人的请求后五日以内,应当作出是否抗诉的决定并且答复请求人。”本文书是依据本条规定制作的。它用于人民检察院答复对人民法院第一审判决提出抗诉的请求人,这对于充分保障被害人的合法权益,加强对一审判决的监督,保证法律的正确实施具有重要的意义。

抗诉请求答复书为填充式文书,共分三联。

（一）正本

正本（第三联）用于送达抗诉请求人，内容包括：

1. 首部。与延期审理建议书不同的是，文书名称为“抗诉请求答复书”；文书编号，代字为“抗答”。

2. 正文。包括请求抗诉的被害人及其法定代理人的姓名；提出抗诉请求的时间即年月日；请求抗诉的第一审判决的案由、名称；本院认为一审判决是否有错误；决定事项，即是否对一审判决提出抗诉作出决定。

（二）副本

副本（第二联）与正本（第三联）不同之处在于：首部文书名称“抗诉请求答复书”下标明“（副本）”二字；在此联表格下方标明“第二联附卷”，由决定是否抗诉的人民检察院存卷。

本文书份数以提出抗诉请求的人数为单位制作，即每一人制作一份，被害人为多人的以提出抗诉请求书的份数制作相应的份数，按各联下方要求分别统一保存、附卷、送达抗诉请求人。

二、刑事抗诉书

刑事抗诉书，是人民检察院认为或者发现人民法院的刑事判决或者裁定确有错误而依照法定程序提出抗诉所制作的文书。

根据《刑事诉讼法》第217条、第243条第3款以及其他法律和最高人民检察院的有关规定，地方各级人民检察院认为本级人民法院第一审的判决、裁定确有错误时，在法定时限内，应当向上一级人民法院提出抗诉，通常称为上诉程序（二审程序）的抗诉。最高人民检察院对各级人民法院已经发生法律效力的判决和裁定，上级人民检察院对下级人民法院已经发生法律效力的判决和裁定，如果发现确有错误，有权按照审判监督程序提出抗诉，通常称为审判监督程序抗诉。不论哪种程序提出抗诉，都必须制作抗诉书，送达人民法院。制作并送达抗诉书，是引起人民法院第二审或者再审的法定程序之一。抗诉书是检察机关行使审判监督职权的重要工具，对于纠正人民法院确有错误的判决和裁定，保证法律正确实施具有重要作用。

二审程序的抗诉书和审判监督程序的抗诉书均为叙述式文书，两者虽然基本性质与名称相同，内容结构与制作要求也大致相同，但由于程序和时限不同，因而也有不同之处。

为表述的方便，下面分别说明。

（一）二审程序的抗诉书

这种形式的抗诉书的主要特点，是由“上诉程序”的实际状况来决定的。本文书由六部分组成。

1. 首部。包括：制作文书的人民检察院名称；文书名称一律称为“刑事抗诉书”；文书编号，即“检刑抗〔　〕号”。

2. 原判决（裁定）情况，即写明所抗诉案件的第一审判决、裁定的有关情况，说明本案来源。包括原审的人民法院名称及文书编号、文书名称（刑事判决书或裁定书）、案由和判决或裁定结果。

3. 审查意见。概括写明检察机关对原判决的审查意见,指出原审判决、裁定的错误所在,阐述提出抗诉及纠正错误的必要性。明确抗诉焦点,观点要鲜明、简要。可表述为:“本院审查后认为该判决(裁定)确有错误(包括认定事实有误,适用法律不当、审判程序严重违法),理由如下:……”。

4. 抗诉理由。有针对性地运用事实和证据,具体指出原审判决或裁定的错误,阐明认为其错误的理由,同时论证抗诉意见的正确性。写抗诉理由时,论点要准确,论据有理,论证合理。主要应针对以下方面提出:

(1)原判决或裁定认定事实有错误的,要具体指出错在哪儿,突出争议重点,再论证检察机关查实认定的事实和证据。论述事实要有针对性地列举证据,说明证据的内容要点及与犯罪的联系。

(2)原判决或裁定适用法律有错误的,主要针对犯罪行为的本质特征论述如何认定行为性质,从而正确适用法律。要从引用罪状、量刑情节等方面分别论述。

(3)要针对量刑不当的原因,阐述抗诉理由:如果是认定事实错误,致使定罪适用法律错误的,应参照上述要求,在阐明正确认定事实和准确适用法律的意见后,再写清量刑的不当所在;如果事实和定罪基本无误,只是量刑过轻过重的,应着重从情节、社会危害性等影响量刑的诸要素方面进行分析,指出原判量刑上的错误所在,进而提出准确量刑的原则意见。

(4)原判决或裁定违反法律规定的诉讼程序的,要根据《刑事诉讼法》和有关司法解释逐个论述,先写原审违反诉讼程序的事实表现,再写明影响公正判决的现实或可能性,最后阐述法律规定的正确诉讼程序。

(5)原裁定将犯罪事实清楚、证据确凿的案件错误地裁定为事实不清、证据不足的,要针对分歧焦点,充分运用犯罪事实和证据,逐条逐项论证本案符合法定条件、足以认定的道理。

5. 结论意见、法律根据、决定和要求事项。这部分应依次写明以下三个方面的内容:

(1)阐明结论性意见,即根据所述的抗诉理由,针对原判错误,阐述检察机关认定的被告人行为的性质、罪名、量刑等意见。

(2)引用法律根据。要针对实体和程序两个方面,写明据以指出和纠正原判决或裁定错误的法律条款,以及提出抗诉的法律条款,即我国《刑事诉讼法》第 217 条。

(3)要求事项,即在末尾写明“特提出抗诉,请依法判处”。

6. 尾部。写明“此致”、受理抗诉的法院名称(即写上一级法院全称)。发出本文书的年、月、日,加盖院章。所附事项包括被告人羁押场所和新的证人名单和证据目录。

(二)审判监督程序的抗诉书

这种形式的抗诉书,是针对“审判监督程序”的实际状况来安排结构和确定写作内容的,其与二审程序的抗诉书,内容结构和写法大部分类似。但由于审判监督程序比较复杂,与生效判决或裁定的间隔时间、审理期限也相对较长,因此,这类抗诉书的写法有着自己的特点。

与二审程序的抗诉书相比,首部、尾部完全相同,其余部分的主要区别是:

1. 增写原审被告人基本情况。包括原审被告人姓名、性别、出生年月日、身份证号码、民族、出生地、职业、单位及职务、住址、服刑情况、刑满释放或者假释的具体日期等。如系共同犯罪案件,则应按犯罪事实情节由重至轻的顺序分别列出。

2. 要写明诉讼过程、生效判决或裁定情况。具体表述为:

“×××人民法院以×××号刑事判决书(裁定书)对被告人×××(姓名)×××(案由)一案判决(裁定)……(具体写明生效的一审判决、裁定或者一审及二审判决、裁定情况)。经依法审查(如果是被告人及其法定代理人不服地方各级人民法院的生效判决、裁定而请求人民检察院提出抗诉的,应当写明此过程;如果是一审生效的判决或裁定,不仅要写明一审判决或裁定的主要内容,还要写明一审判决或裁定的生效时间;如果是二审终审的判决或裁定,则应分别写明一审和二审判决或裁定的主要内容。此外,还应写明提起审判监督程序抗诉的原因),本案的事实如下:……”

3. 写明审查意见(含事实认定)。这部分应概括叙述经审查对生效判决或裁定认定的事实、情节。要根据具体案件事实、证据情况,围绕《刑法》规定的该罪的构成要件特别是争议问题,简明扼要地加以叙述。一般应具备时间、地点、动机、目的、关键行为情节、数额、危害后果、作案后表现等有关定罪情节要素。如果一案中涉及数罪、各罪,又有数次作案的,应当依由重至轻的顺序或者按照行为发生时间的先后顺序进行叙写。对于原审判决、裁定中认定的事实或者新发现的事实、证据,应重点加以介绍。叙述对原判决(裁定)的审查意见,要明确指出原判决(裁定)的错误所在,告知再审法院抗诉的重点,观点要鲜明、语言要精练。

4. 写抗诉理由,与二审程序抗诉书一样,要根据案件的不同情况,针对认定事实确有错误、适用法律不当或者审判程序违法等方面进行阐述。要针对原审裁判认定事实的错误之处,提出纠正意见,强调抗诉的针对性。对于有多起“犯罪事实”(因为检、法两机关对此存在分歧,故加引号)的抗诉案件,只叙述原判决(裁定)认定事实不当的部分,对认定没有错误的,可简单表述为“对……事实的认定无异议”即可。要提出检、法两机关争议的重点,体现抗诉的针对性。对于共同犯罪案件,也只对原判决(裁定)漏定或错定的部分被告人犯罪事实作重点叙述,对其他被告人的犯罪事实可简写或者不写。

5. 结论性意见、法律根据、决定和请求事项。此部分应注意用语简洁、明确。具体表述为:“综上所述……(概括上述理由),为维护司法公正,准确惩治犯罪,依照《中华人民共和国刑事诉讼法》第二百四十三条第三款的规定,对×××法院×××号刑事判决(裁定)书,提出抗诉,请依法判处。”

6. 文书末尾的附注。写明被告人现服刑地或者居住处所、新的证人名单或者证据目录。对于未被羁押的原审被告人,应将其住所或者居所写清楚。

(三)制作刑事抗诉书应当注意的问题

1. 抗诉书以案件或被告人为单位制作。其制作份数按实际需要计算。正本送达主送的人民法院,副本(通过法院)送达被告人及其辩护人。附检察内卷一份。二审程序的抗诉书,要抄报上一级人民检察院;审判监督程序的抗诉书,要抄送原提起公诉和提请抗诉的下级人民检察院。

2. 二审程序的抗诉书,应由起诉检察院在法定期限内,将抗诉书正本和送达被告人及其辩护人的副本,一并送达原审人民法院,由其分别向上一级人民法院移送和向被告人及辩护人送达。审判监督程序的抗诉书,应将正本和给被告人及辩护人的副本,一并由有权提出抗诉的检察院向终审法院的上一级人民法院送达。

3. 在抗诉书中不能追诉起诉书中没有指控的犯罪事实。如果有自首、立功等情节的,亦应在抗诉书中予以叙述。

三、民事抗诉书

民事抗诉书,是人民检察院对人民法院已经发生法律效力的民事判决、裁定、调解书,符合法定情形之一的,按照审判监督程序向人民法院提出抗诉时用的文书。民事抗诉书可以启动法院的民事再审程序,对于敦促法院纠正错误裁判有重要意义。

《民事诉讼法》第212条规定:"人民检察院决定对人民法院的判决、裁定、调解书提出抗诉的,应当制作抗诉书。"这是制作本文书的法律依据。

民事抗诉书为叙述式文书,可以分为首部、正文和尾部三部分。

(一)首部

除文书名称为"民事抗诉书";文书编号的案件性质代字为"民抗"外,其他部分的表述与刑事抗诉书相同。

(二)正文

1. 案件来源。先写明由谁引起抗诉的。(1)事人直接申诉的,写为"申诉人姓名因何案由不服某法院生效判决或裁定,向我院提出申诉"。(2)下级人民检察院提请抗诉的,写为"向检察院提出申诉,某检察院提请我院抗诉"。(3)检察机关自行发现的,写为"我院对某法院对某案生效判决或裁定进行了审查"。(4)案外人向检察机关提出申诉的,则上种写法之前增写"我院受理某人申诉后"字样。尔后写明"我院对该案进行了审查……(写审查过程),现已审查终结"。这段可简述审查过程,如审查了原审判案卷,对于发现的问题,进行的调查等,具体予以列明。

2. 审查认定的事实。写明由谁提起诉讼。但对于是否应写明检察机关认定的事实,有不同意见。有人认为,检察机关没有必要也没有条件全面、正确地认定案件事实,只要在抗诉书中指明原审判决的不足就足够了。而我们认为应当写明,因为"以事实为根据,以法律为准绳"是原则,检察机关确实掌握了案件事实,有的放矢地提出抗诉意见,论证才更加有力。对于审判人员审理该案时有贪污受贿、徇私舞弊或者枉法裁判的,以及人民法院违反程序的,也应在此一并写明。

3. 诉讼过程。按时间顺序写明一审、二审法院判决、裁定作出的日期、文号、理由、主文及诉讼费负担情况。经过再审的,要一并写明。如果法院判决、裁定与检察机关认定的事实有不同之处,则要写明法院认定的事实,如果认定相同,就无须再写。

4. 抗诉理由。结合案件具体情况,分析、论证生效判决、裁定存在的问题及错误,着重指出已生效民事判决裁定符合《民事诉讼法》第200条"应当再审"的抗诉要求。写明生效判决、裁定存在的问题。

（三）尾部

写明送达人民法院名称，决定抗诉的年月日，并加盖院印，最后写明随案移送的卷宗及有关材料情况。

（四）制作民事抗诉书应当注意的问题

1. 民事抗诉书与民事行政检察提请抗诉报告书不同，前者是检察院向同级法院提出的抗诉书，其后果是直接导致再审程序的发生；后者则是下级检察院认为原生效民事行政判决、裁定、调解书确有错误，向上一级检察院提请抗诉的报告，是否抗诉，由上一级检察院决定，也就是说，民事行政检察提请抗诉报告书并不一定导致再审程序的发生。

2. 正本加盖“正本”印章，副本加盖“副本”印章。正本送达同级法院，同时根据当事人人数送达副本，副本存检察副卷，还要报同级人大和上级检察院备案。

四、行政抗诉书

行政抗诉书，是指人民检察院对人民法院已经发生法律效力的行政判决、裁定，符合法定情形的，按照审判监督程序向人民法院提出抗诉时用的文书。

根据《行政诉讼法》第 11 条的规定，人民检察院有权对行政诉讼实行法律监督。《行政诉讼法》第 93 条规定，人民检察院对人民法院已经发生法律效力的判决、裁定，发现有该法第 91 条规定情形之一，或者发现调解书损害国家利益、社会利益的，也可以提请上级人民检察院向同级人民法院提出抗诉。行政抗诉书可以启动法院对行政案件的再审程序，这对于维护司法公正和司法权威具有重要意义。

行政抗诉书为叙述式文书，分为首部、正文和尾部三部分。

（一）首部

分三行表述为“××××人民检察院”“行政抗诉书”“检×行抗〔　〕号”。文书编号除代字为“行抗”外，其他部分的表述与刑事抗诉书相同。

（二）正文

1. 案件来源。引起抗诉的来源同民事抗诉一样有四个渠道，书写案件来源时应注意区分。先写由谁向人民检察院提出申诉，再写“我院对该案进行了审查……（写审查过程），现已审查终结”。这一段对于叙述审查过程的方法，与民事抗诉书相同。

2. 审查认定的事实。对于是否应写明检察机关认定的事实，我们的意见与对民事抗诉书所持的意见相同。有关发现法院违反程序的，以及原判决、裁定违反《行政诉讼法》第 34 条规定的举证责任的，在此也应一并写明。最后写明提起诉讼的主体，即写明由原审中原告提起诉讼。

3. 诉讼过程。这一部分的叙述内容、方法、要求，与民事抗诉书的写法基本相同。

4. 抗诉理由。结合案件具体情况，分析、论证生效判决、裁定存在的问题及错误。有针对性地运用事实和证据，具体分析原审判决或裁定的错误，进而重点论证抗诉意见的正确性。一般可着重从以下方面提出：

(1)原判决、裁定认定事实错误。如行政事实行为是否存在、是否合法发生,或者认定事实的主要证据不足,以及错误认定行政行为的性质等。事实错误的认定,必将导致定性和适用法律错误。

(2)原判决、裁定违反法律规定的诉讼程序。例如,违反《行政诉讼法》第34条规定的举证责任规则的,违反法定程序,可能影响案件正确判决的。这里需具体写明违反法定诉讼程序的情况以及影响正确判决的可能性或现实表现。

(3)原判决、裁定适用法律错误。如原判决、裁定违反《立法法》第87~95条的规定适用法律的,确定权利归属或责任承担违反法律规定的。如果原审判决适用法律错误是因认定事实错误造成的,应先将检察机关查清认定的事实和证据写明,然后指出原审判决在适用法律上的错误,再说明本案应如何认定犯罪性质、正确适用法律;如果原审判决认定事实无误,只是在适用法律上有错误,应在指出具体错误后,着重围绕行为事实的本质特征,论证如何认定案件性质,如何正确适用法律。

(4)原裁定违反法律规定的,如人民法院对依法应予受理的行政案件,裁定不予受理或者驳回起诉的;人民法院裁定准许当事人撤诉违反法律规定的。这里着重论述该案件人民法院依法应予受理或不应驳回起诉的理由。

5. 总结。指出生效判决、裁定存在哪些方面的问题,然后写明:"经本院检察委员会讨论决定(若未经检察委员会讨论的,可不写),依照《行政诉讼法》第93条的规定向你院提出抗诉。"此部分是对前部分抗诉理由和依据加以总结,言辞要简练、概括,并且用语要准确。

(三)尾部

写明送达的人民法院名称,决定抗诉的年月日,并加盖院印,最后写明随案移送的卷宗及有关材料情况。

第五节　法律监督文书

人民检察院在刑事诉讼、民事审判和行政诉讼中行使法律监督职能,对立案、侦查、审判和执行中的违法行为进行监督并提出纠正意见,依法制作相应的法律监督文书。

一、纠正违法通知书

纠正违法通知书,是人民检察院在各种检察业务活动中,发现侦查机关的侦查活动或执行机关执行刑罚的活动有违法情况时,为纠正违法行为,依法向违法单位提出纠正意见所制作的文书。

《刑事诉讼法》第98条规定:"人民检察院在审查批准逮捕工作中,如果发现公安机关的侦查活动有违法情况,应当通知公安机关予以纠正,公安机关应当将纠正情况通知人民检察院。"第168条规定:"人民检察院审查案件的时候,必须查明:……(五)侦查活动是否合法。"第265条规定:"人民检察院对执行机关执行刑罚的活动是否合法实行监督。如果发现有违法的情况,应当通知执行机关纠正。”这些规定是制作本文书的法律依据。

纠正违法通知书适用于下列情形:(1)发现公安机关(含国家安全机关,下同)的侦查活动违反了法律规定,如对犯罪嫌疑人刑讯逼供;侦查人员应当回避而没有回避;对犯罪嫌疑人超期羁押;没有保障犯罪嫌疑人聘请律师为其提供法律咨询、代理申诉、控告的权利的行使以及侵犯犯罪嫌疑人、证人或者其他公民合法权益等情况。(2)发现执行机关在监督管理罪犯的活动的措施不合法,如有的对罪犯刑讯逼供、侮辱人格、体罚虐待的情况,缓刑罪犯的监督考察没有依法进行等。

纠正违法通知书为叙述式文书。具体内容包括:

1. 首部。包括制作文书的人民检察院名称;文书名称为“纠正违法通知书”。文书编号应写为“×检×纠违××××号”。

2. 主送机关名称。写明主送机关的全称。

3. 发现违法情况。包括违法人员的姓名、单位、职务、违法事实等。如果是单位违法,要写明单位名称。违法事实要写明违法时间、地点、经过、手段、目的和后果等,可表述为“经检察,发现……”。叙述违法事实,应当客观、准确,实事求是。对有些违法事实,还应当用必要的证据加以说明和证实。

4. 认定违法的理由和法律依据。认定违法事实,应当对违法的事实及其性质加以分析,根据法律规定的要求,写明认定其违法的理由,并引用相应的法律、法规和规范性文件的条款作为法律依据。

5. 纠正意见及要求。必须准确、具体。纠正意见一般可表述为:“根据……(法律依据)的规定,特通知你单位予以纠正。”在纠正违法通知书后,可向有关单位提出要求事项,如“请将纠正情况告知我院”等。

二、纠正非法取证意见书

纠正非法取证意见书,是人民检察院在审查逮捕、审查起诉中依法纠正侦查机关非法取证行为时制作的文书。

《刑事诉讼法》第55条规定:“人民检察院接到报案、控告、举报或者发现侦查人员以非法方法收集证据的,应当进行调查核实。对于确有以非法方法收集证据情形的,应当提出纠正意见;构成犯罪的,依法追究刑事责任。”

纠正非法取证意见书为叙述式文书。具体内容包括:

1. 首部。包括制作文书的人民检察院名称;文书名称为“纠正非法取证意见书”。文书编号应写为“×检×纠正××××号”。

2. 发送单位名称。写明发送单位的全称。

3. 对涉嫌的非法取证行为进行调查核实的情况。包括调查核实的手段、时间、地点、参与人员,已经查明的涉嫌非法取证的事实,包括参与非法取证的人员姓名、单位、职务、非法取证的行为的时间、地点、经过、手段、目的和后果等,可表述为“经调查核实,发现……”。叙述事实应当客观、准确,写明据以判定事实的证据,实事求是。

4. 纠正非法取证行为的理由和法律依据。认定存在非法取证行为,应当对其性质及其程序加以分析,根据法律规定的要求,写明理由,并引用《刑事诉讼法》第 55 条及其他相关司法解释的相应条款,作为法律依据。

5. 纠正意见及要求,必须准确、具体。纠正意见一般可表述为“根据……(法律依据)的规定,特通知你单位予以纠正”“请将纠正情况告知我院”等。

纠正非法取证意见书一式二份,一份送达侦查机关,一份附卷。

三、通知立案书

通知立案书,是人民检察院在立案监督中针对认为公安机关应当立案侦查而不立案侦查的案件,要求公安机关立案侦查而制作的文书。

《刑事诉讼法》第 111 条规定:“人民检察院认为公安机关对应当立案侦查的案件而不立案侦查的,或者被害人认为公安机关对应当立案侦查的案件而不立案侦查,向人民检察院提出的,人民检察院应当要求公安机关说明不立案的理由。人民检察院认为公安机关不立案理由不能成立的,应当通知公安机关立案,公安机关接到通知后应当立案。”上述规定即是人民检察院制作通知立案书的依据。

通知立案书在检察院通知公安机关(含国家安全机关、监狱等侦查部门,下同)立案时使用。

通知立案书为叙述式文书。其内容包括:

1. 首部。文书名称为“通知立案书”;文书编号代字为“通立”。

2. 主送机关名称。

3. 说明不立案理由的时间与文号。正文开始,先写明此前发出的说明不立案理由通知书的时间和文号,并写出侦查机关回复的时间与文书的文号,语言表述要概括、简练。

4. 应当立案的事实根据和法律根据。写明侦查机关不立案理由不能成立的原因和经检察院查明认为应当立案的事实和法律依据,并指出本案符合《刑事诉讼法》规定的立案条件。在叙述案件事实时,可以辅以证据予以证明。

5. 通知立案的法律依据和要求事项。可表述为“根据《中华人民共和国刑事诉讼法》第一百一十一条的规定,本院现通知你局立案”。要求事项主要是指要求公安机关立案的期限(一般为 15 日),并将立案决定书副本送达发出通知的人民检察院。

制作通知立案书应一式三份。一份送达公安机关,一份报上一级人民检察院备案,一份附卷存档。

四、纠正审理违法意见书

纠正审理违法意见书,是人民检察院在对审判活动的监督中,发现人民法院审理案件违反法律规定的诉讼程序,在庭审后依法向人民法院提出纠正意见时所制作的文书。

《刑事诉讼法》第 203 条规定:“人民检察院发现人民法院审理案件违反法律规定的诉讼程序,有权向人民法院提出纠正意见。”这是制作纠正审理违法意见书的法律依据。

纠正审理违法意见书,适用于人民检察院纠正人民法院在审理案件时违反法律规定的诉讼程序的活动。不论违法行为是否实际影响到案件审理结果,都应当提出纠正意见。

纠正审理违法意见书为叙述式文书，内容包括：

1. 首部。文书名称为“纠正审理违法意见书”；文书编号代字为“纠审”。

2. 主送人民法院名称，要写全称。

3. 说明在审理中发现违法的情况。一般可表述为“本院在审判活动监督中发现……”，作为提出纠正意见提供立论依据，并引出下文。

4. 认定违法的事实和证据。一般应当写明何单位、何人于何时、在处理什么案件中发生何种性质的违法情况。违法事实是提出纠正意见的事实依据，叙述应当具体、准确、客观、实事求是。

5. 认定违法的理由和法律依据。应当对违法的事实及其性质加以分析概括，写明认定其违法的理由，并引用《刑事诉讼法》的相应条款，作为法律依据。

6. 纠正意见。是本文书的核心内容，一般包括人民检察院据以提出纠正意见的法律根据和纠正违法的具体意见。法律根据应引用《刑事诉讼法》第203条，并可向受文的人民法院提出要求事项，如“请将纠正情况于十日内告知我院”等。

7. 正本送达人民法院，副本存卷。

五、纠正不当减刑裁定意见书

纠正不当减刑裁定意见书，是人民检察院在对刑事执行活动的监督中，发现人民法院对罪犯的减刑裁定不当而提出书面纠正意见时所制作的文书。

《刑事诉讼法》第263条规定：“人民检察院认为人民法院减刑、假释的裁定不当，应当在收到裁定书副本后二十日以内，向人民法院提出书面纠正意见。人民法院应当在收到纠正意见后一个月以内重新组成合议庭进行审理，作出最终裁定。”这是制作纠正不当减刑、假释裁定意见书的法律依据。为了节省篇幅，在此只介绍纠正不当减刑裁定意见书的制作。

纠正不当减刑裁定意见书，只在人民检察院纠正人民法院不当的减刑裁定时使用。

纠正不当减刑裁定意见书为叙述式文书，其内容包括：

1. 首部。文书名称为“纠正不当减刑裁定意见书”；文书编号代字为“纠减”。

2. 主送单位名称，即裁定减刑的人民法院的全称。

3. 罪犯基本情况、减刑情况。书写顺序为：罪犯所在监管场所，罪犯姓名，性别，年龄，原判决、裁定确定的罪名、刑期，已执行刑期，剩余刑期，被裁定减刑的理由及期限。如果该罪犯曾被裁定减刑，应在此次减刑情况前写明。

4. 认定裁定不当的理由及法律依据。先写明被裁定减刑罪犯不符合减刑条件的具体情况，如罪犯刑期执行时间，罪犯曾被减刑的间隔期，罪犯改造表现不符合有关法律、法规规定的情形等。再写明减刑裁定的不当之处，即不符合法律、法规的哪些条款规定等。

5. 纠正意见。可表述为：“根据《中华人民共和国刑事诉讼法》第二百六十三条的规定，特向你院提出纠正意见，请你院依法重新组成合议庭进行审理，予以纠正”。

制作纠正不当减刑裁定意见书应一式三份。一份送达作出裁定的人民法院，一份存卷，一份送达罪犯所在的监督机关。

六、纠正不当暂予监外执行决定意见书

纠正不当暂予监外执行意见书,是人民检察院在对执行刑罚的监督中,发现监狱管理机关等有关机关批准对罪犯暂予监外执行的决定不当而提出书面意见时所制作的文书。

《刑事诉讼法》第256条规定:"决定或者批准暂予监外执行的机关应当将暂予监外执行决定抄送人民检察院。人民检察院认为暂予监外执行不当的,应当自接到通知之日起一个月以内将书面意见送交决定或者批准暂予监外执行的机关,决定或者批准暂予监外执行的机关接到人民检察院的书面意见后,应当立即对该决定进行重新核查。"上述规定,即是人民检察院制作纠正不当暂予监外执行意见书的法律根据。

本意见书,适用于纠正交付执行的人民法院、省级以上监狱管理机关或者地市级以上公安机关批准暂予监外执行不当的情况。

本意见书为叙述式文书,应按以下层次叙写:

1. 首部。文书名称为"纠正不当暂予监外执行决定意见书";文书编号代字为"纠执"。

2. 发往单位,即写明决定或者批准暂予监外执行的机关名称,行文上顶格书写。

3. 罪犯的基本情况和决定暂予监外执行情况。书写顺序为:罪犯所在单位,罪犯姓名,性别,年龄,原判决、裁定确定的罪名、刑期,已执行刑期,剩余刑期,罪犯被决定暂予监外执行的理由及期限等。

4. 认定暂予监外执行不当的理由及法律依据。先写明被决定暂予监外执行罪犯不符合暂予监外执行条件的具体情况,如罪犯的病情、改造表现不符合法律、法规等规定的情形等。再写明暂予监外执行决定的不当之处,即不符合法律、法规等规定的哪些条款等,可表述为"经审查,本院认为:……"。

5. 纠正意见。可表述为:"依照《中华人民共和国刑事诉讼法》第二百五十六条的规定,特向你院(局、处)提出纠正意见,请依法对该决定进行重新核查,予以纠正,并将重新核查以及是否纠正情况反馈我院。"

本文书一式三份。一份送决定或者批准暂予监外执行的机关,一份送罪犯居住地的社区矫正机构,一份附卷。

第七章　刑事裁判文书

第一节　概　　述

一、刑事裁判文书的概念

刑事裁判文书，是人民法院依照刑事法律及有关司法解释规定的程序，在审判刑事案件过程中，就案件的实体问题和程序问题依法制作的具有法律效力的文书。

这一概念明确了以下几点：(1)刑事裁判文书制作的主体，只能是代表国家行使审判权的人民法院。(2)刑事裁判文书必须依法制作，即严格依照《刑事诉讼法》《刑法》和《最高人民法院关于适用〈中华人民共和国刑事诉讼法〉的解释》（以下简称《刑事诉讼法解释》）等法律、司法解释制作。(3)刑事裁判文书只适用于人民法院审理的刑事诉讼案件，包括公诉案件、自诉案件、刑事附带民事诉讼案件以及申请没收违法所得案件。(4)人民法院在刑事诉讼过程中依法制作的刑事判决书、刑事裁定书、刑事附带民事判决书或者调解书等裁判文书一旦生效，都具有法律效力。

二、刑事裁判文书的种类

刑事裁判文书是人民法院审理刑事案件作出裁决所制作的法律文书的总称，主要包括刑事判决书和刑事裁定书两大类。具体可以通过不同的标准划分。以结案方式分，分为判决书、裁定书、调解书、和解书、决定书等，在这几类文书中，又可以分为若干种不同的文书。

刑事判决书按照内容可分为有罪判决书和无罪判决书；有罪判决书又可分为科刑判决书和免刑判决书；无罪判决书又包含不负刑事责任判决书。按照程序可分为第一审刑事判决书、第二审刑事判决书、死刑复核刑事判决书、再审刑事判决书和刑事附带民事判决书；第一审刑事判决书中又包含第一审的单位犯罪案件刑事判决书、未成年人案件刑事判决书、简易程序刑事判决书等。

刑事裁定书按照审级程序可分为第一审刑事裁定书、第二审刑事裁定书、死刑复核刑事裁定书、再审刑事裁定书和执行程序刑事裁定书等；执行程序刑事裁定书中又包含减刑、假释裁定书和减免罚金裁定书等。

刑事调解书按照程序可分为第一审刑事调解书和刑事附带民事调解书、第二审刑事调解书和刑事附带民事调解书。

本章重点讲授第一审刑事判决书，包括第一审的刑事附带民事判决书、未成年人案件刑事判决书、简易程序刑事判决书;第二审刑事判决书,死刑复核刑事判决书、裁定书,再审刑事判决书;刑事裁定书、刑事附带民事调解书、强制医疗决定书和刑事和解书。

第二节 第一审刑事判决书

一、第一审刑事判决书的概念

第一审刑事判决书,是人民法院依照《刑事诉讼法》规定的第一审程序,对审理终结的刑事案件,就案件的实体问题所制作的具有法律约束力的司法文书。

《刑事诉讼法》第二章对第一审程序作了专章规定。《刑事诉讼法》第195条明确规定,人民法院要"根据已经查明的事实、证据和有关的法律规定,分别作出以下判决:(一)案件事实清楚,证据确实、充分,依据法律认定被告人有罪的,应当作出有罪判决;(二)依据法律认定被告人无罪的,应当作出无罪判决;(三)证据不足,不能认定被告人有罪的,应当作出证据不足,指控的犯罪不能成立的无罪判决"。第197条规定:"判决书应当由合议庭的组成人员和书记员署名,并且写明上诉的期限和上诉的法院。"这是制作第一审刑事判决书的法律依据。

第一审刑事判决书既适用于公诉案件和自诉案件的刑事判决书,也适用于自然人犯罪案件和单位犯罪案件的刑事判决书;既适用于有罪判决书,也适用于无罪判决书、不负刑事责任判决书等。从审判程序上讲,其可用于普通程序,也可用于简易程序、速裁程序和被告人认罪认罚程序的刑事判决等。审判实践中,较为常见的是第一审有罪刑事判决书。

二、第一审刑事判决书的内容和制作方法

第一审刑事判决书由首部、正文、尾部三部分组成。正文是判决书的核心部分,包括事实和证据、判决理由、判决依据和主文。第一审刑事判决书按照行文的顺序,依次写明如下内容。

(一)首部

1. 制作文书的机关名称。在文书上部正中写"×××人民法院"。法院名称一般应当与院印的文字一致。基层人民法院名称前应冠以省、自治区、直辖市的名称,但军事法院、海事法院、铁路运输法院等专门人民法院除外。外国人犯罪的案件,法院名称前一般应冠以"中华人民共和国"国名。

2. 文书名称。在法院名称下一行正中写明"刑事判决书"。

3. 案号。即文书编号,是指用于区分各级法院办理案件的类型和次序的简要标识,由收案年度、法院代字、类型代字、案件编号组成,可以表述为"(××××)××刑初××号"。写在"刑事判决书"的右下方。同一案件有多个同类裁判文书,首份文书直接使用案号,第二份可在案号后缀"之一""之二"等,以示区别,如"(2016)苏12刑初20号之一"。

4. 公诉机关和诉讼参与人的基本情况。具体如下:

(1)公诉机关。直接写“公诉机关×××人民检察院”。自诉案件,写明自诉人姓名、性别、出生年月日、民族、职业或工作单位和职务、居住地等。依法由被害人的法定代理人、近亲属告诉的,应将其法定代理人、近亲属列为自诉人,并写明其与被害人的关系。

(2)被告人的基本情况。包括被告人姓名(曾用名或涉案化名、绰号的,用括号注明)、性别、出生年月日(查不清的,只写年龄)、民族、文化程度、职业或者工作单位和职务、户籍地(或居住地),以及前科情况、因本案所受强制措施情况、现羁押处所等。单位犯罪案件,在被告人之前增列被告单位及诉讼代表人,被告单位项下要列明单位名称、住所地,诉讼代表人要写明姓名、工作单位和职务。被告人的基本情况,应当突出其在单位的任职情况,表明其行为与职务有关。

(3)其他诉讼参与人。应当写明其诉讼地位、姓名、工作单位和职务等基本情况。第一,辩护人是律师的,受被告人委托担任辩护的,可表述为“辩护人×××,×××律师事务所律师”;接受法律援助中心指派的,则要增写“……×××法律援助中心指派”。其他辩护人,包括人民团体或者被告人所在单位推荐的,或者是被告人的监护人、亲友的,则只需写明姓名、工作单位和职务,后者还需注明其与被告人的关系。第二,自诉人、被告人有法定代理人、指定代理人的,应当在自诉人、被告人之后,列写其诉讼地位、姓名、工作单位和职务、住址,以及与自诉人、被告人的关系。

5. 案件由来和审理经过。应写明案件的来源,起诉的案由,是合议庭审判还是独任审判,是否依法公开审理,人民检察院派何人出庭支持公诉,被害人及其法定代理人、诉讼代理人,被告人及其法定代理人、辩护人,证人、鉴定人、翻译人员等是否到庭参加诉讼。可以表述为:“×××人民检察院以×检×诉[××××]××号起诉书指控被告人×××犯××罪,于××××年××月××日向本院提起公诉。本院依法组成合议庭,公开(或者不公开)开庭审理了本案。×××人民检察院指派检察员×××出庭支持公诉,被害人×××及其法定代理人×××、诉讼代理人×××,被告人×××及其法定代理人×××、辩护人×××,证人×××,鉴定人×××,翻译人员×××等到庭参加诉讼。现已审理终结。”

自诉案件可表述为:“自诉人×××以被告人×××犯××罪,于××××年××月××日向本院提起控诉。本院受理后,依法实行组成合议庭,公开(或者不公开)开庭审理了本案。自诉人×××及其诉讼代理人×××、被告人×××及其辩护人×××等到庭参加诉讼。现已审理终结。”

案件由来和审理经过的基本要求如下:

(1)公诉案件,起诉日期为人民法院签收起诉书等材料的日期。人民检察院变更、补充起诉的,应当写明。

(2)上级人民法院发回重审的,在“×××人民检察院……向本院提起公诉”后,增写:“本院于××××年××月××日作出(××××)×刑初××号刑事判决,原审被告人×××不服,提出上诉(或者×××人民检察院提出抗诉)。×××人民法院于××××年××月××日作出(××××)×刑终字第××号刑事裁定,……(写明上级人民法院发回重审的理由),撤销原判,发回本院重新审判”。并将“依法组成合议庭”改为“依法另行组成合议庭”。

(3)审理期间有中止审理、批准延长审限等情形的,可以在审理经过段写明。如中止审理的,可以在开庭审理后增写:“本案因……于××××年××月××日裁定中止审理,于××××年××月××日恢复审理”。

(4)自诉案件中,对于被害人有证据证明对被告人侵犯自己人身、财产权利的行为应当依法追究刑事责任,而公安机关或者人民检察院不予追究被告人刑事责任,被害人提起自诉的,应当写明公安机关或者人民检察院作出不予追究决定的情况。

(二)事实和证据

事实是判决的基础,认定事实应当以证据为根据。事实和证据部分一般应当分段写明下列四个方面的内容:一是人民检察院指控被告人犯罪的事实、证据和适用法律的意见;二是被告人对指控的犯罪事实予以供述、自行辩护的意见和有关证据;三是辩护人的辩护意见和有关证据;四是经法庭审理查明的事实和据以定案的证据。基本要求如下:

1. 对公诉机关指控的事实原则上应当概述,对人民法院审理查明的事实应当详细叙述。

2. 叙述审理查明的事实时,应当写明行为时间、地点、动机、目的、手段、经过、危害结果和作案后表现等,以是否具备犯罪构成要件为重点,兼叙影响定性处理的各种情节。

3. 叙述事实应当层次清楚,重点突出。一个罪名、多起事实的,一般按时间先后顺序叙述;一人犯数罪的,一般按罪行主次的顺序叙述,根据案件情况也可以按照时间先后叙述;一般共同犯罪案件,应当以主犯为主线进行叙述;集团犯罪案件,可以先综述集团的形成和共同的犯罪行为,再按首要分子、主犯、从犯、胁从犯或者罪重、罪轻的顺序分别叙述各个被告人的犯罪事实。

4. 涉及多个罪名、多起事实的,在分别叙述各罪的事实时,可用汉字数字序号加小标题的方法,如“一、抢劫事实”“二、盗窃事实”;同一罪名下有多起事实,如需分项表述的,也可加序号。有多起犯罪事实的案件,对被告人的到案经过以及自首、立功、坦白、赃款赃物追缴退赔、赔偿损失、当事人和解等事实,可以在事实和证据部分的最后另起一段写“另查明,……”予以叙述,并列写相关证据。

5. 据以定案的证据原则上应当在叙明事实之后,另起一段表述:“上述事实,有下列经庭审举证、质证的证据证实,本院予以确认……(写明据以定案的证据名称、来源及证明事项)。”

6. 证据引用的内容既要全面,又要突出重点。言词证据要引用与案情有关联的内容;证明关键事实的证据,可以引用原话,加注引号;证明一般事实的证据,可以高度概括,但应注意准确、客观。对勘验检查笔录、尸检报告等证据应当根据案件情况摘录主要内容,避免原文照搬。

7. 对控辩双方没有异议的证据,可以集中、简化表述;对控辩双方有异议的证据,应当进行分析、认证。对控辩双方有争议、采信与否对定罪量刑有影响的证据材料,未作为定案依据的,应当写明不采纳的理由,但法庭已经当庭说明理由的除外。

8. 对案情复杂或者控辩双方有重大争议的,应当注意通过对证据的具体分析,论证判决所确定的事实,不能单纯罗列证据,或者使用“以上事实,证据充分,被告人也供认不讳,足以认定”的笼统表述。

9. 叙述事实和证据时，应当注意保守国家秘密，保护报案人、控告人、举报人、被害人、证人的安全和名誉。

（三）判决理由

理由是判决的灵魂，是将案件事实和判决结果联系在一起的纽带。阐述理由必须以判决所认定的事实为根据，以《刑法》和《刑事诉讼法》的规定为准绳，为判决提供法理上和法律上的依据。刑事判决书如果缺乏理由的论证或者论证得不充分，就不能使被告人服判，也不能使判决书发挥惩罚罪犯、教育群众的作用。

判决理由一般分为争点评判和“本院认为”两个部分。争点评判部分重在回应诉讼各方就事实、证据、定罪、量刑等提出的意见，“本院认为”部分重在阐述对本案定罪量刑的结论性意见。争点评判部分一般另起一段表述为：“针对控辩双方提出的意见，根据本案的事实和证据，本院评判如下：……。”撰写判决理由的基本要求如下：

1. 论述要有针对性，有说服力。说理力求透彻，层次清晰，逻辑严密。切忌不说理或者说理不充分，只引用法律条文，不阐明适用法律的理由；切忌说空话、套话，千篇一律。文字表述当规范精练。

2. 根据具体案情和法庭审理情况，对诉讼各方提出的意见予以综合归纳，归纳应当完整、客观、准确。

3. 为强化裁判说理，要单列并强化对争点的评判，对控辩双方就事实、证据、定罪、量刑等提出的意见，以及被害人及其法定代理人、诉讼代理人当庭发表的与公诉机关不一致的意见，进行分析、论证，表明是否采纳并阐明理由。有多项评判的，可按先程序后实体、先定罪后量刑、先主要后次要的顺序展开。诉讼各方争议不多的，也可不单列争点评判，对有争议的问题进行一般的分析、论证即可。如果有关意见明显没有法律和事实依据，或者与案件无关，可不予评判。

4. “本院认为”部分，应当按照先定罪后量刑、先法定情节后酌定情节、先从重情节后从轻情节的顺序表述。一人犯数罪的，一般先定重罪后定轻罪；共同犯罪的，应当根据各被告人在共同犯罪中的地位、作用，按照罪责轻重的顺序表述。

5. 为加强说理的权威性，必要时，可以将最高人民法院发布的指导性案例作为判决理由引述，也可适当援引司法指导性文件规定的原则、精神，作为法理依据予以充分阐述。

（四）判决依据

在“本院认为”之后，另起一段写明判决的法律依据，即定罪量刑应适用的具体法律条文，必须准确、全面。列写判决依据的基本要求如下：

1. 经审判委员会讨论决定的案件，在“依照……，判决如下”之前增写“经本院审判委员会讨论决定”。

2. 判决的法律依据，包括法律解释和司法解释。引用法律依据应当准确、完整、具体。引用的法律依据条文分款、项的，应当写明具体款、项。款、项的序号不加括号，如“第一项”不写为“第（一）项”。

3. 有多项依据的，应先引用法律规定，再引用法律解释、司法解释；应先引用实体法，再引用程序法。

4. 引用多个条文的,应当先引用定罪、确定量刑幅度的条文,后引用从重、从轻、减轻、免除处罚的条文;先引用适用主刑的条文,后引用适用附加刑的条文;需要援引其他条款的法定刑处罚(即援引法定刑)的,先引用本条条文,再引用其他条文;一人犯数罪的,应当逐罪引用法律条文。共同犯罪的,既可以集中引用有关法律条文,也可以逐人逐罪引用有关法律条文;涉及的刑法条文众多的,也可以按照刑法条文顺序引用。

5. 对单位犯罪,应当直接引用刑法分则相关条文,无须引用刑法总则有关单位犯罪的规定。单位实施的危害社会的行为,刑法分则和其他法律未规定追究单位的刑事责任,对组织、策划、实施该危害社会行为的人依法追究刑事责任的,在判决依据部分应当一并引用全国人民代表大会常务委员会《关于〈中华人民共和国刑法〉第三十条的解释》。

(五)判决主文

判决主文,是判决的结论,亦称"判决结果",是人民法院根据已经查明的事实和法律的有关规定,对被告人作出的有罪或者无罪的判决,是判决书的实质部分。对判决主文的书写必须做到与事实、理由相一致,与法律规定相适应。

判决结果分三种情况:(1)定罪判刑的,可以表述为:"一、被告人×××犯××罪,判处……(写明主刑、附加刑)。[……(写明罚金的数额、缴纳期限。)]二、……(写明决定追缴、退赔或者发还被害人、没收财物的名称、种类和数额)。"(2)定罪免刑的,可以表述为:"被告人×××犯××罪,免予刑事处罚(如有追缴、退赔或者没收财物的,续写第2项)。"(3)宣告无罪或者不负刑事责任的,可以表述为:"被告人×××无罪(或者不负刑事责任)。"其一,"宣告无罪"的表述,既适用于依据法律认定被告人无罪(理论上称为"绝对无罪"),也适用于依据《刑事诉讼法》第195条第3项规定宣告的无罪,应将"证据不足、指控的犯罪不能成立"作为判决的理由在判决的法律依据部分进行阐释,判决主文仍应表述为"被告人×××无罪"。其二,"不负刑事责任"的表述,适用于被告人因未达到刑事责任年龄,或者是无刑事责任能力的精神病人而不予刑事处罚的,主文不表述无罪,而应表述为"被告人×××不负刑事责任"。

列写判决主文的基本要求如下:

1. 判处的刑罚包括刑种、期限、顺序,应当按照法律规定规范表述,如"判处死刑,缓期二年执行""判处有期徒刑×年,缓刑×年"等。判处死刑缓期二年执行,决定限制减刑的,另起一项写明:"对被告人×××限制减刑";决定终身监禁的,另起一项写明:"被告人×××在死刑缓期执行二年期满依法减为无期徒刑后,终身监禁,不得减刑、假释"。

2. 判处没收部分财产或者罚金的,应当具体写明财产的名称、数量或者金额。

罚金缴纳期限表述为"罚金限本判决生效后……(写明缴纳期限)缴纳";如罚金已预缴,则表述为"已预缴";部分预缴的,应当写明预缴的金额和需要履行的数额及期限。

3. 数罪并罚并宣告缓刑的,可以表述为:"被告人×××犯××罪,判处……(写明主刑、附加刑);犯××罪,判处……(写明主刑、附加刑),决定执行……(写明主刑),缓刑……,……(写明附加刑)。"因犯新罪或者发现漏罪撤销缓刑予以数罪并罚的,可以表述为:"撤销本院(或者×××人民法院)(××××)××刑××号刑事判决对被告人×××宣告的缓刑;被告人×××犯……(写明罪名)罪,判处……(写明主刑、附加刑);与前罪……罪判处的……(写明主刑、附加刑)并罚,决定执行……(写明主刑、附加刑)。”

4. 判处从业禁止或者宣告禁止令的,都应另起一项分别表述为:“禁止被告人×××从事×××职业×年。”“禁止被告人×××在×个月内……(写明禁止从事的活动,进入的区域、场所,接触的人)。”

5. 单位犯罪案件,在判决主文部分先对被告单位作出处理、再对被告人作出处理。对被告单位的判决分三种情形表述,即:“被告单位×××犯××罪,判处罚金××元。”“被告单位×××犯××罪,免予刑事处罚。”“被告单位×××无罪。”(1)被告单位被撤销、注销、吊销营业执照或者宣告破产,但单位犯罪中直接负责的主管人员和其他直接责任人员应当负刑事责任而继续审理的,判决结果的第1项写为“对被告单位终止审理”,并在理由部分阐明终止审理的理由;另项续写对被告人(直接负责的主管人员和其他直接责任人员)作出的判决,即定罪处刑的意见。有涉案财物需要处理的,再续项作出判决。(2)单位犯罪中直接责任人员还实施有与单位犯罪罪名相同的个人犯罪,而法律、司法解释对单位犯罪和个人犯罪规定的定罪量刑标准不一致的,判决主文可以表述为:“被告人×××犯××罪(单位),判处……(写明主刑、附加刑);被告人×××犯××罪,判处……(写明主刑、附加刑),决定执行……(写明主刑、附加刑)”。

(六)尾部

尾部是判决书的结束部分,程式严格,用语简练,应当依次写明以下事项:

1. 交代上诉权、上诉期限和上诉审法院。在判决结果之后,另起一行写明:“如不服本判决,可在接到判决书的第二日起十日内,通过本院或者直接向×××人民法院提出上诉。书面上诉的,应当提交上诉状正本一份,副本×份。”

2. 依据《刑法》第63条第2款的规定在法定刑以下判处刑罚的,应当在交代上诉权之后,另起一行写明“本判决依法报请最高人民法院核准”。对部分被告人在法定刑以下判处刑罚的,可以表述为“对被告人×××的判决,依法报请最高人民法院核准”。

3. 落款。包括:

(1)署名。在上项的右下方,由合议庭成员或者独任审判员署名。合议庭的审判长,不论审判职务,均署名为“审判长”;合议庭其他成员均按审判职务署名,即“审判员”“代理审判员”或者“人民陪审员”。独任审理的,署名为“审判员”或者“代理审判员”。在日期下方,由书记员署名。有两名以上书记员的,也应当分行署名。

(2)日期。在合议庭或者独任审判员署名的下方写作出判决的日期(即判决书的签发日期)。当庭宣判的,应当写宣判的日期。

(3)院印。院印加盖在日期居中位置。印章国徽底边缘及上下弧以不覆盖文字为限。

(4)核对戳。判决书正本制成,由书记员将判决书正本与原本校对无异后,应在日期与书记员之间的空行左对齐加盖“本件与原本核对无异”印戳。

落款应当在同一页上,不得分页。落款所在页无正文内容的,应当调整行距,不写“本页无正文”。

三、制作第一审刑事判决书应当注意的问题

1. 被告人前科劣迹的情况,原则上在首部被告人基本情况中列写,例如,曾受过刑事追究的,写明前罪判决时间和结果;曾因犯数罪被判处刑罚的,只表述决定执行的刑罚,即“××××年××月××日曾因犯××罪、××罪被判处……”;有附加刑的,原则上应当写明;前科涉及累犯认定的,应写明前罪的刑满释放或者假释考验期满日期;有多次前科的,可只写与累犯认定相关的日期;如果是在刑罚执行或缓刑、假释期间有新罪、漏罪的,可在基本情况项中写明刑罚执行或者考验期满日期。如果有前罪服刑期间被减刑,或因前罪被判处缓刑前先行羁押等情况的,则应放在“经审理查明”之后,以“另查明”的形式叙明。

2. 在审理经过段是否表述非法证据排除情况,尚无硬性规定,但是在争点评判部分应当有所交代。正如裁判文书样式(草案)说明中强调:“在法庭审理过程中,启动了证据收集合法性调查程序的,在争点评判部分应当表明是否决定排除,并阐明理由。对于被告人或其辩护人提出非法证据排除申请,法庭未启动证据收集合法性调查程序的,一般也应当阐明理由。被告人或其辩护人提出非法证据排除申请后,撤回申请或者公诉机关撤回相关证据的,裁判文书中可以不再表述。”

3. 变更辩护人的情况如何表述,应因案而异,原辩护人到庭而变更后的辩护人未到庭参加诉讼的,只列写变更后的辩护人,但在审理经过段可写原辩护人到庭参加诉讼的情况,如“被告人×××及其原辩护人×××(×××律师事务所律师)到庭参加诉讼”。如果法院重新开庭,变更后的辩护人到庭参加了诉讼的,只写变更后的辩护人,判决书中不再出现原辩护人。

4. 列写事实、证据应当:(1)客观、理性,尽量使用中性词,不用或少用贬义词;(2)表述被害人的死亡原因,一般应直接引述尸体鉴定报告中的意见。鉴定意见过于繁杂的,可以提炼概括,但必须准确;(3)共同作案人另案处理,包括未到案的,应当加括号注明“另案处理”;已经审判的,可以表述为“另案被告人已判决”。不写共同作案人“在逃”,避免在案被告人翻供或者避重就轻;(4)列写证据一般以案件破获、案情发展为序。对同一类证据,可以按照证明力的强弱进行排列。证据之间密切关联,共同证明某一事实的,可以同时列举。(5)对案情复杂或者控辩双方有重大争议的,应当注意通过对证据的具体分析,论证判决所确定的事实,不能单纯罗列证据,或者使用“以上事实,证据充分,被告人也供认不讳,足以认定”的笼统表述。

5. 根据最高人民法院《关于适用刑法第64条有关问题的批复》《关于刑事裁判涉财产部分执行的若干规定》的规定,对涉案财物的处理作出判决的,在判决主文部分,应当规范使用“没收”“追缴”“退赔”等表述。具体如下:

(1)对已经查封、扣押、冻结在案的财物,应当写明处理方式,包括予以没收、上缴国库,发还被害人,或者作为财产刑的执行对象等,如:“扣押、冻结在案的××所得赃款赃物及用于抵缴××所得赃款的被告人×××财产共计折合人民币……依法予以没收,上缴国库;××所得赃款人民币……依法发还……(写明被害人);其余部分作为×××个人财产依法予以没收”。已发还被害人的,括号注明“已发还”。

(2)为便于判决执行,对判决时未追缴在案的违法所得,如违法所得是被害人的合法财

产的,可以表述为“被告人×××退赔被害人×××人民币……元”;如违法所得需要上缴国库的,可以表述为“追缴被告人×××的××所得人民币……元,予以没收,上缴国库”。其中,如果违法所得是特定物的,可以按照判决认定的赃物价值,即赃物折价款,表述退赔或者追缴的金额。

(3)对判决时尚未追缴在案的赃物,如能确认赃物仍然存在,且能排除已为第三人合法占有的,可以表述为“追缴……(写明赃物名称)”,续写“予以没收,上缴国库”或者“发还被害人”,如“追缴被告人×××受贿所得赃款购买的……(写明具体财物名称等),予以没收,上缴国库”。

(4)对违禁品、供犯罪使用的本人财物,可以表述为“予以没收”。

(5)对多被告人的案件,涉案财物的判决可以在判项的最后集中表述。有在案财物和尚未追缴到案的财物要分别处理的,可以分项表述。

(6)涉案财物众多、繁杂的,可以在判决主文中概括表述,另列清单,作为判决书的附件。

第三节　第一审刑事附带民事判决书

一、第一审刑事附带民事判决书的概念

第一审刑事附带民事判决书,是第一审人民法院依照《刑法》《刑事诉讼法》以及《刑事诉讼法解释》中有关附带民事诉讼的规定审理案件,在确定被告人是否承担刑事责任的同时,附带解决被告人对于被害人所遭受的物质损失(即经济损失)是否承担民事赔偿责任所制作的法律文书。

《刑事诉讼法》第99条规定:“被害人由于被告人的犯罪行为而遭受物质损失的,在刑事诉讼过程中,有权提起附带民事诉讼。被害人死亡或者丧失行为能力的,被害人的法定代理人、近亲属有权提起附带民事诉讼。如果是国家财产、集体财产遭受损失的,人民检察院在提起公诉的时候,可以提起附带民事诉讼。”第101条规定:“人民法院审理附带民事诉讼案件,可以进行调解,或者根据物质损失情况作出判决、裁定。”《刑法》第36条第1款规定:“由于犯罪行为而使被害人遭受经济损失的,对犯罪分子除依法给予刑事处罚外,并应根据情况判处赔偿经济损失。”最高人民法院《刑事诉讼法解释》第138~164条对法院审理刑事附带民事案件的程序也作了具体规定。上述法律和司法解释的规定是人民法院制作刑事附带民事判决书的法律依据。

根据《刑事诉讼法》和最高人民法院解释的规定,刑事附带民事判决书适用于以下范围:(1)被告人的行为已构成犯罪,而被告人的犯罪行为又直接造成被害人经济损失的。(2)被告人只有一般违法行为,尚不构成犯罪,但被害人的经济损失是由于被告人的违法行为直接造成,应当由被告人负民事赔偿责任的。(3)被告人系未达刑事责任年龄的未成年人,但其行为已造成被害人的经济损失,依法应当由被告人的监护人负民事赔偿责任的。

对于被告人的行为不构成犯罪,但被害人的经济损失的确是由于被告人的违法行为直接造成的,为避免增加讼累,人民法院应当在解决刑事责任的同时,一并合理解决民事赔偿责任问题。如果人民法院在审查起诉时,发现被告人的行为明显不构成犯罪,不需要追究刑事责任的,根据《刑事诉讼法》第205条第1款第2项的规定,应当说服自诉人撤回起诉。如果自诉人坚持不撤回起诉的,人民法院可以裁定驳回起诉。这类案件中的民事赔偿部分,受害人可以按民事案件另行起诉,不存在刑事附带民事诉讼问题,因而不适用刑事附带民事判决书。

二、第一审刑事附带民事判决书的内容和制作方法

刑事附带民事诉讼是两个诉的合并审理,不同于单纯的刑事诉讼或者单纯的民事诉讼,它要在刑事诉讼过程中附带解决民事赔偿问题。因此,制作这种判决书应当注意从首部、事实、理由和判决结果部分,完整地反映刑事附带民事诉讼这一特点。

(一)首部

1. 文书名称,应为"刑事附带民事判决书"。

2. 写明附带民事诉讼当事人的身份事项,包括姓名、性别、出生年月日、民族、文化程度、职业或者工作单位和职务、居住地等。

(1)附带民事诉讼原告人。自诉人提起附带民事诉讼的,写"自诉人暨附带民事诉讼原告人"。公诉案件的被害人提起附带民事诉讼的,列为"附带民事诉讼原告人",在其基本情况的最后写明"系本案被害人"。单位提起附带民事诉讼的,仍表述为"附带民事诉讼原告人"。按照《刑事诉讼法解释》的规定,有权提起附带民事诉讼的,除被害人以外,还有已死亡的被害人的近亲属、无行为能力或者限制行为能力被害人的法定代理人。如果被害人已经死亡,由其近亲属提出附带民事诉讼的,则应当将其近亲属列为"附带民事诉讼原告人",并在其基本情况的最后注明其与被害人的关系。附带民事诉讼原告人是无行为能力或者限制行为能力的人,应当在附带民事诉讼原告人之后另项续写其"法定代理人",并注明与附带民事诉讼原告人的关系。

(2)附带民事诉讼被告人。按照《刑事诉讼法解释》的规定,可以作为附带民事诉讼被告人的有:刑事被告人(公民、法人和其他组织)和没有被追究刑事责任的共同致害人;未成年刑事被告人的监护人;已被执行死刑的罪犯的遗产继承人;共同犯罪案件中,案件审结前已死亡的被告人的遗产继承人;其他对刑事被告人的犯罪行为依法应当承担民事赔偿责任的单位和个人。对附带民事诉讼原告人起诉要求承担赔偿责任的单位和个人,除刑事被告人(单位)外,均表述为"附带民事诉讼被告人"。刑事被告人同时为附带民事诉讼被告人时,无须另写"附带民事诉讼被告人";如果不是同一个人,则须另写。

(3)法定代理人、诉讼代理人。法定代理人同时是附带民事诉讼原告人的,应当详写其作为附带民事诉讼原告人的基本情况,在法定代理人项简化表述其身份信息,如可以表述为"法定代理人×××,系附带民事诉讼原告人×××之父"。法定代理人同时是附带民事诉讼被告人的,可以合并表述为"法定代理人暨附带民事诉讼被告人"。两名以上附带民事诉讼当事人共同委托诉讼代理人的,可以在委托人之后另项合并写明,可以表述为"上述附带

民事诉讼原告人的诉讼代理人”。辩护人同时兼任附带民事诉讼代理人的，可以表述为“辩护人暨附带民事诉讼代理人”，并在辩护意见之后，一并叙述其代理意见。

3. 案件由来、审判组织、审判方式和审理过程。

(1)公诉案件，可以表述为：

“×××人民检察院以×检×诉[××××]××号起诉书指控被告人×××犯××罪，于××××年××月××日向本院提起公诉。在诉讼过程中，附带民事诉讼原告人向本院提起附带民事诉讼。本院依法组成合议庭，公开(或者不公开)开庭进行了合并审理。×××人民检察院指派检察员×××出庭支持公诉，附带民事诉讼原告人×××及其法定代理人×××、诉讼代理人×××，被告人×××及其法定代理人×××、辩护人×××，证人×××，鉴定人×××，翻译人员×××等到庭参加诉讼。现已审理终结。”

(2)自诉案件，可以表述为：

“自诉人×××以被告人×××犯××罪，同时致其遭受经济损失为由，于××××年××月××日向本院提起控诉。本院受理后，依法实行组成合议庭，公开(或者不公开)开庭审理了本案。自诉人×××及其诉讼代理人×××、被告人×××及其辩护人×××等到庭参加诉讼。现已审理终结。”

(二)事实部分

第一，概述公诉指控被告人犯罪的事实、证据和适用法律的意见。第二，简述附带民事诉讼原告人起诉的内容，即要求被告人赔偿经济损失的诉讼请求。第三，写明被告人对指控的犯罪事实和附带民事诉讼原告人的诉讼请求予以供述、辩解、自行辩护的意见和有关证据。第四，辩护人提出的辩护意见和有关证据。第五，写明经法庭审理查明的全部事实。既要写明经法庭审理认定被告人的行为是否构成犯罪的事实，又要写明是否由于被告人的犯罪行为使被害人遭受经济损失的事实。第六，写明据以定案的证据。

(三)理由部分

首先，进行争点评判，归纳诉讼各方就事实、证据、定罪、量刑以及附带民事诉讼提出的意见，根据查明的事实和证据进行分析、论证，表明是否采纳并阐明理由。其次，写明判决的法律依据(包括承担刑事责任的法律依据和承担民事赔偿责任的法律依据)。

撰写“本院认为”，除写明被告人的行为是否构成犯罪，构成何罪；公诉机关的指控是否成立；被告人具有何种法定或者酌定量刑情节，应否从轻、减轻、免除处罚或者从重处罚，应否适用缓刑、限制减刑等的结论性意见外，还应当论证被害人是否由于被告人的犯罪行为而遭受经济损失，被告人对被害人的经济损失是否应负民事赔偿责任及其法律依据。

(四)判决结果部分

判决主文，除写明被告人犯了什么罪，应受什么刑事处罚或者免予刑事处罚，或者宣告无罪以外，还应当写明附带民事诉讼部分如何解决，不能遗漏。判决结果可以分以下不同情况表述：

1. 定罪判刑并应赔偿经济损失的,可表述为:“一、被告人×××犯××罪,判处……(写明主刑、附加刑)。[……(写明罚金的缴纳期限。)]二、被告人×××赔偿附带民事诉讼原告人×××……(写明赔偿金额)。[……(写明履行期限。)]”

2. 定罪免刑并应赔偿经济损失的,表述为:“一、被告人×××犯××罪,免予刑事处罚。二、被告人×××赔偿附带民事诉讼原告人×××……(写明赔偿金额)。[……(写明履行期限。)]”

3. 宣告无罪或者不负刑事责任,但应当赔偿经济损失的,可以表述为:“一、被告人×××无罪(或者不负刑事责任)。二、被告人×××赔偿附带民事诉讼原告人×××……(写明赔偿金额)。[……(写明履行期限。)]”

4. 宣告无罪或者不负刑事责任,不赔偿经济损失的,可以表述为:“一、被告人×××无罪(或者不负刑事责任)。二、驳回附带民事诉讼原告人×××的诉讼请求。”

三、制作第一审刑事附带民事判决书应当注意的问题

1. 根据《刑事诉讼法解释》第138条至第140条的规定,刑事附带民事判决书、裁定书只适用于“被害人因人身权利受到犯罪侵犯或者财物被犯罪分子毁坏而遭受物质损失的”案件。下列三类案件不能作为刑事附带民事案件受理,自然也不适用刑事附带民事判决书、裁定书:(1)因受到犯罪侵犯,提起附带民事诉讼或者单独提起民事诉讼要求赔偿精神损失的;(2)被告人非法占有、处置被害人财产,依法应予以追缴或者责令退赔,被害人由此提起附带民事诉讼的;(3)属于依法申请国家赔偿的案件。

2. 附带民事诉讼如果是公诉机关提起的,应作如下改动:(1)将“公诉机关×××人民检察院”改为“公诉机关暨附带民事诉讼原告人×××人民检察院”。(2)将案件由来部分的“犯××罪……提起附带民事诉讼”改为“犯××罪,同时致使……(写明受损失单位的名称或者被害人的姓名)遭受经济损失一案,向本院提起刑事附带民事诉讼”,并将“附带民事诉讼原告人×××”的表述从到庭参加诉讼的人员中删除。(3)在公诉机关指控部分增加有关附带民事诉讼的意见和证据,并将“概述附带民事诉讼原告人的诉讼请求和有关证据”的内容删去。

3. 人民法院审理刑事附带民事案件,不适用最高人民法院《关于确定民事侵权精神损害赔偿责任若干问题的解释》的规定。对于提出精神损失赔偿请求的,在事实部分要如实叙述其诉讼请求;理由部分则要从法律上阐明为何不能予以支持的道理及其法律依据;在判决结果中不需要写明“驳回附带民事诉讼原告人赔偿精神损失的诉讼请求”。

4. 在判决依据部分,除应引用刑事法律及相关司法解释规定外,还必须同时引用民事法律及相关司法解释中有关损害赔偿的规定,作为判决被告人承担民事赔偿责任的法律依据。任何只引用一方面的有关规定而不引用另一方面的有关规定的行为,都会使如何解决民事赔偿责任问题失去法律依据。

5. 对成年(包括未成家但已成年)被告人的亲属自愿承担民事赔偿责任的刑事附带民事案件,判决结果仍应规范表述,不能表述为:“由被告人父母在家庭共同财产中支付”。对于已由被告人的亲属自愿代为赔偿的,可以在裁判文书的事实部分作为一个事实予以叙述。

6. 对公诉的刑事附带民事诉讼案件，在判决宣告以前，经调解，双方当事人就物质损失的赔偿达成调解协议的，应当制作刑事附带民事调解书，而不能制作民事调解书；对刑事部分，应当制作刑事判决书。调解达成协议，并即时履行完毕的，可以不制作调解书，但应当记入笔录；如果当事人要求制作调解书的，也可以制作刑事附带民事调解书。

7. 对当事人提起刑事附带民事诉讼，经人民法院调解或者双方和解后撤诉的，应当按照一审公诉案件适用普通程序用的刑事判决书样式制作刑事判决书。

8. 根据《刑事诉讼法》第102条的规定，为了防止刑事案件的审判过分迟延，刑事部分先行判决的，应当按照一审公诉案件适用普通程序时使用的刑事判决书样式制作刑事判决书，在审理经过部分应当对有关情况予以说明。对另行审理的附带民事诉讼，应当制作刑事附带民事判决书，并在审理经过段写明刑事部分已先行判决，以便与本判决相衔接，并使用同一个案号。

9. 如果判决部分支持附带民事诉讼原告人的诉讼请求的，应当在判决被告人承担赔偿责任的判项后增写一项“驳回附带民事诉讼原告人×××的其他诉讼请求”。

10. 根据《刑事诉讼法解释》第162条关于“人民法院审理附带民事诉讼案件，不收取诉讼费”的规定，在判决结果之后不需要说明诉讼费用的负担。

第四节 第一审未成年人案件刑事判决书

一、第一审未成年人案件刑事判决书的概念

第一审未成年人案件刑事判决书，是人民法院依据《刑事诉讼法》《刑事诉讼法解释》规定，以及我国对未成年人犯罪实行“教育、感化、挽救”的方针和“教育为主、惩罚为辅”的原则，对未成年人刑事案件按照第一审普通程序审理终结后所制作的法律文书。

制作本判决书的法律依据，是《刑事诉讼法》特别程序第一章规定的“未成年人刑事案件诉讼程序”及最高人民法院的有关司法解释。根据这些规定，本判决书适用于以下案件：(1)被告人实施被指控的犯罪时不满18周岁、人民法院立案时不满20周岁的案件；(2)被告人实施被指控的犯罪时不满18周岁、人民法院立案时不满20周岁，并被指控为首要分子或者主犯的共同犯罪案件；(3)院长根据少年法庭工作的实际情况决定由少年法庭审理的有未成年被告人的其他共同犯罪案件，或者其他涉及未成年人的刑事案件。

未成年人犯罪是处于不同社会制度和不同发展水平的国家普遍存在的一个社会问题。自20世纪80年代以来，我国同世界各国一样，未成年人犯罪率逐渐上升，且呈低龄化趋势，成为影响未成年人健康成长、危害社会治安的重要因素之一，引起我国政府和社会各界特别是法律界的普遍关注。1984年11月，上海市长宁区人民法院首创了我国第一个专门审理未成年人刑事案件的合议庭，即少年法庭，开启了我国审判制度上的一项重大改革。1988年被最高人民法院推广到全国。少年法庭根据未成年人这一特殊的犯罪主体所具有的身心发育尚未成熟、辨别是非和自我控制能力差、犯罪主观恶性一般不深、可塑性强等特点，坚持

“教育、感化、挽救”的方针和“教育为主、惩罚为辅”的原则,采取区别于成年人犯罪、适合未成年人生理、心理特点的审理程序,把惩罚犯罪与矫治、预防犯罪有机结合起来,实行寓教于审,惩教结合,取得了良好的效果。

少年法庭审理未成年人刑事案件在诉讼程序上的这些特点,不仅应当在庭审活动中,而且应当在裁判文书的制作上充分体现出来。《法院刑事诉讼文书样式》对如何制作第一审未成年人刑事案件刑事判决书也作了具体规范。其总的要求是:(1)未成年人刑事裁判文书有别于成年人刑事裁判文书。制作未成年人刑事判决书,应当根据案件具体情况,充分体现“教育、感化、挽救”的方针和“教育为主、惩罚为辅”的原则,反映“寓教于审、惩教结合”的特点。(2)制作未成年人刑事裁判文书,应当充分反映具体案件中已开展的未成年人司法特色工作,体现工作成效。(3)应当全面调查了解未成年被告人的犯罪前、犯罪中、犯罪后的表现,听取各方面意见,根据犯罪原因和犯罪预防需要,在促进文书制作的规范化、专业化的同时,鼓励文书制作的个别化、人文化。(4)未成年人刑事裁判文书语言表述应当繁简得当、通俗易懂、注重说理,便于未成年被告人及其法定代理人理解。

二、第一审未成年人案件刑事判决书的内容和制作方法

未成年人犯罪有别于成年人犯罪。制作未成年人案件刑事判决书应当从首部、事实和理由部分充分反映其特点。

(一)首部

1. 必须准确写明未成年刑事被告人的出生年月日。因为这涉及未成年被告人是否负刑事责任甚至能否判处死刑的年龄界限。《刑法》第 17 条和第 49 条分别规定,“已满十六周岁的人犯罪,应当负刑事责任”;“已满十四周岁不满十六周岁的人,犯故意杀人、故意伤害致人重伤或者死亡、强奸、抢劫、贩卖毒品、放火、爆炸、投毒罪的,应当负刑事责任”;“已满十四周岁不满十八周岁的人犯罪,应当从轻或者减轻处罚”;犯罪的时候不满十八周岁的人“不适用死刑”。因此,对于未成年被告人的年龄,应当写明出生的年、月、日。相关证据足以证明被告人实施被指控的犯罪时已经达到法定刑事责任年龄,但是无法准确查明被告人具体出生日期的,首部应当直接写明被告人“实施被指控的犯罪时已满 × × 周岁”。对于证明被告人已满十四周岁、十六周岁、十八周岁证据不足的,应当认定被告人不满十四周岁、十六周岁、十八周岁。对控辩双方有异议的年龄证据,应当进行分析、认证。

2. 必须列明未成年刑事被告人的法定代理人,以体现对未成年刑事被告人合法权利的保护。《刑事诉讼法》第 270 条规定,对于未成年人刑事案件,讯问和审判时,应当通知未成年犯罪嫌疑人、被告人的法定代理人到场。无法通知或不能到场或者法定代理人是共犯的,也可以通知他的其他成年亲属,所在学校、单位、居住地基层组织或者未成年人保护组织的代表到场,并将有关情况记录在案。到场的人员认为办案人员在讯问、审判中侵犯未成年人合法权益的,可以提出意见。审判未成年人刑事案件,未成年被告人最后陈述后,其法定代理人可以进行补充陈述。《刑事诉讼法解释》第 475 条还进一步规定:“被告人实施被指控的犯罪时不满十八周岁,开庭时已满十八周岁、不满二十周岁的,人民法院开庭时,一般应当通知其近亲属到庭。经法庭同意,近亲属可以发表意见。近亲属无法通知、不能到场或者是

共犯的，应当记录在案。”但有下列情形的，在首部可以不列明未成年被告人的法定代理人：(1)没有法定代理人或者无法查到法定代理人的；(2)犯罪时未成年，开庭审理时已成年的，不列法定代理人，但附带民事诉讼的除外。

3. 在辩护人项应列明“指定辩护人”，以区别于“一般辩护人”。未成年被告人如果没有委托辩护人的，为了保证未成年被告人的辩护权，人民法院依法应当通知法律援助机构指派律师为其提供辩护。

4. 在审理经过段应写明不公开审理的理由及法定代理人是否到庭参加诉讼。公开审判是《宪法》规定的一项重要原则。但未成年被告人是法律规定不公开审理的三种特殊情形之一。《刑事诉讼法》第274条规定：“审判的时候被告人不满十八周岁的案件，不公开审理。但是，经未成年被告人及其法定代理人同意，未成年被告人所在学校和未成年人保护组织可以派代表到场。”不仅在开庭审理时要宣布不公开审理的理由，在裁判文书中也要写明不公开审理的理由。具体可表述为：

> “……本院依法组成合议庭，因本案被告人系未成年人(或者因本案涉及未成年被告人)，不公开(或者公开)开庭审理了本案。×××人民检察院指派检察员×××出庭支持公诉，被害人×××及其法定代理人×××、诉讼代理人×××，被告人×××及其法定代理人×××(或者合适成年人×××)、辩护人(或者指派辩护人)×××，证人×××，鉴定人×××，翻译人员×××，社会调查员×××等到庭参加诉讼。现已审理终结。”

应当注意两点：(1)未成年被告人的法定代理人无法出庭或者确实不宜出庭的，应当写明法定代理人，并在审理经过段出庭人员中表述为“被告人×××的法定代理人×××经法院通知未出庭”或者“被告人×××的法定代理人×××因特殊原因未出庭”等内容。(2)法定代理人未出庭，但是合适成年人到庭的，应当在审理经过段写明。社会调查员参加庭审的，也应当在审理经过段写明，排在“翻译人员×××”后。

(二)事实和证据部分

除应符合制作公诉案件刑事判决书的一般规定外，事实和证据部分应着重写明以下内容：

1. 要概述法定代理人对公诉机关指控被告人犯罪的意见、提供的有关证据。这样既体现了控辩式审理方式和诉讼上的民主，又体现了对未成年刑事被告人合法权利的保护，并为事实的认定和判决理由的阐述打下了基础。

2. 要叙述社会调查的内容。社会调查报告制度是未成年人案件审判的一大特色。《刑事诉讼法解释》第476条规定：“对人民检察院移送的关于未成年被告人性格特点、家庭情况、社会交往、成长经历、犯罪原因、犯罪前后的表现、监护教育等情况的调查报告，以及辩护人提交的反映未成年被告人上述情况的书面材料，法庭应当接受。”“必要时，人民法院可以委托未成年被告人居住地的县级司法行政机关、共青团组织以及其他社会团体组织对未成年被告人的上述情况进行调查，或者自行调查。”因此，社会调查报告也应当在判决书中有所体现，可以在写完经审理查明的事实证据和争点评判之后，另起一段写明：“根据×××

提供的社会调查报告并听取诉讼参与人意见,法庭了解到(或法庭经过调查了解到),……(概述被告人×××的性格特点、成长经历、犯罪原因、交友情况、犯罪前后表现、监护教育等内容)”。

(三)判决理由部分

理由部分,是人民法院坚持“教育、感化、挽救”方针和“教育为主、惩罚为辅”原则在未成年人案件刑事判决书中的集中体现。因此,除论证被告人的行为是否构成犯罪、犯的什么罪以外,还应当结合案件的实际情况,着重阐明以下内容:

1. 要有针对性地对未成年被告人进行教育。在“本院认为”之后,根据案件具体情况,可以增加法庭教育和帮教内容,结合案件事实、社会调查、心理疏导或测评等内容,概括各诉讼参与人的法庭教育意见,根据犯罪预防的需要,对被告人有针对性地提出建议和希望,以凸显寓教于审特色,体现对未成年人的人文关怀。如:“本院告诫张某,一个人没有法制意识和道德操守,尽管有名牌服装予以包装,也是徒有其表;华丽的外表取代不了个人的素质和修养;年轻人应该把自己的目标放在对学习和事业的追求当中,在这种追求中体现自己的价值,赢得人们的承认,而不仅仅是以几件服饰为满足。本院要求被告人张某深刻吸取此次犯罪的教训,在今后的学习过程中,加倍努力,奋发向上,以实际行动追赶同龄人的前进步伐。”

2. 要论证对未成年被告人依法应予从轻、减刑处罚的理由和判决非监禁刑罚的理由。对未成年罪犯要坚持立足教育和挽救,阐明依法尽可能多地判处非监禁刑的理由。要结合案件的具体的、特定的情况、帮教后的表现,以及适用法定从宽条件进行充分论述。

三、制作未成年人案件刑事判决书应当注意的问题

1. 未成年被告人的违法犯罪行为给被害人造成物质损失的,应当在首部将其监护人列为“法定代理人暨附带民事诉讼被告人”,而不仅仅是法定代理人或者附带民事诉讼被告人。因为在这种附带民事诉讼中,未成年被告人的监护人实际上具有双重诉讼地位和双重身份,他们既是未成年被告人的法定代理人,以维护被告人的合法利益,又是附带民事诉讼的被告人,以承担民事赔偿责任。

2. 根据教育、感化、挽救被告人的需要,有关对未成年被告人心理疏导、测评内容,可以在裁判文书中表述。具体表述为:“×××提供的社会调查报告显示……。经社会调查员(公诉人)当庭宣读,诉讼参与人认为(的意见)……。×××提供的心理疏导、测评报告显示……。经×××当庭宣读,诉讼参与人认为(的意见)……”。

3. 考虑到未成年人的身心特点,以及法治教育的需要,应当在判决书后附判决所依据的法律条文的具体内容。

4. 根据《刑事诉讼法》第275条规定,需要对未成年人相关犯罪记录予以封存的,须在判决书首页右上角和骑缝处加盖“未成年人犯罪记录封存”印章。

第五节　第一审简易程序刑事判决书

一、第一审简易程序刑事判决书的概念

第一审简易程序刑事判决书，是基层人民法院依据《刑事诉讼法》及其司法解释的规定，适用第一审简易程序审理刑事案件后所制作的法律文书。

简易程序是基层人民法院适用最多的程序，它的科学设计对于提高审判工作质效，实现刑事案件审理的简繁分流，有效解决"案多人少"的矛盾，意义重大。2012 年《刑事诉讼法》对简易程序作了重大完善：(1)扩大了适用简易程序审理案件的范围，明确了适用条件，将被告人是否同意规定为适用简易程序的必要条件；(2)规定了不适用简易程序审理案件的情形；(3)明确了适用简易程序审理案件的审判组织形式；(4)完善了适用简易程序的审限规定。《刑事诉讼法解释》对简易程序亦相应作了具体规定。这都是制作第一审简易程序刑事判决书的法律依据。

第一审简易程序刑事判决书适用的范围，依照《刑事诉讼法》第 209 条规定，属于基层人民法院管辖的案件，只要符合案件事实清楚、证据充分的；被告人承认自己所犯罪行，对起诉书指控的犯罪事实没有异议的；被告人对适用简易程序没有异议的，都可以适用简易程序审理。

不适用简易程序的，《刑事诉讼法》第 209 条亦作了规定，即："(一)被告人是盲、聋、哑人，或者是尚未完全丧失辨认或者控制自己行为能力的精神病人的；(二)有重大社会影响的；(三)共同犯罪案件中部分被告人不认罪或者对适用简易程序有异议的；(四)其他不宜适用简易程序审理的。"《刑事诉讼法解释》在《刑事诉讼法》规定的基础上增加了两项："辩护人作无罪辩护的""被告人认罪但经审查认为可能不构成犯罪的"，不适用简易程序的案件，自然也不适用本判决书样式。

二、第一审简易程序刑事判决书的内容和制作方法

制作第一审简易程序判决书，应当根据 2016 年最高人民法院《关于进一步推进案件繁简分流优化司法资源配置的若干意见》规定的简式体例要求制作，不仅要素应当简约，说理也要尽量予以简化。第一审简易程序刑事判决书的特色主要如下。

(一)首部

案件由来和审理经过可以表述为：

"×××人民检察院以×检×诉[××××]××号起诉书指控被告人×××犯××罪，于××××年××月××日向本院提起公诉。本院依法适用简易程序，实行独任审判，公开(或者不公开)开庭审理了本案，×××人民检察院指派检察员×××出庭支持公诉，被告人×××及其辩护人×××等到庭参加了诉讼。现

已审理终结。"

由于《刑事诉讼法》的修改,简易程序适用的范围不再限于可能判处三年以下有期徒刑的案件,因此,简易程序案件不再一律实行独任审判,也可以组成合议庭进行审判;对可能判处有期徒刑超过三年的,应当组成合议庭进行审判。因此,对于组成合议庭审判的,应当将"依法适用简易程序,实行独任审判"修改为"依法组成合议庭,适用简易程序"。

(二)事实和证据部分

1. 可以不再叙述控辩双方意见。原样式规定,应当写控辩双方意见,但对控辩双方的意见可以采取"高度概括"的方法叙述,且不要求写明指控犯罪事实的证据。根据新样式,可以省略控辩双方意见,直接写经审理查明的事实。

2. 经审理查明的事实可以概述,对证明事实的证据可以只列写证据名称。由于适用简易程序审理的案件,控辩双方对指控的犯罪事实和证据没有原则分歧,在这种情况下,对经审理查明的事实可以用"概述"而不是详述的方式加以表述,对证明事实的证据则可以按照《刑事诉讼法》第48条第2款规定的顺序列写证据名称,如"证人×××的证言""××鉴定意见"等。故样式规定,证据部分原则上应当另起一段表述为:

> "上述事实,被告人无异议,且有经查证属实的……(写明证据名称)等证据证实,足以认定。"被告人对犯罪事实没有异议,但对量刑事实或者不影响定罪的其他事实有异议的,可将证据部分的"上述事实,被告人无异议……"改为"上述事实有经查证属实的……(写明证据名称)等证据证实,被告人亦承认自己所犯罪行,足以认定。"

(三)判决理由部分

除非异议确实较多,否则不再单列争点评判部分。在本院认为部分,写明被告人的行为是否构成犯罪,构成何罪;公诉机关的指控是否成立;被告人具有何种法定或者酌定量刑情节,应否从轻、减轻、免除处罚或者从重处罚,应否适用缓刑等。并可针对被告人的异议做简要分析,写明异议是否成立及理由。

三、制作第一审简易程序刑事判决书应当注意的问题

1. 适用简易程序审理单位犯罪案件或者自诉案件,参照本样式制作刑事判决书。对于被害人有证据证明对被告人侵犯自己人身、财产权利的行为应当依法追究刑事责任,而公安机关或者人民检察院不予追究被告人刑事责任的自诉案件,过去认为,该类案件本质上是公诉案件,应组成合议庭,按照自诉案件程序审判,因而不应当适用简易程序刑事判决书。2012年《刑事诉讼法》实施后,对于自诉案件,甚至单位犯罪案件、未成年人犯罪案件,只要符合《刑事诉讼法》规定的简易程序适用条件,都可以适用简易程序审理。

2. 人民法院在制作适用简易程序审理的未成年人案件刑事判决书时,应当坚持繁简得当的原则,对于反映未成年人司法特色工作的部分,包括社会调查、心理疏导、测评、法庭教育等内容,不能简化,否则就不能反映未成年人刑事判决书制作上的特点了。

第六节　第二审刑事判决书

一、第二审刑事判决书的概念

第二审刑事判决书，是第二审人民法院依据《刑事诉讼法》规定的第二审程序，对不服第一审判决的上诉、抗诉案件作出改判后所制作的法律文书。

《刑事诉讼法》第225条规定："第二审人民法院对不服第一审判决的上诉、抗诉案件，经过审理后，应当按照下列情形分别处理：……（二）原判决认定事实没有错误，但适用法律有错误，或者量刑不当的，应当改判；（三）原判决事实不清楚或者证据不足的，可以在查清事实后改判……"《刑事诉讼法解释》第十三章对"第二审程序"的适用也作出了解释。这是第二审人民法院制作第二审刑事判决书的法律依据。

根据上述法律和司法解释的规定，第二审刑事判决书适用于以下范围：(1)第一审判决认定事实没有错误，但适用法律有错误的；(2)第一审判决认定事实没有错误，但量刑不当的；(3)原判认定事实不清楚或者证据不足，在查清事实后予以改判的；(4)第二审人民法院审理刑事附带民事上诉、抗诉案件，发现刑事和附带民事部分均有错误，应当依法改判的。

第二审人民法院通过制作第二审刑事判决书，可以及时有效地纠正第一审刑事判决可能发生的轻罪重判、重罪轻判，或者将无罪定为有罪、将有罪定为无罪等错误，从而有利于准确地惩罚犯罪分子，保护被告人的合法权益，使无罪的人不受刑事处罚，轻罪的人不受重罚；保证人民法院正确行使审判权；有利于上级人民法院监督和指导下级人民法院的刑事审判工作，提高办案质量。

二、第二审刑事判决书的内容和制作方法

第二审刑事判决书的格式与第一审刑事判决书基本相同，但有自己的特点。

（一）首部

与第一审刑事判决书不同的是：

1. 文书编号。在上项的右下方写："（××××）××刑终××号"。

2. 公诉案件的被告人提出上诉的，第1项写"原公诉机关"；第2项写"上诉人"，并用括号注明是"原审被告人"。被告人的辩护人或者近亲属经被告人同意而提出上诉的，仍将被告人列为上诉人。

3. 检察机关提出抗诉的，将"原公诉机关"改为"抗诉机关"；将"上诉人（原审被告人）"改为"原审被告人"。如果在同一案件中，既有检察机关抗诉，又有被告人上诉的，先写抗诉机关，后写上诉人。

4. 自诉人提出上诉的，先列写"上诉人（原审自诉人）"，后列写"原审被告人"；被告人提出上诉的，先列写"上诉人（原审被告人）"，后列写"原审自诉人"；自诉人和被告人都提出上诉的，先列写"上诉人（原审自诉人）"，后列写"上诉人（原审被告人）"。多被告人案件部

分被告人提出上诉的,先列写"上诉人",再列写"原审自诉人""原审被告人"。被告人在一审提出反诉的,在当事人基本情况部分,应当表明反诉情况,如"上诉人(原审自诉人暨反诉被告人)"。

5. 自诉人、被告人系未成年人,本人未提出上诉,其法定代理人或者指定代理人提出上诉的,仍将原审自诉人、原审被告人列为上诉人,之后列写法定代理人。

6. 在单位犯罪案件中,被告单位上诉的,列写为"上诉人(原审被告单位)";被告单位未提出上诉的,列写为"原审被告单位"。

7. 附带民事诉讼的当事人提出上诉的,第1项写"上诉人",第2项写"被上诉人",即对方当事人,并分别在括号内注明其在原审中的诉讼地位。

8. 案件由来和审理经过,可表述为:

"×××人民检察院指控原审被告人×××犯××罪一案,×××人民法院于××××年××月××日作出(××××)××刑初××号刑事判决。原审被告人×××不服,提出上诉。本院依法组成合议庭,公开(或者不公开)开庭审理了本案,×××人民检察院指派检察员×××出庭履行职务,被害人×××及其法定代理人×××、诉讼代理人×××,上诉人×××及其法定代理人×××、辩护人×××,证人×××,鉴定人×××,翻译人员×××等到庭参加诉讼。现已审理终结。"

上述几项相关语句的表述,应根据案件具体情况,作相应改写:(1)"原审被告人×××不服,提出上诉"这句,有四种情况:第一,经被告人同意而提出上诉的,可写为:"原审被告人×××的近亲属(或者辩护人)×××经原审被告人×××同意,提出上诉"。第二,代理人提出上诉的,可写为:"原审自诉人×××的法定代理人×××提出上诉",或者"原审被告人×××的法定代理人×××提出上诉"。第三,检察机关提出抗诉的,可以表述为:"×××人民检察院提出抗诉",或者"被害人(或者其法定代理人)×××不服,请求×××人民检察院提出抗诉。×××人民检察院决定向本院提出抗诉"。第四,既有抗诉又有上诉的,可以表述为:"×××人民检察院提出抗诉,原审被告人×××不服提出上诉"。(2)如果是抗诉案件,应将上列表述中的"履行职务"改为"支持抗诉"。(3)发回重审后又上诉或抗诉进入二审的,应对诉讼经过的相关情况予以叙明。(4)如果是不开庭审理的,则应将开庭审理的情况改写为不开庭审理的理由和审理经过,具体可表述为:"经阅卷,讯问上诉人,听取辩护人的意见,认为本案不属于依法应当开庭审理的案件,决定不开庭审理。现已审理终结。"

(二)事实和证据

要写明以下内容:(1)概述原判认定的事实、证据,判决的理由和结果。(2)概述上诉理由和证据。(3)概述辩护意见和证据。(4)概述人民检察院的意见和证据。(5)写明经二审审理查明的事实和据以定案的证据。

这部分的叙述,与第一审刑事判决书在要求和侧重点上有所不同。既要针对上诉或者抗诉的主要理由重点进行叙述,特别是对上诉理由中与原判认定的事实、证据有异议的问题更要进行详细的分析、认证,又不要受上诉或者抗诉范围的限制。在叙述方法上,应当区别案件的不同情况,因案而异、此繁彼简,做到突出重点、避免重复:

1. 二审认定的事实、证据与一审不同的,或者一审对事实、证据的表述不规范、不严谨,需要调整的,概述一审认定的事实、证据,详写二审认定的事实、证据。

2. 二审认定的事实、证据与一审相同的,可以具体、详细叙述一审认定的事实、证据,而对二审认定的事实、证据予以高度概括,如可以表述为:"本院经审理查明的事实与原判相同。原判所列举的认定本案事实的证据均经庭审出示、质证等法庭调查程序查证属实,本院予以确认。"

3. 根据案情,需要对一审、二审查明的事实和证据进行对照的,可以对一审、二审的相关内容均详细叙述。

(三)判决理由

判决理由分为争点评判和"本院认为"两部分,分别表述为:"针对……提出的意见,根据本案的事实和证据,本院评判如下:……(归纳二审中检辩双方就事实、证据以及定罪、量刑等提出的意见,进行分析、论证,表明是否采纳并阐明理由)。""本院认为,……(写明上诉人的行为是否构成犯罪、构成何罪,以及原判认定的事实、证据和适用法律是否正确等结论性意见)。"

书写判决理由,应当注意以下几点:

1. 为强化裁判说理,应当重点针对上诉理由、抗诉意见和一审判决的错误进行评判。

2. 为避免"本院认为"部分过于冗长,一般应当在叙述完二审认定的事实、证据之后增加争点评判部分,对诉讼各方就事实、证据、定罪、量刑等提出的意见进行分析、论证,表明是否采纳并阐明理由。

3. 诉讼各方争议不多的,可以不写争点评判部分,在"本院认为"中对有关争议问题进行分析、论证。

(四)判决依据和主文

二审案件,经过审理后,应当按照下列情形分别处理:"原判决认定事实没有错误,但适用法律有错误,或者量刑不当的,应当改判";"原判决事实不清楚或者证据不足的,可以在查清事实后改判。"从司法实践来看,属于第一种情况需要变更原判决的,主要是:混淆罪与非罪的界限;混淆此罪与彼罪的界限;应一罪处罚而按数罪并罚的,或者相反,应数罪并罚而按一罪处罚的;量刑不当的;具有法定从轻、减轻、免除处罚情节,原审法院没有考虑的,等等。判决结果分两种情况:

1. 全部改判的,可以表述为:"一、撤销×××人民法院(××××)××刑初××号刑事判决。二、上诉人(原审被告人)×××……(写明改判的内容)。"

2. 部分改判的,可以表述为:"一、维持×××人民法院(××××)××刑初××号刑事判决第×项。二、撤销×××人民法院(××××)××刑初××号刑事判决第×项。三、上诉人(原审被告人)×××……(写明部分改判的内容)。"

对判决结果的表述,还应根据对一审判决结果的改判情况作相应改动:(1)作部分改判,如维持定罪、改判量刑的,应当将有关判项整体撤销,不能维持定罪部分而撤销量刑部分。(2)一审对被告人判处死刑缓期二年执行并限制减刑,经二审审理决定撤销限制减刑判项的,应当表述为:"一、维持×××人民法院(××××)××刑初××号刑事判决的第×项,即……(写明维持的判项内容)。二、撤销×××人民法院(××××)××刑初××号刑事判决的第×项。"

二审决定撤销终身监禁、禁止令、从业禁止的,参照上述表述。

(五)尾部

在判决结果的左下方,另起一行写明:"本判决为终审判决。"

但是,对具有下列情形的,则应作相应的表述:

1. 二审判决需要报请最高人民法院核准的,须将"本判决为终审判决"改为"本判决依法报请最高人民法院核准"。

2. 二审判决的内容,既有不需要报请最高人民法院核准的,又有需要报请最高人民法院核准的,可表述为:"对上诉人(原审被告人)×××的判决,依法报请最高人民法院核准;对其他上诉人、原审被告人的判决为终审判决。"

3. 高级人民法院二审改判被告人死刑缓期二年执行的,在尾部仍写明"本判决为终审判决"即可,不写"本判决即为核准以××罪判处……死刑,缓期二年执行……的判决。"

三、制作第二审刑事判决书应当注意的问题

1. 当事人在文书的每个自然段内首次出现时应标明其诉讼地位,尔后可以只写姓名。对于上诉人的称谓,在当事人基本情况和判决主文中表述为"上诉人(原审被告人)",在案件由来部分则称为"原审被告人",在概述一审判决内容部分又写为"被告人",其余部分均表述为"上诉人"。

2. 第二审刑事判决书,如果是附带民事诉讼的,在案件由来和审理经过部分的表述,要作相对应的改写,如"指控原审被告人……一案",要改写为"指控原审被告人×××犯××罪、原审附带民事诉讼原告人提起附带民事诉讼一案,"一审法院作出的判决名称及案号,亦须由"刑初××号刑事判决"改写为"刑初××号刑事附带民事判决"。如果只对刑事部分提出上诉的,上诉人中不列附带民事诉讼当事人。案件由来中"被告人×××不服提出上诉"改为"被告人×××对判决的刑事部分不服提出上诉,判决的附带民事部分已经发生法律效力"。检察机关提起附带民事诉讼,且对一审判决的附带民事部分提出抗诉的,首部列"抗诉机关×××人民检察院",案件由来中"×××人民检察院提出抗诉"改为"×××人民检察院对判决的附带民事部分不服提出上诉,判决的刑事部分已经发生法律效力"。

3. 根据有关规定,对于二审改判的案件,还是应当先引用程序法再引用实体法;如果是附带民事诉讼的案件,应当先引用刑事法律及相关司法解释规定,再引用民事法律及相关司法解释规定;需要引用多个条文的,应当先引用定罪、确定量刑幅度的条文,后引用从重、从轻、减轻、免除处罚的条文;先引用适用主刑的条文,后引用适用附加刑的条文;需要援引其他条款的法定刑处罚(即援引法定刑)的,先引用本条条文,再引用其他条文;一人犯数罪的,应当逐罪引用法律条文。共同犯罪的,既可以集中引用有关法律条文,也可以逐人逐罪引用有关法律条文;涉及的刑法条文众多的,也可以按照刑法条文顺序引用。

第七节　死刑复核刑事判决书

一、死刑复核刑事判决书的概念

死刑复核刑事判决书，是最高人民法院或者高级人民法院依照《刑事诉讼法》规定的死刑复核程序，对报请复核的死刑立即执行和死刑缓期二年执行的案件，经复核审查后，依法予以改判所制作的法律文书。死刑复核刑事判决书一经作出即发生法律效力。

《刑事诉讼法》对死刑复核程序作了专章规定。死刑复核程序，就是对判处死刑（包括死刑缓期二年执行，下同）的判决和裁定进行审查核准的程序，是刑事诉讼上的一种特殊制度。死刑复核程序的任务，是对报请复核的死刑判决和裁定在认定事实上或者适用法律上是否正确进行全面审查，并根据不同情况作出处理决定，以保证正确地适用死刑，有效地防止错杀。死刑复核刑事判决书的制作，应当严格遵循并体现死刑复核程序的规定，不得违反。

制作死刑复核刑事判决书的主体，必须是有权核准死刑的人民法院，即最高人民法院和高级人民法院。根据《刑事诉讼法》和《刑法》的规定，死刑由最高人民法院核准；死刑缓期二年执行由高级人民法院核准。《刑事诉讼法解释》第 349 条规定："高级人民法院复核死刑缓期执行案件，应当按照下列情形分别处理：……（二）原判认定的某一具体事实或者引用的法律条款等存在瑕疵，但判处被告人死刑缓期执行并无不当的，可以在纠正后作出核准的判决、裁定；（三）原判认定事实正确，但适用法律有错误，或者量刑过重的，应当改判；（四）原判事实不清、证据不足的，可以裁定不予核准，并撤销原判，发回重新审判，或者依法改判；（五）复核期间出现新的影响定罪量刑的事实、证据的，可以裁定不予核准，并撤销原判，发回重新审判，或者依照本解释第二百二十条规定审理后依法改判；……"第 350 条规定："最高人民法院复核死刑案件，应当按照下列情形分别处理：……（二）原判认定的某一具体事实或者引用的法律条款等存在瑕疵，但判处被告人死刑并无不当的，可以在纠正后作出核准的判决、裁定；……"第 351 条规定："对一人有两罪以上被判处死刑的数罪并罚案件，最高人民法院复核后，……认为其中部分犯罪的死刑判决、裁定认定事实正确，但依法不应当判处死刑的，可以改判，并对其他应当判处死刑的犯罪作出核准死刑的判决。"第 352 条规定："对有两名以上被告人被判处死刑的案件，最高人民法院复核后，……认为其中部分被告人的死刑判决、裁定认定事实正确，但依法不应当判处死刑的，可以改判，并对其他应当判处死刑的被告人作出核准死刑的判决。"以上法律和司法解释的规定，就是制作死刑复核刑事判决书的法律依据。

二、死刑复核刑事判决书的内容和制作方法

（一）首部

依次写明下列事项：

1. 文书制作机关和文书的名称。制作机关是最高人民法院的,应冠以“中华人民共和国”的国名。文书编号应用“刑复”字,如“(××××)××刑复××号”,以标明本案是按死刑复核程序复核的。

2. 被告人的姓名等身份情况。由于死刑复核案件原则上采用书面审理,因此在首部只写“被告人”一项,“公诉机关”和“辩护人”项均不写。

3. 案件由来和审理经过。包括死刑判决的结果;被告人是否上诉、人民检察院是否抗诉;报送复核的经过和报送复核的法院。

(1)一审宣告死刑判决后,被告人不上诉、人民检察院不抗诉的,报送高级人民法院复核的,可以表述为:

“×××人民检察院指控被告人×××犯××罪一案,×××中级人民法院于××××年××月××日作出(××××)××刑初××号刑事(附带民事)判决,认定被告人×××犯××罪,判处死刑,剥夺政治权利终身。本案在法定期限内没有上诉、抗诉。×××中级人民法院依法报送本院核准。本院依法组成合议庭进行了复核,依法讯问了被告人,听取了辩护律师意见。现已复核终结。”

(2)一审宣告死刑判决后,被告人上诉或者人民检察院抗诉,二审维持死刑判决后报最高人民法院复核的,可以表述为:

“×××中级人民法院审理×××人民检察院指控被告人×××犯××罪一案,于××××年××月××日以(××××)××刑初××号刑事(附带民事)判决,认定被告人×××犯××罪,判处死刑,剥夺政治权利终身。宣判后,被告人×××不服,提出上诉(或者×××人民检察院提出抗诉)。×××高级人民法院经依法开庭审理,于××××年××月××日以(××××)××刑终××号刑事裁定,驳回上诉,维持原判,依法报送本院核准。本院依法组成合议庭进行了复核,依法讯问了被告人,听取了辩护律师意见。现已复核终结。”

4. 审判组织。《刑事诉讼法》第238条规定:“最高人民法院复核死刑案件,高级人民法院复核死刑缓期执行的案件,应当由审判员三人组织合议庭进行。”因此,可表述为:“本院依法组成合议庭进行了复核。”

5. 审判程序。《刑事诉讼法》第240条规定“最高人民法院复核死刑案件,应当讯问被告人,辩护律师提出要求的,应当听取辩护律师的意见。”《刑事诉讼法解释》第344条、第345条规定,高级人民法院复核死刑案件和死刑缓期执行案件,都应当讯问被告人。第317条规定,被告人被判处死刑立即执行的上诉案件,应当开庭审理;被告人被判处死刑缓期执行的上诉案件,有条件的也应当开庭审理。因此,应当在审理经过段写明二审法院“经依法开庭审理”、复核法院“依法讯问了被告人,听取了辩护律师意见”等内容。

(二)事实和证据

改判案件的特点,一般是原判决在认定事实上没有错误,而适用法律上有错误或者量刑上过重。因此,事实部分首先概要写明原判事实的基本内容;其次,写明被告人的辩解意见;再次,写明辩护人提出的辩解、辩护意见;最后,写明经复核查明的事实和据以定案的证据。

被告人及其辩护人对事实、证据未提出异议的，可以不写原判事实。如果是最高人民法院作出的死刑复核判决书，即使被告人及其辩护人对事实、证据提出异议的，根据相关规定，也只需写明经复核查明的事实和据以定案的证据。

（三）判决理由

先写争点评判，就复核中人民检察院、原审被告人及其辩护人对事实、证据、定罪、量刑等争议问题进行分析论证，表明是否采纳。而后写"本院认为"，根据复核确认的事实、证据以及有关法律规定，针对原判在定罪量刑上的错误，阐明改判的理由。

被告人及其辩护人的辩解辩护意见不多的，可以不写争点评判，在"本院认为"部分一并予以评判。

（四）判决依据和主文

对死刑案件的改判有两种情况，即全部改判和部分改判。因此，判决结果应当分两种情况表述：

1. 全部改判的，可以表述为："一、撤销×××中级人民法院（××××）××刑初××号刑事判决。二、被告人×××犯××罪，判处……（写明改判的内容）。"

2. 部分核准、部分改判的，可以表述为："一、核准×××中级人民法院（××××）××刑初××号刑事判决第×项。二、撤销×××中级人民法院（××××）××刑初××号刑事判决第×项。三、被告人×××……（写明改判的内容）。"

（五）尾部

1. 在判决结果之后，写明："本判决送达后即发生法律效力。"由于死刑复核是一种特殊程序，不是一个审级，所以不能表述为："本判决为终审判决。"

2. 高级人民法院复核改判需要报请最高人民法院核准的，则应写为："本判决依法报请最高人民法院核准。"

3. 高级人民法院复核改判，既有不需要报请最高人民法院核准的内容，又有需要报请最高人民法院核准的内容，如多被告人的案件中，对部分被告人被判处死刑的，不直接写"本判决为终审判决"，可以表述为："对上诉人（原审被告人）×××的判决，依法报请最高人民法院核准；对其他上诉人、原审被告人的判决为终审判决。"

4. 高级人民法院复核改判被告人死刑缓期二年执行的，在尾部写明"本判决为终审判决"即可，不写"本判决即为核准以××罪判处……死刑，缓期二年执行……的判决。"

三、制作死刑复核刑事判决书应当注意的问题

1. 事实部分的开头不宜写为"本院确认"，而应当写为"经复核查明"。因为死刑复核刑事判决书依据死刑复核程序制作，主要应当写明经复核查明的案件事实。如果原判认定的事实、情节没有错误，证据确实、充分，应当明确予以肯定；如果事实、情节有出入，证据有疑问，则应当明确予以否定。因此，将"本院确认"改为"经复核查明"，更能反映死刑复核案件的特点。

2. 经复核查明的事实仍应引用相关证据加以证明。死刑复核程序不同于第一、二审程序，它实行书面审理，没有庭审举证、质证、认证的过程，所以在裁判文书中经复核查明的事实部分,要肯定原判认定的事实没有错误,证据确实、充分。如果某些事实、证据有出入的,应当写明复核查证的情况。对于事实方面的其他异议,必要时也应当予以分析、认证。但是,最高人民法院死刑复核刑事判决书的证据部分可以适当简化,如表述为:“上述事实,有第一审、第二审开庭审理中经质证确认的×××(写明物证名称),×××(写明书证名称),证人×××的证言,被害人×××的陈述,×××鉴定意见,现场勘验、检查、辨认、侦查实验等笔录,×××(写明视听资料、电子数据名称),被告人归案证明和同案被告人×××的供述等证据证实。被告人×××亦供认。足以认定。”

3. 对一人有两罪以上被判处死刑的数罪并罚案件,经复核认为其中部分犯罪依法不应当判处死刑而予以改判,其他应当判处死刑的犯罪则核准死刑的,判决主文,应首先写明撤销原判决的部分;其次写明改判的部分(改判后定罪量刑的具体内容);最后写明核准原判决维持的部分。

4. 对有两名以上被告人被判处死刑的案件,复核后,认为其中部分被告人的死刑判决依法不应当判处死刑予以改判,而对其他应当判处死刑的被告人核准死刑的,判决主文可依次先写明核准原判决被告人死刑的部分;再写明撤销原判决对被告人定罪量刑的部分;最后写明改判量刑的具体内容。

第八节　再审刑事判决书

一、再审刑事判决书的概念

再审刑事判决书,是指人民法院对于已经发生法律效力的判决和裁定,发现在认定事实上或在适用法律上确有错误,由人民法院按照审判监督程序重新进行审判,审理终结后作出改判所制作的法律文书。

《刑事诉讼法》第243条规定:“各级人民法院院长对本院已经发生法律效力的判决和裁定,如果发现在认定事实上或者在适用法律上确有错误,必须提交审判委员会处理。最高人民法院对各级人民法院已经发生法律效力的判决和裁定,上级人民法院对下级人民法院已经发生法律效力的判决和裁定,如果发现确有错误,有权提审或者指令下级人民法院再审。最高人民检察院对各级人民法院已经发生法律效力的判决和裁定,上级人民检察院对下级人民法院已经发生法律效力的判决和裁定,如果发现确有错误,有权按照审判监督程序向同级人民法院提出抗诉。人民检察院抗诉的案件,接受抗诉的人民法院应当组成合议庭重新审理,对于原判事实不清楚或者证据不足的,可以指令下级人民法院再审。”第244条规定:“上级人民法院指令下级人民法院再审的,应当指令原审人民法院以外的下级人民法院审理;由原审人民法院审理更为适宜的,也可以指令原审人民法院审理。”第245条规定:“人民法院按照审判监督程序重新审判的案件,由原审人民法院审理的,应当另行组成合议庭进行。如果原来是第一审案件,应当依照第一审程序进行审判,所作的判决、裁定,可以上诉、抗诉;如果原来是第二审案件,或者是上级人民法院提审的案件,应当依照第二审程序进行审判，所作的判决、裁定，是终审的判决、裁定。人民法院开庭审理的再审案件，同级人民检察院应当派员出席法庭。”《刑事诉讼法解释》第389条规定：“再审案件经过重新审理后，应当按照下列情形分别处理：……（三）原判决、裁定认定事实没有错误，但适用法律错误，或者量刑不当的，应当撤销原判决、裁定，依法改判；（四）依照第二审程序审理的案件，原判决、裁定事实不清或者证据不足的，可以在查清事实后改判，也可以裁定撤销原判，发回原审人民法院重新审判。原判决、裁定事实不清或者证据不足，经审理事实已经查清的，应当根据查清的事实依法裁判；事实仍无法查清，证据不足，不能认定被告人有罪的，应当撤销原判决、裁定，判决宣告被告人无罪。”这是制作再审刑事判决书的法律依据。

根据上述法律和司法解释的规定，再审刑事判决书适用于以下范围：（1）原判决、裁定认定事实没有错误，但适用法律有错误，或者量刑不当的；（2）原判决、裁定认定事实不清或者证据不足，经再审查清后改判的；（3）原判决、裁定事实不清或者证据不足，经再审事实仍无法查清，证据不足，不能认定被告人有罪，依法判决宣告被告人无罪的。再审刑事判决书的类型，按审判程序划分，有按一审程序作出的再审刑事判决书和按二审程序作出的再审刑事判决书，还有对再审后的上诉、抗诉案件二审改判所用的再审刑事判决书。

人民法院依照审判监督程序重新审判的案件，应当重点针对申诉、抗诉和决定再审的理由进行审理。必要时，应当对原判决、裁定认定的事实、证据和适用法律进行全面审查。人民法院通过再审作出正确的判决，纠正错误的判决，对于贯彻尊重和保障人权原则，保护公民、法人和其他组织的合法权益，维护法律的严肃性，维护司法公正，加强上级法院对下级法院刑事审判工作的监督，实事求是，完成《刑事诉讼法》的任务，都具有十分重要的意义。

二、再审刑事判决书的内容和制作方法

再审刑事判决书的格式，按第一审程序审理的，与第一审刑事判决书基本相同；按第二审程序审理的，与第二审刑事判决书基本相同。

（一）首部

1. 文书编号。再审案件不再区分第一审程序和第二审程序，一律用“刑再”，可以表述为“（××××）××刑再××号”。

2. 抗诉机关和当事人的身份事项。不再区分按第一审程序还是按第二审程序再审，如系公诉案件，第一项写“原公诉机关×××人民检察院”，第二项写“原审被告人”；如系自诉案件，第一项写“原审自诉人”，第二项写“原审被告人”；如系上级检察机关提出抗诉的，第一项写“抗诉机关×××人民检察院”，第二项写“原审被告人”。身份事项同一审刑事判决书。

3. 原审处理结果、再审的提起和审理经过。具体如下：

（1）按第一审程序审理的，可表述为：

“×××人民检察院指控原审被告人×××犯××罪一案，×××人民法院于××××年××月××日作出（××××）××刑初××号刑事判决。判决发生法律效力后，……（写明提起再审的根据）。本院依法（另行）组成合议庭，公开

(或者不公开)开庭审理了本案。×××人民检察院指派检察员×××出庭履行职务,被害人×××及其法定代理人×××、诉讼代理人×××,原审被告人×××及其辩护人×××等到庭参加诉讼。现已审理终结。"

(2)按第二审程序审理的,可表述为:

"×××人民检察院指控原审被告人×××犯××罪一案,×××人民法院于××××年××月××日作出(××××)××刑初××号刑事判决。原审被告人×××不服,提出上诉。本院(或者×××人民法院)×××人民法院于××××年××月××日作出(××××)××刑终××号刑事判决(或者裁定)。裁判发生法律效力后,……(写明提起再审的根据)。本院依法(另行)组成合议庭,公开(或者不公开)开庭审理了本案。×××人民检察院指派检察员×××出庭履行职务,被害人×××及其法定代理人×××、诉讼代理人×××,原审被告人×××及其辩护人×××等到庭参加诉讼。现已审理终结。"

(二)事实和证据

这部分依次写明下列内容:(1)概述原判认定的事实和证据,判决的理由和结果;(2)概述原审被告人提出的辩解意见和证据;(3)概述辩护人提出的辩护意见和证据;(4)概述人民检察院的意见和证据;(5)写明再审查明的事实和据以定案的证据。

根据《刑事诉讼法》的规定,适用审判监督程序重新审理的案件,原判的错误可能有两个方面:认定事实不正确或者适用法律不当。因此,事实部分,应当针对当事人申请再审和提起再审的理由,区别不同情况,有所侧重。尤其对原审、再审判决所认定的事实、证据的叙述应当注意避免重复:

1. 再审认定的事实、证据与原判不同的,或者原判对事实、证据的表述不规范、不严谨,需要调整的,概述原判认定的事实、证据、理由和结果,详写再审认定的事实、证据和理由。

2. 再审认定的事实、证据与原判相同的,可以具体、详细叙述原审认定的事实、证据,对再审的相关内容予以高度概括,如可以表述为"本院经再审查明的事实与原审判决相同。原审判决所列举的认定本案事实的证据均经庭审出示、质证等法庭调查程序查证属实,本院予以确认。"

3. 根据案情,需要对原审、再审查明的事实和证据进行对照的,可以对原审、再审的相关内容均详细叙述。

4. 两名以上被告人的案件中,未提出申诉的原审被告人参加庭审并提出意见的,可以写明。

(三)判决理由

理由部分主要是阐述再审改判的理由和法律依据。行文以"本院认为"开头,具体表述为:"本院认为,……(写明原审被告人的行为是否构成犯罪、构成何罪,以及原判认定的事实、证据和适用法律是否正确等结论性意见)。"

为避免这部分阐述过于冗长,一般在叙述完再审认定的事实、证据之后,要增写对争点的评判,就诉辩各方对事实、证据、定罪、量刑方面提出的意见进行分析、论证,表明是否采纳并阐明理由。各方争议不多的,也可不写争点评判部分。

改判理由要根据不同案情进行论述,做到有的放矢,落在实处。

1. 认定事实和适用法律均有错误,全部改判,宣告无罪的,应当分两种情况,阐明理由。第一,依据法律认定被告人无罪的,要根据再审认定的事实、证据和有关法律规定,通过分析论证,阐明被告人的行为不构成犯罪的理由,原判确有错误。第二,证据不足,不能认定被告人有罪的,应当根据再审认定的事实、证据和有关法律规定,阐明原判认定被告人的行为构成犯罪证据不足的理由,指控的犯罪不能成立。

2. 定罪正确,量刑不当,部分改判的,应当有分析地根据再审认定的事实、证据和有关法律规定,通过分析论证,阐明为什么原判定罪正确,但量刑不当,以及为什么对被告人应当从轻、减轻、免除处罚或者从重处罚。

3. 适用法律有错误,需要变更罪名的,应当根据再审认定的事实、证据和有关法律规定,通过分析论证,阐明原判为什么定性错误,但被告人的行为仍构成犯罪,以及犯何种罪,是否应当从轻、减轻、免除处罚或者从重处罚。

4. 对于全部改判,宣告无罪,或者量刑不当,部分改判,或者适用法律错误,须变更罪名的,都应当针对被告人的辩解和辩护人的辩护意见,有分析地表明是否予以采纳。

(四)判决依据和主文

1. 凡属改判的案件,都应当写明再审改判所依据的法律。适用刑法定罪处刑的,除应当引用《刑事诉讼法》的有关条款以外,还应当引用《刑法》的有关条款,作为改判的法律依据;在顺序上,则应当先引用程序法,再引用实体法。

2. 按照第一审程序再审,如果原判在认定事实上确有错误,直接影响定罪量刑的;或者原判认定事实没有错误,但适用法律有错误,需要全部或者部分改判的,应当先撤销原判,直接改判。按照第二审程序再审,原判认定事实没有错误,但适用法律有错误,需要改判的,应当先撤销原判,然后重新判决。

(1)按第一审程序改判的,判决结果分全部改判和部分改判两种情况。具体如下:

第一,全部改判的,可以表述为:"一、撤销本院(或者×××人民法院)(××××)××刑初××号刑事判决。二、原审被告人×××……(写明改判的内容)。"

第二,部分改判的,可以表述为:"一、维持本院(或者×××人民法院)(××××)××刑初××号刑事判决第×项。二、撤销本院(或者×××人民法院)(××××)×××刑初××号刑事判决第×项。三、原审被告人×××……(写明改判的内容)。"

(2)按第二审程序改判的,判决结果分六种情况,具体如下:

第一,原系二审维持原判,再审后全部改判的,可以表述为:"一、撤销本院(或者×××人民法院)(××××)××刑终××号刑事裁定和×××人民法院(××××)××刑初××号刑事判决。二、原审被告人×××……(写明改判的内容)。"

第二,原系二审维持原判,再审后部分改判的,可以表述为:"一、撤销本院(或者×××人民法院)(××××)××刑终××号刑事裁定和×××人民法院(××××)××刑初××号刑事判决第×项。二、维持×××人民法院(××××)××刑初××号刑事判决第×项。三、原审被告人×××……(写明改判的内容)。"

第三,原系二审改判,再审后全部改判的,可以表述为:"一、撤销本院(或者×××人民法院)(××××)××刑终××号刑事判决。二、原审被告人×××……(写明改判的内容)。"

第四,原系二审改判,再审后部分改判的,可以表述为:"一、维持本院(或者×××人民法院)(××××)××刑终××号刑事判决的第×项。二、撤销本院(或者×××人民法院)(××××)××刑终××号刑事判决的第×项。三、原审被告人×××……(写明改判的内容)。"

第五,原系一审,提审后全部改判的,可以表述为:"一、撤销×××人民法院(××××)××刑初××号刑事判决。二、原审被告人×××……(写明改判的内容)。"

第六,原系一审,提审后部分改判的,可以表述为:"一、维持×××人民法院(××××)××刑初××号刑事判决第×项。二、撤销×××人民法院(××××)××刑初××号刑事判决第×项。三、原审被告人×××……(写明改判的内容)。"

(五)尾部

分别参照第一审和第二审刑事判决书制作。

三、制作再审刑事判决书应当注意的问题

1. 首部项内具有以下情形的,应在相对应的部分据实列写:(1)上级人民法院指令再审的,只列原公诉机关,不列现履行职务的检察机关。(2)原审被告人的近亲属提出申诉的,当事人基本情况部分仅列原审被告人。原审被告人死亡的,先列申诉人,并写明与原审被告人的关系,后列原审被告人。(3)再审时原审被告人未处于关押状态的,应当写明释放时间、社区矫正等情况。(4)多被告人的,应列明全部原审被告人。其中,对提起申诉的原审被告人表述为"原审被告人(申诉人)",对未提起申诉的仍表述为"原审被告人"。

2. 案件由来部分的叙写,因提起再审的根据不同而应有不同的表述:

(1)人民法院依职权决定再审的,可以表述为:"本院于××××年××月××日作出(××××)××刑监××号再审决定,对本案提起再审。"因原审被告人或者其法定代理人、近亲属等申诉,原审人民法院决定再审的,可以表述为:"原审被告人(或者原审被告人的法定代理人、近亲属等)×××提出申诉,本院于××××年××月××日作出(××××)××刑监××号再审决定,对本案提起再审。"

(2)上级人民法院指令再审的,可以表述为:"×××人民法院于××××年××月××日作出(××××)××刑监××号再审决定,指令本院再审本案。"因人民检察院抗诉,上级人民法院指令再审的,可以表述为:"×××人民检察院向×××人民法院提出抗诉,×××人民法院于××××年××月××日作出(××××)××刑监××号再审决定,指令本院再审本案。"

(3)为避免先入为主,从审判组织上保证裁判公正,决定再审的案件,除上级人民法院指令再审和上级人民检察院按照审判监督程序提出抗诉的以外,应当另行组成合议庭重新审判,并由合议庭成员署名。原审独任审判的,再审时也应当组成合议庭审理。上级人民法院指令本院对其他人民法院生效判决再审的,可以表述为"依法组成合议庭"。

第九节　刑事裁定书

一、刑事裁定书的概念

刑事裁定书，是指人民法院在刑事案件审理或判决执行过程中，就程序问题和部分实体问题依法作出处理所制作的法律文书。刑事裁定书的作用在于保障诉讼顺利进行，保障人民法院的判决得以实现。生效的裁定书与生效判决书一样，都具有法律上的强制力。

按裁定的内容和作用划分，有程序问题裁定和实体问题裁定，如裁定中止审理、减刑裁定和裁定维持原判。按诉讼程序划分，有第一审程序刑事裁定书、第二审程序刑事裁定书、复核程序刑事裁定书、审判监督程序刑事裁定书、执行程序刑事裁定书等。从形式上划分，有口头裁定和书面裁定等。不准许撤回起诉的裁定，无须制作刑事裁定书。

刑事裁定比民事裁定适用的范围要广。民事裁定只适用于解决程序问题而不适用于解决实体问题。刑事裁定书的格式、内容和制作方法与刑事判决书基本相同，但内容一般比较简单。本节重点讲授第一审刑事裁定书、第二审刑事裁定书、死刑复核刑事裁定书、再审刑事裁定书、减刑、假释刑事裁定书和没收违法所得刑事裁定书的制作。

二、第一审刑事裁定书

（一）第一审刑事裁定书的概念

第一审刑事裁定书是指第一审人民法院在审理过程中就程序问题和部分实体问题依法作出处理的法律文书。

第一审刑事裁定书主要适用于以下情况：(1)自诉刑事案件不予受理。自诉人的起诉缺乏罪证或犯罪已过追诉时效，被告人下落不明等情形，人民法院应依据《刑事诉讼法解释》第263条规定裁定不予受理。(2)自诉刑事案件驳回起诉。人民法院受理自诉案件后，经过审查，发现缺乏罪证，自诉人提不出补充证据又不愿撤回自诉的，依据《刑事诉讼法》第205条第1款第2项的规定，可以裁定驳回自诉人对被告人的控诉。(3)中止审理案件。人民法院在刑事案件的审理过程中，因被告人患精神病或其他严重疾病，被告人逃脱，或者其他不能抗拒的原因，致使案件无法继续审理等情形，根据《刑事诉讼法》第200条的规定，可以裁定中止对案件的审理。(4)终止审理案件。人民法院对于刑事案件的被告人在审理过程中死亡、犯罪已过追诉时效期限等情形，根据《刑事诉讼法》第15条的规定，可以裁定终止审理。(5)准许撤诉或按撤诉处理。基层人民法院受理自诉案件后，在审理过程中因自诉人的自诉缺乏罪证，自诉人提不出补充证据或者自诉人在宣告判决前同被告人自行和解而申请撤诉，经审查可以裁定准许撤诉；或者在法庭审理过程中，自诉人经两次依法传唤，无正当理由拒不到庭或者未经法庭许可中途退庭，依法可以裁定按撤诉处理。公诉案件补充侦查期限届满后，经法庭通知，人民检察院未将案件移送人民法院，且未说明原因的，人民法院可以裁定按撤诉处理。

根据《刑事诉讼法》规定,对一审审理过程中作出的刑事裁定书不服的,可以在接到裁定书之日起5日内向上一级法院提起上诉。审判实践中通常认为,上述几种裁定是否可以上诉、抗诉应当区别情况对待。下文主要介绍不予受理自诉、驳回自诉和一审终止审理三种裁定书的内容和制作方法。

(二)不予受理自诉刑事裁定书的内容和制作方法

根据《刑事诉讼法解释》第263条的规定,第一审人民法院对自诉人的起诉决定不予受理时,应当作出裁定。

1. 案件由来和审理经过。可简单表述为:“自诉人×××以被告人×××犯××罪,于××××年××月××日向本院提起控诉。”

2. 事实和证据。根据案件情况,可以写明自诉人指控的事实、证据和诉讼请求。但为了简化,也可以省略。

3. 本院认为。可以表述为:“本院审查认为,……(写明不予受理的理由)”。

4. 裁判主文。可表述为:“不予受理自诉人×××的起诉。”

(三)驳回自诉刑事裁定书的内容和制作方法

根据《刑事诉讼法》第205条第1款第2项和《刑事诉讼法解释》第264条的规定,第一审人民法院在受理自诉案件之后,经审查发现控诉缺乏罪证,自诉人提不出补充证据又不愿撤回自诉的,应当裁定驳回自诉。

1. 案件由来和审理经过。可简单表述为:“自诉人×××以被告人×××犯××罪,于××××年××月××日向本院提起控诉。”

2. 事实和证据。根据案件情况,可以写明自诉人指控的事实、证据和诉讼请求。但为了简化,也可以省略。

3. 本院认为。可以表述为:“本院审查认为,……(写明驳回自诉的理由)”。

4. 裁判主文。可表述为:“驳回自诉人×××的起诉。”

(四)一审终止审理刑事裁定书的内容和制作方法

依据《刑事诉讼法》第15条第2项至第6项和《刑事诉讼法解释》第181条第1款第6项的规定,决定终止审理的,可以单独作出裁定。两名以上被告人的案件中,对部分被告人终止审理的,可以将终止审理作为判决主文的一项,不单独制作终止审理裁定书。审理公诉案件时,发现起诉指控的犯罪属于告诉才处理的犯罪,可以建议人民检察院撤回起诉;人民检察院不撤回起诉的,可以终止审理,同时告知被害人有权提起自诉。

1. 案件由来和审理经过。可简单表述为:“×××人民检察院以×检×诉〔××××〕××号起诉书指控被告人×××犯××罪,于××××年××月××日向本院提起公诉。在审理过程中,……(写明应当终止审理的具体事由)。”

2. 事实和证据、理由。根据案件情况,可以写明事实和证据、理由部分,重点叙述经审理查明的与是否符合终止审理情形相关的事实和证据,并对控辩双方的意见进行分析、论证。但如果没有争议或者争议不大,可以省略。

3. 裁判主文。可表述为:“本案终止审理”。

三、第二审刑事裁定书

第二审刑事裁定书,是指第二审人民法院依照《刑事诉讼法》规定的第二审程序,对审理上诉、抗诉案件中的程序和实体问题作出处理决定所制作的法律文书。

第二审刑事裁定书适用于以下范围:(1)原判决认定事实和适用法律正确、量刑适当的,裁定驳回上诉或者抗诉,维持原判;(2)原判决事实不清或者证据不足的,裁定撤销原判,发回原审人民法院重新审判;(3)第二审人民法院发现第一审人民法院的审理严重违反法律规定的诉讼程序,可能影响公正审判的,裁定撤销原判,发回原审人民法院重新审判。

第二审刑事裁定书的首部与尾部与第二审刑事判决书基本相同,不同的主要是包括事实、理由、主文的正文部分。以下是两种第二审刑事裁定书的主要内容和制作方法。

(一)驳回上诉(或者抗诉),维持原判的第二审刑事裁定书

1. 事实和证据部分的写法,与改判的刑事判决书基本上相同。但由于原判认定事实没有错误,因此,在叙述事实时,为了避免不必要的重复,可以采取“此繁彼简”的方法,重点叙述原判认定的事实和证据,而对二审查明的事实可以概括加以叙述。对于一审存在一定错误或者瑕疵,但不影响定罪量刑和公正审判的,如对部分事实认定错误,或者认定的部分事实不清、证据不足等,二审可以在指出、纠正有关错误或者瑕疵后,裁定维持原判。

2. 裁定理由部分,要重点针对上诉理由、抗诉意见等进行评判。对诉讼各方的争议问题较多的,一般应当在叙述完二审认定的事实、证据之后增加对争点的评判。对于原判在法律适用、量刑等方面虽然有问题,依法仍决定维持原判的,应当在指出一审判决存在问题的同时,写明“根据上诉不加刑原则,对原判予以维持”,并在法律依据中引用《刑事诉讼法》第226条及司法解释的相关条文。

3. 裁定主文和结果,写明:“驳回上诉(或者抗诉),维持原判。”但是,二审采纳或者部分采纳上诉理由、抗诉意见,而不改变定罪量刑的,主文部分可以只写“维持原判”,不写“驳回上诉(抗诉)”。两名以上被告人的案件中,对部分被告人终止审理,对其他被告人维持原判的,可以不单独制作终止审理裁定书,而将终止审理作为裁定主文的一项。如可以表述为:“一、对上诉人(原审被告人)×××终止审理。二、维持×××人民法院(××××)××刑初××号刑事判决第×项、第×项。”

(二)发回重审的第二审刑事裁定书

由于发回重审的裁定,只解决程序问题,第二审法院并没有对案件的实体问题作出处理,因此,在制作文书上的一个重要特点是不需要具体叙述原判认定的事实、证据、理由和上诉、抗诉的意见、理由,只需要在“本院认为”部分具体写明原判事实不清、证据不足或者违反法律规定的诉讼程序的情形,阐明发回重审的理由。如果认为原判决事实不清或者证据不足,需要发回原审法院进一步查证的,除特殊情况外,应当具体、明确地指出原判决的哪些事实、证据需要继续查清。

具体行文应根据修订简化后的以下文书样式,制作发回重审裁定书:

“×××人民检察院指控原审被告人×××犯××罪一案,×××人民法院

于××××年××月××日作出(××××)××刑初××号刑事判决。原审被告人×××不服,提出上诉。本院依法组成合议庭审理了本案。现已审理终结。

本院认为,……(具体写明原判事实不清、证据不足或者违反法律规定的诉讼程序的情形,阐明发回重审的理由)。

依照……(写明裁定的法律依据)的规定,裁定如下:

一、撤销×××人民法院(××××)××刑初××号刑事判决。

二、发回×××人民法院重新审判。"

四、死刑复核刑事裁定书

(一)死刑复核刑事裁定书的概念

死刑复核刑事裁定书,是享有死刑复核权的人民法院按照《刑事诉讼法》规定的死刑复核程序,对报请复核的死刑立即执行和死刑缓期二年执行的案件,经复核认为原判定罪量刑正确,依法裁定同意原判或者发回重审或予以提审所制作的法律文书。按制作本裁定书的主体分,有高级人民法院作出的死刑复核刑事裁定书和最高人民法院作出的死刑复核刑事裁定书。按复核的刑罚种类分,有死刑立即执行的复核刑事裁定书和死刑缓期二年执行的复核刑事裁定书。高级人民法院作出的死刑缓期二年执行的裁定,一经作出即发生法律效力,高级人民法院作出的死刑立即执行裁定,需报最高人民法院核准后生效。按复核的结果分,有同意原裁判结果的裁定和不同意原裁判结果的裁定,不同意原裁判结果的裁定,可以同时裁定发回重审或者提审。

(二)死刑复核裁定书的内容和制作方法

1. 首部

(1)文书名称仍为"刑事裁定书",不能写为"死刑复核刑事裁定书"。

(2)案件的由来和审理经过。分两种情形:

第一,属于经高级人民法院复核的,一审宣告死刑判决后,没有上诉、抗诉的案件,可表述为:

"人民检察院指控被告人×××犯××罪一案,×××中级人民法院于××××年××月××日作出(××××)××刑初××号刑事(附带民事)判决,认定被告人×××犯××罪,判处死刑,剥夺政治权利终身。本案在法定期限内没有上诉、抗诉,×××中级人民法院依法报送本院复核。本院依法组成合议庭进行了复核,依法讯问了被告人,听取了辩护律师意见。现已复核终结。"

第二,由最高人民法院复核死刑的案件,一审宣告死刑判决后,被告人提出上诉,二审维持原判的,则表述为:

"×××中级人民法院审理×××人民检察院指控被告人×××犯××罪一案,于××××年××月××日以(××××)××刑初××号刑事(附带民事)判决,认定被告人×××犯××罪,判处死刑,剥夺政治权利终身。宣判后,×××提出上诉。×××高级人民法院经依法开庭审理,于××××年××月××日以

(××××)××刑终××号刑事(附带民事)裁定,驳回上诉,维持原判,并依法报请本院核准。本院依法组成合议庭,对本案进行了复核,依法讯问了被告人,听取了辩护律师意见。现已复核终结。”

2. 事实和证据

先写被告人提出的辩解意见和辩护人提出的辩护意见和证据,再写经复核查明的犯罪事实、情节及证据。复核裁定书不再写原判认定的事实和证据。

3. 判决理由

“本院认为”部分要阐明本院复核后是否同意判处死刑,以及对被告人及其辩护人的辩解辩护意见采纳与否及理由。

被告人及其辩护人的辩解辩护意见较多的,可以在经复核查明后,另起一段以争点评判形式进行说明。

4. 裁定结果

根据对死刑案件复核的结果,分别作出不同的处理。裁定结果的表述要清楚、明确。

(1)高级人民法院复核死刑同意原判的,可表述为:“同意×××中级人民法院(××××)××刑初××号以××罪判处被告人×××死刑,剥夺政治权利终身的刑事判决。”

(2)高级人民法院复核死刑不同意原判,决定提审的,可表述为:“一、不同意×××中级人民法院(××××)××刑初××号以××罪判处被告人×××死刑,剥夺政治权利终身的刑事判决。二、本院对本案提审。”

(3)高级人民法院复核死刑不同意原判,决定发回重审的,可表述为:“一、撤销×××中级人民法院(××××)××刑初××号刑事判决。二、发回×××中级人民法院重新审判。”

(4)高级人民法院核准死刑缓期执行的,可以表述为:“核准×××中级人民法院(××××)××刑初××号以××罪判处被告人×××死刑,缓期二年执行,剥夺政治权利终身的刑事判决。”

(5)最高人民法院核准死刑的,可表述为:“核准×××高级人民法院(××××)××刑终××号维持第一审以××罪判处被告人×××……(写明量刑的具体内容,包括主刑和附加刑)的刑事(附带民事)裁定(判决)。”

(6)最高人民法院复核死刑不同意原判,决定发回重审的,可表述为:“一、不核准×××高级人民法院(××××)××刑终××号维持第一审……(写明对被告人定罪量刑的具体内容)的刑事(附带民事)裁定(判决)。二、撤销×××高级人民法院(××××)××刑终××号维持第一审……(写明对被告人定罪量刑的具体内容)的刑事(附带民事)裁定(判决)。三、发回×××高级人民法院重新审判。”

5. 尾部

高级人民法院复核死刑同意原判的,在尾部写明:“本裁定依法报请最高人民法院核准”;不同意原判的,在尾部写明:“本裁定送达后即发生法律效力。”

最高人民法院核准死刑的裁定,不管是否同意原判,均在裁定结果的左下方一行写明:“本裁定自宣告之日起发生法律效力。”

(三)制作死刑复核刑事裁定书应当注意的问题

1. 如果报送复核的案件中除判处死刑的被告人之外,还有其他被告人的,无须写明其他被告人的基本情况和判决结果,在事实部分涉及同案被告人姓名时用括号加注“同案被告人,已判刑”的内容即可。

2. 被告人多罪名,既有判处死刑,又有判处其他刑罚或者附加刑的,裁判结果中应当详细写明数罪并罚的内容,不能只写死刑罪名。

3. 高级人民法院复核死刑案件,两名以上被告人均为死刑而没有被告人被判处死刑缓期执行的,裁定结果可改为:“同意×××中级人民法院(××××)××刑初××号以××罪判处被告人×××……;以××罪判处被告人×××……的刑事判决”。既有被判处死刑又有被判处死刑缓期执行的,裁定结果可改为:“一、同意×××中级人民法院(××××)××刑初××号以××罪判处被告人×××死刑,剥夺政治权利终身的刑事判决。二、核准×××中级人民法院(××××)××刑初字第××号以××罪判处被告人××死刑,缓期二年执行,剥夺政治权利终身的刑事裁定。”

五、再审刑事裁定书

(一)再审刑事裁定书的概念

再审刑事裁定书,是指人民法院对于已经发生法律效力的判决和裁定,按照审判监督程序重新进行审判,审理终结后裁定维持原判的法律文书。按审判程序划分,再审刑事裁定书有按一审程序作出的再审刑事裁定书和按二审程序作出的再审刑事裁定书,还有再审后的上诉、抗诉案件二审维持原判作出的再审刑事裁定书。

根据《刑事诉讼法》第245条第1款和《刑事诉讼法解释》第389条的规定,再审刑事裁定书适用于以下范围:(1)原判决、裁定认定事实和适用法律正确,量刑适当的;(2)原判决、裁定定罪准确、量刑适当,但在认定事实、适用法律等方面有瑕疵,纠正后维持原判决、裁定的;(3)依照第二审程序审理,原判决、裁定认定事实不清或者证据不足,决定发回重审的;(4)原判决、裁定事实不清或者证据不足,经审理事实已经查清,根据查清后事实维持原判或者发回重审的。

按照第一审程序再审的,再审刑事裁定书的结构、内容与第一审刑事判决书基本相同;按照二审程序再审的,再审刑事裁定书的结构、内容与第二审刑事裁定书基本相同。

(二)再审刑事裁定书的内容和制作方法

维持原判用的再审刑事裁定书,在内容和制作方法上,其首部、事实和尾部与再审刑事判决书基本相同,所不同的,主要是裁定理由和裁定结果部分。

1. 裁定理由部分,可以先针对检辩双方就事实、证据以及定罪、量刑等提出的意见,根据本案的事实和证据进行分析、论证,表明是否采纳并阐明理由。而后,写明原审被告人的行为是否构成犯罪、构成何罪,以及原判认定的事实、证据和适用法律是否正确等结论性意见。

对于因事实不清、证据不足而发回重审的,应当具体写明本案哪些事实不清、证据不足,阐明发回重审的理由;属于因违反法律规定的程序而发回重审的,则应当具体写明原审法院违反了《刑事诉讼法》规定的哪些程序，以增强裁判的公开性和透明度，体现裁判的客观性、公正性，并有利于原审人民法院进一步查清案件事实和证据，作出正确的裁判。

2. 裁定结果，应当按照再审适用的程序不同，分别加以表述：

（1）按第一审程序再审维持原判的，可表述为："维持本院（××××）××刑初××号刑事判决。"

（2）按第二审程序再审维持原判的，裁定结果可分三种不同情形表述：第一，原审系一审的，可以表述为："维持×××人民法院（××××）××刑初××号刑事判决。"第二，原审系二审维持原判的，可以表述为："维持本院（或者×××人民法院）（××××）××刑终××号刑事裁定和×××人民法院（××××）××刑初××号刑事判决。"第三，原审系二审改判的，可以表述为："维持本院（或者×××人民法院）（××××）××刑终××号刑事判决。"

（三）制作再审刑事裁定书应当注意的问题

1. 发回重审的再审刑事裁定书，事实和证据部分可以省略。由于这类裁定，只解决程序问题，不解决实体问题，因此，正文部分不需要具体叙述原判认定的事实、证据和理由以及上诉、抗诉的意见和理由。在尾部可以写明"本裁定为终审裁定"。

2. 制作再审后上诉、抗诉案件二审维持原判使用的刑事裁定书，要在以下部分要做出与之相对应的叙写：

（1）事实和证据部分。第一，概述一审法院再审判决或者裁定认定的事实、证据，裁判理由和结果；第二，概述上诉人提出的上诉理由和证据；第三，概述辩护人提出的辩护意见和证据；第四，概述人民检察院提出的意见和证据；第五，写明经二审审理查明的事实和据以定案的证据。

（2）裁判理由部分。先写争点评判，针对二审中检辩双方就事实、证据以及定罪、量刑等提出的意见，根据本案的事实和证据进行分析、论证，表明是否采纳并阐明理由。而后写"本院认为"，写明上诉人的行为是否构成犯罪、构成何罪，以及原判认定的事实、证据和适用法律是否正确等结论性意见。

（3）裁判主文部分。分两种情况，写明裁定结果：

第一，一审再审裁定维持原判的，可以表述为："驳回上诉，维持×××人民法院（××××）××刑再××号刑事裁定和×××人民法院（××××）××刑初××号刑事判决。"

第二，一审再审判决改变原判的，可以表述为："驳回上诉，维持×××人民法院（××××）××刑再××号刑事判决。"

3. 再审裁定书维持原判在法定刑以下判处刑罚的，仍应报请最高人民法院核准，尾部的表述参照一审公诉案件适用普通程序作出的刑事判决书制作。

六、减刑、假释刑事裁定书

（一）减刑、假释刑事裁定书的概念

减刑、假释刑事裁定书，是人民法院在判决执行过程中，依照《刑事诉讼法》规定的执行程序，对符合法定条件的罪犯予以减刑或者假释而制作的法律文书。

《刑法》第78条第1款规定:“被判处管制、拘役、有期徒刑、无期徒刑的犯罪分子,在执行期间,如果认真遵守监视,接受教育改造,确有悔改表现的,或者有立功表现的,可以减刑;有下列重大立功表现之一的,应当减刑:(一)阻止他人重大犯罪活动的;(二)检举监狱内外重大犯罪活动,经查证属实的;(三)有发明创造或者重大技术革新的;(四)在日常生产、生活中舍己救人的;(五)在抗御自然灾害或者排除重大事故中,有突出表现的;(六)对国家和社会有其他重大贡献的。”该法第79条规定:“对于犯罪分子的减刑,由执行机关向中级以上人民法院提出减刑建议书。人民法院应当组成合议庭进行审理,对确有悔改或者立功事实的,裁定予以减刑。非经法定程序不得减刑。”

《刑法》第81条、第82条分别规定:“被判处有期徒刑的犯罪分子,执行原判刑期二分之一以上,被判处无期徒刑的犯罪分子,实际执行十三年以上,如果认真遵守监规,接受教育改造,确有悔改表现,假释后不致再危害社会的,可以假释。如果有特殊情况,经最高人民法院核准,可以不受上述执行刑期的限制。对累犯以及因杀人、爆炸、抢劫、强奸、绑架等暴力性犯罪被判处十年以上有期徒刑、无期徒刑的犯罪分子,不得假释。”“对于犯罪分子的假释,依照本法第七十九条规定的程序进行。非经法定程序不得假释。”《刑事诉讼法》第262条第2款规定:“被判处管制、拘役、有期徒刑或者无期徒刑的罪犯,在执行期间确有悔改或者立功表现,应当依法予以减刑、假释的时候,由执行机关提出建议书,报请人民法院审核裁定。”根据《刑法》第78条第2款第3项规定,对于限制减刑的死刑缓期执行的犯罪分子,缓期执行期满后依法减为无期徒刑的,不能少于25年,缓期执行期满后依法减为25年有期徒刑的,不能少于20年。《刑事诉讼法解释》也对减刑、假释的程序进行了具体规定。以上是人民法院制作减刑、假释刑事裁定书的法律依据。

按照上述法律规定和司法解释,减刑、假释刑事裁定书适用于以下范围:依法减刑的案件;依法假释的案件;适用“特殊情况”假释的案件。但不适用于判处死刑缓期二年执行的罪犯,在死刑缓期执行期间没有故意犯罪,二年期满后减刑的案件。因为死缓犯的减刑,是一种法定的特殊形式的减刑,在性质上不属于《刑法》第四章第六节规定的减刑。

(二)减刑裁定书的内容和制作方法

1. 首部。与其他刑事裁定书的不同之处,一是案号用“刑执”字,不用“刑再”字,以有别于审判监督程序;二是被减刑的人称“罪犯”,并写明其身份事项,现服刑监所(监狱、看守所、未成年犯管教所);三是写明罪犯在服刑期间是否曾被减过刑;四是写明执行机关提出减刑的理由。具体可表述为:

> “罪犯……(写明姓名、性别、出生年月日、民族、文化程度、现服刑处所)。
>
> ×××人民法院于××××年××月××日作出(××××)××刑初××号刑事判决,以被告人×××犯××罪,判处……(写明主刑、附加刑)。被告人不服,提出上诉(或者×××人民检察院提出抗诉)。×××人民法院于××××年××月××日作出(××××)××刑终××号刑事判决(或者裁定),……(写明二审裁判结果)。……(写明执行中的刑罚变更情况)。执行机关……(写明执行机关名称)于××××年××月××日向本院提出减刑建议。本院依法组成合议

庭,公开(或者不公开)开庭进行了审理。执行机关代表×××、×××人民检察院检察员×××出庭履行职务,罪犯×××到庭参加庭审。现已审理终结。”

2. 事实和证据。按照修订样式的要求,依次写明如下内容:(1)概述执行机关所提供的罪犯确有悔改表现或者立功、重大立功表现等应予减刑的事实。(2)概述检察机关对减刑建议的意见。(3)概述罪犯对减刑建议的意见。(4)在经审理查明部分,要写明罪犯在服刑期间是否有悔改表现或者立功、重大立功表现,以及财产刑和附带民事判决的执行情况、退赃退赔情况等事实,并列写相关证据名称。

3. 裁定理由。在“本院认为”部分,要对罪犯是否符合减刑条件以及减刑的幅度等进行分析、论证。

4. 裁定结果。写明裁定的法律依据后,分两种情况写明裁定结果:(1)予以减刑的,可以表述为:“……(写明罪犯姓名和对其减刑的具体内容)。(减刑后的刑期自××××年××月××日起至××××年××月××日止)。”(2)不予减刑的,可以表述为:“对罪犯×××不予减刑。”

5. 尾部。写明裁定何时生效,可以表述为:“本裁定送达后即发生法律效力”。最后是合议庭组成人员署名。

(三)假释裁定书的内容和制作方法

假释裁定书的内容和制作方法与减刑裁定书基本相同,裁定结果分两种情况:(1)予以假释的,可以表述为:“对罪犯×××予以假释(假释考验期限从假释之日起计算,即自××××年××月××日起至××××年××月××日止)。”(2)不予假释的,可以表述为:“对罪犯×××不予假释。”

对于依法应报请最高人民法院核准的具有特殊情况的罪犯的假释案件,在裁定的有关部分应当写明相应的事实、理由和法律依据,并将裁定书尾部“本裁定送达后即发生法律效力”,改写为“本裁定依法报请最高人民法院核准”。

(四)核准或者不予核准有特殊情况的假释裁定书的内容和制作方法

1. 首部。与假释裁定书不同的有两点:一是文书制作机关为最高人民法院。二是案件的由来不同,可以在叙述原判决的经过后,再按如下格式表述为:

“……执行机关……(写明机关名称)于××××年××月××日以该犯具有特殊情况,不受执行刑期限制为由,提出假释建议。×××人民法院于××××年××月××日作出(××××)××刑执××号刑事裁定,对罪犯×××予以假释,并层报本院核准。本院依法组成合议庭进行了复核。现已复核终结。”

2. 事实和证据。可直接写“经复核确认”部分,写明罪犯是否具有特殊情况的事实和证据。经复核查明的事实与原审认定的事实不一致的,可以概述原审认定的事实。

3. 裁定理由。在“本院认为”部分写明是否核准假释的理由。

4. 裁定主文。写明裁定的法律依据后,分为两种情况,写明裁定结果:(1)核准假释的,可以表述为:“核准×××人民法院(××××)××刑执××号对罪犯×××予以假释的刑事裁定。”(2)不核准假释的,可以表述为:“一、不核准×××人民法院(××××)××刑执××号对罪犯×××予以假释的刑事裁定。二、撤销×××人民法院(××××)××刑执××号对罪犯×××予以假释的刑事裁定。”

(五)制作减刑、假释刑事裁定书应当注意的问题

1. 对案件由来和审理经过段的表述,如果是没有抗诉、上诉的案件,应将二审情况改写为“宣判后,在法定期限内没有抗诉、上诉”。罪犯曾被多次减刑的,应写明历次减刑情况以及余刑的截止日期。对于减刑建议报经监狱管理机关审核同意的,可以将“执行机关……向本院提出减刑建议”改为“执行机关……(写明执行机关名称)于××××年××月××日提出减刑建议,经×××监狱管理局审核同意,报送本院审理”。如果案件有公示的情况,可在审理经过部分,将“本院依法组成合议庭进行了审理”改为“本院于××××年××月××日进行了公示,并依法组成合议庭进行了审理”;在经审理查明的事实部分,写明公示期间有无收到异议的情况,如表述为“本院公示期间,没有收到不同意见”。至于不开庭审理的减刑案件,删去“公开(或者不公开)开庭进行了审理”一句,改为“本院依法组成合议庭进行了审理”,对是否符合减刑条件进行调查核实、听取意见,提讯罪犯的,可以在审理经过部分写明。

2. 在事实和证据、理由部分,对于是否符合减刑条件存在争议的,要先在执行机关意见中列写其提供的证据情况,再在叙述事实证据时,写明人民法院据以定案的证据名称、来源及证明事项,并针对争议问题进行分析、认证。对于具有特殊情况的假释案件,应当在事实和证据、理由部分写明相关内容。

3. 表述裁定结果,应当规范、准确。对无期徒刑罪犯减刑的,表述为“将罪犯×××的刑罚,减为有期徒刑×年,剥夺政治权利×年”;对有期徒刑、拘役、管制罪犯减刑的,表述为“对罪犯×××减去……(写明刑种和减去的刑期)”;罪犯被附加判处剥夺政治权利的,还应当续写“剥夺政治权利的期限减去×年”或者“剥夺政治权利×年不变”;对缓刑罪犯减刑的,表述为“将罪犯×××的刑罚,减为……(写明减轻后的刑种、刑期和缩短后的缓刑考验期限)”。

4. 减刑、假释是刑罚执行过程中的刑罚变更制度,而不是审级制度。因此,在裁定书尾部不写“本裁定为终审裁定”,但必须写明“本裁定送达后即发生法律效力”。对于具有特殊情况的假释案件,应将尾部的“本裁定送达后即发生法律效力”改为“本裁定依法报请最高人民法院核准”。

5. 对于因罪犯具有特殊情况,不受执行刑期限制的假释案件,中级人民法院报请高级人民法院复核后,高级人民法院同意的,不必制作刑事裁定书,应当制作“报请核准假释的报告”报请最高人民法院核准;高级人民法院不同意,裁定撤销中级人民法院的假释裁定的,裁定主文表述为:“一、不同意×××人民法院(××××)××刑执××号对罪犯×××予以假释的刑事裁定。二、撤销×××人民法院(××××)××刑执××号对罪犯×××予以假释的刑事裁定。”

七、没收违法所得刑事裁定书

(一)没收违法所得刑事裁定书的概念

没收违法所得刑事裁定书,是人民法院根据《刑事诉讼法》第282条和《刑事诉讼法解释》相关规定,对于申请没收违法所得的案件审理终结后,裁定是否没收违法所得时所制作的法律文书。

《刑事诉讼法》第280条第1款规定:"对于贪污贿赂犯罪、恐怖活动犯罪等重大犯罪案件,犯罪嫌疑人、被告人逃匿,在通缉一年后不能到案,或者犯罪嫌疑人、被告人死亡,依照刑法规定应当追缴其违法所得及其他涉案财产的,人民检察院可以向人民法院提出没收违法所得的申请。"第281条规定:"没收违法所得的申请,由犯罪地或者犯罪嫌疑人、被告人居住地的中级人民法院组成合议庭进行审理。人民法院受理没收违法所得的申请后,应当发出公告。公告期间为六个月。犯罪嫌疑人、被告人的近亲属和其他利害关系人有权申请参加诉讼,也可以委托诉讼代理人参加诉讼。人民法院在公告期满后对没收违法所得的申请进行审理。利害关系人参加诉讼的,人民法院应当开庭审理。"《刑事诉讼法解释》第二十二章对犯罪嫌疑人、被告人逃匿、死亡案件违法所得的没收程序作了具体规定,其中第507条规定,犯罪嫌疑人、被告人死亡的,不管是否属于"贪污贿赂犯罪、恐怖活动犯罪等重大犯罪",均可适用违法所得的没收程序。最高人民法院、最高人民检察院《关于适用犯罪嫌疑人、被告人逃匿、死亡案件违法所得没收程序若干问题的规定》(法释〔2017〕1号)又进一步对违法所得没收程序的案件适用条件和范围作了详细规定,下列罪名的重大犯罪案件,均可没收犯罪嫌疑人、被告人的违法所得:"(一)贪污、挪用公款、巨额财产来源不明、隐瞒境外存款、私分国有资产、私分罚没财物犯罪案件;(二)受贿、单位受贿、利用影响力受贿、行贿、对有影响力的人行贿、对单位行贿、介绍贿赂、单位行贿犯罪案件;(三)组织、领导、参加恐怖组织,帮助恐怖活动,准备实施恐怖活动,宣扬恐怖主义、极端主义、煽动实施恐怖活动,利用极端主义破坏法律实施,强制穿戴宣扬恐怖主义、极端主义服饰、标志,非法持有宣扬恐怖主义、极端主义物品犯罪案件;(四)危害国家安全、走私、洗钱、金融诈骗、黑社会性质的组织、毒品犯罪案件。电信诈骗、网络诈骗犯罪案件,依照前款规定的犯罪案件处理。"

没收违法所得案件,不管一审还是二审,均使用裁定书。故下文分别介绍一审和二审没收违法所得刑事裁定书的制作方法。

(二)一审没收违法所得刑事裁定书的内容和制作方法

制作一审没收违法所得刑事裁定书,应当注意参照一审公诉案件适用普通程序作出的刑事判决书样式及说明。主要特点在于:

1. 首部。应当列写利害关系人,因利害关系人是违法所得没收程序的当事人。案件由来和审理经过,可以表述为:

"×××人民检察院以×检×[××××]××号申请书申请没收犯罪嫌疑人(被告人)×××因……(写明案由)的违法所得,于××××年××月××日向本院提出申请。本院依法组成合议庭,公开(不公开)开庭审理了本案。×××人民检察院指派检察员×××出庭,利害关系人×××及其诉讼代理人×××,证人×××,鉴定人×××,翻译人员×××等到庭参加诉讼。现已审理终结。”

2. 事实和证据。宜分段写明下列内容:(1)概述人民检察院申请没收违法所得的事实、证据和适用法律的意见;(2)概述利害关系人提出的申辩意见和证据;(3)概述诉讼代理人提出的代理意见和证据;(4)写明经庭审查明的事实和证据。

3. 裁定理由。先写争议评判,归纳各方就事实、证据等提出的意见,根据本案的事实、证据,进行分析、论证,表明是否采纳并阐明理由。后写“本院认为”,阐明检察机关的申请是否成立,犯罪嫌疑人或者被告人的违法所得是否应予没收的结论性意见。

4. 裁定主文。写明裁定依据后,分三种情况,写明裁定结果:

(1)没收违法所得的,可以表述为:“没收犯罪嫌疑人(被告人)×××违法所得……(列明财产的所在地、名称、数量或者数额等)。”

(2)驳回申请的,可以表述为:“驳回×××人民检察院没收……(列明财产的所在地、名称、数量或者数额等)的申请。”

(3)部分没收、部分驳回申请的,可以表述为:“一、没收犯罪嫌疑人(被告人)×××违法所得……(列明财产的所在地、名称、数量或者数额等)。二、驳回×××人民检察院没收……(列明财产的所在地、名称、数量或者数额等)的申请。”

上述第二、三种情形,有需要返还利害关系人的,分项续写:“将……(列明财产的所在地、名称、数量或者数额等)返还利害关系人×××。”

(三)二审没收违法所得刑事裁定书的内容和制作方法

1. 首部。可表述为:

“×××人民检察院申请没收犯罪嫌疑人(被告人)×××因……(写明案由)的违法所得一案,×××人民法院于××××年××月××日作出(××××)××刑初××号刑事裁定。原审利害关系人×××不服,提出上诉。本院依法组成合议庭,公开(不公开)开庭审理了本案,×××人民检察院指派检察员×××出庭履行职务,上诉人×××及其诉讼代理人×××等到庭参加诉讼。现已审理终结。”

2. 事实和证据。分段写明下列内容:(1)概述原裁定认定的事实、证据、理由和裁定结果;(2)概述上诉人提出的上诉理由和证据;(3)概述诉讼代理人提出的代理意见和证据;(4)概述人民检察院和其他原审利害关系人在二审中提出的新意见;(5)写明经二审审理查明的事实和据以定案的证据。

3. 裁定理由。先写争议评判,根据本案的事实、证据,就二审中上诉人、检察机关和其他原审利害关系人对事实、证据、处理等争议问题进行分析论证,表明是否采纳并阐明理由。再写“本院认为”,阐明原裁定认定的事实、证据和适用法律是否正确的结论性意见。

4. 裁定主文。写明裁定依据后,分三种情况,写明裁定结果:

(1)维持原裁定的,可以表述为:“驳回上诉,维持原裁定。”

(2)变更原裁定的,可以表述为:“一、撤销×××人民法院(××××)××刑没××号刑事裁定。二、……(写明变更的内容)。”

(3)部分变更原裁定的,可以表述为:“一、维持×××人民法院(××××)××刑没××号刑事裁定的第×项,即……(写明维持的具体内容)。二、撤销×××人民法院(××××)××刑没××号刑事裁定的第×项,即……(写明撤销的具体内容)。三、……(写明变更的内容,内容多的可分项书写)。”

(四)制作没收违法所得刑事裁定书应当注意的问题

1. 叙述犯罪嫌疑人(被告人)基本情况时,应写明其逃匿经通缉一年不能到案或者已经死亡的情况。

2. 首部中列写的利害关系人,是指犯罪嫌疑人(被告人)的近亲属,或者对申请没收的财产主张权利的个人或者单位。对利害关系人基本情况的叙述,类似于对犯罪嫌疑人(被告人)基本情况的叙述。利害关系人有二人以上的,先写近亲属,其他利害关系人按申请顺序列项书写。

3. 人民法院受理没收违法所得的申请后,发出公告的,可以写明公告情况。

4. 有多种违法所得的,裁定结果可以分项表述为:“没收犯罪嫌疑人(被告人)×××下列违法所得:……(详细列明财产的所在地、名称、数量或者数额)”,也可以另附清单表述为:“没收犯罪嫌疑人(被告人)×××的违法所得(详见清单)。”

第十节 刑事附带民事调解书

一、刑事附带民事调解书的概念

刑事附带民事调解书,是指人民法院在刑事附带民事诉讼案件审理过程中,根据自愿、合法的原则对附带民事诉讼原告人和被告人的争议问题进行调解,达成调解协议后制作的法律文书。刑事附带民事调解书经双方当事人签收后,具有法律效力。

按起诉形式不同,分为公诉案件刑事附带民事调解书和自诉案件刑事附带民事调解书;按诉讼程序不同,分为第一审刑事附带民事调解书和第二审刑事附带民事调解书。自诉刑事案件,既可以就刑事部分进行调解,也可以就附带民事诉讼部分进行调解。公诉刑事案件,双方当事人只可以就民事部分进行调解,而不得就被告人刑事责任的有无、量刑的轻重进行调解。

《刑事诉讼法》第99条第1款规定:“被害人由于被告人的犯罪行为而遭受物质损失的,在刑事诉讼过程中,有权提起附带民事诉讼。被害人死亡或者丧失行为能力的,被害人的法定代理人、近亲属有权提起附带民事诉讼。”第206条第1款规定:“人民法院对自诉案件,可以进行调解。”《刑事诉讼法解释》第153条规定:“人民法院审理附带民事诉讼案件,可以根据自愿、合法的原则进行调解。经调解达成协议的,应当制作调解书。调解书经双方当事人签收后,即具有法律效力。调解达成协议并即时履行完毕的,可以不制作调解书,但应当制作笔录,经双方当事人、审判人员、书记员签名或者盖章后即发生法律效力。”第271

条规定:“人民法院审理自诉案件,可以在查明事实、分清是非的基础上,根据自愿、合法的原则进行调解。调解达成协议的,应当制作刑事调解书,由审判人员和书记员署名,并加盖人民法院印章。调解书经双方当事人签收后,即具有法律效力。调解没有达成协议,或者调解书签收前当事人反悔的,应当及时作出判决。”第333条规定:“对第二审自诉案件,必要时可以调解,当事人也可以自行和解。调解结案的,应当制作调解书,第一审判决、裁定视为自动撤销;当事人自行和解的,应当裁定准许撤回自诉,并撤销第一审判决、裁定。”

根据上述规定,本调解书适用于一、二审刑事附带民事诉讼案件和自诉案件,但不适用于《刑事诉讼法》第204条第3款规定的案件,即“被害人有证据证明对被告人侵犯自己人身、财产权利的行为应当依法追究刑事责任,而公安机关或者人民检察院不予追究被告人刑事责任的案件”,因为这种案件在性质上属于公诉案件。

二、刑事附带民事调解书的内容和制作方法

刑事附带民事调解书,同刑事判决书、裁定书相比较,在制作上有自己的特点。

(一)首部

文书名称为“刑事附带民事调解书”或者“刑事调解书”。当事人称“附带民事诉讼原告人”“自诉人暨附带民事诉讼原告人”等。自诉人如有诉讼代理人的,应当在“自诉人”项的下一行列项续写;被告人如有辩护人的,应当在“被告人”项的下一行列项续写;自诉人、被告人如系未成年人的,他们的法定代理人也应当在各该项的下一行列项续写。上述人员的基本情况,应当写明姓名、工作单位和职务等。如系二审刑事附带民事调解书,当事人称谓等各项则应当作相应改动。

审理经过段,可表述为:“×××人民检察院以×检×诉〔××××〕××号起诉书指控被告人×××犯××罪,于××××年××月××日向本院提起公诉。在诉讼过程中,附带民事诉讼原告人向本院提起刑事附带民事诉讼。”或者“自诉人×××以被告人×××犯××罪,同时致其遭受经济损失为由,于××××年××月××日向本院提起控诉。”其后可以续写“本院受理后,依法实行独任审判(或者组成合议庭),公开(或者不公开)开庭进行了审理”,也可以省略。

(二)正文

这是调解书的核心内容。为了贯彻调解自愿和繁简分流原则,调解书不再写明经法院审理查明的事实和双方当事人对法院认定的事实没有异议或者基本上没有意见的情况,直接写明在法院主持下双方当事人自愿达成的调解协议即可。可表述为:

“本案审理过程中,经本院主持调解,当事人自愿达成如下协议:

……(写明协议内容)。

上述协议,不违反法律规定,本院予以确认。

本调解书经各方当事人签收后,即具有法律效力。”

叙写调解协议的内容,应当具体、明确。有给付内容的,除应写明赔偿金额、给付方式外,还应写明给付的期限,以有利于协议的执行。如表述为:

"一、被告人×××向自诉人×××赔礼道歉；

二、自诉人×××自愿放弃对被告人×××的指控；

三、被告人×××赔偿自诉人×××……（写明赔偿金额、支付方式和给付期限）。"

三、制作刑事附带民事调解书应当注意的问题

1. 开庭审理后达成调解协议的，可以写明开庭审理的情况。

2. 调解达成协议，并即时履行完毕的，可以不制作调解书，但应当记入笔录；如果当事人要求制作调解书的，也可以制作《刑事附带民事调解书》。

3. 对于没有附带民事诉讼的刑事自诉案件，经调解，需要制作调解书的，应当将标题改为"刑事调解书"，并对首部、案件由来等作相应改动。

4. 人民法院认为有必要或者当事人要求在调解书上写明事实和证据的，可以概括表述。

5. 再审刑事自诉案件也可以调解，因而也适用刑事附带民事调解书或者刑事调解书。除了法律明文禁止外，在法理上，刑事自诉案件适用"告诉才处理"的原则，即"不告不理"，自诉人不告诉，国家不追诉。这一原则无论在一审、二审、再审中都是适用的。这是由自诉案件的性质决定的。自诉案件的本质特征，是起诉权属于被害人或者他的法定代理人。各国立法对此规定基本相同。因为自诉案件的实质，在于所保护的权益通常限于被害人个人权益的范围，所以被害人对案件享有控告权、处分权。再审程序的特殊性，并不能改变自诉案件的这种性质。实践证明，自诉案件适用调解，有利于人民内部的团结，有利于社会和谐和安定。

第十一节　强制医疗决定书

一、强制医疗决定书的概念

强制医疗决定书，是指人民法院根据《刑事诉讼法》和《刑事诉讼法解释》相关规定，对于申请强制医疗案件审理终结后，作出是否对被申请人予以强制医疗决定所制作的法律文书。

2012 年修订《刑事诉讼法》增设了依法不负刑事责任的精神病人的强制医疗程序，将强制医疗决定权赋予人民法院。《刑事诉讼法》第 284 条规定："实施暴力行为，危害公共安全或者严重危害公民人身安全，经法定程序鉴定依法不负刑事责任的精神病人，有继续危害社会可能的，可以予以强制医疗。"第 285 条规定："根据本章规定对精神病人强制医疗的，由人民法院决定。公安机关发现精神病人符合强制医疗条件的，应当写出强制医疗意见书，移送人民检察院。对于公安机关移送的或者在审查起诉过程中发现的精神病人符合强制医疗条件的，人民检察院应当向人民法院提出强制医疗的申请。人民法院在审理案件过程中发现被告人符合强制医疗条件的，可以作出强制医疗的决定。"为确保强制医疗程序的规范适用，使精神病人得到应有的关心、照顾和治疗，避免其危害公共安全和公民人身安全，防止

"被精神病"或者假冒精神病逃避刑事处罚情况的发生,《刑事诉讼法解释》设专章对强制医疗程序的相关问题作了规定,明确了强制医疗案件原则上应当开庭审理,并应当会见被申请人,明确了强制医疗的复议程序,明确了强制医疗的解除程序等。

根据上述法律、司法解释规定,适用强制医疗程序必须同时具备下列三个条件:(1)被申请人实施暴力行为造成了危害公共安全或者严重危害公民人身安全的危害结果;(2)经法定程序鉴定被申请人确系依法不负刑事责任的精神病人;(3)被申请人仍有继续危害社会的可能。人民法院经审理认定符合强制医疗条件的,可以作出强制医疗的决定,并制作强制医疗决定书。

二、强制医疗决定书的内容和制作方法

决定书的制作,在内容上比裁判文书一般要作较大幅度简化,但鉴于强制医疗案件的审理,应当组成合议庭,且原则上要开庭,具有诉辩式审判特点,因此,可以参照裁判文书样式设计强制医疗决定书样式。

(一)文书名称和案号

文书名称为"强制医疗决定书"或者"驳回强制医疗决定书"。案号为"(××××)××刑医××号"。

(二)申请机关和诉讼参与人的基本情况

1. 申请机关。直接写"申请机关×××人民检察院"。

2. 被申请人。写明被申请人的基本情况:姓名、性别、出生年月日、民族、文化程度、职业或者工作单位和职务、居住地、被采取的临时性约束措施等。

3. 其他诉讼参与人。写明法定代理人、诉讼代理人的诉讼地位、姓名、工作单位和职务等基本情况。

(三)案件由来和审理经过

案件由来和审理经过可表述为:

> "×××人民检察院以×××号强制医疗申请书于××××年××月××日向本院申请对被申请人×××强制医疗。本院依法组成合议庭,公开(或者不公开)开庭审理了本案,×××人民检察院指派检察员×××出庭支持申请,被害人×××及其法定代理人×××、诉讼代理人×××,被申请人的法定代理人×××、诉讼代理人×××,证人×××,鉴定人×××,翻译人员×××等到庭参加诉讼。现已审理终结。"

(四)事实和证据

这部分一般应分四段写明下列内容:一是概述人民检察院申请强制医疗的事实和理由;二是概述法定代理人的意见和有关证据;三是概述诉讼代理人的代理意见和有关证据;四是写明审理查明的事实和证据。

(五)决定理由

先写争点评判,就申请机关、被申请方对事实、证据、处理等争议问题进行分析论证,表

明是否采纳。再写“本院认为”,写明检察机关的申请是否成立,被申请人不符合强制医疗条件的,是否责令被申请人的家属或者监护人对其严加看管和医疗等结论性意见。

(六)决定依据

写明决定的法律依据,可表述为:“依照《中华人民共和国刑法》第十八条第×款、《中华人民共和国刑事诉讼法》第二百八十四条和《刑事诉讼法解释》第五百三十一条第×项的规定”。

(七)决定主文

分两种情况,写明决定结果:(1)决定强制医疗的,可以表述为:“对被申请人×××强制医疗。”(2)驳回强制医疗申请的,可以表述为:“驳回×××人民检察院对被申请人×××强制医疗的申请。”

(八)尾部

尾部可表述为:“如果不服本决定,可以在接到决定书的第二日起五日内,通过本院或者直接向×××人民法院申请复议。书面申请复议的,应当提交申请复议书正本一份,副本×份。复议期间不停止决定的执行。”

三、制作解除强制医疗决定书的内容和制作方法

人民法院作出强制医疗的决定时,并未同时决定强制医疗的期限。《刑事诉讼法》第288条规定了对被强制医疗的精神病人予以定期诊断评估的制度,一旦被强制医疗的精神病人经治疗后已不具有人身危险性,不再需要强制医疗时,不仅医疗机构应当及时提出解除强制医疗的意见,被强制医疗的人及其近亲属也有权申请解除强制医疗。因此,人民法院在受理解除强制医疗申请后,应作出对被强制医疗人解除强制医疗或者继续强制医疗的决定,并制作相应的决定书。

(一)文书名称

文书名称为:“解除强制医疗决定书”或者“继续强制医疗决定书”。

(二)申请人的基本情况

被强制医疗人申请解除强制医疗的,可以表述为“申请人(被强制医疗人)”;被强制医疗人的近亲属提出申请的,可以表述为“申请人(被强制医疗人的近亲属)”,并另段列写被强制医疗人。

(三)案件由来和审理经过

案件由来和审理经过可表述为:

> “×××人民检察院以×××号强制医疗申请书于××××年××月××日向本院申请对被申请人×××强制医疗。本院于××××年××月××日作出×××号决定书,决定对×××强制医疗。(申请复议的,写明复议处理情况;继续强制医疗的,写明继续强制医疗情况)申请人(被强制医疗人)×××于××××年××月××日向本院申请解除强制医疗。本院依法组成合议庭审理了本案。现已审理终结。”

开庭审理申请解除强制医疗案件的,可以在审理经过段中增写出庭参加诉讼的当事人。根据案件情况,还可以增写“本院依法调取了强制医疗机构的诊断评估报告,并委托鉴定机构对被告人进行了法医精神病鉴定”的内容。

(四)决定主文

分两种情况,写明决定结果:(1)决定解除强制医疗的,可表述为:“对申请人(被强制医疗人)×××解除强制医疗。”(2)驳回解除强制医疗申请的,可表述为:“驳回申请人(被强制医疗人)×××解除强制医疗的申请。”

(五)尾部

尾部可表述为:“本决定送达后即发生法律效力”。

四、制作强制医疗决定书应当注意的问题

1. 会见被申请人的情况可以在案件由来和审理经过部分交代。根据《刑事诉讼法解释》第529条第2款规定,为体现程序的公正和慎重,对于会见被申请人的情况,可以在案件由来和审理经过部分叙写,简要予以交代。

2. 经人民法院审查同意不开庭审理的,应当适当说明。不开庭审理的,具体可表述为:“本院依法组成合议庭,经过阅卷,认为本案事实清楚、证据确实充分,经法定代理人×××请求,本院同意不开庭审理,依法会见了被申请人×××,听取了指定代理人×××的意见。现已审理终结。”

3. 被申请人要求出庭,人民法院经审查其身体和精神状态,准予其出庭的,可在案件经过段增写“被申请人×××要求出庭,本院予以准许”。出庭的被申请人有自主表达能力的,可以概述被申请人的意见和有关证据。

4. 对争议问题的分析论证,主要应围绕被申请人是否同时具备适用强制医疗程序的三个法定条件进行。

5. 对于人民法院在审理刑事案件过程中,发现被告人符合强制医疗条件的,可否不再按照强制医疗的相关程序进行审理而直接作出强制医疗的决定,实践中有不同认识。我们认为,为了更好地维护被告人的诉讼权利和其他合法权益,在确认被告人属于依法不负刑事责任的精神病人后,不宜径行作出强制医疗的决定,而应通知被告人的法定代理人到场,参与被告人是否符合强制医疗条件的审理,在宣告被告人不负刑事责任的判决书之外,还宜另行制作对被告人强制医疗的决定书。

第十二节　刑事和解书

一、刑事和解书的概念

刑事和解书,是指双方当事人在刑事案件立案后,根据《刑事诉讼法》和《刑事诉讼法解释》相关规定,自愿达成和解,并由公安机关、人民检察院、人民法院审查认可其自愿性、合

法性后，主持制作的法律文书。

刑事和解书不属于裁判文书，但由于和解制度对于及时化解矛盾纠纷、实现案结事了有重要和深远的意义，因而在此顺带介绍刑事和解书的写作。

2012年《刑事诉讼法》修订，增设了当事人和解的公诉案件诉讼程序，其第277条规定："下列公诉案件，犯罪嫌疑人、被告人真诚悔罪，通过向被害人赔偿损失、赔礼道歉等方式获得被害人谅解，被害人自愿和解的，双方当事人可以和解：（一）因民间纠纷引起，涉嫌刑法分则第四章、第五章规定的犯罪案件，可能判处三年有期徒刑以下刑罚的；（二）除渎职犯罪以外的可能判处七年有期徒刑以下刑罚的过失犯罪案件。犯罪嫌疑人、被告人在五年以内曾经故意犯罪的，不适用本章规定的程序。"第278条规定："双方当事人和解的，公安机关、人民检察院、人民法院应当听取当事人和其他有关人员的意见，对和解的自愿性、合法性进行审查，并主持制作和解协议书。"《刑事诉讼法解释》对和解程序的具体适用也作了较为全面的规定，切实贯彻了和解自愿、合法原则及和解从宽处罚原则，同时确立了和解的即时履行原则及不得反悔原则。

根据上述法律、司法解释规定，适用当事人和解程序，除必须符合《刑事诉讼法》第277条规定的条件外，还应当满足事实清楚、证据充分的要求。如果证据不足，不能认定被告人有罪的，不能适用当事人和解程序。

二、刑事和解书的内容和制作方法

和解协议的具体内容是由双方当事人自愿达成的，并不体现人民法院的意志，不同于裁判文书的性质和效力，因此，其内容和制作方法也有别于裁判文书。

1. 文书名称可简写为"刑事和解书"，或者采用全称"刑事和解协议书"。由于协议书是双方当事人签署的，可不写案号。确有必要写的，可采用刑事案件的案号，即"（××××）××刑初××号"。

2. 双方当事人的基本情况。写明双方当事人及其法定代理人、诉讼代理人的基本情况。被害人死亡的，由其近亲属作为当事人进行和解。被告人的近亲属经被告人同意，可代为和解。被告人的近亲属代为和解的，仍列被告人为当事人，其近亲属可列为诉讼代理人。

3. 和解协议内容。由于它不是司法文书，案件来源和审理经过、事实和证据、裁判理由、裁判依据和主文等项均不写，直接写明双方达成的协议内容即可。如可表述为："经甲乙双方协商，自愿达成以下和解协议：一、乙方向甲方真诚悔罪，并向甲方赔礼道歉。二、乙方赔偿甲方……（写明赔偿金额）。三、甲方请求（或者同意）人民法院对乙方从宽处罚。"

4. 结尾。可表述为："本协议书一式三份，双方各持一份，×××人民法院存卷一份，经双方签字（盖章）后立即生效。到期不履行的，本协议自行失效。"

最后，双方当事人署名签字，审判人员也可在和解书上签字，以示其审查认可了和解的自愿性、合法性。但鉴于人民法院没有主持和解，因而不能加盖人民法院印章，也不能作为强制执行的依据，否则便混淆了和解与调解的界限。

三、制作刑事和解书应当注意的问题

1. 根据《刑事诉讼法解释》第501条的规定,双方当事人有权就赔偿与量刑的关系问题进行协商,并在和解协议中写明被害人请求或者同意对被告人从宽处罚的内容,但双方当事人对量刑作出的具体、明确的约定对司法机关没有约束力。对于达成和解协议的案件,依据《刑事诉讼法解释》第505条第1款规定:"人民法院应当对被告人从轻处罚;符合非监禁刑适用条件的,应当适用非监禁刑;判处法定最低刑仍然过重的,可以减轻处罚;综合全案认为犯罪情节轻微不需要判处刑罚的,可以免除刑事处罚。"

2. 法律对和解从宽作了特别规定,而对于和解赔偿数额应否限制的问题,我们认为,只要双方完全出于自愿且被告人经济条件允许,不宜作过多限制、干涉,以充分保障被害人合法权益。对和解协议中的赔偿损失内容,双方当事人要求保密的,依据《刑事诉讼法解释》规定,"人民法院应当准许,并采取相应的保密措施"。

3. 当事人申请审判人员主持协商的,人民法院可以主持双方协商,以达成和解,化解矛盾。但主持协商既不是主持和解,也不同于主持调解,要恪守中立,充分尊重双方自愿,不得对任何一方施加压力。可以根据案件情况"邀请人民调解员、辩护人、诉讼代理人、当事人亲友等参与促成双方当事人和解",确保双方自愿达成和解。

4. 根据《刑事诉讼法解释》第502条第1款规定:"和解协议约定的赔偿损失内容,被告人应当在协议签署后即时履行。"被告人不能即时履行全部赔偿义务的,人民法院不宜制作和解协议书,而是应当制作附带民事调解书。法院可依法对被告人酌情从轻处罚,但不得根据《刑事诉讼法》第279条的规定对其减轻、免除处罚。

5. 依据《刑事诉讼法解释》第502条第2款规定:"和解协议已经全部履行,当事人反悔的,人民法院不予支持,但有证据证明和解违反自愿、合法原则的除外。"

自诉人在宣判前同被告人自行和解,需要审判人员主持制作刑事和解书的,可以参照公诉案件刑事和解书样式制作自诉案件刑事和解书。本样式适用于自诉案件时,可将和解协议第三项"甲方请求(或者同意)人民法院对乙方从宽处罚"改为"甲方申请撤回对乙方的起诉",并删除尾部"到期不履行的,本协议自行失效"字样。

第八章　民事裁判文书

第一节　概　　述

一、民事裁判文书的概念

民事裁判文书，是指人民法院在民事诉讼过程中，根据《民事诉讼法》和《海事诉讼特别程序法》等法律规定就诉讼有关的实体或者程序事项所制作的法律文书。[1]

民事裁判文书，对当事人而言是人民法院对其诉讼请求的回应，对诉讼争议作出判断并对当事人实体权利义务进行分配，为当事人实现其实体利益提供依据；对人民法院而言是法官对于民事案件审判的最终结论；就社会功能而言，它通过分析说理，向当事人和社会展示裁判结论的合理性、合法性、公正性、终局性。在一定意义上可以说，民事裁判文书不是对诉讼全部活动的完整展现，而是对司法过程的总结，是审判成果的结晶，是司法公正重要的载体和最终体现。

民事裁判文书制作的主体是人民法院。民事裁判文书是人民法院行使审判权的法定载体，是民事诉讼活动的最后成果。只有人民法院才能制作和使用民事裁判文书，其他国家机关、社会组织和有关公民均不得制作民事判决书和裁定书。尽管人民法院之外的仲裁机构、人民调解组织、行政机关、其他民间组织以及个人承担了调处有关民事纠纷的职责，可以制作民事调解书，但与人民法院制定的民事调解书相比，除了名称上近似外，在其程序、效力等方面完全不同。民事裁判文书也不同于当事人之间的和解协议书。当事人之间的和解协议虽然也具有确定当事人之间的民事权利义务和影响诉讼程序的法律效果，但和解协议为当事人之间行使处分权的结果，不具有民事裁判文书的既判力和执行力，只有经人民法院确认并转化为法院的调解书，才可以作为执行的依据。

民事裁判文书的内容既包括实体内容，也包括程序内容。民事诉讼中的实体事项和程序事项分别适用不同的裁判文书，不能混用也不能相互替代。民事判决书和民事调解书一般用于就诉讼中的实体法事项作出的决定。《民事诉讼法》第 97 条规定了民事调解书的内容和生效条件，第 152 条规定了民事判决书的内容，第 155 条规定了民事判决书的生效条

---

〔1〕 根据《民事诉讼法》等有关法律规定，民事诉讼中人民法院制作的文书统称为法律文书。为区别于检察、公安、仲裁、公证等机关和机构作出的法律文书，人民法院作出的法律文书一般称为诉讼文书。如 1992 年最高人民法院发布的《诉讼文书样式（试行）》，以及其他一系列司法解释均使用“诉讼文书”一词。最高人民法院有关司法解释和规范性文件中也使用“裁判文书”一词，但其范围比诉讼文书小，是指判决书、调解书和裁定书三种。本书使用的民事裁判文书，也指民事判决书、民事调解书和民事裁定书。

件。民事裁定书一般仅适用于诉讼程序性事项作出的决定。《民事诉讼法》第 154 条规定了民事裁定书的适用范围,第 155 条规定了民事裁定书的生效条件。

民事裁判文书适用于民事诉讼的各个审级、阶段以及特别程序等非讼案件。按照审级不同,可以分为第一审民事裁判文书、第二审民事裁判文书和再审民事裁判文书。按照程序性质的不同,可以分为普通程序民事裁判文书、简易程序民事裁判文书、特别程序等非讼程序民事裁判文书和执行程序的民事裁判文书。

民事裁判文书具有法律强制力。民事裁判文书依照法律规定的条件生效后,即产生法律上的拘束力,当事人之间的民事实体争议或者程序事项即为确定,具有给付内容的民事裁判文书即产生强制执行力。当事人必须履行民事裁判文书确定的义务,一旦不履行,人民法院即可依职权或者依当事人申请而采取强制执行措施,确保民事裁判文书内容得以实现。

二、民事裁判文书的种类和范围

民事裁判文书包括民事判决书、民事调解书和民事裁定书三类。

1. 民事判决书,包括一审判决书、二审判决书和再审判决书。它既适用于一般的诉讼程序,也适用于《民事诉讼法》等法律规定的非讼程序。在一般的诉讼程序中,民事判决书依审级的不同,可以分为第一审民事判决书、第二审民事判决书、再审民事判决书;按照程序的不同,可以分为第一审普通程序判决书、简易程序判决书和小额程序判决书。在非讼程序中,既包括特别程序案件的民事判决书,也包括其他非讼程序判决书,如公示催告案件的除权判决书等。特别程序民事判决书包括选民资格案件民事判决书、申请宣告失踪或者宣告死亡案件民事判决书、申请宣告公民无民事行为能力或者限制行为能力案件民事判决书、申请变更监护人案件民事判决书。

2. 民事调解书有一审调解书、二审调解书和再审调解书。调解书既可以是人民法院制作的书面调解书,也可以将调解协议记入笔录,由当事人和法官签字盖章,即具有与书面调解书同等法律效力。

3. 民事裁定书包括不予受理裁定、管辖权异议裁定、驳回起诉裁定、保全裁定、先予执行裁定、准许或者不予准许撤诉裁定、中止诉讼裁定、终结诉讼裁定、补正判决书笔误裁定、中止执行裁定、终结执行裁定、撤销仲裁裁决裁定、不予执行仲裁裁决裁定、不予执行公证赋予强制执行效力债权文书裁定等。

民事判决书充分体现了国家公权力对平等主体间民事争议的干预和解决。这与同样处理民事实体法律关系的民事调解书有着最大的不同,后者强调的是当事人之间依意思自治对权利义务关系的处分,以当事人达成调解协议为解决纠纷的基础;前者则充分体现了法官对当事人之间权利义务关系的强制处分。由此决定了民事判决书与民事调解书在性质、内容、格式、效力和救济程序等方面的重大不同。

除了民事判决书、民事调解书、民事裁定书外,民事诉讼中人民法院作出的具有法律约束力的决定书、公告、命令、通知书等,也是重要的民事诉讼文书,但不属于裁判文书。

三、民事裁判文书制作的基本依据

民事裁判文书是法定诉讼文书，其制作必须严格依据法律的规定进行，要遵循严格的格式、体例、内容以及文字要求。人民法院制作民事裁判文书的法律依据既包括实体法也包括程序法。实体法依据包括《民法总则》《民法通则》《物权法》《合同法》《侵权责任法》《婚姻法》《公司法》等民事法律及相关司法解释，涉外民事裁判还可能适用到国外法、国际条约、国际惯例等。程序法依据包括《民事诉讼法》《海事诉讼特别程序法》及其相关司法解释，也包括最高人民法院制定的其他相关规范性法律文件。

《民事诉讼法》经过三次修订，对其中的民事再审和执行部分作了较大的修改，与原《民事诉讼法》相比，主要增加了再审和执行方面的几类裁判文书，即不予受理再审裁定书、案外人申请再审的裁定书、案外人对执行标的物异议之诉的诉讼程序文书。新增加了公益诉讼、第三人撤销之诉、调解协议司法确认、担保物权实现等诉讼案件和特别程序案件。2016年，最高人民法院制定了《人民法院民事裁判文书制作规范》和《民事诉讼文书样式》。新的民事诉讼文书样式共有568个，为规范和统一民事裁判文书标准，指导法官制作裁判文书，提出了明确要求。但新的民事诉讼文书中不包括破产案件的文书和海事案件的文书，因此2003年最高人民法院下发的《海事诉讼文书样式（试行）》仍可参照适用。

最高人民法院依据民事诉讼法并结合人民法院民事审判工作实际制定了一系列相关的司法解释，主要包括：2015年最高人民法院《关于适用〈中华人民共和国民事诉讼法〉的解释》（以下简称《民事诉讼法解释》）、2004年最高人民法院《关于民事诉讼调解工作的规定》、2008年最高人民法院《关于涉台民事诉讼文书送达的若干规定》、2009年最高人民法院《关于裁判文书引用法律、法规等规范性法律文件的规定》等。

四、民事裁判文书制作的基本要求

民事裁判文书的制作，要符合以下四方面的基本要求：

1. 文书的法定性。民事裁判文书的法定性是指人民法院制作民事诉讼文书时应当严格根据法律规定的文书种类、名称、条件、内容和生效条件等进行，不得创制新的文书，也不得变更文书的名称、内容、适用范围和格式。不同种类的民事裁判文书都有各自不同的适用对象、适用条件和适用范围，相互之间不能互相代替，也不能另行采用其他文书类型。

2. 样式的统一性。民事裁判文书样式的统一性，是维护法律尊严、法治统一和司法公正的基本要求。体现在民事裁判文书的制作上，主要是构成文书的基本要素、基本格式、内容结构要标准化、固定化，不得随意改变和任意创设。在不改变民事裁判文书基本框架的前提下，具体内容可以因案件各异有所不同，可以根据审判实际增加或者补充有关内容，如在裁判文书后附录法律、司法解释条文，或者增加判后释疑、判后语等。

3. 内容的规范性。《人民法院民事裁判文书制作规范》明确要求，民事裁判文书撰写应做到“格式统一、要素齐全、结构完整、繁简得当、逻辑严密、用语准确”。强调案件当事人情况要标准化、案件事实的公开性和完整性、证据认定的逻辑性、判案理由的说理性、裁判依据的具体明确性，要求突出对争议焦点论证说理以及对当事人诉讼请求的辨法析理；对于涉及个人隐私、商业秘密等不宜直接公开的内容，可以采用附件等形式予以表述；对于审理案件的重要程序事项和诉讼活动要明确表述。

4. 繁简得当。既要做到内容完整、说理充分,又应繁简得当,避免过于冗长。对于适用普通程序的复杂、疑难、新型、有争议、有示范价值的案件,要强调说理的详细和透彻;对于适用简易程序和小额诉讼程序的案件,可按要素式、令状式和表格式要求予以简化。判决书的要素最为完整;而主要适用于程序性事项的裁定书,内容则相对简单;调解书重在体现当事人的协议(合意),事实查明、审理过程等内容都可省略。一审裁判文书应全面查清案件事实,定分止争;二审裁判文书制作重点应当放在当事人争议的事实和法律上;再审裁判文书则应将重点放在认定原生效判决错误的理由上,对于原判的诉辩情况和无争议的事实,应当予以简化。

第二节 第一审民事判决书

一、第一审民事判决书的概念

第一审民事判决书,是人民法院代表国家行使民事审判权,对受理的民事案件,按照《民事诉讼法》规定的第一审普通程序审理终结后,依照国家的民事法律、法规和最高人民法院的司法解释,就解决案件的实体问题作出的具有法律效力的书面处理决定。

《民事诉讼法》第152条规定:"判决书应当写明:(一)案由、诉讼请求、争议的事实和理由;(二)判决认定的事实和理由、适用的法律和理由;(三)判决结果和诉讼费用的负担;(四)上诉期间和上诉的法院。判决书由审判人员、书记员署名,加盖人民法院印章。"这是制作第一审民事判决书的法律依据。

二、第一审民事判决书的内容和制作方法

第一审民事判决书是民事裁判文书中最重要的文书之一。熟悉了本判决书的样式,明确了它的制作要求,掌握了制作方法,对于制作好第一审民事判决书和其他民事裁判文书都具有重要意义。第一审民事判决书由标题、正文、落款三部分组成。〔2〕

(一)标题

标题由法院名称、文书名称和案号(文书编号)构成。例如,"××××人民法院民事判决书+案号"。

1. 法院名称。分为两行书写,上行写文书制作法院名称,下行写文书名称。法院名称一般应与院印的文字一致。基层人民法院、中级人民法院名称前应冠以省、自治区、直辖市

---

〔2〕 2016年最高人民法院印发的《人民法院民事裁判文书制作规范》规定,"文书由标题、正文、落款三部分组成。""正文包括首部、事实、理由、裁判依据、裁判主文、尾部。"这与传统的法律文书要素构成的表述不同,后者的首部是与正文、尾部并列的部分,正文仅包括事实、理由、主文。前者的标题只是后者首部中的一部分,即文书制作机关和文书的名称,落款也只是后者尾部的一部分。本章在文书构成体例上与其他各章不同,所采用的是2016年《人民法院民事裁判文书制作规范》规定的表述。

的名称，但专门人民法院除外。

2. 案号。它由收案年度、法院代字、类型代字、案件编号组成，其编制、使用按《最高人民法院关于人民法院案件案号的若干规定》等执行。案号 = "(" + 收案年度 + ")" + 法院代字 + 类型代字 + 案件编号 + "号"。例："(2016)京 0101 民初 1 号。"

依照《民事诉讼法》第 153 条规定就一部分事实先行判决的，第二份民事判决书开始可在案号后缀"之一""之二"……以示区别。

(二)正文

正文包括首部、事实、理由、裁判依据、裁判主文、尾部六部分内容。

1. 首部

(1)当事人的基本情况

当事人的基本情况包括当事人的诉讼地位和基本信息。

第一，当事人的诉讼地位，是指其在民事诉讼中的法律地位。民事一审的当事人可表述为"原告""被告"和"第三人"。

先写原告，后写被告，再写第三人。有多个原告、被告、第三人的，按照起诉状列明的顺序写。未列明的当事人，按照参加诉讼的时间顺序写。提起反诉且成立的，分别写明各当事人反诉的称谓，如"原告(反诉被告)""被告(反诉原告)"。第三人撤销之诉案件中，当事人的诉讼地位表述为"原告""被告""第三人"，"被告"之后用括号注明原审诉讼地位。

依照《民事诉讼法》第 56 条规定，无论是有独立请求权的第三人还是无独立请求权的第三人，在诉讼地位的称谓上均予简化统称为"第三人"。

第二，当事人的基本信息，即用以识别当事人身份的基本情况。

当事人是自然人的，应写明其姓名、性别、出生年月日、民族、职业或者工作单位和职务(不明确的可不写)、住所。姓名等身份事项以居民身份证、户籍证明为准。住所以其户籍所在地为准；有经常居住地的，经常居住地为住所。当事人住所相同的，应分别表述，不写"住所同上"。

当事人是法人或者其他组织的，写明名称和住所，并另起一行写明法定代表人或者主要负责人的姓名和职务。当事人是个体工商户的，写明经营者的姓名、性别、出生年月日、民族、住所；有字号的，以营业执照上登记的字号为当事人，并写明该字号经营者的基本信息。当事人是有字号的个人合伙的，在其姓名之后用括号注明"系……(写明字号)合伙人"。法人、其他组织、个体工商户、个人合伙的名称应写全称，以其注册登记文件记载的内容为准。法人或者其他组织的住所是指法人或者其他组织的主要办事机构所在地；主要办事机构所在地不明确的，法人或者其他组织的注册地或者登记地为住所。

诉讼过程中，当事人权利义务继受人参加诉讼的，诉讼地位从其承继的诉讼地位。裁判文书中，继受人为当事人；被继受人在当事人部分不写，在案件由来中写明继受事实。

当事人有法定代理人或指定代理人的，应当在当事人之后另起一行写明其姓名、性别、职业或工作单位和职务、住所，并在姓名后用括号注明其与当事人的关系。代理人为单位的，写明其名称及其参加诉讼人员的基本信息。

当事人诉讼地位在前，其后写当事人姓名或者名称，两者之间用冒号。当事人姓名或者名称之后,用逗号。如:"原告:×××(姓名),……"。

(2)委托诉讼代理人的基本情况

当事人有委托诉讼代理人的,在当事人之后另起一行写明"委托诉讼代理人",随后列写其姓名和其他基本情况。有两个委托诉讼代理人的,分行分别写明。委托诉讼代理人为近亲属或者是当事人单位工作人员的,应列在第一位,并在当事人近亲属姓名后用括号注明其与当事人的关系,写明住所。当事人本单位工作人员作为诉讼代理人的,写明姓名、性别及其工作人员身份。其身份信息可表述为"该单位(如公司、机构、委员会、厂等)工作人员"。如果当事人委托的是非本单位人员或者律师的,则应列写在第二位。

律师、基层法律服务工作者担任委托诉讼代理人的,写明其姓名,所在律师事务所、法律服务所的名称及执业身份。其身份信息表述为"××律师事务所律师""××法律服务所法律工作者"。属于提供法律援助的,应当写明法律援助情况。

代理人是当事人所在社区、单位以及有关社会团体推荐的公民的,写明姓名、性别、住所,并在住所之后注明具体由何社区、单位、社会团体推荐。

委托诉讼代理人变更的,裁判文书首部只列写变更后的委托诉讼代理人。对于变更的事实可根据需要写明。

"委托诉讼代理人"后用冒号,再写委托诉讼代理人姓名。委托诉讼代理人姓名后用逗号。

(3)案件由来和审理经过

这部分包括案件名称、案件的来源和审理过程。

第一,案件名称是当事人与案由的概括。民事一审案件名称表述为"原告×××与被告×××……(写明案由)一案"。诉讼参加人名称过长的,可以在案件由来部分第一次出现时用括号注明其简称,表述为"(以下简称×××)"。其他单位或组织名称过长的,也可在首次表述时用括号注明其简称。案由应当准确反映案件所涉及的民事法律关系的性质,符合最高人民法院有关民事案件案由的规定。经审理认为立案案由不当的,以经审理确定的案由为准,但应在"本院认为"部分予以说明。

第二,书写一审案件来源总体上有三项要求:其一,新收、重新起诉的,应当写明起诉人;其二,上级法院指定管辖、本院提级管辖的,除写明起诉人外,还应写明报请上级人民法院指定管辖(报请移送上级人民法院)的日期或者下级法院报请指定管辖(下级法院报请移送)的日期,以及上级法院或者本院作出管辖裁定的日期;其三,上级法院发回重审、上级法院指令受理、上级法院指定审理、移送管辖的,应当写明原审法院作出裁判的案号及日期,上诉人,上级法院作出裁判的案号及日期、裁判结果,说明引起本案的起因。例如,一审案件来源为上级人民法院发回重审的,发回重审的案件应当写明:"原告×××与被告×××……(写明案由)一案,本院于××××年××月××日作出……(写明案号)民事判决。×××不服该判决,向××××法院提起上诉。××××法院于××××年××月××日作出……(写明案号)裁定,发回重审。本院依法另行组成合议庭……"。

第三,案件的审理经过部分应写明立案日期及庭审情况。立案日期统一表述为:"本院于××××年××月××日立案后",不写起诉时间。庭审情况包括适用程序、程序转换、审理方式、参加庭审人员等。适用程序包括普通程序、简易程序、小额诉讼程序和非讼程序。民事一审案件由简易程序(小额诉讼程序)转为普通程序的,审理经过表述为:“于××××年××月××日公开/因涉及……不公开(写明不公开开庭的理由)开庭审理了本案,经审理发现有不宜适用简易程序(小额诉讼程序)的情形,裁定转为普通程序,于××××年××月××日再次公开/不公开开庭审理了本案”。

一审案件的审理,应当采用开庭审理方式。开庭审理包括公开开庭和不公开开庭。不公开开庭的情形包括:一是因涉及国家秘密不公开开庭;二是因涉及个人隐私不公开开庭;三是因涉及商业秘密,经当事人申请,决定不公开开庭;四是因离婚,经当事人申请,决定不公开开庭;五是法律另有规定的。不公开审理的,写明不公开审理的理由,如:“因涉及国家秘密”或者“因涉及个人隐私”或者“因涉及商业秘密,×××申请”或者“因涉及离婚,×××申请”。

开庭审理的应写明当事人出庭参加诉讼情况(包括未出庭或者中途退庭情况)。当事人及其诉讼代理人均到庭的,可以合并写明,如“原告×××及其委托诉讼代理人×××、被告×××、第三人×××到庭参加诉讼。”诉讼参加人均到庭参加诉讼的,可以合并写明,如“本案当事人和委托诉讼代理人均到庭参加诉讼。”

当事人未到庭应诉或者中途退庭的,写明经传票传唤,无正当理由拒不到庭或者未经法庭许可中途退庭的情况。例如,当事人未到庭的,写明“×××经传票传唤无正当理由拒不到庭参加诉讼”或者“×××经公告送达开庭传票,未到庭参加诉讼”。当事人未经法庭许可中途退庭的,写明“×××未经法庭许可中途退庭”。

一审庭审情况具体表述为:“本院于××××年××月××日公开/因涉及……(写明不公开开庭的理由)不公开开庭审理了本案,原告×××及其诉讼代理人×××,被告×××及其诉讼代理人×××等到庭参加诉讼。”

对于审理中其他程序性事项,如中止诉讼等情况应当写明。对中止诉讼情形,表述为:“因……(写明中止诉讼事由),于××××年××月××日裁定中止诉讼,××××年××月××日恢复诉讼。”

2. 案件事实

第一审判决书的事实部分主要包括:原告起诉的诉讼请求、事实和理由,被告答辩的事实和理由,法院认定的事实和据以定案的证据。反诉案件或者有第三人应诉的,各自的诉求、陈述、答辩及其事实和理由,要一并相应写明。

(1)写明当事人的诉辩意见。按照原告、被告、第三人的顺序依次表述当事人的起诉意见、答辩意见、陈述意见。诉辩意见要先写诉讼请求,再写事实和理由。当事人在法庭辩论终结前变更诉讼请求或者提出新的请求的,应当在诉称部分中写明。

诉辩意见只需概述,不要原文照抄,应当基于全案考虑,重在综合表述当事人在法庭上的诉辩意见和提供的证据。被告承认原告主张的全部事实的,写明“×××承认×××主张的事实”。被告承认原告主张的部分事实的,写明“×××承认×××主张的……事实”。被告承认全部诉讼请求的,写明“×××承认×××的全部诉讼请求”。被告承认部分诉讼请求的,写明被告承认原告的部分诉讼请求的具体内容。

在诉辩意见之后,另起一段简要写明当事人举证、质证的一般情况,表述为:“本案当事人围绕诉讼请求依法提交了证据,本院组织当事人进行了证据交换和质证。”之后,直接叙写人民法院对证据和事实的认定情况。对当事人所提交的证据原则上不一一列明,可以附录全案证据或者证据目录。对当事人无争议的证据,写明“对当事人无异议的证据,本院予以确认并在卷佐证”。对有争议的证据,应当写明争议的证据名称及人民法院对争议证据认定的意见和理由;对有争议的事实,应当写明事实认定意见和理由。对于人民法院调取的证据、鉴定意见,经庭审质证后,按照当事人是否有争议分别写明。对逾期提交的证据、非法证据等不予采纳的,应当说明理由。对当事人争议证据和事实的认定,可以合并写,也可以分开写;分开写的,放在证据的审查认定之后。

(2)另起一段概括写明法院认定的基本事实,表述为:“根据当事人陈述和经审查确认的证据,本院认定事实如下:……”。

认定的事实,应当重点围绕当事人争议的事实展开。按照民事举证责任分配和证明标准,根据审查认定的证据有无证明力、证明力大小,对待证事实存在与否进行认定。要说明事实认定的结果、认定的理由以及审查判断证据的过程。适用外国法的,应当叙述查明外国法的事实。

认定事实的叙述方式,应根据案件具体情况,层次清楚,重点突出,繁简得当,避免遗漏与当事人争议有关的事实。一般按时间先后顺序叙述,对认定法律关系或请求权相关的事实要着重叙述,对其他事实则可归纳、概括叙述。综述事实,可以划分段落层次,亦可根据情况以“另查明”为引语叙述其他相关事实。

一审认定的事实主要包括:一是当事人之间民事法律关系发生的时间、地点和内容;二是产生纠纷的时间、原因、经过、情节和后果。法院认定的事实,必须经过法庭审理查证属实。叙述的方法一般应当按照事件发展的时间顺序,客观、全面、真实地反映案情,并要抓住重点,详述主要情节和因果关系。

要注意根据案件的不同性质、特点叙写事实。例如,对于继承案件,主要应写明:第一,各当事人与被继承人之间的身份关系。第二,被继承人死亡的时间。这直接关系到继承人和遗产的范围。关于死亡的原因是否要写明,可以根据案件的需要而定,如被继承人是因继承人谋害致死,应当依法剥夺继承人的继承权的,死亡原因必须写明。第三,被继承人的主要遗产状况。应写明遗产的名称、种类、数量等。遗产的来源是否在事实中写明,应根据需要确定。对于涉及先析产、后继承的问题,或者争议所涉及的财产有一部分不属于遗产范围的,则应写明遗产的来源。第四,纠纷发生的原因、经过及其后果。这一内容可以概括写明,不要求详细叙述。第五,被继承人有遗嘱的,应当写明所立遗嘱的背景和内容,即写明立遗嘱的时间,代书遗嘱、录音遗嘱、危急情况下的口头遗嘱的在场见证人以及遗嘱的内容和经过(包括公证遗嘱的经过)。第六,有遗赠抚养协议的,应当写明订立时的背景和协议内容。

召开庭前会议时或者在庭审时归纳争议焦点的,应当写明争议焦点。争议焦点的位置安排,可以根据争议的内容处理。争议焦点中有证据和事实内容的,可以在当事人诉辩意见之后的当事人争议的证据和事实中写明;争议焦点主要是法律适用问题的,可以在“本院认为”部分中先写明争议焦点。

3. 判决理由和判决依据

(1)阐述判决的理由。它是民事判决书的灵魂,其核心内容是根据当事人的诉讼请求和法院认定的事实,依照法律规定,阐述法院对纠纷性质、原告请求权是否成立,以及如何解决纠纷的看法。

理由部分以"本院认为"作为开头,其后直接写明具体意见。说理应当围绕争议焦点展开,逐一进行分析论证,层次明确。对争议的法律适用问题,应当根据案件的性质、争议的法律关系、认定的事实,依照法律、司法解释规定的法律适用规则进行分析,作出认定,阐明支持或不予支持的理由。对于涉及当事人诉讼请求能否成立或者与本案裁判结果有关的事项,也应在说理部分一并进行分析论证。

确有必要将指导性案例作为裁判理由引述的,应写明案例编号和裁判要点。司法指导性文件体现的原则和精神,可在理由部分予以阐述或者援引。

之后,可另起一段,以"综上所述"引出,对当事人的诉讼请求是否支持进行评述。经审判委员会讨论决定的,在法律依据引用前写明:"经本院审判委员会讨论决定,……"。

判决理由在整个民事判决书中具有十分重要的作用,这一部分写得如何,既是衡量制作民事判决书水平高低的标准之一,也是衡量办案质量好坏的标准之一,还是衡量审判人员政治与业务素质及写作能力强弱的标准之一。因此,必须在如何写好判决理由方面下功夫。

从司法实践经验来看,写好判决理由,应当把握以下几点:

第一,要有针对性。判决的理由必须针对案件当事人争议焦点和诉讼请求,进行深入、充分的分析、论证。例如,阐述合同纠纷案件时,按其特点,有两种写法:一是合同有效的,先要论证为什么认为合同是有效的,再根据合同约定的条款,分析、论证当事人履行合同及违约情况,并指出违约者所应当承担的责任。二是合同无效的,先要论证为什么认为合同是无效的,再根据当事人的行为分析、论证当事人对合同无效是否有过错和过错的大小以及依照法律规定所应当承担的责任。在论述过程中,还要针对当事人的诉讼请求,其中合理、合法的应予支持,反之不予支持。侵权纠纷案件,应当围绕行为人所实施的行为,从侵权行为构成的要件方面进行论证,以说明侵权行为的存在。论证时是否都要从行为的违法性、行为人过错、损害事实的存在、行为与损害事实的因果关系四个方面全面进行分析,要根据案情而定。一般来说,理由部分对于显而易见的,不会发生争议的侵权行为构成要件可以不具体论述,只要抓住最关键的问题进行分析、论证即可。此外,还要分析、论证侵权人因其侵权行为应承担何种形式的民事责任,并针对当事人的请求,该支持的予以支持,该驳回的予以驳回。

第二,分清是非,明确责任。判决书是人民法院行使国家审判权的体现,是司法公正的最终载体,它不仅应当在结论上体现法院裁判的公正,而且对案件事实认定、法律争议应当通过透彻的说理,使当事人明辨是非曲直。民事纠纷的产生从当事人的主观方面和行为来看,绝大部分是因一方或者双方的过错引起的。也就是说,纠纷的产生如果不是一方有责任,就是双方均有责任,而双方都无过错的情况很少。法院要解决纠纷,教育当事人,就必须分清是非,明确责任,观点要鲜明,依据要充分,分析论证哪些行为是合法的,哪些行为是不合法的,哪些诉讼请求合理,哪些诉讼请求不合理,以及各当事人对纠纷应当承担的责任。

第三,要逻辑严密,论证充分全面。一审普通程序的民事判决书,一般都是针对复杂疑难的案件作出,因此要特别强调说理的充分和全面。判决理由在论述方面必须充分、严谨,讲究逻辑和规律。所谓逻辑严密是指说理应当准确把握案件所涉法律关系,按照三段论的逻辑关系,以请求权规范为大前提,以案件事实为小前提,运用逻辑推演归纳总结判决结果。请求权规范即指当事人权利主张的法律规范,其中构成了权利成立或者不成立的基本事实要件。先按照构成要件的顺序,逐一进行分析认证,判断是否成立。对于被告提出的抗辩事由,作为权利的妨碍要件,结合权利构成要件一并分析,从而得到权利是否成立的最终结论。所谓充分,就是理由的论述可以从多层次、多角度、多方面来分析论证,必要时还可分点论述,把事实认定、证据采信、法律和政策的具体适用等相关争议事项进行全面的说理。

(2)阐明判决依据。一审判决书必须援引相关的民事实体法和程序法规定作为裁判的法律依据。援引法律,应当根据《民法总则》第10条和最高人民法院《关于裁判文书引用法律、法规等规范性法律文件的规定》的规定,做到严格适用,表述要完整、准确。裁判依据的引用,应按如下顺序进行,即法律及法律解释、行政法规、地方性法规、自治条例或者单行条例、司法解释;同时引用两部以上法律的,应先引用基本法律,后引用其他法律;同时引用实体法和程序法的,先引用实体法,后引用程序法。引用的具体法律名称、条文内容和条款项序号必须准确写明,条款项的表述也须规范,一律使用汉字,不加括号,如"第一项"。引用法律条款说理,不得只引用条款项序号,而将相关条文置于裁判文书的后附。

确需引用的规范性文件之间存在冲突,根据《立法法》等有关法律规定无法选择适用的,应依法提请有决定权的机关作出裁决,不得自行在裁判文书中认定相关规范性法律文件的效力。

裁判文书不得引用宪法和各级人民法院关于审判工作的指导性文件、会议纪要、各审判业务庭的答复意见以及人民法院与有关部门联合下发的文件作为裁判依据,但其体现的原则和精神可以在说理部分予以阐述。

4. 判决主文

一审判决书的主文,即对当事人民事权利义务内容进行处理的判决结果。

判决主文内容必须明确、具体、便于执行。判决结果的表述要准确、清楚,只能作单一解释,不能含糊不清,似是而非,模棱两可,产生歧义;判决结果的内容要能够具体实施,切忌原则抽象,笼而统之,无法具体执行;判决结果的事项要完整,对争议的解决,对履行义务的时间、方式等不能有遗漏。

判决主要针对当事人的诉讼请求进行处理。依诉讼请求不同,诉讼类型大致可分为确认之诉、变更之诉和给付之诉。确认之诉,即确认某项权利的存在及其归属,确认民事行为的效力等;变更之诉,即请求变更或者解除某项权利义务关系等;给付之诉,即请求给付物品或者货币,请求对方履行一定的民事行为等。因此,判决的结果就应当根据诉讼请求的不同情况,正确加以表述。特别是给付之诉,不论是给付物品、货币,还是要求义务人履行一定的民事行为,在语言文字的表述上都要准确、单一、具体。比如,判决给付物品的,应当写明物品的名称、数量、给付期限以及给付方式等;判决义务人履行一定民事行为的,应当写明应履行民事行为的内容和要求、履行期限等。

对于当事人不合法、不合理的诉讼请求,应当依法予以驳回,在判决结果中写明:"驳回×××的××诉讼请求。"

多名当事人承担责任的，应当写明各当事人承担责任的形式、范围。有多项给付内容的，应当先写明各项目的名称、金额，再写明累计金额。如："交通费……元、误工费……元、……，合计……元"。当事人互负给付义务且内容相同的，应当另起一段写明抵付情况。对于金钱给付的利息，应当明确利息计算的起止点、计息本金及利率。判决承担利息，当事人提出具体请求数额的，人民法院可以根据当事人请求的数额作出相应判决；当事人没有提出具体请求数额的，可以表述为："按×××利率，自××××年××月××日起计算至××××年××月××日止。"涉及履行内容的，判决书应当明确履行的期限。判决主文中的当事人姓名或者名称应当使用全称，不得使用简称。当事人姓名或者名称之前不写诉讼地位。

5. 尾部

一审判决书的尾部，应当写明诉讼费用的负担和告知事项。

在判决主文后另起一段写明诉讼费用包括案件受理费和其他诉讼费用。如："案件受理费……元，由……负担；申请费……元，由……负担"。不收取诉讼费用的，可不写。

一审判决中具有金钱给付义务的，应当在所有判项之后另起一行写明："如果未按本判决指定的期间履行给付金钱义务，应当依照《中华人民共和国民事诉讼法》第二百五十三条规定，加倍支付迟延履行期间的债务利息。"

对依法可以上诉的一审判决，在尾部表述为："如不服本判决，可以在判决书送达之日起十五日内，向本院递交上诉状，并按对方当事人的人数或者代表人的人数提出副本，上诉于××××人民法院。"

（三）落款

判决书的落款包括合议庭署名、落款日期和核对戳。

1. 合议庭署名。由参加审判案件的合议庭组成人员署名，包括审判长、审判员、书记员。

合议庭的审判长，不论审判职务，均署名为"审判长"；合议庭成员是审判员的，署名为"审判员"；是助理审判员的，署名为"代理审判员"；有陪审员的，署名为"人民陪审员"。独任审理的，署名为"审判员"或者"代理审判员"。书记员，署名为"书记员"；两名以上书记员的，分行署名。

2. 落款日期。判决书的落款日期为作出判决的日期，即裁判文书的签发日期。当庭宣判的，应当写明宣判的日期。

3. 核对戳。判决书要加盖"本件与原本核对无异"字样的印戳。

4. 落款应当在同一页上，不得分页。落款所在页无其他正文内容的，应当调整行距，不写"本页无正文"。

院印加盖在审判人员和日期上，要求骑年盖月、朱在墨上。

三、制作第一审民事判决书应当注意的问题

1. 当事人中有外国人、无国籍人、外国企业或组织的涉外裁判文书，法院名称前一般应冠以"中华人民共和国"国名。当事人为外国人的，应当写明其中文姓名或者名称和住所，并用括号注明其外文姓名或者名称和住所。外国自然人应当注明其国籍（写全称），无国籍人注明无国籍，其姓名、性别等基本信息以其护照等身份证明文件记载的内容为准；外国法

人或者其他组织的名称、住所等基本信息以其注册登记文件记载的内容为准。

当事人系港澳台地区居民的,在其姓名后写明“香港特别行政区居民”“澳门特别行政区居民”或“台湾地区居民”。港澳地区当事人的住所,应当冠以“香港特别行政区”“澳门特别行政区”;台湾地区当事人的住所,应当冠以“台湾地区”。

2. 无民事行为能力人、限制民事行为能力人在民事判决书中仍应列为当事人。《民法总则》第 13 条规定:“自然人从出生时起到死亡时止,具有民事权利能力,依法享有民事权利,承担民事义务。”因此,无民事行为能力人和限制民事行为能力人并不因为他们的行为能力问题而影响到他们的民事权利能力,他们在民事诉讼中都是符合条件的当事人。《民事诉讼法》第 57 条规定,无诉讼行为能力人由他的监护人作为法定代理人代为诉讼。根据上述法律规定,在民事判决书中,应当将符合当事人条件的无民事行为能力人、限制民事行为能力人列为原告或者被告,他们的监护人列为法定代理人。

3. 当事人人数众多的共同诉讼,当事人项可采用附页的方式列明,判决书中只需列明代表人项即可。《民事诉讼法》第 53 条、第 54 条均规定了推选代表人制度。因此,为了防止因当事人列项过多而增加民事判决书首部的篇幅,可以在判决书首部当事人项作简要交代,然后列明代表人项。

4. 在案件审理经过部分,只列写立案时间、审理程序、是否开庭审理、开庭方式、当事人到庭情况,以及中止诉讼等程序事项。不再列写合议庭成员的姓名,只写明适用普通程序审理。

第三节　简易程序民事判决书

一、简易程序民事判决书的概念

简易程序民事判决书,是人民法院对受理的第一审简单的民事案件,按照《民事诉讼法》规定的简易程序审理终结后,依照国家的民事法律、法规和最高人民法院的司法解释,就解决案件的实体问题作出的具有法律效力的书面处理决定。

2012 年《民事诉讼法》修订后,在简易程序中增加了小额诉讼案件的审理规定。《民事诉讼法》第 162 条规定:“基层人民法院和它的派出的法庭审理符合本法第一百五十七条第一款规定的简单的民事案件,标的额为各省、自治区、直辖市上年度就业人员平均工资百分之三十以上的,实行一审终审。”2015 年最高人民法院《民事诉讼法解释》明确规定小额诉讼案件适用独立的小额诉讼程序。2016 年发布的人民法院《民事诉讼文书样式》也将小额诉讼程序裁判文书单列,连同 2003 年最高人民法院民事审判第一庭下发的《民事简易程序诉讼文书样式(试行)》规定,进一步规范了适用简易程序民事判决书的样式。因此,简易程序民事判决书可以分为一般简易程序民事判决书和小额程序民事判决书。

二、一般简易程序民事判决书

根据简易程序样式，简易程序民事判决书的总体结构和基本要素与第一审普通程序民事判决书基本相同，在内容上体现了简易程序的特点。

（一）标题

这一部分的内容和制作要求与第一审普通程序民事判决书相同。

（二）正文

1. 首部与普通程序判决书基本相同，区别在于适用的是简易程序：

"原告×××与被告×××……（写明案由）一案，本院于××××年××月××日立案后，依法适用简易程序，公开/因涉及……（写明不公开开庭的理由）不公开开庭进行了审理。原告×××、被告×××（写明当事人和其他诉讼参加人的诉讼地位和姓名或者名称）到庭参加诉讼。本案现已审理终结。"

2. 事实和理由部分与第一审普通程序民事判决书相比，内容有了较大改变，区分了三种情况，分别提出了不同的制作要求：

（1）被告承认原告全部诉讼请求的，表述为：

"×××向本院提出诉讼请求：1. ……；2. ……（明确原告的诉讼请求）。事实和理由：……（概述原告主张的事实和理由）。

×××承认×××提出的全部诉讼请求。

本院认为，当事人有权在法律规定的范围内处分自己的民事权利和诉讼权利。被告承认原告的诉讼请求，不违反法律规定。

依照《中华人民共和国民事诉讼法》第十三条第二款规定，判决如下："

（2）当事人对案件事实没有争议的，表述为：

"×××向本院提出诉讼请求：1. ……；2. ……（明确原告的诉讼请求）。事实和理由：……（概述原告主张的事实和理由）。

×××承认原告在本案中所主张的事实，但认为，……（概述被告对法律适用、责任承担的意见）。

本院认为，×××承认×××在本案中主张的事实，故对×××主张的事实予以确认。……（对当事人诉讼请求进行简要评判）。

依照《中华人民共和国……法》第×条、……（写明法律文件名称及其条款项序号）规定，判决如下："

（3）被告对事实和请求有争议的，表述为：

"×××向本院提出诉讼请求：1. ……；2. ……（明确原告的诉讼请求）。事实和理由：……（概述原告主张的事实和理由）。

×××辩称，……（概述被告答辩意见）。

本院经审理认定事实如下：对于当事人双方没有争议的事实，本院予以确认。……（概述当事人有争议的事实的质证和认定情况）。

本院认为,被告承认原告的诉讼请求部分,不违反法律规定,本院予以支持。……(对当事人诉讼请求进行简要评判)。

综上所述,……(写明对当事人的诉讼请求是否支持进行评述)。依照《中华人民共和国……法》第×条、……(写明法律文件名称及其条款项序号)规定,判决如下:”

上列三种判决书,在表述“判决如下:”之后,另起一段写明判决结果。

3. 尾部,先写诉讼费用,单方负担案件受理费的,写明:“案件受理费……元,减半收取计……元,由×××负担。”分别负担的,写明:“案件受理费……元,减半收取计……元,由×××负担……元,×××负担……元。”再写明:“本判决为终审判决”。一审终审不存在上诉问题,故无须写明上诉权利。

(三)落款

落款部分与一审普通程序判决书的区别是只列独任审判员或者代理审判员的姓名及书记员的姓名。

三、小额程序判决书

小额程序判决书因为其案件事实清楚、争议不大,因而判决书内容应当尽量简化。依民事诉讼文书样式,小额诉讼程序判决书有三种:一是令状式判决书,二是要素式判决书,三是表格式判决书。

(一)令状式判决书

令状式判决书与简易程序判决书的格式和要素相同,都包括标题、正文和落款三部分内容。

1. 正文的事实和理由部分不再分别叙写,合一表述为:

“×××向本院提出诉讼请求:1. ……;2. ……(明确原告的诉讼请求)。事实和理由:……(概述原告主张的事实和理由,可以非常简略)。

×××辩称,……(概述被告答辩意见,可以非常简略)。

本院认为,……(结合查明的案件事实,对诉讼请求作出评判)。”

2. 裁判依据应当引用《民事诉讼法》第162条。在法律条文规定之后,表述为:“判决如下:……(写明判决结果)。”

3. 尾部,写明:“案件受理费……元,由……负担(写明当事人姓名或者名称、负担金额)”。

(二)要素式判决书

要素式民判决书是指对于能够概括出固定要素的案件,在撰写裁判文书时不再分开陈述当事人诉辩意见、“本院查明”、“本院认为”的部分,而是围绕着争议的特定要素,陈述当事人诉辩意见、相关证据以及法院认定的理由和依据的法律文书。

要素式判决书要与要素表(案件类型不同,要素表内容亦不同)、要素式庭审相结合。基层法院选择适用要素式判决书的案件,立案时应向原告送达原告诉讼要素表,并指导其填写。在向被告、第三人送达起诉状副本时一并送达原告诉讼要素表副本,并要求被告和第三人填写被告(第三人)应诉要素表,于答辩期满前提交。

当事人在开庭前未填写要素表的，法院审理时应以要素表的基本要素为线索，逐项征求双方当事人意见，对双方无争议的要素予以确认并记入法庭笔录；有争议的要素应重点审查。无争议要素的证据可以不用质证，证据的展示和质证只需围绕争议要素展开。

无争议要素（事实）用一句话概括，不再分开陈述原告、被告和法院三方意见。在具体写作方法上，要素式文书采用“夹叙夹议”的写作方法。

要素式判决书，从文书体例上说，属于填充式文书。与简易程序判决书的格式和要素相同，都包括标题、正文和落款三部分内容。

首部，写明当事人和其他诉讼参加人的姓名或者名称等基本信息。案件由来和审理经过的表述，除“依法适用小额诉讼程序”不同外，其他部分与简易程序判决书相同。

正文的事实和理由部分不再分别叙写，而采用若干特定要素（事项），以陈述事实和理由，表述为：

“以上事项中，双方有争议的事项为第×项、第×项，其他事项双方无争议。

依照《中华人民共和国……法》第×条、……（写明法律文件名称及其条款项序号）、《中华人民共和国民事诉讼法》第一百六十二条规定，判决如下：”

判决结果及尾部的表述，与判令式判决书相同。

（三）表格式判决书

表格式判决书主要记载当事人基本信息、诉讼请求、判决主文等内容。基本内容以表格形式予以呈现，不必对案件事实进行叙述。适用于小额诉讼程序审理的民事案件，实行一审终审。

××××人民法院 民事判决书 （××××）……民初……号	
原告	写明当事人基本信息
被告	写明当事人基本信息
案由	……纠纷
诉讼请求	1.……;2.……
本院于××××年××月××日对本案适用小额诉讼程序公开/不公开开庭（写明不公开开庭的理由）进行了审理。本案现已审理终结。 依照《中华人民共和国……法》第×条、……（写明法律文件名称及其项序号）、《中华人民共和国民事诉讼法》第一百六十二条规定，判决如下： ……（写明判决结果）。 如果未按本判决指定的期间履行给付金钱义务，应当依照《中华人民共和国民事诉讼法》第二百五十三条规定，加倍支付迟延履行期间的债务利息（没有给付金钱义务的则不写）。 案件受理费……元，由……负担（写明当事人姓名或者名称、负担金额）。 本判决为终审判决。	
审　判　员　××× ××××年××月××日 （院印） 书　记　员　×××	

第四节 公益诉讼判决书

一、公益诉讼判决书的概念

公益诉讼是在社会公共利益受到侵害以后,法律规定的机关或者有关组织作为原告向人民法院提起的民事诉讼。

《民事诉讼法》第 55 条规定:“对污染环境、侵害众多消费者合法权益等损害社会公共利益的行为,法律规定的机关和有关组织可以向人民法院提起诉讼。”依据该条规定,能够提起公益诉讼的只能是法律规定的机关和有关组织,公民个人不能提起公益诉讼。我国公益诉讼的类型,目前只有污染环境和侵害消费者权益两类。2016 年人民法院专门制定了适用于此两类公益诉讼的判决书的样式。

二、污染环境公益诉讼判决书的内容和制作要求

污染环境公益诉讼判决书,是人民法院根据《民事诉讼法》第 55 条规定,对污染环境的公益诉讼案件,依照《民事诉讼法》规定适用第一审普通程序审理终结后,就解决案件的实体问题作出的具有法律效力的书面处理决定。

污染环境公益判决书的基本格式和基本要素与一审普通程序判决书基本相同。不同的有下列几点:

1. 当事人部分。(1)作为原告提起公益诉讼的有关组织列为“原告”。(2)检察机关提起民事公益诉讼的,表述为“公益诉讼人××××人民检察院”,其他机关和社会组织参加检察机关提起的民事公益诉讼的,仍表述为“原告×××”。(3)依法可以提起诉讼的其他机关和有关组织,申请参诉并经准许的,列为共同原告。在案件的由来和审理经过中写明:“×××于××××年××月××日申请参加诉讼,经本院准许列为共同原告。”(4)检察机关、负有环保监管职责部门及其他机关、社会组织、企业事业单位支持原告起诉,提交相关书面意见或者代为调查收集证据的,要在首部作出相应表述。如派员出庭,则列明出庭人员的身份和姓名;未派员出庭,则仅表述支持起诉的方式。

2. 事实部分。支持原告起诉的,在原告意见之后概述支持起诉单位的意见。具有专门知识的人出庭的,表述为:“具有专门知识的人×××发表以下意见:……”,概述其就案件所涉专门知识等问题提出的专家意见。支持起诉的单位提交的相关证据,应作为原告的证据在庭审中予以质证、认证,并在法院认定的事实部分作出表述。

3. 判决部分。如果原告诉状中明确请求被告承担本案所涉检验、鉴定费用、合理的律师费用及为诉讼支出的其他合理费用的,应在判项中一一列明。如原告败诉,其所需承担的调查取证、专家咨询、检验、鉴定等必要费用,可以依据最高人民法院《关于审理环境民事公益诉讼案件适用法律若干问题的解释》第 24 条的规定酌情支付,且应在判项中列明。

第五节　第二审民事判决书

一、第二审民事判决书的概念

第二审民事判决书，是中级以上人民法院对当事人不服第一审民事判决提起上诉的民事案件，依照《民事诉讼法》规定的第二审程序进行审理后，依法作出维持、撤销或者改变第一审民事判决的书面处理决定。

《民事诉讼法》在第十四章规定的第二审程序中，虽然没有专条规定第二审民事判决书的内容，但《民事诉讼法》第152条规定的基本内容，便是制作第二审民事判决书的法律依据。

根据《民事诉讼法》第170条第1款第1项、第2项、第3项的规定，第二审民事判决书适用于以下范围：(1)原判决认定事实清楚，适用法律正确，判决驳回上诉，维持原判决的；(2)原判决认定事实错误或者适用法律错误，依法改判、撤销或者变更的；(3)原判决认定基本事实不清，二审查清事实后依法改判的。

二、第二审民事判决书的内容和制作方法

第二审民事判决书由标题、正文和落款三部分组成。

（一）标题

第二审民事判决书的标题与第一审民事判决书的标题相比较，主要是文书编号中反映审级的代字不同。一审为“初”字，二审为“终”字。

（二）正文

与第一审民事判决书相比，在正文部分主要有以下不同：

1. 当事人的诉讼地位不同。第二审民事判决书中当事人的诉讼地位为“上诉人”“被上诉人”“第三人”；“原审原告”“原审被告”“原审第三人”。应先写上诉人，再写被上诉人，后写其他当事人；其他当事人按照原审诉讼地位和顺序写明。

根据《民事诉讼法解释》第317～319条规定，双方当事人和第三人都提出上诉的，均为上诉人，没有被上诉人。必要共同诉讼人中的一人或者部分人提出上诉的，按下列情况处理：(1)该上诉仅与对方当事人之间权利义务分担有意见，不涉及其他共同诉讼人利益的，对方当事人为被上诉人，未上诉的同一方当事人仍依原审诉讼地位列明；(2)该上诉只对共同诉讼人之间权利义务分担有意见，不涉及对方当事人利益的，未上诉的同一方当事人为被上诉人，对方当事人仍依原审诉讼地位列明；(3)该上诉对双方当事人之间以及共同诉讼人之间权利义务承担有意见的，未提出上诉的其他当事人均为被上诉人。

为了反映二审当事人在一审中的诉讼地位，在上诉人或者被上诉人称谓的后面，用括号注明其在一审时的诉讼称谓，如“上诉人（原审被告）”。上诉人在一审中诉讼地位有两个的，按照本诉、反诉的顺序列明，中间以顿号分割。例如，上诉人（原审被告、反诉原告）。无

民事行为能力人或者限制民事行为能力人的法定代理人代为提起上诉的,"上诉人"仍应写为无民事行为能力人或者限制民事行为能力人,其法定代理人在二审中仍处于法定代理人的诉讼地位。

2. 案件由来和审理经过的写法不同。第二审民事判决书应当写明案由,上诉人不服一审判决提起上诉的情况。在行文上一般这样表述:"上诉人×××因(案由)一案,不服×××人民法院(××××)×民初字第××号民事判决,向本院提起上诉。"

有多个上诉人或者被上诉人的,相同身份的当事人之间以顿号分割。双方当事人都提起上诉的,均列为上诉人。写为"上诉人×××、×××因与上诉人×××(列在最后的上诉人写明上诉人的身份,用'因与'与前列当事人连接)"。原审其他当事人按照一审判决列明的顺序写明,用顿号分割。

根据《民事诉讼法》第169条规定,第二审人民法院对上诉案件,"经过阅卷和调查,询问当事人,对没有提出新的事实、证据或者理由,合议庭认为不需要开庭审理的,可以不开庭审理"。因此,一般在叙述案件由来后,先写立案时间,再写审理经过。表述为:"本院于××××年××月××日立案后,依法组成合议庭,开庭/因涉及……(写明不开庭的理由)不开庭进行了审理。上诉人×××、被上诉人×××、原审原告/被告/第三人×××(写明当事人和其他诉讼参加人的诉讼地位和姓名或者名称)到庭参加诉讼。本案现已审理终结。"

3. 事实部分的要求。首先,概括写明上诉请求、事实和理由,被上诉人的主要答辩以及第三人的意见,以明确二审案件审理的范围,确定二审判决书判决主文的内容。其次,写明一审判决认定的事实、判决理由和判决结果。对一审认定的事实和理由要进行概述,不宜全文照搬,但对一审判决结果应当全文复述。最后,写明二审经审理认定的事实和证据。

为什么二审事实中要概括写明一审认定的事实、理由和判决结果?一方面是为了客观反映一审判决情况,另一方面是为使一、二审互相连接,明确二审争议的焦点,且一审对全案的事实查明和说理及判决主文是二审审理的基础。

上诉人提起上诉的主要理由和请求,被上诉人的主要答辩,以及第三人的主要意见,均须扼要地交代清楚,但应当保持当事人的原意。写好上述两项内容,需要有较强的概括能力,这就要求审判人员必须吃透一审案情和当事人的主张,在此基础上进行综合归纳。

一审认定事实清楚、当事人对一审认定事实问题没有争议的,应写明:"本院对一审查明的事实予以确认。"一审查明事实有遗漏或者错误的,应当写明相应的评判。

4. 二审判决的理由,要围绕原判决是否正确,上诉是否有理进行分析、论证。理由部分需要论述的内容较多的,可分层次分问题进行论证。在援引法律条款方面,维持原判的,应当援引《民事诉讼法》第170条第1款第1项;全部改判、部分改判的,除了应当援引《民事诉讼法》的有关条款外,还应当援引改判所依据的实体法的有关条款。在顺序上,应当先引用实体法,后引用程序法。

一审判决认定事实清楚,适用法律正确,维持原判的,写明:"综上所述,×××的上诉请求不能成立,一审判决认定事实清楚,适用法律正确。本院依照《中华人民共和国民事诉讼法》第一百七十条第一款第一项规定,判决如下:"。一审判决认定事实或者适用法律虽有瑕疵,但裁判结果正确的,应对一审认定事实或者适用法律作出概括评价,指出瑕疵所在。

适用法律有瑕疵的，还应当引用实体法和最高人民法院《关于适用〈中华人民共和国民事诉讼法〉的解释》第 334 条的规定。

5. 判决结果。第二审民事判决书的判决结果，应当对当事人争议的实体问题作出终审结论。其特点在于：一是对原审判决作出明确表示，写明维持原判或者撤销原判，或者维持哪几项判决、撤销哪几项判决；二是对改判的内容，要区别确认之诉、变更之诉、给付之诉等不同情况，作出明确、具体的处理决定。

二审的判决结果有三种情况：维持原判、全部改判和部分改判。

(1)维持原判的，表述为："驳回上诉，维持原判。"

(2)全部改判的，表述为："一、撤销×××人民法院(××××)×民初字第××号民事判决；二、……(写明改判的内容)。"二审判决主文按照维持、撤销、变更、增判的顺序写明。二审对一审判决进行改判的，应当对一审判决中驳回其他诉讼请求的判项一并进行处理，如果驳回其他诉讼请求的内容和范围发生变化的，应撤销原判中驳回其他诉讼请求的判项，重新作出驳回其他诉讼请求的判项。

(3)部分改判的，表述为："一、维持×××人民法院(××××)×民初字第××号民事判决第×项，即……(写明维持的具体内容)；二、撤销×××人民法院(××××)×民初字第××号民事判决第×项，即……(写明撤销的具体内容)；三、……(写明部分改判的内容)。"二审判决主文按照撤销、改判的顺序写明。一审判决主文有给付内容，但未明确履行期限的，二审判决应当予以纠正。判决承担利息，当事人提出具体请求数额的，二审法院可以根据当事人请求的数额作出相应判决；当事人没有提出具体请求数额的，可以表述为："按……利率，自××××年××月××日起计算至××××年××月××日止"。

二审对一审判决进行改判的，应当对一审判决中驳回其他诉讼请求的判项一并进行处理，如果驳回其他诉讼请求的内容和范围发生变化的，应撤销原判中驳回其他诉讼请求的判项，重新作出驳回其他诉讼请求的判项。

6. 尾部。尾部有关当事人诉讼费用负担的写法，应当区分两种情况：(1)驳回上诉，维持原判的，对维持一审诉讼费用负担无须调整的，不必重复叙写。如有错误需要调整的，应予纠正；(2)改判的，应根据《诉讼费用交纳办法》的有关规定，除写明当事人对二审诉讼费用的负担外，还应将变更一审诉讼费用负担的决定一并写明。

关于迟延履行责任的告知，二审判决具有金钱给付义务的，属于二审改判的，无论一审判决是否写入了上述告知内容，均应在所有判项之后另起一行写明上述告知内容。二审维持原判的判决，如果一审判决已经写明上述告知内容，可不再重复告知。

第二审民事判决是终审判决，判决一经作出即发生法律效力。因此，在尾部应当写明："本判决为终审判决。"

三、制作第二审民事判决书应当注意的问题

1. 二审判决认定的事实部分，要注意区分原判认定事实清楚和原判认定事实错误或者认定事实不清两种情况。对于原判认定事实清楚，上诉人对事实并无异议的，一般对原判认定的事实，可概括予以确认；如果上诉人对原判认定的事实有异议，则应当重点针对有异议

的事实,运用具体证据进行分析,来证明为什么原判认定的事实是清楚的。对于原判认定事实错误或者认定事实不清的,二审认定的事实应当详细叙述,并运用证据加以证明。如二审是根据当事人提出的新证据而改判的,判决书中应当写明对新证据的确认。

2. 二审判决的理由部分,要注意区分三种情况:(1)驳回上诉,维持原判的,要着重从两个方面加以论证:一是一审判决为什么正确。论证切忌使用套话、空话,要有根有据地说明一审判决认定事实清楚、适用法律正确。二是上诉理由为什么不能成立。要紧紧扣住其上诉理由和请求,以案件事实、法律规定论证上诉理由不能成立,上诉请求不予支持。(2)改判的二审判决的理由,首先要分析、论证一审判决适用法律错在何处。然后,对上诉的理由和请求作出分析,请求成立的予以支持,请求不成立的不予支持。(3)二审查清事实后改判的判决的理由,则要根据二审查清和认定的事实,依照有关法律、法规,针对原判错误和上诉人的上诉理由及请求,全面进行分析、论证。

3. 第二审民事判决书比起第一审民事判决书在制作方面有较大的难度,制作时既要符合制作民事判决书的一般要求,又要反映二审的特点;既要概括写明一审判决认定的事实,又要写明二审查明确认的事实;既要针对一审判决认定的事实和适用的法律进行评述,又要针对上诉人的上诉理由与请求进行分析、论证。因此,要注重对各部分的详略繁简安排适当,避免文字上的重复。

第六节　再审民事判决书

一、再审民事判决书的概念

再审民事判决书,是人民法院依照《民事诉讼法》规定的审判监督程序,对已经发生法律效力的确有错误的民事判决和调解协议进行重新审理后,就案件的实体问题作出的书面处理决定。

《民事诉讼法》对审判监督程序作出了专章规定。审判监督程序,不是审判程序的必经阶段,而是特殊阶段,是诉讼上的一种补救措施。设立审判监督程序的目的,在于使已经发生法律效力的判决、裁定和调解协议在确有错误的情况下,依照法定程序予以纠正。因此,再审民事判决书对于依法纠正错误的裁判,保证裁判的正确性和合法性,维护国家法制的统一,保护公民、法人和其他组织的合法权益,有着十分重要的作用。

二、再审民事判决书的内容和制作方法

《民事诉讼文书样式》列举了五种再审民事判决书的样式,包括:依当事人申请而再审、遗漏了必须共同诉讼的当事人而再审、案外人申请再审、人民法院依职权再审、人民检察院抗诉再审、检察建议再审六大类。每一大类又细分为具体的小类。如依当事人申请再审的,又分为五类:依申请提审、依申请受指令或者指定按一审程序再审、依申请受指令或者指定按二审程序再审、依申请对本院案件按一审程序再审、依申请对本院案件按二审程序再

审等。

各类再审判决书的主要区别在于：一是当事人及诉讼地位不同；二是提起再审程序的来由不同。其他内容则大体上是相同的。

再审民事判决书在结构和要素上与一、二审民事判决书基本相同，由标题、正文、落款等组成，但有自己的特点。

（一）标题

在再审民事判决书中，文书制作机关的名称、文书名称的格式和要求，与一、二审民事判决书基本相同。所不同的是文书编号中的审级代字不同，为“民再”字。

（二）正文

1. 当事人的诉讼地位。再审民事案件当事人的诉讼地位表述为“再审申请人”、“被申请人”，并分别用括号注明其一审、二审的诉讼地位。如“再审申请人（一、二审诉讼地位）”。其他当事人按照原审诉讼地位表述，例如，一审终审的，称为“原审原告”“原审被告”“原审第三人”；二审终审的，称为“二审上诉人（一审原告）”“二审被上诉人（一审被告）”等。

遗漏的必须共同诉讼当事人为再审申请人的，其后不括注在原审中的诉讼地位；案外人列为再审申请人的，其后用括号注明其为案外人；人民法院依职权按二审程序再审的案件，列二审诉讼地位，其后括号注明一审地位；如果按一审程序再审的，列原审诉讼地位；抗诉再审案件，应当写明抗诉机关及申诉人与被申诉人的诉讼地位。对于检察机关因国家利益、社会公共利益受损而依职权启动再审程序的案件，应列明当事人的原审诉讼地位；通过检察建议启动再审的案件，应当写明监督机关和申诉人及被申诉人的诉讼地位。

2. 案件由来。应当写明当事人姓名或者名称、案由、原判文号和提起再审的原因或者根据。

（1）依当事人申请再审的，可以分为三大类：第一，依当事人申请提审的，案件由来表述为：“再审申请人×××因与被申请人×××/再审申请人及×××……（写明案由）一案，不服××××人民法院（××××）……号民事判决/民事调解书，向本院申请再审。本院于××××年××月××日作出（××××）……号民事裁定，提审本案。”第二，依申请受指令/指定再审的，案件由来的表述只需将上述格式中的“向本院申请再审”改为“向×××××人民法院申请再审”，将“提审本案”改为“指令/指定本院再审本案”，其他表述相同。第三，依申请对本院案件再审的，案件由来表述，只要将前述样式最后一句改为：“……本院于（何时）作出……号民事裁定再审本案”即可，其他部分表述与上列相同。

（2）其他五类提出再审的案件由来表述，与当事人申请再审的，在表述的思路上基本相同。体现各自特点的部分，则应作相应的改述，因案而异。第一，如案外人申请再审的，表述为：“……作出……号民事判决，已经发生法律效力并强制执行。×××（写明案外人的姓名或名称）对裁定不服，认为原判决/调解书错误，向本院申请再审……”。第二，本院依职权再审的表述要写明：“……本院经审判委员会讨论决定，于……裁定，再审本案”。第三，人民检察院抗诉案件指令再审的，表述为：“申诉人×××因与被申诉人×××一案，不服……裁定，向××××人民检察院申诉。××××人民检察院作出……号民事抗诉书，向××××人民法院提出抗诉。××××人民法院作出……民事裁定，指令本院再审本案。”

3. 审判组织形式,即审判方式和当事人出庭情况的写法,与一、二审民事判决书相同。如果是本院再审的,要写明另行组成合议庭。

4. 事实部分,首先写明再审请求、事实和理由,概述答辩意见和其他当事人的意见。如果是依检察院抗诉或者检察建议启动再审的,要先写抗诉意见和检察建议内容,再写申诉人的再审请求。其次应当写原一审、二审的诉讼请求,概述一、二审认定的事实和理由及判决结果。最后写再审认定的事实和证据。

5. 理由部分,主要是根据再审查明的事实,着重论述原审生效判决是否正确,阐明应予改判或者应当维持原判的理由。对于当事人在再审中提出的理由与请求,应当有针对性地进行分析、论证,正确的予以支持,不正确的有理有据地予以批驳。这一部分的内容也可参照二审民事判决书理由部分的书写方法和要求制作。

6. 判决结果,可参照二审民事判决书判决结果的书写方法和要求制作。

7. 尾部。再审过程有的适用一审程序,有的适用二审程序,应分别参照一审或者二审民事判决书尾部的书写方法和要求制作。

第七节 非讼程序民事判决书

一、非讼程序民事判决书的概念

非讼程序民事判决书,是人民法院按照《民事诉讼法》及相关法律规定的特别程序或非讼程序,审理特殊类型的案件,就某种法律事实是否存在或者某种权利的实际状况而作出确认的书面决定。

按照非讼程序审理的案件的特点是:第一,不具有民事权益争议的内容。第二,起诉人或者申请人都不要求追究他人民事责任。这两个特点决定了非讼程序民事判决书与一审、二审和再审民事判决书,在格式、内容和制作方面都有不同之处。主要是:

1. 判决所解决问题的性质不同。非讼程序民事判决书是对某种法律事实是否存在和某种权利的实际状况作出的确认;而一般的民事判决书是对解决民事诉讼当事人之间的民事权益争议作出的决定。

2. 适用的范围不同。非讼程序民事判决书适用于依照《民事诉讼法》等法律规定的特殊类型的民事案件;而一般民事判决书适用于第一审程序、简易程序、第二审程序和再审程序审理的各种民事权益纠纷案件。

3. 判决发生效力的时间不同。按照非讼程序审理的案件实行一审终审,所制作的判决书送达当事人后即发生法律效力;而一般民事案件实行两审终审制,所制作的判决,只有当事人在法定上诉期限内不上诉,才能发生法律效力。

4. 判决书中当事人的称谓和列项不同。适用非讼程序审理的案件,一般不是来自当事人的起诉,而是来自利害关系人或者其他公民、法人和组织的申请。由于不是民事权益纠纷,有的还没有对方当事人。除了选民资格案件判决书中对当事人称为“起诉人”外,其余判决书中均称为“申请人”，有相对人的，列为被申请人。

5. 判决书中应写明的事实内容不同。非讼案件判决书的事实部分主要是申请人的申请要要求、事实和理由，有对方当事人的，也要有对方的意见、事实和理由，最为主要的是法院认定的事实。

6. 有的判决书并不要求严格区分事实和理由。如确认某一事实存在后，即可依照有关法律作出判决，不需要再去论证这样判决的理由。

非讼程序民事判决书，按照案件的性质可分为：申请确定选民资格案民事判决书、申请宣告失踪或者宣告公民死亡案民事判决书、申请撤销宣告失踪或者申请撤销宣告公民死亡案民事判决书、被撤销死亡宣告人请求返还财产案民事判决书、申请宣告公民无民事行为能力或者限制民事行为能力案民事判决书、申请宣告公民恢复限制民事行为能力或者恢复完全民事行为能力案民事判决书、监护权特别程序案民事判决书、申请认定财产无主案或者申请撤销认定财产无主案民事判决书和公示催告除权判决书。按照判决所确认的问题可分为：确认某种事实是否存在的民事判决书和确认某种权利的实际状态的民事判决书。

二、申请确定选民资格案件民事判决书

（一）申请确定选民资格案件民事判决书的概念

申请确定选民资格案件民事判决书，是人民法院依照民事诉讼法规定的特别程序审理选民资格案件后，就公民是否享有选举权问题而作出的书面决定。

《民事诉讼法》第 181 条、第 182 条第 3 款规定：“公民不服选举委员会对选民资格的申诉所作的处理决定，可以在选举日的五日以前向选区所在地基层人民法院起诉。”“人民法院的判决书，应当在选举日前送达选举委员会和起诉人，并通知有关公民。”这是制作和适用申请确定选民资格案件民事判决书的法律依据。

（二）申请确定选民资格案件民事判决书的内容和制作方法

申请确定选民资格案件和其他按特别程序审理的案件民事判决书都由标题、正文和落款三部分组成。

1. 标题。标题应当写明文书制作机关名称和文书名称、文书编号。文书编号中的程序代字为“特”字。

2. 正文。正文应当写明当事人的基本情况、案件的由来和审理经过、事实、理由和判决结果。

（1）当事人的称谓，根据《民事诉讼法》第 182 条第 2 款的规定，应为“起诉人”。当事人的基本情况应写明：姓名、性别、出生年月日、民族、籍贯、职业或工作单位和职务、住址（以下判决书首部各项只写与选民资格案件的不同之处）。

（2）案件的由来和审理经过在行文上可表述为：“起诉人×××申请确定选民资格一案，本院于××××年××月××日立案后，依法适用特别程序进行了审理。起诉人×××、×××选举委员会的代表×××、公民×××到庭参加诉讼。现已审理终结。”其中列写的到庭参加诉讼的“公民×××”是指起诉人认为选民名单中漏掉的有选举权的公民，或者选民名单中列入的不应有选举权的公民；如果起诉人本人就是起诉人认为的选民名单中

漏掉的有选举权的公民,“公民×××”一句可不写。

(3)起诉人起诉的理由和请求可以概括写明。法院查明的事实,包括两项内容:(1)查明的选举委员会对选民资格的申诉所作的处理决定及其依据和理由。(2)法院经审理后认定的事实。主要有两种情况:一是该公民的确切年龄;二是该公民是否被剥夺政治权利。判决理由主要写明两点:一是说明该公民应否有选举权;二是引用判决所适用的法律条款。判决所适用的法律条款是指《选举法》的有关规定。判决结果应明确写明该公民是否有选举权。

3. 落款。《民事诉讼法》第178条规定,依照特别程序审理的案件,实行一审终审;申请确定选民资格案件,由审判员组成合议庭审理。因此,落款一是写明“本判决为终审判决”;二是合议庭组成人员署名;三是写明判决日期;四是加盖院印,最后由书记员署名。

三、申请宣告失踪或者宣告死亡案件民事判决书

(一)申请宣告失踪或者宣告死亡案件民事判决书的概念

申请宣告失踪或者宣告死亡案件民事判决书,是人民法院按照《民事诉讼法》规定的特别程序审理宣告失踪或者宣告死亡案件后所作出的书面决定。

《民事诉讼法》第185条规定,人民法院受理宣告失踪、宣告死亡案件后,应当发出寻找下落不明人的公告。公告期间届满,人民法院应当根据被宣告失踪、宣告死亡的事实是否得到确认,作出宣告失踪、宣告死亡的判决或者驳回申请的判决。这是制作和适用宣告失踪或者宣告死亡案件民事判决书的法律依据。

(二)申请宣告失踪或者宣告死亡案件民事判决书的内容和制作方法

申请宣告失踪或者宣告死亡案件,是因利害关系人的申请而发生的,首部中当事人的称谓为“申请人”。案件的由来和审理经过可从简表述为:“申请人×××申请宣告公民失踪/宣告公民死亡一案,本院于××××年××月××日立案后,依法适用特别程序进行了审理。现已审理终结。”

正文的事实部分,包括两项内容:(1)申请人申请的主要内容,写明其所述的下落不明人,及下落不明的事实、时间和请求;(2)法院查明的事实,写明经法院查实的下落不明人的姓名、性别、出生年月日、籍贯、与申请人的关系以及下落不明的事实。根据《民事诉讼法》第185条规定,法院公告寻找下落不明人是这类案件的必经程序,也是推定下落不明人失踪或者死亡的主要依据,具有重要的法律意义,所以,判决书中要记载发出寻找公告的情况。在行文上可这样表述:

> “经审理查明:下落不明人×××,男/女,××××年××月××日生,×族,户籍地……,原住……,系申请人×××的××。……(写明下落不明的事实、时间)。申请人×××申请宣告×××失踪后,本院于××××年××月××日在……(写明公告方式)发出寻找×××的公告。(下落不明得到确认的,写明:)法定公告期间为三个月,现已届满,×××仍然下落不明。(下落不明得不到确认的,写明事实根据:)……。”

判决理由,写明作出宣告失踪或者宣告死亡的理由,或者驳回申请人的申请的理由,还应写明判决所依据的法律条款。

判决结果,宣告失踪的,表述为:"一、宣告×××为失踪人;二、指定×××为失踪人×××的财产代管人。"宣告死亡的,表述为:"宣告×××死亡。"驳回申请的,表述为:"驳回×××的申请。"

四、申请认定公民无民事行为能力或者限制民事行为能力案件民事判决书

(一)申请认定公民无民事行为能力或者限制民事行为能力案件民事判决书的概念

申请宣告公民无民事行为能力或者限制民事行为能力案件民事判决书,是人民法院依照《民事诉讼法》规定的特别程序审理确认民事行为能力案件后,所作出的宣告公民无民事行为能力或者限制民事行为能力的书面决定。

《民事诉讼法》第189条规定:"经审理认定申请有事实根据的,判决该公民为无民事行为能力或者限制民事行为能力人;认定申请没有事实根据的,应当判决予以驳回。"这是制作和适用确认民事行为能力案件民事判决书的法律依据。

(二)申请认定公民无民事行为能力或者限制民事行为能力案件民事判决书的内容和制作方法

《民事诉讼法》第187条规定:"申请认定公民无民事行为能力或者限制民事行为能力,由其近亲属或者其他利害关系人向该公民住所地基层人民法院提出。"这里所说的"其他利害关系人",包括对公民享有监护权的单位或者组织。

因此,在首部,申请人是公民的,应当写明姓名、性别、出生年月日、民族、籍贯、职业或者工作单位和职务、住址。申请人是单位或者组织的,应当写明单位或者组织名称、所在地址,并另起一行写明其法定代表人或者代表人姓名和职务;有委托代理人的,再另起一行写明委托代理人姓名、性别、职业或工作单位和职务。

案件的由来和审理经过可简述为:"申请人×××申请认定×××无民事行为能力(或限制民事行为能力人)一案,本院于××××年××月××日立案后,依法适用特别程序进行了审理。现已审理终结。"

正文先分行依次概述申请人的请求、事实和理由,被申请人的意见,代理人的意见。再写经审理查明的被申请人的基本信息(姓名、性别、出生年月日、籍贯、住址)及其与申请人的关系;写明申请人所述被申请人不能辨认或者不能完全辨认自己行为的具体事实及其根据、鉴定结论或者审查情况;写明判决所依据的法律条款和判决结果。判决结果有两种:准许申请的,表述为:"×××为无民事行为能力人(或者限制民事行为能力人)。"不准许申请的,表述为:"驳回×××的申请。"

五、监护权特别程序案件民事判决书

(一)监护权特别程序案件民事判决书的概念

监护权特别程序案件民事判决书,是人民法院适用民事诉讼法规定的特别程序审理监护权案件后,依法作出的确定监护人的判决书。监护权特别程序案件判决书分为三类:不服

指定监护人案件判决书、申请变更监护人案件判决书和申请撤销监护人案件判决书。

(二)监护权特别程序案民事判决书的内容和制作方法

写明内容包括:当事人的基本情况、案由和审理经过,起诉人起诉的请求和理由,法院认定的事由和理由、判决结果等。

这类案件当事人的称谓应为"申请人",不列被申请人。

判决理由应着重说明申请是否成立以及是否需要重新指定监护人的理由。判决结果根据案件类型不同而有不同表述。(1)申请确定监护人的,表述为:"一、撤销×××为×××的监护人的指定;二、指定×××为×××的监护人。"(2)申请变更监护人的,表述为:"(变更监护人的,写明:)×××的监护人变更为×××。(驳回申请的,写明:)"驳回×××的申请。"(3)申请撤销监护人的,表述为:"(撤销监护人资格的,写明:)一、撤销×××为×××的监护人的资格。二、指定×××为×××的监护人。(驳回申请的,写明:驳回×××的申请。)"

六、公示催告除权判决书

公示催告除权判决书,是指在公示催告案件中,人民法院根据票据权利人的申请宣告票据无效的判决书。公示催告除权判决书的法律根据是《民事诉讼法》第222条以及最高人民法院《关于适用〈中华人民共和国民事诉讼法〉的解释》第452条。

公示催告除权判决书的基本格式和要素与第一审普通程序判决书基本相同,不同之处在于:

1. 标题中的案号代字为"民催"字。

2. 当事人列为申请人。

3. 案件的由来和审理经过表述为:"申请人×××申请公示催告一案,本院于××××年××月××日立案后,依法于××××年××月××日发出公告,催促利害关系人在六十日内申报权利。现公示催告期间已满,无人向本院提出申报(或者×××向本院申报被驳回)。"公示催告案件依法应当进行公告,应当写明公告的期间和后果。

4. 正文部分,不写事实和理由。只写公示催告除权的法律依据。

5. 判决结果表述为:"一、宣告申请人×××持有的号码……、票面金额……元……的×票无效;二、自本判决公告之日起,申请人×××有权向支付人请求支付。"

6. 落款中的审判组织为合议庭。

第八节 民事裁定书

一、民事裁定书概述

民事裁定书,是人民法院在审理民事案件过程中,就解决诉讼程序方面的问题依法制作的法律文书。

民事裁定书与民事判决书的主要区别是:(1)解决的问题性质不同。前者解决有关诉讼程序方面的问题;后者则解决当事人之间的实体问题,即民事权利义务关系问题。(2)内容和结构不同。前者的内容比较简单,一般不要求具体叙述案件事实,在结构上也不要求有事实和理由的区分;后者的内容则比较复杂,一般要求全面地分别叙述案件的事实和理由,在结构上也要求把事实和理由分开书写。(3)上诉的规定不同。前者除法律明文规定准许当事人上诉的以外,一般不准许上诉,裁定书一经送达即发生法律效力;后者除法律明文规定一审终审的以外,一般都准许上诉,上诉期间内,民事判决书虽已送达,但并不发生法律效力。此外,民事裁定与民事判决的上诉期限也不同,民事裁定为10日,民事判决为15日。

民事裁定书按照所解决的事项可分为:不予受理起诉的民事裁定书、准许或者驳回管辖权异议的民事裁定书、驳回起诉的民事裁定书、财产保全的民事裁定书、先予执行的民事裁定书、准许或者不准撤诉的民事裁定书、中止或者终结诉讼的民事裁定书、发回重审的民事裁定书、提起再审的民事裁定书、补正裁判文书中的笔误的民事裁定书,等等。

民事裁定书按照不同的审判程序可分为:一审民事裁定书、二审民事裁定书、再审民事裁定书、特别程序的民事裁定书、审判监督程序的民事裁定书、督促程序的民事裁定书、公示催告程序的民事裁定书、执行程序的民事裁定书和涉外民事诉讼程序的民事裁定书。

民事裁定书按照法律的不同规定可分为:准许上诉的民事裁定书、不准上诉的民事裁定书和准许复议的民事裁定书。

二、不予受理起诉民事裁定书

(一)不予受理起诉民事裁定书的概念

不予受理起诉民事裁定书,是人民法院收到起诉人的起诉状或者口头起诉后,经审查认为不符合起诉条件,依法作出不予受理的书面决定。

《民事诉讼法》第123条规定:“人民法院应当保障当事人依照法律规定享有的起诉权利。对符合本法第一百一十九条的起诉,必须受理。符合起诉条件的,应当在七日内立案,并通知当事人;不符合起诉条件的,应当在七日内作出裁定书,不予受理;原告对裁定不服的,可以提起上诉。”这是制作和适用不予受理起诉民事裁定书的法律依据。

民事裁定书与判决书的基本格式和要素大致相同,由标题、正文和落款三部分组成。

(二)不予受理起诉民事裁定书的内容和制作方法

1. 标题写明文书制作机关及文书的名称、文书编号。案号类型代字为“民初”字。

2. 正文部分,首先写起诉人及其代理人的姓名或者名称等基本信息。由于案件尚未受理,与被诉方不存在法定的诉讼关系,为区别于诉讼成立后当事人的称谓,该项只有“起诉人”的称谓,而不列被诉人。在这之后,接着写收到起诉状时间和起诉请求、事实和理由。具体表述为:“××××年××月××日,本院收到×××的起诉状。起诉人×××向本院提出诉讼请求:1.……;2.……(明确原告的诉讼请求)。事实和理由:……(概述原告主张的事实和理由)。”

其次,另起一行叙写:“本院经审查认为,……”。写明不予受理的理由,即不符合法定受理条件的事实。接着写裁定的法律依据和裁定结果,表述为:“依照《中华人民共和国民事诉讼法》第一百一十九条、第一百二十三条规定,裁定如下:对×××的起诉,本院不予受理。”

最后尾部应当写明上诉相关的事项。由于裁定不予受理,不存在诉讼费用,亦无须向被诉人送达裁定书,行文可表述为:“如不服本裁定,可以在裁定书送达之日起十日内,向本院递交上诉状,上诉于××××人民法院。”

3. 裁定书的落款,由负责审查立案合议庭成员署名。

三、管辖权异议民事裁定书

(一)管辖权异议民事裁定书的概念

管辖权异议民事裁定书,是人民法院对当事人提出的管辖权异议,经审查后,依法作出的驳回异议或者确认异议成立的书面决定。《民事诉讼法》第127条规定:“人民法院受理案件后,当事人对管辖权有异议的,应当在提交答辩状期间提出。人民法院对当事人提出的异议,应当审查。异议成立的,裁定将案件移送有管辖权的人民法院;异议不成立的,裁定驳回。当事人未提管辖异议,并应诉答辩的,视为受诉人民法院有管辖权,但违反级别管辖和专属管辖规定的除外。”这是制作和适用管辖权异议民事裁定书的主要法律依据。

(二)管辖权异议民事裁定书的内容和制作方法

1. 标题中的案号,一审裁定书为“民初”字,二审裁定书为“民辖终”字。

2. 诉讼参加人基本情况与民事判决书相同,一审裁定书应当列原告、被告、第三人。

正文部分还应当写明:(1)当事人对管辖权提出的异议及其理由。这一部分应当把当事人的主要意见及其理由叙述清楚。(2)法院对异议的审查意见,即异议成立或者不成立的根据和理由。(3)裁定所依据的法律条款。(4)裁定结果。具体行文可作如下表述:

“原告×××与被告×××、第三人×××……(写明案由)一案,本院于××××年××月××日立案。

×××诉称,……(概述原告的诉讼请求、事实和理由)。

×××在提交答辩状期间,对管辖权提出异议认为,……(概述异议内容和理由)。

本院经审查认为,……(写明异议成立或不成立的事实和理由)。

依照《中华人民共和国民事诉讼法》第×条、第一百二十七条第一款规定,裁定如下:

(异议成立的,写明:)×××对管辖权提出的异议成立,本案移送××××人民法院处理。

(异议不成立的,写明:)驳回×××对本案管辖权提出的异议。

案件受理费……元,由被告……负担(写明当事人姓名或者名称、负担金额)。”

《民事诉讼法》第154条第2款规定,对管辖权提出异议案件的裁定可以上诉。因此,裁定书尾部还应写明上诉相关的事项。此外,裁定确认管辖权异议成立的,裁定书只送达当事人。裁定生效后,向有管辖权的人民法院移送案件时,则应另行使用移送函。当事人提出案件管辖权异议,异议不成立的,由提出异议的当事人交纳案件受理费;异议成立的,当事人均不交纳案件受理费。当事人在中华人民共和国领域内没有住所的,尾部中的上诉期改为30日。

3. 落款部分,适用普通程序的,落款中的"审判员"可以为"代理审判员"或者"人民陪审员"。适用简易程序的,落款中的署名为"审判员"或者"代理审判员"。

四、诉前行为保全民事裁定书

(一)诉前行为保全民事裁定书的概念

诉前行为保全民事裁定书,是人民法院在接到利害关系人在起诉前提出的行为保全申请之后,依法作出的采取行为保全措施的书面决定。《民事诉讼法》第101条规定:"利害关系人因情况紧急,不立即申请保全将会使其合法权益受到难以弥补的损害的,可以在提起诉讼或者申请仲裁前向被保全财产所在地、被申请人住所地或者对案件有管辖权的人民法院申请采取保全措施。申请人应当提供担保,不提供担保的,驳回申请。"这是制作和适用诉前行为保全民事裁定书的法律依据。

(二)诉前行为保全民事裁定书的内容和制作方法

1. 由于裁定是在诉前作出的,法院并未立案,因此应单独编号,用一个"行保"字代表裁定的特殊性。

2. 诉讼参加人基本情况部分,由于尚未起诉,不能使用诉讼当事人的称谓。提出行为保全的应当称为"申请人",与之相对应的称为"被申请人"。

正文还应当写明:(1)申请人申请诉前保全的理由,即基于什么原因而提出申请。(2)申请人提出诉前保全申请的时间。(3)申请采取保全措施的具体要求与内容,如请求采取何种行为保全措施等。(4)申请人已向法院提供担保的情况。以上四点内容可以简要地写在一个自然段里。(5)法院决定采取行为保全措施的理由及其法律依据。理由可以简明扼要地书写。(6)裁定结果,具体写明对被申请人采取何种行为保全措施。

3. 本裁定书的尾部需要交代的事项包括:(1)写明申请人向法院起诉或者申请仲裁的期限和逾期不起诉或者不申请的法律后果;(2)写明裁定的执行效力;(3)写明被申请人享有的复议权利;(4)申请费用的负担。这四点内容都是法律明文规定的,在裁定书中应当一一向当事人交代清楚。

五、诉讼财产保全民事裁定书

(一)诉讼财产保全民事裁定书的概念

诉讼财产保全民事裁定书,是人民法院在审理民事案件过程中,根据一方当事人财产保全的申请,或者依职权作出的采取财产保全措施的书面决定。诉讼财产保全裁定书的制作依据是《民事诉讼法》第100条、第101条的规定。

(二)诉讼财产保全民事裁定书的内容和制作方法

1. 标题中案号使用民事诉讼案件相应代字,如一审案件为"民初"字,二审案件为"民终”字。

2. 当事人列为“申请人”和“被申请人”。

正文应当写明:(1)案由、申请人提出财产保全申请的时间及其请求的具体内容。(2)申请人是否已提供担保。(3)法院依职权采取财产保全的,应当写明客观存在的足以造成未来判决不能执行或者难以执行的事实根据。(4)法院认为需要采取保全措施的理由及其法律依据。(5)裁定结果。具体行文可作如下表述:

“……(写明当事人及案由)一案,申请人×××于××××年××月××日向本院申请财产保全,请求对被申请人×××……(写明申请采取财产保全措施的具体内容)。申请人×××/担保人×××以……(写明担保财产的名称、数量或者数额、所在地点等)提供担保。

本院经审查认为,……(写明采取财产保全措施的理由)。依照《中华人民共和国民事诉讼法》第一百条、第一百零二条、第一百零三条第一款规定,裁定如下:

查封/扣押/冻结被申请人×××的……(写明保全财产名称、数量或者数额、所在地点等),期限为……年/月/日(写明保全的期限)。”

3. 裁定书的尾部,还应当写明裁定的执行效力和复议事项,其写法与诉前财产保全的裁定书相同。

六、中止或者终结诉讼民事裁定书

(一)中止或者终结诉讼民事裁定书的概念

中止或者终结诉讼民事裁定书,是人民法院在审理民事案件过程中,因发生某种无法克服和难以避免的特殊情况,或者由于当事人死亡,需要暂时停止诉讼或者结束诉讼时,依法作出的暂时停止诉讼或者结束诉讼的书面决定。

《民事诉讼法》第150条规定:“有下列情形之一的,中止诉讼:(一)一方当事人死亡,需要等待继承人表明是否参加诉讼的;(二)一方当事人丧失诉讼行为能力,尚未确定法定代理人的;(三)作为一方当事人的法人或者其他组织终止,尚未确定权利义务承受人的;(四)一方当事人因不可抗拒的事由,不能参加诉讼的;(五)本案必须以另一案的审理结果为依据,而另一案尚未审结的;(六)其他应当中止诉讼的情形。中止诉讼的原因消除后,恢复诉讼。”第151条规定:“有下列情形之一的,终结诉讼:(一)原告死亡,没有继承人,或者继承人放弃诉讼权利的;(二)被告死亡,没有遗产,也没有应当承担义务的人的;(三)离婚案件一方当事人死亡的;(四)追索赡养费、抚养费、抚育费以及解除收养关系案件的一方当事人死亡的。”上述法律规定是制作和适用中止或者终结诉讼民事裁定书的法律依据。

(二)中止或者终结诉讼民事裁定书的内容和制作方法

1. 标题中的案号用诉讼案件的案号。

2. 当事人基本情况的写法与一审判决书相同。对于一方当事人死亡的,裁定书中仍应列明其诉讼地位。

正文应当写明:(1)案由和中止或者终结诉讼的事实根据。(2)法律依据和裁定结果。

具体行文可表述为：

"……（写明当事人及案由）一案，本院于××××年××月××日立案。

本案在审理过程中，……（写明中止诉讼或者终结诉讼的事实依据）。

本院经审查认为，……（写明中止诉讼或者终结诉讼的理由）。

依照《中华人民共和国民事诉讼法》第一百五十条第一款第×项、第一百五十四条第一款第六项规定，裁定如下：

本案中止诉讼/终结诉讼。"

3. 终结诉讼的，尾部应写明："×××已经预交的案件受理费……元，不予退还。"

依照二审程序、再审程序审理案件的过程中，需要中止或者终结诉讼时，可以参照上述方法制作裁定书。

七、发回重审民事裁定书

发回重审民事裁定书，是第二审或者再审人民法院因原判决认定事实错误，或者认定事实不清，证据不足，或者违反法定程序，可能影响案件正确判决，依法作出的撤销原判决，发回原一审法院重新审理的书面决定。

《民事诉讼法》第170条第1款第3项、第4项规定，原判决认定基本事实不清，或者原判决遗漏当事人或者违法缺席判决等严重违反法定程序的，裁定撤销原判决，发回原审人民法院重审。《民事诉讼法解释》第325条规定："下列情形，可以认定为民事诉讼法第一百七十条第一款第四项规定的严重违反法定程序：（一）审判组织的组成不合法的；（二）应当回避的审判人员未回避的；（三）无诉讼行为能力人未经法这代理人代为诉讼的；（四）违法剥夺当事人辩论权利的。"第422条规定："必须共同诉讼的当事人因不能归责于其本人或者其诉讼代理人的事由未参加诉讼的，可以根据民事诉讼法第二百条第八项规定，自知道或者应当知道之日起六个月内申请再审，但符合本解释第四百二十三条规定情形除外。人民法院因前款规定的当事人申请而裁定再审，按照第一审程序再审的，应当追加其为当事人，作出新的判决、裁定；按照第二审程序再审，经调解不能达成调解协议的，应当撤销原判决、裁定，发回重审，重审时应当追加其为当事人。"最高人民法院《关于民事审判监督程序严格依法适用指令再审和发回重审若干问题的规定》第4条规定："人民法院按照第二审程序审理再审案件，发现原判决认定基本事实不清的，一般应当通过庭审认定事实后依法作出判决。但原审人民法院未对基本事实进行过审理的，可以裁定撤销原判决，发回重审。原判决认定事实错误的，上级人民法院不得以基本事实不清为由裁定发回重审。"第5条规定："人民法院按照第二审程序审理再审案件，发现第一审人民法院有下列严重违反法定程序情形之一的，可以依照民事诉讼法第一百七十条第一款第（四）项的规定，裁定撤销原判决，发回第一审人民法院重审：（一）原判决遗漏必须参加诉讼的当事人的；（二）无诉讼行为能力人未经法定代理人代为诉讼，或者应当参加诉讼的当事人，因不能归责于本人或者其诉讼代理人的事由，未参加诉讼的；（三）未经合法传唤缺席判决，或者违反法律规定剥夺当事人辩论权利的；（四）审判组织的组成不合法或者依法应当回避的审判人员没有回避的；（五）原判决、裁定遗漏诉讼请求的。"上述法律和司法解释是制作和适用发回重审民事裁定书的依据。

根据文书样式,第二审发回重审民事裁定书的标题和落款与第二审民事判决书基本相同,再审发回重审民事裁定书的标题和落款与再审民事判决书相同。

发回重审裁定书的正文首部、案件由来和审理经过,按照二审或者再审判决书格式写明。

事实和说理部分不必叙述当事人诉讼请求和事实理由以及法院认定事实,仅需全面写明发回重审的理由,不再另附函。

二审发回重审裁定书具体行文可作如下表述:

"本院认为,……(写明原判决认定基本事实不清或者严重违反法定程序的问题)。依照《中华人民共和国民事诉讼法》第一百七十条第一款第×项规定,裁定如下:

一、撤销××××人民法院(××××)……民初……号民事判决;

二、本案发回××××人民法院重审。

上诉人×××预交的二审案件受理费……元予以退回。"

再审发回重审的裁定书具体表述为:

"依照《中华人民共和国民事诉讼法》第二百零七条第一款、第一百七十条第一款第×项规定,裁定如下:

一、撤销××××人民法院(××××)……民终……号民事判决/民事裁定/民事调解书及××××人民法院(××××)……民初……号民事判决/民事裁定;

二、本案发回××××人民法院重审。"

八、再审民事裁定书

再审民事裁定书,是人民法院依照《民事诉讼法》规定的审判监督程序,对已经发生法律效力的民事判决、裁定或者调解书,依照法律规定决定再审的书面决定。

根据《民事诉讼法》第198条、第199条、第200条、第205条、第208条、第209条等规定,人民法院应当按照审判监督程序决定再审,并对案件作出裁定。上述规定是制作和使用再审民事裁定书的法律依据。

再审民事裁定书由标题、正文和落款三部分组成。

标题应当写明文书制作机关和文书的名称及文书编号。

正文应当写明:(1)诉讼参加人的基本情况。与再审判决书相同。(2)案件由来和审理经过,要写明原判作出的时间和案号。(3)提起再审的原因和理由。(4)裁判法律依据。(5)裁定结果。具体分下列情形,表述有所不同:

1. 上级法院依再审申请决定提审的,可表述为:

"再审申请人×××因与被申请人×××/再审申请人×××及×××(写明原审其他当事人诉讼地位、姓名或名称)……(写明案由)一案,不服××××人民法院(××××)……号民事判决/民事裁定/民事调解书,向本院申请再审。本院依法组成合议庭进行了审查,现已审查终结。

本院认为,×××的再审申请符合《中华人民共和国民事诉讼法》第二百条第×项/第二百零一条(针对调解书申请再审)规定的情形。

依照《中华人民共和国民事诉讼法》第二百零四条、第二百零六条,《最高人民法院关于适用〈中华人民共和国民事诉讼法〉的解释》第三百九十五条第一款规定,裁定如下:

一、本案由本院提审;

二、再审期间,中止原判决/原裁定/原调解书的执行。”

2. 上级法院依申请指令下级法院再审的,案件由来和审理经过、裁判法律依据的表述,与决定提审的基本相同,其他部分表述为:

“×××申请再审称,……(写明再审申请人所依据的法定事由及事实与理由)。

×××提交意见称,……(写明被申请人的意见;未提交意见的,不写)。

本院经审查认为:……(依据认定的事实和相关法律,对再审申请进行分析评判,说明指令再审的理由)。

依照……裁定如下:

一、指令××××人民法院再审本案;

二、再审期间,中止原判决/原裁定/原调解书的执行。”

3. 本院依再审申请决定再审的,与指令再审不同的表述,主要是:

“本院认为,×××的再审申请符合《中华人民共和国民事诉讼法》第二百条第×项/第二百零一条(针对调解书申请再审)规定的情形。

……裁定如下:

一、本案由本院另行组成合议庭再审;

二、再审期间,中止原判决/原裁定/原调解书的执行。”

4. 检察院抗诉再审的,表述为:

“申诉人×××因……一案,不服……,向××××人民检察院申诉。××××人民检察院认为本案符合《中华人民共和国民事诉讼法》第二百条第×项规定的情形,以……号民事抗诉书向本院提出抗诉。

依照《中华人民共和国民事诉讼法》第二百一十一条、第二百零六条规定,裁定如下:

一、本案由本院提审/本案指令××××人民法院再审;

二、再审期间,中止原判决/裁定/调解书的执行。”

5. 人民法院依职权决定再审的,表述为:

“二审上诉人/原审原告×××与二审被上诉人/原审被告×××、原审第三人

×××……(写明案由)一案,本院于××××年××月××日作出(××××)……民×……号民事判决/民事裁定/民事调解书,已经发生法律效力。经本院院长提交审判委员会讨论认为,该判决/裁定/调解书确有错误,应予再审,依照《中华人民共和国民事诉讼法》第一百九十八条第一款、第二百零六条规定,裁定如下:

一、本案由本院再审;

二、再审期间,中止原判决/裁定/调解书的执行。"

九、司法确认调解协议裁定书

司法确认调解协议裁定书,是指人民调解委员会等调解机构对当事人的民事争议进行调解并达成协议后,依当事人的申请由调解机构所在地的基层人民法院对调解协议的效力进行确认的裁定书。

《民事诉讼法》第194条规定:"申请司法确认调解协议,由双方当事人依照人民调解法等法律,自调解协议生效之日起三十日内,共同向调解组织所在地基层人民法院提出。"第195条规定:"人民法院受理申请后,经审查,符合法律规定的,裁定调解协议有效,一方当事人拒绝履行或者未全部履行的,对方当事人可以向人民法院申请执行;不符合法律规定的,裁定驳回申请,当事人可以通过调解方式变更原调解协议或者达成新的调解协议,也可以向人民法院提起诉讼。"上述规定是制作司法确认调解协议裁定书的法律依据。

本裁定书标题,包括制作法院名称和文书名称,与其他民事裁定书相同,仅案号为"(××××)……民特……号"。

正文的诉讼参加人,均列为申请人,没有被申请人。

案件由来、审理经过、事实和理由及裁定结果,可以表述为:

"本院于××××年××月××日立案受理申请人×××与×××关于司法确认调解协议的申请并进行了审查。现已审查终结。

申请人因……(写明案由),于××××年××月××日经……(调解组织)主持调解,达成调解协议如下:

……(写明调解协议内容)。

本院经审查认为,申请人达成的调解协议,符合司法确认调解协议的法定条件。

依照《中华人民共和国民事诉讼法》第一百九十五条规定,裁定如下:

申请人×××与×××于××××年××月××日经……(调解组织)主持调解达成的调解协议有效。

当事人应当按照调解协议的约定自觉履行义务。一方当事人拒绝履行或者未全部履行的,对方当事人可以向人民法院申请执行。"

落款,由审判员或者代理审判员署名,书记员在发文日期下方署名。

十、执行程序民事裁定书

执行程序民事裁定书,是人民法院依照《民事诉讼法》规定的执行程序,就解决执行中的特定事项所作出的书面决定。

执行程序民事裁定书主要适用于以下范围:(1)裁定不予执行其他法律文书。如公证债权文书等。(2)裁定采取强制措施。如拍卖财产措施等。(3)裁定中止或者终结执行。(4)执行异议裁定书。(5)拍卖或者变卖成交确认裁定书。

制作执行裁定书需要注意四个问题:(1)文书名称统称为"执行裁定书",而不是"民事裁定书"。(2)案号(即文书编号)。凡本院审判的案件,在执行中需要制作裁定书的,根据一案一号的原则,仍使用该案的原案号,不应另行编号;凡受理申请执行其他机关生效法律文书,或者接受其他法院委托执行的案件,都应单编一个执行案号,如"(××××)×执字第××号"。(3)当事人的称谓应为"申请执行人"和"被执行人"。(4)由合议庭审查的,合议庭成员署名;由独任审判员审查的,审判员署名。

(一)不予执行仲裁裁决裁定书

不予执行仲裁裁决裁定书,是人民法院在执行过程中,根据被申请人提出的证据,经审查核实,确认仲裁机构的裁决确有错误或者违反法定程序,依法作出的不予执行仲裁机构裁决的书面决定。

《民事诉讼法》第237条规定:"对依法设立的仲裁机构的裁决,一方当事人不履行的,对方当事人可以向有管辖权的人民法院申请执行。受申请的人民法院应当执行。被申请人提出证据证明仲裁裁决有下列情形之一的,经人民法院组成合议庭审查核实,裁定不予执行:(一)当事人在合同中没有订有仲裁条款或者事后没有达成书面仲裁协议的;(二)裁决的事项不属于仲裁协议的范围或者仲裁机构无权仲裁的;(三)仲裁庭的组成或者仲裁的程序违反法定程序的;(四)认定事实的主要证据不足的;(五)适用法律确有错误的;(六)仲裁员在仲裁该案时有贪污受贿,徇私舞弊,枉法裁决行为的。人民法院认定执行该裁决违背社会公共利益的,裁定不予执行。裁定书应当送达双方当事人和仲裁机构。"这是制作和适用不予执行仲裁裁决裁定书的法律依据。

当事人列为申请人和被申请人。

案件由来和审理经过表述为:

"本院在执行×××与×××……(写明案由)一案中,×××申请不予执行××××仲裁委员会作出(××××)……号裁决。本院依法组成合议庭进行审查,现已审查终结。"

事实和理由可以表述为:

"×××称,……(写明申请不予执行仲裁裁决的事实和理由)。

×××辩称,……(写明答辩意见)。

本院查明,……(写明查明的事实)。"

裁定依据和结果表述为:

"综上所述,依照《中华人民共和国民事诉讼法》第一百五十四条第一款第十一项/第二百三十七条第二款第×项/第三款(部分不予执行的,增加引用《最高人

民法院关于适用〈中华人民共和国民事诉讼法〉的解释》第四百七十七条)规定,裁定如下:

(不予执行全部仲裁裁决内容的,写明:)不予执行××××仲裁委员会(××××)……号裁决。

(不予执行部分仲裁裁决内容的,写明:)不予执行××××仲裁委员会(××××)……号裁决的××事项。

(驳回申请的,写明:)驳回申请人×××不予执行××××仲裁委员会(××××)……号裁决的申请。"

(二)采取强制执行措施裁定书

采取强制执行措施裁定书,是人民法院依照《民事诉讼法》规定的执行程序,在执行过程中,为执行被执行人的财产而作出的采取具体强制执行措施的书面决定。

《民事诉讼法》第 242 条第 2 款、第 243 条第 2 款和第 244 条分别规定,人民法院决定冻结、划拨存款,扣留、提取收入,查封、扣押、冻结、拍卖、变卖被执行人应当履行义务部分的财产,应当作出裁定。上述规定,是制作和适用采取强制执行措施裁定书的法律依据。

正文应当写明:(1)当事人基本情况。(2)执行根据。(3)采取强制执行措施的缘由。(4)适用的法律条款和裁定结果。行文可作如下表述:

"本院在执行×××与×××……(写明案由)一案中,经查,……。依照《中华人民共和国民事诉讼法》第二百四十二条、《最高人民法院关于适用〈中华人民共和国民事诉讼法〉的解释》第四百八十七条规定,裁定如下:

查封/冻结/扣押被执行人×××的……(写明财产名称、数量或数额、所在地等),期限为×年。

本裁定立即执行。"

(三)中止或者终结执行法律文书裁定书

中止或者终结执行法律文书裁定书,是人民法院依照《民事诉讼法》规定的执行程序,在执行已生效的法律文书过程中,因发生了使执行无法继续进行的特殊情况,依法作出的暂时停止执行或者结束执行该法律文书的书面决定。

《民事诉讼法》第 253 条规定:"有下列情形之一的,人民法院应当裁定中止执行:(一)申请人表示可以延期执行的;(二)案外人对执行标的提出确有理由的异议的;(三)作为一方当事人的公民死亡,需要等待继承人继承权利或者承担义务的;(四)作为一方当事人的法人或者其他组织终止,尚未确定权利义务承受人的;(五)人民法院认为应当中止执行的其他情形。中止的情形消失后,恢复执行。"第 254 条规定:"有下列情形之一的,人民法院裁定终结执行:(一)申请人撤销申请的;(二)据以执行的法律文书被撤销的;(三)作为被执行人的公民死亡,无遗产可供执行,又无义务承担人的;(四)追索赡养费、扶养费、抚育费案件的权利人死亡的;(五)作为被执行人的公民因生活困难无力偿还借款,无收入来源,又丧失劳动能力的;(六)人民法院认为应当终结执行的其他情形。"第 255 条规定:"中止和终结执行的裁定,送达当事人后立即生效。"上述规定是制作和适用中止或者终结执行法律文书裁定书的法律依据。

正文应当写明:(1)当事人基本情况。(2)执行根据。(3)采取强制执行措施的缘由。(4)适用的法律条款和裁定结果。

中止执行的,行文可作如下表述:

"本院在执行×××与×××……(写明案由)一案中,……(写明中止执行的事实和理由)。依照《中华人民共和国民事诉讼法》第二百五十六条第一款第×项、第二百五十八条,《最高人民法院关于人民法院执行工作若干问题的规定(试行)》第一百零二条第×项规定,裁定如下:

中止(××××)……号……(生效法律文书)的执行。

(如中止执行法律文书主文部分内容的,写明:)中止(××××)……号……(生效法律文书)第×项的执行。

本裁定送达后立即生效。"

终结执行的,可以表述为:

"本院在执行×××与×××……(写明案由)一案中,……(写明终结本次执行程序的事实和理由)。依照《最高人民法院关于适用〈中华人民共和国民事诉讼法〉的解释》第五百一十九条规定,裁定如下:

终结本次执行程序。

申请执行人发现被执行人有可供执行财产的,可以再次申请执行。

本裁定送达后立即生效。"

第九节　民事调解书

一、民事调解书的概念

民事调解书,是人民法院对正在审理中的民事案件依法进行调解,在诉讼双方当事人自愿、合法地达成解决纠纷的协议后,予以认可而制作的具有法律效力的文书。

《民事诉讼法》第9条规定,人民法院审理民事案件,根据自愿的原则进行调解。第93条规定:"人民法院审理民事案件,根据当事人自愿的原则,在事实清楚的基础上,分清是非,进行调解。"调解是人民法院处理民事纠纷,解决实体问题的重要方式之一,其法律效力与民事判决相同。但是,两者有重要区别:(1)解决纠纷的方式不同。民事调解书是人民法院依法进行调解,促成双方当事人自愿、合法地达成解决纠纷协议而予以认可的司法文书;民事判决书则是人民法院对案件经过审理,就双方当事人纠纷的解决而依法作出判决的司法文书。(2)体现的意志不同。民事调解书在合法前提下,体现了双方当事人的意志,是人民法院依法对双方当事人自愿达成解决纠纷协议的确认;民事判决书体现的则是人民法院的意志即国家意志。(3)内容及其文书结构不同。民事调解书的内容比较简单,结构上不要求写明有关审理程序方面的问题及调解理由;民事判决书的内容则比较复杂,结构也有严格要求。(4)发生法律效力的时间不同。《民事诉讼法》第97条第3款规定,民事调解书经双方当事人签收后,即具有法律效力;但一审民事判决书送达当事人后并不立即生效,只有超过了法定的上诉期限,当事人不上诉的,民事判决书才发生法律效力。

民事调解书按照不同审级,可分为一审民事调解书、二审民事调解书和再审民事调解书。

二、民事调解书的内容和制作方法

(一)第一审民事调解书

第一审民事调解书,是人民法院依照《民事诉讼法》规定的第一审普通程序或者简易程序,对正在审理中的民事案件依法进行调解,在双方当事人自愿、合法地达成解决实体权利义务纠纷的协议后,予以确认而制作的具有法律效力的文书。

《民事诉讼法》第96条规定:"调解达成协议,人民法院应当制作调解书。调解书应当写明诉讼请求、案件的事实和调解结果。调解书由审判人员、书记员署名,加盖人民法院印章,送达双方当事人。调解书经双方当事人签收后,即具有法律效力。"这是制作和适用第一审民事调解书的法律依据。

第一审民事调解书由标题、正文和落款组成。

第一审民事调解书的标题、诉讼参加人的基本情况,以及案件由来和审理经过,在写法上与第一审民事判决书相同。但庭前调解的,不写庭审情况。

1. 调解书应当写明诉讼请求、案件事实和调解结果。

当事人的诉讼请求包括原告、被告和第三人的主要意见。案件的事实可根据不同的情况书写。如果案件是在已经开庭审理和查清事实的基础上,经法庭主持调解,双方当事人自愿达成协议的,案件的事实部分可以写明法院确认的事实。如果案件在法院受理之后,经审查认为法律关系明确和事实清楚,征得双方当事人的同意而调解并达成协议的,案件的事实部分可写当事人争议的事实。案件的事实可以写得简明、概括一些,至于调解的理由部分可以不写。

调解结果,包括调解达成协议的内容和对调解协议审查决定。调解协议,是指当事人自愿达成解决争讼的协议条款,其内容要明确、具体,便于双方当事人履行。可以表述为:

> "本案审理过程中,经本院主持调解,当事人自愿达成如下协议/当事人自行和解达成如下协议,请求人民法院确认/经本院委托……(写明受委托单位)主持调解,当事人自愿达成如下协议:
>
> 一、……;
>
> 二、……。
>
> (分项写明调解协议内容)
>
> 上述协议,不违反法律规定,本院予以确认。"

2. 调解书的尾部应当写明诉讼费用负担、调解书生效条件和效力。诉讼费用的负担如果是由双方当事人协商解决的,可以作为协议内容的最后一项书写;如果是由法院决定的,应当在写完法院对双方协议确认一段之后,另起一行书写。

3. 调解书的生效条件和效力。可表述为:“本调解书经各方当事人签收后,即具有法律效力/本调解协议经各方当事人在笔录上签名或者盖章,本院予以确认后即具有法律效力(各方当事人同意在调解协议上签名或者盖章后发生法律效力的)。”

(二)第二审民事调解书

第二审民事调解书,是中级以上人民法院依照《民事诉讼法》规定的第二审程序在审理上诉案件过程中依法进行调解,在双方当事人自愿、合法地达成解决实体权利义务纠纷的协议后,予以确认而制作的具有法律效力的文书。《民事诉讼法》第172条规定:“第二审人民法院审理上诉案件,可以进行调解。调解达成协议,应当制作调解书,由审判人员、书记员署名,加盖人民法院印章。调解书送达后,原审人民法院的判决即视为撤销。”这是制作和适用第二审民事调解书的法律依据。

首部,除当事人的称谓与第一审民事调解书不同外,其他各项的写法与第一审民事调解书基本相同。

正文还应当写明案由、原审法院及其判决书的案号、上诉人提起上诉及其请求、案件事实和调解结果。

上诉人的上诉情况,一般可表述为:“上诉人×××因与被上诉人×××/上诉人×××、第三人×××……(写明案由)一案,不服××××人民法院(××××)……民初……号民事判决,向本院提起上诉。”上诉请求,应当简要地予以写明。案件的事实,一般应当写法院认定的事实。调解结果和尾部的内容与写法,与第一审民事调解书相同。

根据《民事诉讼法》第172条关于“调解书送达后,原审人民法院的判决即视为撤销”的规定,第二审民事调解书无须对一审判决的效力问题再作说明。

(三)再审民事调解书

再审民事调解书,是人民法院依照《民事诉讼法》规定的审判监督程序在审理再审民事案件过程中依法进行调解,在双方当事人自愿、合法地达成解决实体权利义务纠纷的协议后,予以确认而制作的具有法律效力的文书。

首部除当事人称谓与第一、二审民事调解书不同外,其他各项的写法与第一、二审民事调解书基本相同。

案件由来一般可以表述为:“再审申请人×××因与被申请人×××/再审申请人×××及原审×××……(写明案由)一案,不服××××人民法院(××××)……号民事判决/民事裁定/民事调解书,申请再审。××××年××月××日,本院/××××人民法院作出(××××)……民×……号民事裁定,本案由本院再审。”

当事人的再审请求、案件的事实和调解结果以及尾部的内容,可以参照第一、二审调解书的写法书写。

第十节 涉外民事案件诉讼文书

涉外民事案件诉讼文书,是当事人在中华人民共和国领域内进行涉外诉讼,人民法院依照《民事诉讼法》关于涉外民事诉讼程序的特别规定,对审理终结的涉外民事案件(含民商事纠纷案件、知识产权案件、海事海商案件,下同)依法制作和使用的特有的文书。所谓涉外民事案件,是指当事人一方或者双方是外国人、无国籍人、外国企业或者组织,或者当事人之间民事法律关系的设立、变更、终止的法律事实发生在外国,或者诉讼标的物在外国的民事案件。

按照《民事诉讼文书样式》和《人民法院民事裁判文书制作规范》的规定,涉外民事案件使用的诉讼文书有:民事裁定书、执行令、通知书、公告、委托书和请求书等。涉外民事裁判文书的基本格式和要素与国内民事裁判文书相同,由标题、正文和落款组成。按照规定,涉港、澳、台地区民事案件的裁判文书可以参照涉外民事裁判文书制作。由于涉外民事裁判文书具有涉外因素,因此在制作上应当注意以下特殊之处。

(一)标题

涉外裁判文书,法院名称前一般应冠以"中华人民共和国"国名;涉港、澳、台地区民事裁判文书,无须冠以"中华人民共和国"的国名,因为内地与香港特别行政区、澳门特别行政区和台湾地区同属一个中国。

(二)正文

当事人的身份事项。当事人为外国人的,应当写明其经过翻译的中文姓名或者名称和住所,并用括号注明其外文姓名或者名称和住所。外国自然人应当注明其国籍,国籍应当用全称。无国籍人,应当注明无国籍。外国自然人的姓名、性别等基本信息以其护照等身份证明文件记载的内容为准;外国法人或者其他组织的名称、住所等基本信息以其注册登记文件记载的内容为准。

当事人为港澳台地区居民的,在其姓名后,写明"香港特别行政区居民""澳门特别行政区居民"或"台湾地区居民"。港澳地区当事人的住所,应当冠以"香港特别行政区""澳门特别行政区"。台湾地区当事人的住所,应当冠以"台湾地区"。

涉外民事裁判文书与国内民事裁判文书的格式和要素基本相同,本节只介绍两类适用较多的涉外民事裁定书。

一、承认和执行外国法院判决、裁定民事裁定书

承认和执行外国法院的判决或者裁定,是司法协助的一种,称特殊的司法协助。人民法院受理当事人申请或者外国法院请求承认和执行外国法院作出的发生法律效力的判决、裁定后,应当根据我国法律规定的承认外国法院判决效力的条件,认真进行审查,并依法作出承认或者不承认其效力的裁定。《民事诉讼法》第274条规定:"对中华人民共和国涉外仲

裁机构作出的裁决，被申请人提出证据证明仲裁裁决有下列情形之一的，经人民法院组成合议庭审查核实，裁定不予执行：(一)当事人在合同中没有订有仲裁条款或者事后没有达成书面仲裁协议的；(二)被申请人没有得到指定仲裁员或者进行仲裁程序的通知，或者由于其他不属于被申请人负责的原因未能陈述意见的；(三)仲裁庭的组成或者仲裁的程序与仲裁规则不符的；(四)裁决的事项不属于仲裁协议的范围或者仲裁机构无权仲裁的。人民法院认定执行该裁决违背社会公共利益的，裁定不予执行。"

用本国法院的裁定承认和执行外国法院的判决、裁定是国际上的通例。从执行的内容看，虽然是外国法院判决、裁定的结果，但它是经过我国法院以裁定的形式予以承认的。从一定意义上讲，执行的根据仍然是我国法院的裁定书，而不是外国的司法文书。这不是形式问题，而是国家主权原则的体现。因此，制作对当事人申请或者外国法院请求承认和执行外国法院判决、裁定效力的民事裁定书，具有积极的意义。

在文书的制作上，主要包括：

1. 当事人直接向有管辖权的中级人民法院申请裁决的，具体表述如下：

(1)申请或者请求承认外国法院判决、裁定的由来。当事人直接向有管辖权的中级人民法院申请的，表述为："申请人×××申请承认/承认和执行××××国××××法院……号民事判决/裁定一案，本院于××××年××月××日立案。本院依法组成合议庭进行了审查，组织当事人进行了询问，现已审查终结。"

(2)当事人申请意见。可表述为："×××申请称，……(简要写明申请人的请求、事实和理由)。×××陈述意见称，……(简要写明同意或者不同意申请人请求的意见、事实和理由)。"

(3)经审查认定的部分。主要写明案件的事实，是否符合我国法律规定的承认外国法院判决、裁定效力的条件。

(4)裁定的法律依据和裁定结果。表述为：

"本院认为，……(写明争议焦点，依据认定的事实和相关法律，对请求进行分析评判，说明理由)。

依照《中华人民共和国民事诉讼法》第二百八十二条、……(写明公约、条约、法律、司法解释等法律依据)规定，裁定如下：

承认/承认和执行××××国××××法院……号民事判决/裁定。"

2. 外国法院请求的，表述为："××××国××××法院请求，……(写明请求承认和执行的生效裁判文书、事实和理由)。再写"本院经审查认为"后的裁定的法律依据和裁定结果，表述为："(支持请求的，写明：)承认/承认和执行××××国××××法院……号民事判决/裁定。(不予承认的，写明：)不予承认/承认和执行××××国××××法院……号民事判决/裁定。"

二、承认和执行外国仲裁裁决民事裁定书

承认和执行外国仲裁裁决民事裁定书，是依据《民事诉讼法》第283条，《民事诉讼法解释》第545～548条和全国人民代表大会常务委员会《关于我国加入〈承认及执行外国仲裁裁决公约〉的决定》《承认及执行外国仲裁裁决公约》等规定制作的法律文书。根据民事诉讼法及司法解释的规定，当事人既可以向人民法院申请承认外国仲裁裁决，也可以申请承认并执行外国仲裁裁决，人民法院依据当事人具体申请的事项作出审查和裁定。

申请人或者被申请人为自然人的，写明其姓名、出生年月日、国籍及住所；如果是法人或者其他组织的，则叙写其名称、住所以及法定代表人或者代表人姓名和职务。

人民法院对当事人进行了询问的，应在案件由来部分写明。

事实和理由合并写明，“法院经审查认为”部分主要包括：(1)仲裁裁判事实。仲裁机构或者仲裁庭作出仲裁裁决的时间、裁项、裁决是否生效及生效时间。(2)审查的法律依据。我国与该外国是否参加了《承认及执行外国仲裁裁决公约》或者缔结了双边条约或者协定；如果我国与该外国没有参加纽约公约或者缔结双边条约或者协定，也可依据《民事诉讼法》第283条规定的互惠原则进行审查。

审查结论，写明：“裁定如下：承认/承认和执行××××仲裁机构/仲裁庭所作……号裁决。”

第十一节　海事案件诉讼文书

海事案件诉讼文书，是海事法院依照《民事诉讼法》和《海事诉讼特别程序法》规定的程序，并参照国际惯例，审理海事、海商案件时依法制作的民事诉讼文书。

依照法律规定，海事法院管辖第一审海事案件和海商案件，其所判决、裁定的上诉案件，由海事法院所在地的高级人民法院管辖。由于海事、海商案件具有不同于一般民商事案件的特点，且涉外案件比重较大，一般民事案件使用的法律文书不能完全适应海事审判工作的需要。为此，最高人民法院在总结海事审判工作实践经验的基础上，制定了一套能够反映出审理海事、海商案件特点和规律的法律文书。

最高人民法院于2003年3月18日制定了《海事诉讼文书样式(试行)》，对1992年制定的多数海事案件专用文书样式作了修改和补充。2015年又印发了《涉外商事海事裁判文书写作规范》，进一步规范和统一涉外商事海事裁判文书写作标准。2016年最高人民法院印发《人民法院民事裁判文书制作规范》和《民事诉讼文书样式》，同样适用于海事诉讼文书。海事法院的上诉审法院在审理海事、海商案件时，应当参照上述样式制作诉讼文书。

本节重点讲授海事法院常用的以下几种主要诉讼文书。

一、海事请求保全类诉讼文书

(一)诉前财产保全民事裁定书

诉前财产保全民事裁定书，是海事法院准许申请人在起诉前提出的扣押被申请人所属特定船舶的保全请求而依法作出的书面决定。

根据《民事诉讼法》第101条第1款、《海事诉讼特别程序法》第12条以及涉外民事诉讼的特别规定，申请人为保障其海事请求的实现，可以在提起诉讼或者申请仲裁前，依法向有管辖权的法院申请采取财产保全措施。申请人应当提供担保，不提供担保的，应当驳回申请。根据最高人民法院有关解释，适用财产保全的包括船舶、船载货物、船用燃油以及船用物料。[3] 对其他财产的海事请求保全适用《民事诉讼法》有关财产保全的规定。

诉前财产保全民事裁定书，标题部分，文书编号为"海法"字。

正文部分，当事人称为申请人与被申请人，并分别列明其法定代表人、委托代理人。如果被申请人的法定代表人和委托代理人一时难以找到的，可以不列写。

正文的案件由来、审理经过和事实、理由、裁定结果部分，可表述为：

"申请人×××因……(写明申请诉前财产保全的理由)，于××××年××月××日向本院申请扣押被申请人所属……(写明停泊港口、船籍和船名)，要求被申请人提供担保的诉前财产保全的请求。申请人已向本院提供……(写明担保的财物名称和数额等)担保。

本院经审查认为……(写明准许保全请求的理由)。依照……(写明裁定所依据的法律条款项)的规定，裁定如下：

一、准许申请人×××的诉前财产保全请求；

二、自即日起扣押被申请人×××所属……(写明船籍、船名)；

三、责令被申请人×××向本院提供……(写明货币名称和数额或者法院认可的其他财产若干等)担保；

四、申请人应当在30日内提起诉讼或者仲裁。逾期不起诉或者仲裁，本院将解除财产保全。"

尾部交代复议权，表述为："如不服本裁定，可在收到裁定书之日起5日内，向本院申请复议一次。复议期间不停止裁定的执行。"

对准许诉前扣押货物或者船用燃油的保全申请的，可以参照本样式制作裁定书。

(二)扣押船舶命令

扣押船舶命令，是海事法院在诉前或者诉讼中接到扣船申请后，认为申请符合扣押船舶的条件并有合理依据，在作出准予扣押船舶的财产保全裁定的同时，发布的对船舶实施扣押的命令。

我国《民事诉讼法》在财产保全中，没有明文规定可以采用发布扣押命令的方法。司法实践中一般是根据裁定执行扣押。1994年7月6日，最高人民法院根据《民事诉讼法》《海商法》的有关规定，参照国际惯例和习惯做法，结合我国海事审判实践，在最高人民法院《关于海事法院诉讼前扣押船舶的规定》中，重申在作出准予扣船的裁定的同时，应发布扣押船舶命令的规定。1999年4月9日制定的《海事诉讼特别程序法》第26条以立法的形式进一步明确了这一规定。

---

[3] 最高人民法院《关于适用〈中华人民共和国海事诉讼特别程序法〉若干问题的解释》第18条。

扣押船舶命令的标题写明海事法院名称、文书种类、文书编号。

被扣船舶为外轮的,应同时写明其中文和外文名称。

正文内容可表述为:

> “本院××××年××月××日作出(××××)×海法×字第××号民事裁定,扣押被申请人×××(写明国籍和名称)所属……(写明船籍)‘××’轮。现将该轮在中华人民共和国××港(锚地)予以扣押。”

尾部写“此令”。

落款,由执行扣押船舶的海事法院院长署名,写明发布命令的年月日,并加盖院印。

扣押船舶命令应当在执行时当场宣布。执行情况应当制作笔录附卷。

(三)解除扣押船舶命令

解除扣押船舶命令,是被申请人按照海事法院作出的财产保全的裁定提供担保,经海事法院审查认可,或者申诉人因正当理由申请解除扣船命令后,海事法院决定对已被扣押的特定船舶解除扣押而发布的命令。

解除扣押船舶命令的首部和落款与扣押船舶命令相同。正文内容可表述为:

> “本院于××××年××月××日作出(××××)×海法×字第×号民事裁定,对……(写明被申请人国籍和名称)所属……(写明船籍)‘××’轮予以扣押。现×××(被申请人名称)已提供……(写明担保的财产名称和数额等)担保(或者写明其他应当解除扣押船舶的理由)。本院决定:对……(写明船籍‘××’轮解除扣押)。”

如果在作出裁定之后并发布了扣押船舶命令的,则应当在正文中首句“作出……民事裁定”之后续写“并发出(××××)×海法×字第×号扣押船舶命令”一句。

解除扣押船舶命令应在执行时当场宣布。执行情况另行制作笔录附卷。

(四)对海事仲裁机构提请采取保全民事裁定书

对海事仲裁机构提请采取财产保全民事裁定书,是人民法院对涉外仲裁机构提交的仲裁涉外海事纠纷的当事人请求采取保全的申请,经审查依法决定准许或者不准许采取保全措施而作出的书面决定。《民事诉讼法》第272条规定:“当事人申请采取保全的,中华人民共和国的涉外仲裁机构应当将当事人的申请,提交被申请人住所地或者财产所在地的中级人民法院裁定。”

本裁定书当事人部分,要写明提请人(即仲裁机构)的名称和住所地;申请人的名称、国籍和住所地等基本情况;申请人的法定代表人的姓名和职务以及委托代理人的姓名和职务、工作单位;被申请人及其法定代表人和委托代理人的写法同申请人。

正文还应写明被申请人提供担保的情况、准予或者不准予保全的理由、法律依据和裁定结果。具体可表述为:

> “提请人×××在受理仲裁申请人×××与被申请人×××……(写明名称和案由)一案中,根据申请人请求财产保全的申请,于××××年××月××日提

请本院对被申请人所属……（写明财产的名称、数量及所在地点）予以扣押（查封或者冻结等），（申请人请求保全的被申请人所属财产如果是船舶，应写明其停泊的港口、船籍和船名），要求被申请人提供担保。申请人已（未）向本院提供担保。

本院经审查认为：……（写明准许或者不准许财产保全请求的理由）。依照……（写明裁定所依据的法律条款项）的规定，裁定如下：”

写明裁定结果，分两种情况：

1. 准许保全请求的，可表述为：“一、准许仲裁申请人×××的保全请求；二、自即日起对被申请人×××所属……（写明财产的名称、数量和所在地点）予以扣押（查封或者冻结）；三、责令被申请人×××提供……（写明担保的财物名称和数额等）担保。”

2. 不准许保全请求的，表述为：“驳回仲裁申请人×××的保全申请。”

尾部表述与诉前财产保全民事裁定书相同。

（五）准予或者不准予拍卖被扣押船舶民事裁定书

拍卖被扣押船舶民事裁定书，是海事法院收到当事人拍卖船舶的申请书后，经审查依法作出的准予或者不准予强制拍卖被扣押船舶的书面决定。《海事诉讼特别程序法》第29条和第30条分别规定，船舶扣押期间届满，被请求人不提供担保，而且船舶不宜继续扣押的，海事请求人可以在提起诉讼或者申请仲裁后，向扣押船舶的海事法院申请拍卖船舶；海事法院收到拍卖船舶的申请后，应当进行审查，作出准予或者不准予拍卖的裁定。当事人对裁定不服的，可以在收到裁定书之日起5日内申请复议一次。海事法院应当在收到复议申请之日起5日内作出复议决定。复议期间停止裁定的执行。

裁定书的首部写“申请人”和“被申请人”，并分别写明其姓名或者名称、国籍、住所地等基本情况。正文内容可表述为：

“申请人×××与被申请人……（写明姓名或名称、案由）一案，本院于××××年××月××日作出（××××）×海法×字第××号民事裁定，并据此于××××年××月××日发出（××××）×海法×字第××号扣押船舶命令，对被申请人×××所属……籍的现停泊于××港的‘××’轮（写明船名）予以扣押。申请人因……（写明申请拍卖的理由），于××××年××月××日向本院申请拍卖被扣押的船舶。

本院经审查认为：……（写明准予拍卖或者不准予拍卖的根据和理由）。依照《中华人民共和国海事诉讼特别程序法》……（写明裁定所依据的法律条款项）的规定，裁定如下：”

写明裁定结果，分两种情况：

1. 准予拍卖的，可表述为：“一、将停泊在××港（锚地）的……（写明船籍、船名）予以拍卖；二、所得价款在支付因扣押和拍卖船舶的费用后，全部存入××××银行××海事法院账号。”

2. 不准拍卖的，表述为：“驳回申请人×××提出的拍卖……（写明船籍、船名）的申请。”

(六)拍卖被扣押船舶公告

拍卖被扣押船舶公告,是海事法院根据拍卖被扣押船舶民事裁定书,公开拍卖该船而发布的公开告示。

《海事诉讼特别程序法》第32条规定,海事法院裁定拍卖船舶,应当通过报纸或者在其他新闻媒体发布公告。拍卖外籍船舶的,应当通过对外发行的报纸或者其他新闻媒体[如《中国日报》《人民日报》(国内、海外版)等]发布公告。

公告的标题,写文书名称"××海事法院公告",文书编号为"海法"字。

正文部分可表述为:

"本院××××年××月××日受理原告×××与被告×××(写明名称、案由)一案,已依法采取海事请求保全措施,对被告所属……(写明船籍)'××'轮予以扣押。因……(写明拍卖船舶的理由),本院于××××年××月××日作出(××××)×海法×字第××号民事裁定,决定强制拍卖该轮。现已成立'××'轮拍卖委员会,定于××××年××月××日××时在……(写明拍卖地点)对该轮进行公开拍卖。凡愿参加竞买者,可于××××年××月××日前,向该轮拍卖委员会提交书面申请(该委员会所在地址;联系人×××;联系电话……)。凡与该轮有关的债权人,应自公告之日起××日内,向本院申请债权登记。逾期不登记的,视为放弃在本次拍卖中受偿的权利。"

尾部写:"特此公告。"

二、海事强制令

海事强制令,是指海事法院根据海事请求人的申请,为使其合法权益免受侵害,责令被请求人作为或者不作为的强制措施。

《海事诉讼特别程序法》第54条和第56条分别规定,海事请求人申请海事强制令,应当向海事法院提出书面申请。申请书应当载明申请理由,并附有关证据。海事法院作出海事强制令,应当具备下列条件:(1)请求人有具体的海事请求;(2)需要纠正被请求人违反法律规定或者合同约定的行为;(3)情况紧急,不立即作出海事强制令将造成损害或者使损害扩大。根据最高人民法院作出的解释,[4]海事法院根据《海事诉讼特别程序法》第57条规定,[5]准予申请人海事强制令申请的,应当制作民事裁定书并发布海事强制令。

海事强制令标题写明文书名称即海事强制令;文书编号为"海法强"字。

正文部分可表述为:

"本院于××××年××月××日作出(××××)××海法强字第××号民事裁定,准许请求人×××提出的海事强制令申请。现命令:……(写明责令被请

〔4〕 最高人民法院《关于适用〈中华人民共和国海事诉讼特别程序法〉若干问题的解释》第42条。

〔5〕《海事诉讼特别程序法》第57条规定:"海事法院接受申请后,应当在四十八小时内作出裁定。裁定作出海事强制令的,应当立即执行。"

求人具体作为或不作为的内容)此令。”

三、准许或者驳回设立责任限制基金申请民事裁定书

准许或者驳回设立责任限制基金申请民事裁定书,是海事法院对船舶所有人、承租人、经营人、保险人依法申请责任限制,决定准许或者驳回海损事故责任人所提出设立海事赔偿责任限制基金申请而作出的书面决定。

《海事诉讼特别程序法》第101条和第106条分别规定,船舶所有人(指有关船舶证书上载明的船舶所有人[6])、承租人、经营人、保险人在发生海事事故后,依法申请责任限制的,可以向海事法院申请设立海事赔偿责任限制基金;利害关系人对申请人申请设立海事赔偿责任限制基金有异议的,应当在收到通知之日起7日内或者未收到通知的在公告之日起30日内,以书面形式向海事法院提出。海事法院收到利害关系人提出的书面异议后,应当进行审查(内容包括申请人的主体资格、事故所涉及的债权性质和申请设立的基金数额[7]),在15日内作出裁定。异议成立的,裁定驳回申请人的申请;异议不成立的,裁定准予申请人设立海事赔偿责任限制基金。

裁定书标题,文书编号为“海法限”字。

正文首部写明申请人和异议人的姓名或名称、国籍、住所地等基本情况。如果无异议人则可不列;如果有多个异议人,则应一一列明。

正文部分可表述为:

> “申请人×××于××××年××月××日向本院申请设立海事赔偿责任限制基金。本院受理后,向有关的利害关系人发出通知,并于××××年××月××日在……(写明公告范围)发布公告。异议人×××于××××年××月××日向本院提出异议(无人提出异议的,则不写)。
>
> 申请人×××称:……(写明申请人申请的事实、理由及请求设立海事赔偿责任限制基金事项),并提供了……等证据材料。
>
> 异议人×××称:……(写明异议人提出异议的事实、理由),并提供了……等证据材料(无人提出异议的,则不写)。
>
> 本院经审查认为……(写明异议成立或不成立的理由、准许或不准许设立基金、设立基金数额多少的理由)。依照《中华人民共和国海事诉讼特别程序法》第一百零六条第二款的规定,裁定如下:”

写明裁定结果,分两种情况:

1. 异议不成立的,裁定结果分三项表述:“一、驳回异议人×××的异议(无人提出异议的,则不写);二、准许申请人×××提出的设立海事赔偿责任限制基金的申请;三、申请人×××应在裁定送达之日起×日内在本院设立相当于其责任限制总额的……(写明货币种

---

〔6〕 最高人民法院《关于适用〈中华人民共和国海事诉讼特别程序法〉若干问题的解释》第79条。

〔7〕 最高人民法院《关于适用〈中华人民共和国海事诉讼特别程序法〉若干问题的解释》第83条。

类及数额)的海事赔偿责任限制基金。"

2. 异议成立的,裁定结果则表述为:"驳回申请人×××设立海事赔偿责任限制基金的申请。"尾部交代复议权,表述为:"如不服本裁定,可在裁定书送达之日起七日内,向本院提交上诉状及副本×份,上诉于×××高级人民法院。"

四、分配船舶价款民事裁定书

分配船舶价款民事裁定书,是海事法院对债权人会议没有达成受偿协议,而对拍卖船舶所得价款及其利息或者海事赔偿责任限制基金及其利息一并予以分配,或者对债权人会议经协商达成的受偿协议予以认可而作出的书面决定。

《海事诉讼特别程序法》第118条和第119条第2款分别规定,债权人会议可以协商提出船舶价款或者海事赔偿责任限制基金的分配方案,签订受偿协议。受偿协议经海事法院裁定认可,具有法律效力。债权人会议协商不成的,由海事法院依照《海商法》和其他有关法律规定的受偿顺序,裁定船舶价款或者海事赔偿责任限制基金的分配方案;拍卖船舶所得价款及其利息或者海事赔偿责任限制基金及其利息,应当一并予以分配。

裁定书标题,文书编号为"海法受"字。

正文首部列债权人和债务人,并分别写明其姓名或名称、住所地等基本情况,应当将已登记的债权人依次一一列名,债务人还应写明其住址。

正文部分可表述为:

"本院根据债权人×××的申请,于××××年××月××日作出(××××)×海法×字第××号拍卖船舶的民事裁定,于××××年××月××日拍卖了债务人×××所属的'××'轮,所得价款……元,产生利息……元,已根据《中华人民共和国海事诉讼特别程序法》第一百一十九条第二款的规定,先行拨付……元,现存……元可供债权人分配。经公告并进行债权登记,本院已对与被拍卖船舶有关的债权作出确认,上述债权人可以参加对拍卖价款的分配。各债权人的债权性质和数额如下:

……(列明各债权人的债权性质和数额)。

以上总额为……元。"

裁定结果分两种情况:

1. 没有达成受偿协议的,表述为:"经本院主持召开债权人会议,没有达成受偿协议。本院认为,根据《中华人民共和国海商法》第……条(写明所依据的具体法律条款)的规定,'××'轮拍卖价款应按……(写明不同性质债权的受偿顺序)的顺序受偿。依照《中华人民共和国海事诉讼特别程序法》第一百一十九条的规定,裁定如下:……(列明各债权人受偿的具体情况)。"

2. 达成受偿协议的,表述为:"经本院主持债权人会议,达成受偿协议如下:……依照《中华人民共和国海事诉讼特别程序法》第一百一十八条第二款的规定,裁定如下:对上述协议予以认可,'××'轮拍卖所得价款及利息按协议分配。"

尾部写:"本裁定为终审裁定。"

第九章　行政裁判文书

第一节　概　　述

一、行政裁判文书的概念

行政裁判文书,是人民法院依照《行政诉讼法》规定的程序,在行政诉讼中,为解决行政机关的行政行为引起的行政争议,就案件的实体问题和程序问题依法制作的具有法律效力的司法文书。

二、行政诉讼的性质

行政诉讼就其性质而言是解决行政争议的一种法律制度。我国《行政诉讼法》第2条规定:"公民、法人或者其他组织认为行政机关和行政机关工作人员的行政行为侵犯其合法权益,有权依照本法向人民法院提起诉讼。"行政争议的双方中必有一方为国家行政机关,如公安机关、税务机关、工商行政管理机关、土地管理机关等,另一方则是这个行政机关作出的行政行为的相对人及有利害关系的公民、法人或者其他组织。争议的焦点是行政机关的行政行为的合法性问题。

三、行政诉讼的特点

行政诉讼不同于刑事诉讼和民事诉讼,有其独有的特点,主要是:

1. 在行政诉讼中,被告一方只能是作出行政行为的国家行政机关,《行政诉讼法》第26条明确规定:"公民、法人或者其他组织直接向人民法院提起诉讼的,作出行政行为的行政机关是被告。"行政机关始终处于被诉地位。而原告一方则是作出行政行为的相对一方的公民、法人或者其他组织。行政诉讼就是所谓的"民告官"案件。

2. 行政诉讼案件的诉讼对象是被诉行政行为的合法性。修订后的《行政诉讼法》第6条明确规定:"人民法院审理行政案件,对行政行为是否合法进行审查。"这是行政诉讼的一大特点。人民法院对被诉行政行为是否合法进行审查,这是它的职责所在。早在1996年,最高人民法院在召开的全国法院审判方式改革工作会议上,就对行政审判方式改革提出了具体要求,强调"整个审判活动必须紧紧围绕审查被诉具体行政行为的合法性进行"。当年制定的《人民法院五年改革纲要》也强调,对诉讼到人民法院的行政案件,人民法院要"紧紧围绕被诉行政行为的合法性进行审查,彻底改变既审查行政行为又审查原告行为,甚至只审查原告行为的做法”。

3. 强化被告的举证责任。即被告对被诉行政行为的合法性负有举证责任。《行政诉讼法》第34条规定:“被告对作出的行政行为负有举证责任,应当提供作出该行政行为的证据和所依据的规范性文件。被告不提供或者无正当理由逾期提供证据,视为没有相应证据。但是,被诉行政行为涉及第三人合法权益,第三人提供证据的除外。”

4. 不适用调解。《行政诉讼法》第60条明确规定:“人民法院审理行政案件,不适用调解。但是,行政赔偿、补偿以及行政机关行使法律、法规规定的自由裁量权的案件可以调解。”

行政裁判文书的改革,除了应当遵循公正、公开、说理、针对性和依法制作等原则以外,还应当根据行政诉讼的特点,突出合法性审查,把重点放在确认被诉行政行为是否合法和被告承担举证责任上,并在制作的裁判文书中充分体现出来。

四、行政裁判文书的种类

行政裁判文书主要有行政判决书、行政裁定书、行政赔偿判决书和行政赔偿调解书等。按照审判的方式不同,可分为作为类行政判决书和不履行法定职责行政判决书、行政协议判决书、行政赔偿判决书;按照审判所适用的程序不同,可分为第一审行政判决书、第二审行政判决书和再审行政判决书、第一审行政裁定书、第二审行政裁定书和再审行政裁定书。

认真制作行政裁判文书,对于进一步推动行政审判工作的规范化、透明化,促进公正司法,全面提升行政审判公信力,增强人民群众和国家行政机关及其工作人员的法治观念,发展社会主义民主,实现以法治国,保护公民、法人和其他组织的合法权益,维护和监督行政机关依法行使职权,密切人民政府与人民群众的关系,都具有重要的意义。

第二节　第一审行政判决书

第一审行政判决书,是第一审人民法院依照行政诉讼法规定的第一审程序,对审理终结的一般类第一审行政案件,就实体问题作出的书面决定。

第一审一般类行政案件主要包括:驳回诉讼请求判决案件、撤销判决案件、变更判决案件和确认违法或无效判决案件。

一、第一审一般类行政判决书的内容和制作方法

第一审行政判决书由首部、正文和尾部组成。正文包括事实、理由、判决结果三部分。结合行政判决书的特点,应重点写好正文部分。

(一)首部

应依次写明标题、案号(即文书编号)、当事人及其诉讼代理人的基本情况,以及案件由来、审判组织和开庭审理过程等。

1. 标题即文书制作机关和文书的名称,如“北京市第一中级人民法院行政判决书”。标题中的法院名称,一般应与院印的文字一致,但基层法院应冠以省、市、自治区的名称,如上海市黄浦区人民法院、陕西省甘泉县人民法院等。

2. 案号是不同案件的序列编号,案号由立案年度、制作法院、案件性质、审判程序的代字和案件顺序号组成。例如,浙江省淳安县人民法院2015年第1号一审行政案件可表述为“(2015)杭淳行初字第1号”。

3. 提起诉讼的原告包括公民、法人或者其他组织。(1)原告是公民,写明姓名、性别、出生年月日、居民身份证号码、民族和住址,公民的住址应写住所地,住所地与经常居住地不一致的,写经常居住地。原告是法人的,写明法人的名称和住所地,并另起一行,列项写明法定代表人及其姓名、性别和职务等。原告是不具备法人资格的其他组织的,写明其名称或者字号和所在地址,并另起一行写明诉讼代表人及其姓名、性别和职务。原告是个体工商户的,写明业主的姓名、性别、出生年月日、身份证号码、民族、住址;起有字号的,在其姓名之后,括号注明“系……(字号)业主”。原告是无诉讼行为能力的公民,应写明其法定代理人或者指定代理人的姓名、性别、住址及其与被代理人的关系,并在姓名之后括注其与原告的关系。(2)属群体诉讼案件,推选或者指定诉讼代表人的,在原告身份事项之后写明“原告即诉讼代表人……”,并写明诉讼代表人的基本情况,样式与原告基本情况相同。如涉及原告人数众多的,可在首部仅列明诉讼代表人的基本情况,原告名单及其基本身份情况可列入判决书的附录部分。

4. 行政诉讼中的被告,应写明被诉的行政主体的名称、所在地址;另起一行列项写明法定代表人或者诉讼代表人的姓名和职务;副职负责人出庭的在此不列写,在交代到庭参加庭审活动的当事人及其他诉讼参法定代表人项下,另起一行写委托代理人的基本事项。根据修订后的“行政诉讼法”第26条第2款“经复议的案件,复议机关决定维持原行政行为的,作出原行政行为的行政机关和复议机关是共同被告”的规定,凡是诉复议维持原行政行为的案件,均应将作出原行政行为的行政机关和复议机关列为共同被告。原告只起诉其中一个行政机关,未起诉另一行政机关的,亦应将未起诉的行政机关追加为被告。

5. 有第三人参加诉讼的,第三人列在被告之后,第三人基本情况的写法同上。

6. 委托人系律师或者基层法律工作者的,只写明其姓名、工作单位和职务。当事人的代理人系当事人的近亲属的,应在代理人的姓名后括注其与当事人的关系。代理人系当事人所在社区、单位以及有关社会团体推荐的公民的,应当写明代理人的姓名、性别、出生日期、居民身份证号码、民族、工作单位和住址。上述代理人应符合最高人民法院《关于适用〈中华人民共和国民事诉讼法〉的解释》第87条第1款的规定。[1]

7. 在案件由来、审判组织、被告与第三人应诉、证据交换和开庭审理过程栏内,如有第

---

〔1〕 最高人民法院《民事诉讼法解释》第87条第1款规定:“根据民事诉讼法第五十八条第二款第三项规定,有关社会团体推荐公民担任诉讼代理人的,应当符合下列条件:(一)社会团体属于依法登记设立或者依法免予登记设立的非营利性法人组织;(二)被代理人属于该社会团体的成员,或者当事人一方住所地位于该社会团体的活动地域;(三)代理事务属于该社会团体章程载明的业务范围;(四)被推荐的公民是该社会团体的负责人或者与该社会团体有合法劳动人事关系的工作人员。”

三人参加诉讼,可因依职权追加第三人或者当事人申请作为第三人,分别表述为:“因×××与本案被诉具体行政行为有法律上的利害关系,本院依法通知其为第三人参加诉讼”;“因×××与本案被诉行政行为有利害关系或与案件处理有利害关系,经×××申请,本院依法准许其为第三人参加诉讼”。如果当事人经合法传唤无正当理由未到庭的,应当写明:“×告×××经本院合法传唤,无正当理由,拒不到庭”。当事人在庭前进行证据交换的,应写明:“本院于××××年××月××日组织原告、被告及第三人进行了证据交换,并送达了证据清单副本。”如果有被批准延长审理期限情况,应写明批准延长审理期限批复的文号。不公开开庭审理的,应写明不公开审理的理由。书写上述事项,旨在表明人民法院的审判活动是依法进行的,公开而透明。

(二)事实

事实部分应当写明两方面的内容:当事人行政争议的内容、经庭审查明的事实和证据。

1. 当事人行政争议的内容

(1)行政诉讼是以原告不服行政机关的行政行为为前提的。因此,一般应当写明行政行为认定的主要事实、定性依据以及处理结果等核心内容,行政行为内容较为简单的,也可以全文引用;行政行为理由表述有歧义,被告在答辩中已经予以明确的,也可以被告明确后的理由为准。如果被诉行政行为系非要式行为,可结合被告作出行政行为时的内部报告或者庭审中双方认可的结论,确定行政行为的内容。

接着,叙述被告于××××年××月××日向本院提供了作出被诉行政行为的证据和依据(指法律、法规依据),以突出被告对作出的行政行为负有举证责任这一原则。列举的证据应写明证据的名称及内容,写明证据的证明目的(可以按被告举证顺序,归类概括证明目的;也可以根据案情,从法定职权、执法程序、认定事实、适用法律等方面,分类列举有关证据和依据;还可以综合列举证据,略写无争议部分)。为体现被告必须在法定期限内向法院提供证据的要求,应当写明被告提供证据的时间。对于经法院批准延期提供证据的,应当予以说明。

《行政诉讼法》第79条规定:“复议机关与作出原行政行为的行政机关为共同被告的案件,人民法院应当对复议决定和原行政行为一并作出裁判。”因此,对此类案件,应当分别写明原行政行为和复议决定的行政程序和两个行政行为的主要内容。

(2)写明当事人的诉辩意见。先概述原告的诉讼请求及理由,并写明其提供的相关证据;后概括列明被答辩意见,写明答辩的主要理由和要求。如果是诉复议维持原行政行为的案件,“被告辩称”部分一般应写明原行政机关和复议机关共同的答辩意见。原行政机关与复议机关的答辩意见不一致,且无法协商一致的,在重点写明复议机关意见的同时可以载明原行政机关的不同意见。有第三人参加诉讼的,以“第三人述称”形式概括写明第三人的意见和其提供的证据。

具体表述当事人的诉辩意见时要尊重当事人原意,注意归纳总结;既要避免照抄起诉状、答辩状或者第三人的陈述,也不宜删减当事人的理由要点。

2. 经庭审查明的事实和证据

这是判决书的关键部分。法院认定的事实是法律事实。最高人民法院《关于行政诉讼证据若干问题的规定》(以下简称《行政证据规则》)指出:“人民法院裁判行政案件,应当以证据证明的案件事实为依据。”因此,在叙述案件事实时,首先要写明庭审举证(或者交换证据)、质证、认证的情况。所有证据材料均应写明证据的具体内容,即证明了什么问题,不能只罗列证据的名称;特别是对双方当事人有异议的事实、证据,应当在质证的基础上进行具体的分析、认证,写明认证的结果,阐明采信证据的理由。根据《行政证据规则》第 54 条的规定,法庭对证据的认证应当从证据的关联性、合法性和真实性来阐述,确定证据材料与案件事实之间的证明关系,排除不具有关联性的证据材料,准确认定案件事实。如有法院依职权调取证据的情况,则须写明被调取证据的名称、证明目的和双方当事人(或者第三人)的观点;法院根据原告和第三人的申请依职权调取的证据,应当作为原告或者第三方的证据。对于根据原告或者第三人、被告的申请,委托鉴定部门进行鉴定的,应写明鉴定部门、鉴定事项和鉴定结论以及双方当事人(第三人)的意见。总之,证据必须经法庭举证、质证、认证,才能作为定案的根据。《行政证据规则》第 35 条规定:“证据应当在法庭上出示,并经庭审质证。未经庭审质证的证据,不能作为定案的依据。”根据该条的规定,作为定案的证据一般应当依法在公开审理中进行质证,涉及国家秘密、个人隐私等不宜公开的证据,可以秘密质证。案件事实未经法庭公开调查不能认定;证明案件事实的证据,除无须举证的事实外,未在法庭质证的,不能进行认证,因而不能写在判决书上。

在庭审举证、质证、认证之后,再写经庭审查明的事实的内容。事实要客观、真实,表述要准确、具体。要把行政争议和审查重点问题发生的时间、地点、内容、情节、后果、因果关系等交代清楚。

表述案件事实,应注意保守国家秘密,保护当事人的商业秘密和个人隐私。

这里需要注意的问题是,对于当事人超过法定举证期限提供的证据,人民法院予以采纳的,应列明于判决并说明理由。对法院根据原告、第三人的申请调取的证据,可以作为原告、第三人提交的证据予以载明;对法院依职权调取的证据,则应当单独予以说明。当事人在法定期限内未提交证据的,应当在判决书中予以记载;申请调取的证据较多,难以一一列举的,也可以概括说明。对于根据原告、第三人、被告的申请,委托鉴定部门进行鉴定的,需要写明鉴定部门、鉴定事项和鉴定结论以及当事人的意见。

(三)理由

理由部分应当写明两方面的内容:判决的理由和判决所依据的法律、法规。

1. 判决的理由

根据庭审查明的事实和有关法律规定,结合具体案情,着重就被诉行政行为是否合法,原告的诉讼请求是否有理,从法理上、法律上进行充分的分析、论证,阐明法院裁判的观点和理由。

在诉讼过程中,当事人会对有关受理等程序和被诉行政行为合法性两个方面提出异议。此种情况下,因诉讼程序问题不解决,法院不能进入对被诉行政行为的合法性问题进行审查的阶段,因此,此时应当先论述有关受理等程序问题,尔后再论述有关被诉行政行为的合法性问题。

论述被诉行政行为的合法性,包括:被告是否具有法定职权或超越职权;被告作出被诉行政行为是否符合法定程序;被诉行政行为认定事实是否清楚,主要证据是否充分;适用法律、法规、司法解释、行政规章和其他规范性文件是否正确;被告是否滥用职权、明显不当等问题。对双方当事人在适用法律方面的不同意见,应当作出明确的回答,阐明是否予以采纳及其理由。总之,理由的论证一定要有针对性,要结合个案的具体案情讲理讲法,恰如其分,合乎逻辑。

一般驳回诉讼请求的判决,在说理部分要从被告具有行政执法主体资格,实施被诉行政行为符合法定程序的要求,认定事实的主要证据确凿,适用法律规范正确等有关合法性问题方面进行全面论述。但是,论述的重点应当放在当事人争议的焦点或法院审理的重点问题上,对当事人没有争议的问题或者不是本案应重点审理的问题可以一带而过,从而突出重点,避免啰唆。如果当事人争议的焦点不属于合法性审查的范围,可以点到为止,不必展开论述。

对于撤销判决、变更判决及判决确认违法或无效的,在说理部分必须要有针对性,对被诉行政行为的违法问题和当事人争议的焦点问题进行充分的分析和论述,其他问题可以不提。但对部分驳回诉讼请求部分撤销的案件,对驳回诉讼请求部分有关合法性的问题亦要全面论述。对于判决撤销并令被告重新作出行政行为的判决,在说理部分应当指出重新作出行政行为的方向,避免被告再犯其他错误;对确认违法,同时责任采取补救措施的判决,在说理部分应当论证被告为什么应采取补救措施,以及可以采取哪些补救措施,从而防止被告消极不履行其应当尽到的职责或义务,使原告或者第三人的合法权益能够充分得到保护。

说理部分,在语言使用上应当注意两个问题:(1)说理所使用的语言应当平和,不应使用具有刺激性、嘲讽性、挖苦性、教训性等语言。判决说理应当摆实事讲道理,语言平和,才能使人信服。如果使用具有刺激、嘲讽、挖苦、教训的语言,非但不能使当事人对判决的认同和信服,反而增强了当事人与法院的对立情绪,不利于平息纠纷。(2)使用的语言要简洁、明确,通俗易懂,避免使用冷僻、晦涩、模棱两可的语言。做到这两点,才能使当事人理解判决的结果,从而使其服判息诉。

论述时一般可以采用三段论的方法。先谈大前提,即法律、法规的具体规定及解释;再谈小前提,即将本案的具体事实与大前提进行比较;最后谈结论。

2. 判决所依据的法律、法规条文

根据有关司法解释的规定,人民法院审理行政案件适用的法律、法规及司法解释,应当在裁判文书中援引;可以在裁判文书中引用合法有效的规章及其他规范性文件。因此,在行政判决书的说理部分,应当引用所适用的法律规范。但一般不宜采取简单地“根据某某法律规范第某条的规定作出判决”的方式进行引用,而是应当在分析被诉行政行为的合法性上,通过论证采用被诉行政行为是否超越法律规范所规定的权限行使职权,实施行政行为是否符合法律规范的规定,适用法律规范是否正确,所适用的法律规范是否具有法律效力等方式表现出来。经常适用的有关判决程序的法律及司法解释条文可以采取“根据”的方式援引。这里需要注意的问题是,为了保障说理部分的简洁性、明确性,对所适用的法条可以不在说理部分中将条文的内容全部引用,可将具体法律条文的内容放在附录部分。

由于行政审判涉及的法律规范层级和门类较多,《立法法》施行以后有关法律的适用规则也发生了很大变化,在法律适用中经常遇到如何识别法律依据、解决法律规定冲突等各种疑难问题。2004年5月18日最高人民法院下发的《关于审理行政案件适用法律规范问题的座谈会纪要》,[2]就行政案件的审判依据、法律规范冲突的适用规则、新旧法律规范的适用规则和法律规范具体应用的解释等问题提出了意见,可供各级法院和法官适用法律时参考。

援引法律、法规条文要准确、具体、完整。要写明所适用的具体条、款、项或者目。人民法院作出的判决或者裁定,需要参照有关的规章时,应当写明"根据《中华人民共和国行政诉讼法》第×××条,参照×××规章(条、款、项)的规定"。

在最终判决依据的适用上,应当分别适用《行政诉讼法》中有关判决的法律条文和最高人民法院的司法解释的有关规定,作为判决的法律依据。既须引用法律,又须引用司法解释的,在顺序上,则应当先引用法律,再引用相关司法解释,因为司法解释是对现行法律条文所作的解释。

(四)判决结果

判决结果即判决的主文,是人民法院对当事人之间的行政诉讼争议作出的实体处理结论。依照行政诉讼法和有关行政诉讼的司法解释的规定,人民法院经过审理,根据案件不同情况,可以分别作出以下判决。

1. 驳回诉讼请求判决

驳回诉讼请求判决,指肯定行政行为合法性的判决。根据法律规定,判决驳回诉讼请求,必须是行政行为证据确凿,适用法律、法规正确,符合法定程序。这是确认行政行为合法的三个基本条件,必须同时具备,缺一不可。

根据《行政诉讼法》第69条的规定,驳回原告诉讼请求的,表述为:"驳回原告×××的诉讼请求。"

2. 撤销判决

即判决撤销或者部分撤销行政行为,并可以判决被告重新作出行政行为。判决撤销,是否定行政行为合法性的判决。根据法律规定,判决撤销必须是行政行为的主要证据不足;适用法律、法规错误;违反法定程序;超越职权;滥用职权或者明显不当。只有具备上述五种条件之一的,才能判决全部撤销。某种行政行为部分合法、部分不合法的,则对合法部分判决予以维持,对不合法部分判决予以撤销。

判决被告重新作出行政行为,是判决撤销行政机关行政行为的一种补充。行政行为虽因违法被撤销,但是问题并未得到解决,还需要行政机关对相对人作出处理决定。在这种情况下,可以判决被告重新作出行政行为。这样做既可以使行政机关纠正原违法的行政行为,又可以重新作出合法的具体行政行为,以维护正常的行政管理秩序。但被告不得以同一事实和理由,作出与原行政行为基本相同的行政行为。

(1)撤销判决的写法

根据《行政诉讼法》第70条的规定,判决撤销行政行为的,表述为:"一、撤销被告×××(行政主体名称)作出的(××××)……字第××号……(行政行为名称);二、责令被告

[2]《中华人民共和国最高人民法院报》(2004年卷),人民法院出版社2005年版,第138~141页。

×××(行政主体名称)在××日内重新作出行政行为(不需要重作的,此项不写;不宜限定期限的,期限不写)。”

(2)部分撤销判决的写法

判决部分撤销行政行为的,表述为:“一、撤销被告×××(行政主体名称)作出的(××××)……字第××号……(行政行为名称)的第××项,即……(写明撤销的具体内容)。二、责令被告×××(行政主体名称)在××日内重新作出行政行为(不需要重作的,此项不写;不宜限定期限的,期限不写)。三、驳回原告×××是其他诉讼请求。”

3. 变更判决

变更判决,指当行政机关作出的行政处罚明显不当,或者其他行政行为涉及对款额的确定、认定确有错误的,人民法院依法判决直接变更。

根据《行政诉讼法》第77条的规定,判决变更行政行为的,表述为:“变更被告×××(行政主体名称)作出的(××××)……字第××号……(行政行为的内容或者具体项),改为……(写明变更内容)”。

4. 确认违法或无效判决

确认违法判决,指被诉行政行为违法,但没有撤销的内容或者必要,故保留其效力,责令被告采取补救措施,造成损失的,依法判决其承担赔偿责任。撤销行政行为将会给国家利益或者公共利益造成重大损失的,人民法院应当作出确认被诉行政行为违法(或者无效)的判决,并责令被诉行政机关采取补救措施。

根据《行政诉讼法》第74条的规定,确认违法判决可分为以下两大类:

(1)判决确认被诉行政行为违法,但不撤销被诉行政行为。它适用于两种情况:一是行政行为依法应当撤销,但撤销会给国家利益、社会公共利益造成重大损害的;二是行政行为程序轻微违法,但对原告权利不产生实际影响的。

(2)被诉行政行为不需要撤销或者判决履行的。它适用于以下三种情况:一是行政行为违法,但不具有可撤销内容的;二是被告改变原违法行政行为,原告仍要求确认原行政行为违法的;三是被告不履行或者拖延履行法定职责,判决履行没有意义的。

无效行政行为是指已经成立了的行政行为但由于重大、明显违法而不具有公定力,从而自始、当然、确定不发生法律效力的行政行为。根据《行政诉讼法》第75条规定,行政行为有实施主体不具有行政主体资格或者没有依据等重大且明显违法情形,原告申请确认行政行为无效的,人民法院判决确认无效。

确认被诉行政行为违法(或无效)的,表述为:“一、确认被告×××(行政主体名称)作出的(年度)×字第××号……(行政行为名称)违法(或无效);二、责令被告×××(行政主体名称)采取……(写明采取的补救措施。不需要采取补救措施的,此项不写)。”

5. 一并行政赔偿判决

判决驳回原告赔偿请求或者判决被告予以赔偿,指对原告对被告作出的行政行为提起诉讼的同时一并提出行政赔偿诉讼,经法院审查认为可以合并审理的案件,可以在判决书中将行政赔偿作为原告的一个诉讼请求来处理。

(1)驳回赔偿请求判决。驳回原告赔偿请求的,表述为:“驳回原告×××关于……(赔偿请求事项)的赔偿请求。"

(2)赔偿判决。判决被告予以赔偿的,表述为:"(行政主体名称)于本判决生效之日起××日内赔偿原告……(写明赔偿的金额)。"

6. 对复议机关与原行政机关作为共同被告案件的判决

根据《行政诉讼法》第79条的规定,复议机关与作出原行政行为的行政机关为共同被告的案件,人民法院应当对复议决定和原行政行为一并作出裁判。在多数情况下,复议机关维持原行政行为的案件中,复议决定与原行政行为高度契合,仅是复议程序游离于原行政行为合法性之外。因此审查清楚原行政行为的合法性问题,复议决定的合法性也就基本查清,仅仅是复议程序的合法性与之无关。因此,对此类案件的审理应当是先审查原行政行为的合法性问题,而后审查复议程序的合法性问题。对此类案件可以根据具体案情,遵循有利于明细法律关系及定分止争的原则适当调整:

(1)原行政行为与复议决定均合法的,表述为:"驳回原告×××的诉讼请求。"

(2)原行政行为与复议决定均违法的,表述为:"一、撤销××××(作出原行政行为的行政机关的名称)××××年××月××日作出的××号行政行为(文号及名称)及××××(复议机关名称)于××××年××月××日作出××号复议决定等(下同)。二、责令原行政机关在××日内重新作出行政行为。"(不需要重作的,此项不写;不宜限定期限的,期限不写)

(3)确认原行政行为违法的,表述为:"确认原行政行为及复议决定违法。"

(4)确认原行政行为无效的,表述为:"一、撤销复议决定;二、确认原行政行为无效。"

(5)变更原行政行为的,表述为:"一、撤销复议决定;二、参照判决变更行政行为的主文。"

(6)原行政行为合法,但复议决定违反法定程序的,表述为:"一、确认复议决定违法;二、驳回原告×××……(写明有关针对原行政行为)的诉讼请求。"

(五)尾部

尾部应依次写明诉讼费用的负担、上诉的权利、方法、期限和上诉审法院、合议庭成员署名、判决日期、书记员署名等内容。

判决书的正本,应由书记员在判决日期的左下方、书记员书名的左上方加盖"本件与原本核对无异"字样的印戳。

(六)附录

根据案件的不同需要,可将判决书中的有关内容载入附录部分,如将判决书中所提到的法律规定条文附上,以供当事人全面了解有关法律规定的内容。又如群体诉讼案件中原告名单及其身份情况也可以列入此部分。[3]

二、第一审不履行职责类行政案件行政判决书的内容和制作方法

第一审不履行职责案件有几种不同的划分方式,如果从履责的内容上划分,可分为不履

---

〔3〕《中华人民共和国最高人民法院公报》2005年第2期,第10页。

行法定职责案件、不履行法定义务案件及给付之诉的案件三种;如果从不履责的程度上划分,可分为拒绝履责、部分不履责、拖延履责和不答复及不予给付的案件四种。

第一审不履行职责类行政案件行政判决书,是第一审人民法院依照《行政诉讼法》规定的第一审程序,对审理终结的不履行职责类的第一审行政案件,就实体问题作出的书面决定。

本判决书的首部、尾部(包括附录部分)和正文中有关证据的列举、认证、说理方式以及相关的制作要求等,可参考一审一般类行政案件判决书样式及其说明。但由于这种案件是不履责类行政案件,因而在事实证据、判决理由和判决结果方面,与一般类行政案件又有所不同,制作时应当注意加以区别。

(一)事实

不履责类行政案件,对当事人双方的举证要求与一般类行政案件有所区别,在判决书中应当有所体现。对这类行政案件争议的事实,首先应当概括写明原告提供的其已经向被诉行政机关申请的事实证据,或其他公民、法人或者组织向行政机关报告的事实证据,或行政机关应当发现其应当履责的事实已发生的证据,及其认为被诉行政机关不履责的有关证据及依据;然后叙述被告提供的证据证明原告的申请事项、其他人报告的事项或应当发现的事项是否属于被诉行政机关法定职责或者法定义务或者给付义务,其是否在法定期限内已经履行法定职责或者义务,拖延履行或者不予答复的行为是否符合法律规定等事实。判决书要围绕行政实体法预先设定的有关条件一一列举有关证据,分别对双方当事人所举证据予以认证,在认证的基础上进行充分说理、论证。

具体可在首部"本案现已审理终结"之后,写明以下内容:

1. 当事人行政争议的内容。(1)表述为:"原告(或其他公民、组织)×××于××××年××月××日向被告×××提出……申请(或报告……事项)。被告在原告起诉之前未作出处理决定。"(2)分列写明当事人的诉辩意见。先概述原告提出的事实、理由及诉讼请求,再概括被答辩的主要理由,如果没有提交答辩状的,可表述为:"被告未提交答辩状,但在庭审中辩称……"。有第三人参加诉讼的,以"第三人述称"形式概括写明第三人的意见和其提供的证据。

2. 经庭审查明的事实和证据。表述为:

"原告在起诉时提供了以下证据证明其(或其他公民、组织)曾于××××年××月××日向被告提出……申请事项(或报告……事项):……(概括写明证据的名称、时间、内容)。经质证,被告认为……(写明被告提出异议的理由;如无异议,应予说明。有《行政证据规则》第4条第2款中所列情形的,则此项不写)。

"被告以……为由,于××××年××月××日向本院提出延期提供证据的书面申请,经本院准许,被告于××××年××月××日提供了证据:1.……;2.……。经质证,原告认为……(写明对证据提出异议的理由;如无异议,应予说明),并提供了以下证据:……经质证,被告认为……"

本院依法(或依原告、第三人的申请)调取了以下证据:……

经庭审质证(或交换证据),本院对证据作如下确认:……

本院根据以上有效证据及当事人质证意见认定以下事实:……(认定有效证据所证明的事实,详细分析当事人各自所举证据能否支持其主张)。”

在质证、认证过程中,应当注意以下几个问题:(1)对于案情较复杂,证据较多的案件,可分类、分层次叙述举证、质证的过程。对于案情较简单,证据较少的案件,可待被告列举全部证据后一并质证。(2)按照《行政证据规则》的规定,一方当事人提供的证据,对方当事人明确表示认可的,可以认定该证据的证明效力。对于这类证据的认证,可简略表述为:“×告对×告提供的××证据表示认可,本院予以确认。”(3)认定事实时,可根据案情需要,先将双方当事人没有争议的事实直接予以认定,如:“原告对××事实无异议,被告对××事实无异议。上列事实,本院予以认定。”然后再根据有效证据对双方有争议的事实进行分析、认定。

对于案情简单、证据较少以及双方当事人对事实和证据的争议较小的案件,宜将认证和认定事实结合予以综述,以避免不必要的重复。

对原告一并提出行政赔偿诉讼、经法院审查认为可合并审理的案件,可在判决书中将行政赔偿作为原告的一个诉讼请求来处理,在判决结果上选用“驳回原告赔偿请求”或者“判决被告予以赔偿”的方式。

(二)理由

在认证的基础上,根据具体案情,结合诠释相关的法律、法规、司法解释和有效的行政规章,重点分析被告是否具有法定职权,是否存在拖延履行、不予答复或不主动履行、未完全履行等情形;原告申请的理由是否依法成立,其诉讼请求是否符合法定条件,阐明是否应予支持的理由;对原告的合法权益是否受到侵害,与行政机关不履责行为有无因果关系等问题进行充分的论证;最后明确被告不履责行为是否合法,原告要求履责行为是否成立,并引用《行政诉讼法》和相关司法解释作为判决的法律依据。

(三)判决结果

1. 判决履行法定职责或义务应当分以下情况,分别写明判决的结果:

(1)判决驳回原告诉讼请求的,表述为:“驳回原告×××的诉讼请求。”

(2)判决被告履行法定职责或者判决被告针对原告的请求重新作出处理的,表述为:“一、撤销被告×××(行政主体名称),即……字第××号……(行政行为名称,)即……(写明撤销的具体内容;无内容;无拒绝性决定的,该项不写)。二、责令被告(行政主体名称)……(写明被告应当在一定期限内履行法定职责,因特殊情况难以确定期限的,可不写履行期限)。”

(3)判决确认被告不履行法定职责行为违法的,表述为:“确认被告(行政主体名称)……(不履行法定职责的行为)违法。”

(4)原告的请求成立,但行政机关已经无法履行或者履行已无实际意义的,表述为:“一、确认被告(行政主体名称)不履行……(应当履行的法定职责内容)违法;责令被告××

×在××日内(不宜限定期限的,也可不写)……(写明补救措施的内容,无法采取补救措施的该项不写)。"

(5)原告的请求不成立的,但行政机关有违法情形依法应当确认违法的,表述为:"一、确认被告×××(行政主体名称)(不履行法定职责的行为)违法;二、驳回原告×××想诉讼请求(需要判决驳回原告诉讼请求的,予以写明)。"

2. 判决被告履行给付义务的判决结果,可分为以下八种情况:

(1)判决驳回原告给付请求的,表述为:"驳回原告×××的诉讼请求。"

(2)判决被告履行给付义务的,表述为:"责令被告×××(行政主体名称)……(写明被告应当在异地能期限内履行给付义务的具体内容、方式及期限;因特殊情况难以确定的,可判决被告在一定期限针对原告的请求作出处理;原告申请依法履行返还财产、排除妨碍、停止侵害、恢复原状等给付义务且无需被告再行作出处理的,可直接写明上述内容)。"

(3)被告撤销拒绝给付决定时,判决被告履行给付义务的,表述为:"一、撤销被告×××(行政主体名称)于××××年××月××日对原告作出××号拒绝决定(或其他);二、责令被告×××(行政主体名称)……(现场能被告应当在一定期限内履行给付义务的具体内容、方式及期限;因特殊情况难以确定的,可判决被告在一定期限针对原告的请求作出处理;原告申请依法履行返还财产、排除妨碍、停止侵害、恢复原状等给付义务且无需被告再行作出处理的,可直接写明上述内容)。"

(4)判决确认被告不履行给付义务行为或者"于××××年××月××日对原告作出××拒绝给付决定"(或其他名称)违法的,表述为:"确认被告××××(行政主体名称)……(不履行给付义务或者拒绝给付的决定)违法。"

(5)原行政机关对原告请求的履行法定职责或者给付义务不予答复违法的,表述为:"一、撤销复议决定;二、(参照不履行法定职责或者给付义务的主文。)"

(6)驳回原告赔偿请求的,表述为:"驳回原告×××关于……(赔偿请求事项)的赔偿请求。"

(7)判决被告予以赔偿的,表述为:"被告(行政主体名称)于本判决生效之日起××日内赔偿原告×××……(写明赔偿的金额)。"

(8)其他情形,可以参照一审请求履行法定职责类判决结果制作。

第三节 行政协议行政判决书

一、行政协议行政判决书的概念

行政协议案件是指公民、法人或者其他组织认为行政机关不依法履行、未按照约定履行或者违法变更、解除政府特许经营协议、土地房屋征收补偿协议等协议的案件。这类案件的第一审行政判决书,是第一审人民法院依照《行政诉讼法》规定的第一审程序,对审理终结的行政协议类的第一审行政案件,就实体问题作出的书面决定。

《行政诉讼法》第 12 条第 1 款第 11 项规定:“人民法院受理公民、法人或者其他组织提起的下列诉讼:……(十一)认为行政机关不依法履行,未按照约定履行或者违法变更、解除政府特许经营协议、土地房屋征收补偿协议等协议的”。第 78 条规定:“被告不依法履行,未按照约定履行或者违法变更、解除本法第十二条第一款第十一项规定的协议的,人民法院判决被告承担继续履行、采取补救措施或者赔偿损失等责任。”“被告变更、解除本法第十二条第一款第十一项规定的协议合法,但未依法给予补偿的,人民法院判决给予补偿。”这些规定是制作本判决书的法律依据。

二、行政协议行政判决书的内容和制作方法

本判决的首部、尾部(包括附录部分)和正文中有关证据的列举、认证、说理方式以及相关的写作要求等,可参照一审一般类案件和不履责类案件样式及其说明。但由于这种案件是行政协议类行政案件,因而在事实证据、判决理由和判决结果方面,与前两类行政案件又有所不同,制作时应注意加以区别。

(一)事实

行政协议案件的审理对当事人双方的举证要求与一般类案件和不履责类案件有所不同,因此在判决书中对这些不同应当有所体现。原告应提供被告行政机关不依法签订行政协议或因未提供相关材料造成原告产生重大误解的情况下签订行政协议,或不依法履行、未按照约定履行或者违法变更、解除政府特许经营协议、土地房屋征收协议补偿协议的初步证据和依据。被告应提供原告所诉的签订、变更、履行(或不履行)、解除等行政协议的行为符合相关法律、行政法规的规定等。判决书要围绕着被诉行政协议行为合法性有关的要件来描述案件事实。

(二)理由

判决理由即“本院认为”部分,要结合查明的事实,围绕被诉行政协议行为的有效性和合法性,运用行政法律规范的实体、程序规定对被诉签订、变更、履行(或不履行)、解除等行政协议行为的合法性问题进行分析论证。对行政法律规范未规定的问题,可以参照民事法律规范对被诉行政协议行为的合法性问题进行分析、论证。对各方当事人的诉讼理由应当逐一分析,论证是否成立,表明是否支持或采纳,并说明理由。原告主张的理由成立,但被告无法继续履行或者继续履行已无实际意义的,应当在理由部分对被诉行为的违法性予以阐述和确认。判决所依照的法律依据部分,要写明判决依据的行政诉讼法、有关民事法律规定以及相关司法解释的条、款、项、目。

(三)判决结果

可以分为以下情形,分别写明判决结果:

1. 协议有效,原告主张被告不依法履行、未按照约定履行协议或者变更、解除协议违法,理由成立的,可以采用以下判决方式,表述为:“一、被告继续履行协议;(可写明具体内容);二、被告×××(行政主体名称)于本判决生效之日起××日内赔偿原告……(写明赔偿的金额)”(原告未提出请求赔偿的,该项不写)。对于被告无法继续履行或者履行已无实际意义的,可表述为:“一、被告×××(行政主体名称)采取补救措施……(写明具体补救措

施);二、被告×××(行政主体名称)于本判决生效之日起××日内赔偿原告……(写明赔偿的金额)。”

2. 原告请求解除协议或者确认协议无效,并要求赔偿理由成立的,表述为:“一、确认……(协议名称)无效或者自××××年××月××日解除……(协议名称);二、被告×××(行政主体名称)于本判决生效之日起××日内赔偿原告……(写明赔偿的金额)。”(原告未提出请求赔偿的,该项不写)

3. 被告因公共利益需要变更或者其他法定理由变更、解除协议,给原告造成损失的,表述为:“被告×××(行政主体名称)于本判决生效之日起××日内补偿原告……(写明补偿的金额)。”

4. 其他情形,参照民事判决文书样式制作。

第四节　行政赔偿判决书

一、行政赔偿判决书的概念

行政赔偿判决书,是指第一审人民法院依照《行政诉讼法》规定的第一审程序,对审理终结的当事人单独提起的行政赔偿案件,就赔偿问题作出处理的书面决定。

根据《国家赔偿法》《行政诉讼法》和最高人民法院《关于审理行政赔偿案件若干问题的规定》等法律及司法解释的规定,行政诉讼原告可以依法单独提起行政赔偿诉讼。这是制作本判决书的法律依据。

原告对行政行为提起行政诉讼,如果一并提起行政赔偿诉讼的,可以分别制作判决书,也可以只制作一份判决书,即将行政赔偿作为原告的一个诉讼请求来处理。需要注意的是,最高人民法院《关于审理行政赔偿案件若干问题的规定》第28条中规定的“分别立案”,是指对一并提起两个诉讼请求的案件,应当按照年度、审级、一案一号的原则单独立案,并形成独立卷宗;如果经法院审查,认为可以合并审理的案件,应当将已经单独立案的两个案件退回立案登记处销案,并对需要合并审理的两个案件作为一案重新立案编号。

二、行政赔偿判决书的内容和制作方法

本判决书的首部、尾部(不含诉讼费用的收取)、正文中有关证据的列举、认证、说理方式以及相关的制作要求等,可参考一审一般类行政案件行政判决书样式及其说明。但由于行政赔偿案件是要解决因行政机关及其工作人员的侵权行为引起的赔偿问题,所以在事实、理由和判决结果方面与行政判决书又有所不同,制作时应注意加以区别。

(一)事实

审理行政赔偿案件,应当以被诉行政行为违法为前提。人民法院仅就行政赔偿争议进行审理。行政行为的合法性应当通过先行确认程序或者行政诉讼予以审查;经过先行确认程序,且行政赔偿义务机关已经作出行政赔偿处理决定的,行政赔偿处理决定并非是行政赔

偿诉讼标的，法院仍应针对原告的赔偿请求能否成立进行审查。被告收到原告的赔偿中请逾期不作赔偿决定的，审查的重点也应是原告主张的侵权事实是否存在，要求赔偿是否有法律依据，以及损害结果与行政行为之间是否具有因果关系。

原告对行政行为提起行政诉讼时一并提起行政赔偿诉讼的，判决书应当以行政判决书确认的被诉行政行为是否合法为判决依据，如果被诉行政行为被确认合法，也就不存在需要行政赔偿判决的问题；如果被诉行政行为确认违法，才有可能存在行政赔偿的问题。被诉行政行为确认违法后，还需审查是否造成原告损害，损害之间是否具有因果关系，倘若存在损害，被诉行政行为与损害结果之间有因果关系，才存在真正的赔偿问题。

1. 当事人行政赔偿争议的内容。在行政赔偿诉讼中，证明因受被诉行政行为侵害而遭受损失的事实，适用民事诉讼中“谁主张，谁举证”的举证规则。具体可作如下表述：在“本案现已审理终结”项下，另起一段：

“原告×××诉称，……（写明原告的赔偿诉讼请求、主要理由以及原告提供的证据、依据等）。

被告×××辩称，……（写明被告的答辩请求及主要理由）

被告×××向本院提交了以下证据、依据：1……（证据的名称及内容等）；2……。

第三人×××述称，……（写明第三人的意见、主要理由以及第三人提供的证据、依据等）。”

2. 经庭审查明的事实和证据。重点写经庭审举证、质证、认证的情况。可表述为：

“本院依法调取了以下证据：……（写明证据名称及证明目的）。

经庭审质证（或庭前交换证据、庭前准备会议），……（写明当事人的质证意见）。

本院对上述证据认证如下：……（写明法院的认证意见和理由）。

经审理查明，……（写明法院查明的事实。可以区分写明当事人无争议的事实和有争议但经法院审查确认的事实）。”

（二）理由

行政赔偿判决书理由论证的重点是被诉事实行政行为是否存在，被诉行政行为是否合法；原告是否存在合法权益；原告的合法权益是否被侵害、被侵害的程度和后果及其与被诉行政行为、事实行政行为的因果关系；原告是否应得到赔偿。对未经确定的事实行政行为，应当根据被告的举证确定该行为是否存在；对已经确认违法的行政行为，只需写明“经何机关已经确认该行为违法”，无须进行分析、论证。

行政赔偿判决书在适用法律时，不仅要适用《行政诉讼法》，还应适用《国家赔偿法》及最高人民法院《关于审理行政赔偿案件若干问题的规定》、最高人民法院《关于民事、行政诉讼中司法赔偿若干问题的解释》[4]等行政赔偿司法解释的规定。

---

〔4〕 周道鸾编著：《行政裁判文书改革与实例评析》，人民法院出版社2001年版，第428～432页。

(三)判决结果

分下列情况,分别写明判决结果:

1. 驳回原告赔偿请求的,表述为:“驳回原告×××关于……(赔偿请求事项)的赔偿请求。”

2. 判决被告予以赔偿的,表述为:“被告×××(行政主体名称)于本判决生效之日起××日内赔偿原告×××……(写明赔偿的金额)。”

3. 如果复议机关因复议程序违法给原告造成损失的,表述为:“被告×××(复议机关名称)于本判决生效之日起××日内赔偿原告……(写明赔偿的金额)。”

行政赔偿诉讼不收取诉讼费用。

第五节 第二审行政判决书

一、第二审行政判决书的概念

第二审行政判决书,是第二审人民法院依照《行政诉讼法》规定的第二审程序,对不服第一审判决的上诉案件审理终结后,就实体问题依法作出的维持原判或者改判的书面决定。

《行政诉讼法》第85条规定:“当事人不服人民法院第一审判决的,有权在判决书送达之日起十五日内向上一级人民法院提起上诉。当事人不服人民法院第一审裁定的,有权在裁定书送达之日起十日内向上一级人民法院提起上诉。逾期不提起上诉的,人民法院的第一审判决或者裁定发生法律效力。”第87条规定:“人民法院审理上诉案件,应当对原审人民法院的判决、裁定和被诉行政行为进行全面审查。”

第二审人民法院通过对上诉案件的审理,不仅可以纠正第一审行政判决中可能发生的错误,使当事人的合法权益得到及时保护,而且有利于上级人民法院监督下级人民法院的行政审判工作。因此,制作第二审行政判决书有重要的意义。

二、第二审行政判决书的内容和制作方法

第二审行政判决书由首部、正文和尾部组成。正文包括事实、理由、判决结果三部分。第二审是复审。因此,制作第二审行政判决书应当充分体现上诉审的特点,强调针对性和说理性。

(一)首部

与第一审民事判决书不同的是:

1. 文书编号应用“行终”字,如“(××××)×行终字第×号”。

2. 上诉案件当事人的称谓表述为“上诉人”“被上诉人”,并用括号注明其在原审中的诉讼地位。原告、被告、第三人均提起上诉的,可并列为“上诉人”。当事人中一人或者部分人提出上诉,上诉后是可分之诉的,未上诉的当事人在法律文书中可以不列;上诉后仍是不可分之诉的,未上诉的当事人可以列为被上诉人。上诉案件当事人中的代表人、诉讼代理人

等,分别在该当事人项下另起一行列项书写。

3.《行政诉讼法》第86条规定:“人民法院对上诉案件,应当组成合议庭,开庭审理。经过阅卷、调查和询问当事人,对没有提出新的事实、证据或者理由,合议庭认为不需要开庭审理的,也可以不开庭审理。”因此,第二审程序的审理方式有两种,即开庭审理和书面审理。但开庭审理是原则,不开庭审理是例外。未开庭的,表述为:“本院依法组成合议庭,对本案进行了审理。现已审理终结。”实行开庭审理的表述方法与第二审民事判决书相同。

(二)事实

第二审行政判决书的事实部分,由两个方面的内容构成:

1. 上诉争议的内容。包括:原审认定的事实、适用的法律、法规和判决的结果;上诉人的上诉请求及其主要理由;被上诉人答辩的主要内容。叙述要概括、简练、准确,抓住争议焦点,防止照抄原审判决书、上诉状和答辩状,但又要不失原意。

2. 二审查明认定的事实和证据。要根据案件的不同情况书写。如果原审判决认定的事实清楚,上诉人亦无异议的,简要地确认原判认定的事实即可;如果原审判决的事实清楚,但上诉人提出异议的,则应重点分析、认证有异议的事实、证据,并阐明采信的理由;如果原审判决认定事实不清,证据不足,经二审查清事实后改判的,则应具体叙述查明的事实和有关证据。

一般情况下,二审认定事实与一审一致的,可表述为:“本院经审理查明的事实与一审判决认定的事实一致,本院予以确认”;与一审认定的主要事实基本一致,但对个别事实作出新的认定的,可表述为:“本院经审理查明的事实与一审判决认定的事实基本一致,但一审认定的……事实不当,应认定为……”;本院认定的事实是一审未认定的,可表述为:“本院另查明:……”。

(三)理由

第二审行政判决书的理由部分,也由两个方面的内容构成:

1. 维持或者改判的理由。应当针对上诉请求和理由,重点围绕争议的焦点,就原审判决及被诉行政行为是否合法,上诉理由是否成立,上诉请求是否予以支持,以及被上诉人的答辩是否有理等,进行充分、论证,阐明维持原判或者撤销原判予以改判的理由。理由一定要有针对性和说服力,注意事理分析和法理分析,回答上诉争议的主要问题,引出合乎逻辑的公正结论。

2. 二审判决所依据的法律条文。应当分别引用《行政诉讼法》第89条第1项、第2项、第3项、第4项的规定。其中,全部改判或者部分改判的,除先引用《行政诉讼法》的有关条款外,还应当同时引用改判所依据的实体法的有关条文。

(四)判决结果

根据《行政诉讼法》第89条的规定,人民法院审理上诉案件,按照下列情形,分别处理:(1)原判决、裁定认定事实清楚,适用法律、法规正确的,判决或者裁定驳回上诉,维持原判决、裁定;(2)原判决、裁定认定事实错误或者适用法律、法规错误的,依法改判、撤销或者变更;(3)原判决认定基本事实不清、证据不足的,发回原审人民法院重审,或者查清事实后改判;(4)原判决遗漏当事人或者违法缺席判决等严重违反法定程序的,裁定撤销原判决,发回原审人民法院重审。原审人民法院对发回重审的案件作出判决后,当事人提起上诉的,第二审人民法院不得再次发回重审。人民法院审理上诉案件,需要改变原审判决的,应当同时对被诉行政行为作出判决。

根据上述规定,二审判决结果可分以下四种情况书写:

1. 维持原判的,表述为:“驳回上诉,维持原判。”

2. 对原审判决部分维持、部分撤销的,表述为:“一、维持×××人民法院(××××)×行初字第×号行政判决第×项,即……(写明维持的具体内容);二、撤销×××人民法院(××××)×行初字第×号行政判决第×项,即……(写明撤销的具体内容);三、……(写明对撤销部分作出改判的内容。如无须作出改判的,此项不写)。”

3. 撤销原审判决,驳回原审原告的诉讼请求的,表述为:“一、撤销×××人民法院(××××)×行初字第×号行政判决;二、驳回×××(当事人姓名)的诉讼请求。”

4. 撤销原审判决,同时撤销或者变更行政机关的行政行为的,表述为:“一、撤销×××人民法院(××××)×行初字第×号行政判决;二、撤销(或者变更)××××(行政机关名称)××××年××月××日(××××)×字第×号处罚决定(写明具体行政行为或者复议决定或者其他行政行为);三、……(写明二审法院改判结果的内容。如无须作出改判的,此项不写)。”

(五)尾部

与第二审民事判决书相同。

第六节　再审行政判决书

一、再审行政判决书的概念

再审行政判决书,是人民法院依照《行政诉讼法》规定的审判监督程序,对已经发生法律效力的判决、裁定,发现其违反法律、法规规定,进行重新审理后,就案件的实体问题作出的书面决定。

《行政诉讼法》第92条规定:“各级人民法院院长对本院已经发生法律效力的判决、裁定,发现有本法第九十一条规定情形之一,或者发现调解违反自愿原则或者调解书内容违法,认为需要再审的,应当提交审判委员会讨论决定。”“最高人民法院对地方各级人民法院已经发生法律效力的判决、裁定,上级人民法院对下级人民法院已经发生法律效力的判决、裁定,发现有本法第九十一条规定情形之一,或者发现调解违反自愿原则或者调解书内容违法的,有权提审或者指令下级人民法院再审。”第93条第1款规定:“最高人民检察院对各级人民法院已经发生法律效力的判决、裁定,上级人民检察院对下级人民法院已经发生法律效力的判决、裁定,发现有本法第九十一条规定情形之一,或者发现调解书损害国家利益、社会公共利益的,应当提出抗诉。”

从上述规定可以看出,对提起再审的条件和程序是很严格的,即提起再审的案件必须是已生效的判决、裁定违反法律、法规规定。行政诉讼的审判监督程序的目的，在于对已生效但确实违反法律、法规规定的判决、裁定，依照法定程序予以纠正，以保证人民法院裁判的正确性和合法性，保护公民、法人和其他组织的合法权益，维护国家法律的统一。制作再审行政判决书，应当充分体现再审程序的特点。

二、再审行政判决书的内容和制作方法

再审行政判决书由首部、事实、理由、判决结果和尾部五部分组成。

(一)首部

与再审民事判决书不同的是：

1. 文书编号应用“行再字”，如“(××××)×行再字第×号”。

2. 案件由来、审判组织、审判方式和审判过程，应表述为：

“原审原告(或者原审上诉人)×××与原审被告(或者原审被上诉人)×××……(写明案由)一案，本院(或者×××人民法院)于××××年××月××日作出(××××)×行×字第×号行政判决，已经发生法律效力。……(写明再审的根据)。本院依法组成合议庭，公开(或者不公开)开庭审理了本案。……(写明到庭的当事人、诉讼代理人等)到庭参加诉讼。现已审理终结(未开庭的，写‘本院依法组成合议庭审理了本案。现已审理终结’)。”

依照《行政诉讼法》的规定，写明对本案进行再审的根据时，可分别以下四种情况表述：

(1)“×××人民检察院于××××年××月××日提出抗诉。”(2)“本院于××××年××月××日作出(××××)×行再字第×号行政裁定，对本案提起再审。”(3)“×××人民法院于××××年××月××日作出(××××)×行再字第×号行政裁定，指令本院对本案进行再审。”(4)“本院于××××年××月××日作出(××××)×行字第×号行政裁定，对本案进行提审。”

(二)事实

再审行政判决书的事实部分，包括再审争议的内容以及再审查明认定的事实和证据，要根据不同类型的案件书写。

一般情况下，如再审认定事实与原审一致的，表述为：“本院经审理查明的事实与原审判决认定的事实一致，本院予以确认”；与原审认定的主要事实基本一致，但对个别事实作出新的认定的，可表述为：“本院经审理查明的事实与原审判决认定的事实基本一致，但原审认定的……事实不当，应认定为……”；本院认定的事实是原审未认定的，可表述为：“本院另查明：……”。

(三)理由

再审行政判决书的理由，应当着重论证：(1)原审生效判决适用法律、法规是否正确。(2)检察机关的抗诉或者当事人申诉的理由是否成立。(3)阐明应予改判、如何改判或者仍然维持原判的理由。(4)写明判决所依据的法律、法规条文。

(四)判决结果

可以根据案件不同情况分别表述。

1. 全部改判的,表述为:"一、撤销本院(或者×××人民法院)××××年××月××日(××××)×行×字第×号行政判决(如一审判决、二审判决、再审判决均需撤销的,应分项写明);二、……(写明改判的内容。内容多的可分项写)。"

2. 部分改判的,表述为:"一、维持本院(或者×××人民法院)××××年××月××日(××××)×行×字第×号行政判决第×项,即……(写明维持的具体内容);二、撤销本院(或者×××人民法院)××××年××月××日(××××)×行×字第×号行政判决第×项,即……(写明撤销的具体内容);三、……(写明改判的内容。内容多的可分项写)。"

3. 维持原判的,表述为:"维持本院(或者×××人民法院)××××年××月××日(××××)×行×字第×号行政判决。"

(五)尾部

与再审民事判决书相同。

第七节 行政裁定书

一、行政裁定书的概念

行政裁定书,是人民法院依照《行政诉讼法》规定的程序审理行政案件,为解决行政诉讼程序问题作出的书面决定。

根据法律规定,裁定可分为书面裁定和口头裁定两种形式。在行政诉讼的不同阶段,针对不同的程序问题,都需要制作裁定书,以保障行政诉讼任务的实现。行政裁定书与行政判决书同样具有重要的作用,都是人民法院常用的主要的行政裁判文书。

按照诉讼的程序不同,行政裁定书可分为第一审行政裁定书、第二审行政裁定书和再审行政裁定书。

二、第一审行政裁定书

(一)第一审行政裁定书的概念

第一审行政裁定书,是第一审人民法院依照《行政诉讼法》规定的第一审程序,在审理第一审行政案件过程中,为解决程序问题作出的书面决定。

根据《行政诉讼法》及最高人民法院有关行政诉讼的司法解释的规定,裁定适用于以下范围:(1)不予立案;(2)驳回起诉;(3)管辖异议;(4)终结诉讼;(5)中止诉讼;(6)移送或者指定管辖;(7)诉讼期间停止行政行为的执行或者驳回停止执行的申请;(8)财产保全;(9)先予执行;(10)准许或者不准许抗诉;(11)补正裁判文书中的笔误;(12)中止或者终结执行;(13)提审、指令再审或者发回重审;(14)准许或者不准许执行行政机关的行政行为;(15)其他需要裁定的事项(如管辖等)。

对于第(1)项、第(2)项、第(3)项裁定,当事人可以上诉。

(二)第一审行政裁定书的内容和制作方法

第一审行政裁定书由首部、正文和尾部组成。为避免重复,这里只讲授第(1)、(2)、(7)、(10)项四种裁定书的制作,其余可参照民事裁定书制作。

1. 首部

与第一审行政判决书不同的是:(1)文书名称为"行政裁定书"。(2)当事人称谓。不予立案的,称"起诉人";驳回起诉、停止执行行政行为的,称"原告""被告""第三人"。

2. 正文

这是行政裁定书的主要内容,包括事实、理由和裁定结果。裁定书的正文按其内容不同,有不同的表述方法。

(1)不予立案

不予立案,是指第一审人民法院接到起诉状后,经审查认为不符合法律规定的起诉条件,依法裁定不予受理。

根据《行政诉讼法》第49条的规定,起诉应当符合下列条件:原告是符合该法第25条规定的公民、法人或者其他组织;有明确的被告;有具体的诉讼请求和事实根据;属于人民法院受案范围和受诉人民法院管辖。

根据最高人民法院《关于适用〈中华人民共和国行政诉讼法〉若干问题的解释》第3条的规定,有下列情形之一,不予立案;已经立案的,应当裁定驳回起诉:不符合《行政诉讼法》第49条规定的;超过法定起诉期限且无正当理由的;错列被告且拒绝变更的;未按照法律规定由法定代理人、指定代理人、代表人为诉讼行为的;未按照法律、法规规定先向行政机关申请复议的;重复起诉的;撤回起诉后无正当理由再行起诉的;行政行为对其合法权益明显不产生实际影响的;诉讼标的已为生效裁判所羁束的;不符合其他法定起诉条件的。人民法院经过阅卷、调查和询问当事人,认为不需要开庭审理的,可以迳行裁定驳回起诉。因此,在裁定书的正文中,应当结合本案的具体情况,写明不予受理的理由。

根据《行政诉讼法》第51条的规定,人民法院在接到起诉状时对符合本法规定的起诉条件的,应当登记立案。对当场不能判定是否符合本法规定的起诉条件的,应当接收起诉状,出具注明收到日期的书面凭证,并在7日内决定是否立案。不符合起诉条件的,作出不予立案的裁定,裁定书应当载明不予立案的理由。原告对裁定不服的,可以提起上诉。起诉状内容欠缺或者有其他错误的,应当给予指导和释明,并一次性告知当事人需要补正的内容。不得未经指导和释明即以起诉不符合条件为由不接收起诉状。

人民法院接到起诉状后,经审查,认为起诉不符合上述法定条件的,作出不予立案的裁定。具体可表述为:

"××××年××月××日,本院收到×××的起诉状,……(概括写明起诉的事由)。

本院认为:……(写明不予受理的理由)。依照……(写明裁定依据的《行政诉讼法》以及相关的司法解释的条、款、项)的规定,裁定如下:

对×××的起诉,本院不予立案。"

(2)驳回起诉

驳回起诉,是指第一审人民法院对已经受理的行政诉讼案件,在审理过程中发现起诉不符合法律规定的受理条件,决定驳回起诉。具体可表述为:

"原告×××诉被告×××……(写明案由)一案,本院受理后,依法组成合议庭(或依法由审判员×××独任审判),公开(或者不公开)开庭审理了本案,现已审理终结(未开庭的,写'本院依法进行了审理,现已审理终结')。

……(简述原告起诉的事由)。

……(各方当事人对案件是否符合起诉条件有争议的,围绕争议的内容分别概括写明原告、被告、第三人的意见及所依据的事实和理由;如果没有,不写此项)。

经审理查明:……(各方当事人对案件是否符合起诉条件的相关事实有争议的,写明法院对该事实认定情况;如果没有,此项不写)。

本院认为:……(写明驳回起诉的理由)。依照……(写明引用的法律的条款项)的规定,裁定如下:

驳回原告×××的起诉。"

同样,应当在裁定书的正文中,根据相关的司法解释的规定,结合本案的具体情况,写明驳回起诉的理由。

(3)依申请裁定停止执行行政行为或驳回停止执行申请

停止行政行为的执行或者驳回停止执行的申请,是指人民法院在诉讼期间收到原告要求停止执行某一行政行为的申请后,经审查,裁定停止执行该行政行为或者驳回停止执行的申请。

在行政诉讼期间,当事人争议的行政行为不因被告提起诉讼而停止执行,这是行政诉讼特有的一项原则,是由国家行政管理的特殊性决定的。但这一原则也有例外的情况。依照《行政诉讼法》第56条的规定,诉讼期间,不停止行政行为的执行。但有下列情形之一的,裁定停止执行:被告认为需要停止执行的;原告或者利害关系人申请停止执行,人民法院认为该行政行为的执行会造成难以弥补的损失,并且停止执行不损害国家利益、社会公共利益的;人民法院认为该行政行为的执行会给国家利益、社会公共利益造成重大损害的;法律、法规规定停止执行的。具体可表述为:

"本院在审理原告×××诉被告××××(行政机关名称)……(写明案由)一案中,原告(或者利害关系人)×××认为……(写明停止执行行政行为的理由),向本院申请停止执行……(写明停止执行行政行为的名称)。

本院认为:……(写明应当停止行政行为的执行或者驳回申请的理由)。依照《中华人民共和国行政诉讼法》第五十六条第一款[裁定停止执行的,尚需写明'第(二)项']的规定,裁定如下:

……(写明裁定结果)。"

分以下两种情况:第一,停止执行的,表述为:“在本案诉讼期间,停止……的执行(写明停止行政行为执行的名称)。”第二,驳回申请的,表述为:“驳回原告×××的申请。”

(4)准许或者不准许撤诉

准许或者不准许撤诉,是指人民法院在收到原告要求撤回起诉的申请后,经审查,裁定准许或者不准许撤回诉讼。

《行政诉讼法》第62条规定:“人民法院对行政案件宣告判决或者裁定前,原告申请撤诉的,或者被告改变其所作的行政行为,原告同意并申请撤诉的,是否准许,由人民法院裁定。”第58条规定:“经人民法院传票传唤,原告无正当理由拒不到庭,或者未经法庭许可中途退庭的,可以按照撤诉处理;被告无正当理由拒不到庭,或者未经法庭许可中途退庭的,可以缺席判决。”这是制作准许或者不准许撤诉裁定书的法律依据。具体可表述为:

> “本院在审理原告×××诉××××(行政机关名称)××××……(写明案由)一案中,原告×××……(简要写明原告提出的撤诉请求和理由)。
>
> 本院认为:……(写明准许撤诉或者不准许撤诉的理由)。依照《中华人民共和国行政诉讼法》第六十二条的规定,裁定如下:
>
> ……(写明裁定结果)。”

分以下两种情况:第一,准许撤诉的,表述为:“准许原告×××撤回起诉。”第二,不准许撤诉的,表述为:“不准许原告×××撤诉,本案继续审理。”

裁定书的正文,应当具体写明准许撤诉或者不准许撤诉的理由。这是因为,原告处分自己的诉讼权利,必须在法律规定的范围内进行,以不损害国家、集体的利益和他人的合法权益为前提;即使行政机关改变其所作的行政行为,原告同意并申请撤诉的,也必须以合法为条件。

对于不准许撤回起诉的案件,一般都采用口头裁定的形式,但必要时也可以书面裁定。

3. 尾部

(1)准许撤诉的裁定,应当在裁定结果的左下方,另起一行写明诉讼费用的负担。

(2)依照《行政诉讼法》第51条的规定,原告对不予受理或者驳回起诉的裁定不服的,可以提起上诉。因此,在裁定结果的左下方,对于不予受理的裁定,应当写明:“如不服本裁定,可在裁定书送达之日起10日内,向本院递交上诉状,上诉于×××人民法院。”对于驳回起诉的裁定,应当写明:“如不服本裁定,可在裁定书送达之日起10日内,向本院递交上诉状,并按对方当事人的人数提出副本,上诉于×××人民法院。”

(3)根据立法精神和相关司法解释的规定,对于停止行政行为的执行或者驳回停止执行申请的裁定,当事人有申请复议权。因此,在相关裁定结果的左下方,应当写明:“如不服本裁定,可以向本院申请复议一次。复议期间不停止裁定的执行。”

三、第二审行政裁定书

(一)第二审行政裁定书的概念

第二审行政裁定书,是第二审人民法院依照《行政诉讼法》规定的第二审程序,在审理上诉案件过程中,为解决程序问题制作的诉讼文书。

第二审行政裁定书的适用范围与第一审行政裁定书基本相同。但也有上诉审的特点,如发回重审裁定、维持原裁定或者撤销第一审裁定等。

(二)第二审行政裁定书的内容和制作方法

1. 首部

与第二审行政判决书相同。

2. 正文

(1)驳回上诉或者撤销一审不予立案、驳回起诉裁定

驳回上诉或者撤销一审裁定,是指人民法院对上诉人不服一审裁定不予立案或者驳回起诉的案件,经审理后,决定维持或者撤销原裁定。具体可表述为:

> "上诉人×××因……(写明案由)一案,不服×××人民法院(××××)×行初字第×号行政裁定,向本院提起上诉。
>
> 上诉人×××上诉称,……(概括上诉请求与理由)。
>
> 本院认为:……(简要写明驳回上诉或者撤销原裁定的理由)。依照……(写明依据的法律及相关司法解释的条、款、项)的规定,裁定如下:
>
> ……(写明裁定结果)。"

具体分三种情况:第一,维持原裁定的,表述为:"驳回上诉,维持原裁定。"第二,撤销原裁定,应继续审理的,表述为:"一、撤销×××人民法院(××××)×行初字第×号行政裁定;二、本案指令××××人民法院继续审理。"第三,撤销原裁定,指令予以立案的,表述为:"一、撤销×××人民法院(××××)×行初字第×号行政裁定;二、本案指令×××人民法院予以立案。"

(2)撤销一审判决迳行驳回起诉

撤销一审判决迳行驳回起诉的裁定,是指人民法院在收到当事人不服一审判决提起上诉的行政案件,按照第二审程序审理后,认为不应当立案,决定撤销原实体判决,迳行驳回起诉。

二审撤销一审判决迳行驳回起诉的,表述为:"一、撤销×××人民法院(××××)×行初字第×号行政裁定;二、驳回×××的起诉。"

裁定书事实部分的写法与二审行政判决书样式相同。

(3)发回重审

发回重审裁定,是指第二审人民法院在收到当事人不服第一审判决提起上诉的行政案件,按照第二审程序审理后,认为原判决事实不清,证据不足,或者违反法定程序,决定撤销原判,发回原审法院重新审判。

根据《行政诉讼法》第89条第3项、第4项的规定,原判决认定基本事实不清、证据不足的,发回原审人民法院重审。原判决遗漏当事人或者违法缺席判决等严重违反法定程序的,裁定撤销原判决,发回原审人民法院重审。第一审人民法院作出实体判决后,第二审人民法院认为不应当受理的,在撤销第一审人民法院判决的同时,可以发回重审。当事人对重审案

件的判决、裁定，可以上诉。具体可表述为：

"……

经审理查明，……（经审理查明的案件事实内容，主要写明据以作出发回重审裁定的相关事实，与发回重审无关的内容可少写或不写）。

本院认为：……（写明发回重审的理由）。依照……（写明裁定依据的法律以及相关司法解释的条、款、项、目）的规定，裁定如下：

一、撤销×××人民法院（××××）×行初字第×号行政判决；

二、发回×××人民法院重审。"

按照《行政诉讼文书样式（试行）》中"行政诉讼文书样式33"的说明，裁定书的正文部分中，对于发回重审的理由，只需概括地指明原判决认定事实不清，证据不足，或者由于违反法定程序而可能影响正确判决。至于该案存在哪些具体问题，应另行附函向重审法院具体说明。但根据裁判文书改革的精神，裁定书的正文部分，原则上应当具体写明发回重审的理由，即原判决认定的哪些事实不清、证据不足，或者违反了法律规定的哪些程序可能影响正确判决，因而发回重审，特殊情况例外。"特殊情况"，是指涉及国家秘密（包括审判秘密）的情况。应当坚决改变长期以来对发回重审的裁定只写明发回重审的理由，而对于具体存在哪些问题需另行附函向原审法院说明的习惯做法。这种"暗箱操作"的方法违反了公开审判的宪法原则，限制了当事人的诉权和知情权，不宜提倡。

根据相关司法解释的规定，第二审人民法院审理不服第一审人民法院裁定不予立案或者驳回起诉的上诉案件，如果认为第一审裁定确有错误，且起诉符合法定条件的，也应当裁定撤销原审人民法院的裁定，指令原审人民法院依法立案受理或者继续审理。

（4）准许或者不准许撤回上诉

准许或者不准许撤回上诉，是指第二审人民法院对上诉人申请撤回上诉的行政案件，决定是否准许撤回上诉。

裁定书的正文部分，应当对上诉人申请撤回上诉的行为是否合法作出评断，写明准许撤回上诉或者不准许撤回上诉的理由。

对于不准许撤回上诉的案件，一般口头裁定即可，必要时也可作出书面裁定。但口头裁定应记录在案。

裁定结果部分分为两种情况：第一，准许撤诉的，表述为："准许上诉人×××撤回上诉。"第二，不准许撤诉的，一般采用口头裁定，必要时也可以书面裁定，表述为："不准许上诉人×××撤回上诉，本案继续审理。"

3. 尾部。与第二审行政判决书相同。

四、再审行政裁定书

（一）再审行政裁定书的概念

再审行政裁定书，是人民法院依照《行政诉讼法》规定的审判监督程序，在审理再审案件过程中，为解决程序问题作出的书面决定。

再审行政裁定书适用于以下范围:(1)关于财产保全和先予执行;(2)中止或者终结诉讼;(3)补正判决书中的笔误;(4)按照审判监督程序提起再审。

(二)再审行政裁定书的内容和制作方法

前三种再审行政裁定书可以参照再审民事裁定书制作,这里只讲授提起再审裁定书的制作。

提起再审裁定书由首部、正文和尾部组成。

1. 首部。与再审行政判决书相同。

2. 正文。可表述为:

"原告(或者上诉人)×××与被告(或者被上诉人)×××……(写明案由)一案,本院(或者×××人民法院)于××××年××月××日作出(××××)×行×字第×号行政判决(裁定或调解书),已经发生法律效力。当事人×××现向本院提出申诉(未申诉的,此句不写)。或者本院发现……(简要写明发现的原生效裁判存在的可能违法情形)。

本案经本院院长提交审判委员会讨论(上级人民法院提审或者指令再审的,此句不写)认为,……(简要写明本案应当提起再审的理由)。依照《中华人民共和国行政诉讼法》第九十二条第×款的规定,裁定如下:"

裁定结果的第"一"项内容的表述,可根据以下三种情况分别书写:(1)决定由本院再审的,表述为:"本案由本院另行组成合议庭进行再审";(2)决定由本院提审的,表述为:"本案由本院进行提审";(3)决定指令下级人民法院再审的,表述为:"本案指令×××人民法院另行组成合议庭进行再审(指令非原审法院再审的,删去'另行'二字)。"

裁定结果的第"二"项一般情况下表述为:"二、再审期间,中止原判决(裁定或调解书)的执行。"

3. 尾部。与再审行政判决书相同。

第八节 行政(赔偿)调解书

一、行政(赔偿)调解书的概念

行政(赔偿)调解书,是人民法院依照《行政诉讼法》的规定,在审理行政案件过程中,通过调解,使当事人自愿达成解决赔偿争议的协议而制作的具有法律效力的文书。

根据《行政诉讼法》第60条的规定,人民法院审理行政案件,一般不适用调解。但是,以下三类案件可以适用调解:(1)行政赔偿案件;(2)补偿案件;(3)行政机关行使法律、法规规定的自由裁量权的案件。调解应当遵循当事人自愿原则,在查清事实,分清是非的基础上进行。调解的内容应符合法律的规定,不得损害国家利益、社会公共利益和他人合法权益。如果法律、法规明确规定了赔偿或补偿数额的范围,人民法院只能在这个范围内进行调解。

制作行政调解书应当体现上述原则。

二、行政(赔偿)调解书的内容和制作方法

首部文书名称,应写为“行政调解书”,首部其他项、尾部(附录部分),正文中有关证据的列举、认证、说理方式以及写作要求等,可以参照一审一般行政类案件判决样式及说明。

认定事实与调解结果,表述为:

“经审理查明,……(写明法院查明的事实)。

本案在审理过程中,经本院主持调解,双方当事人自愿达成如下协议:

……(写明协议的内容,即当事人自愿达成解决争讼的协议条款)。

……(写明诉讼费用的负担)。

上述协议,不违反法律规定,本院予以确认。

本调解书经双方当事人签收后,即具有法律效力。”

需要注意的问题是,对当事人诉辩意见、审理查明部分应当与裁判文书有所区别,应当本着减小分歧、钝化矛盾,有利于促进调解协议的原则,对争议和法院认定的事实适当简化。

调解协议内容应当明确、具体、便于履行。诉讼费用的负担由当事人协商解决的,可以作为协议内容的最后一项;如果是由法院决定的,应在协议内容之后另起一行写明。

制作第二审和再审的行政案件调解书可参照上述方式制作。第二审及再审行政调解书送达后,原一、二审判决、裁定不再执行。

第十章 国家赔偿文书

第一节 概 述

一、国家赔偿文书的概念

国家赔偿文书,是指人民法院、赔偿义务机关、复议机关在办理国家赔偿案件的过程中,依照《国家赔偿法》规定所制作的各种具有法律效力或者法律意义的通知、决定,以及赔偿请求人依照《国家赔偿法》提交的国家赔偿申请书状的总称。

我国《宪法》第41条第3款明确规定,由于国家机关和国家工作人员侵犯公民权利而受到损失的人,有依照法律规定取得赔偿的权利。这一规定是制定《国家赔偿法》的基本法律依据。可以说,国家赔偿法是一部保障公民、法人因合法权益受到国家机关及其工作人员侵犯造成损失而得到补救的重要法律。

国家赔偿文书是法律文书的组成部分。依照《国家赔偿法》的规定,制作国家赔偿文书的主体是代表国家审理国家赔偿案件的人民法院、赔偿义务机关和赔偿请求人。处理国家赔偿案件的程序,包括行政赔偿程序和刑事赔偿程序。其中,既有诉讼程序,也有非诉讼程序;既涉及审判机关,也涉及公安(含国家安全机关,下同)、检察、监狱机关。因此,在法律文书中,国家赔偿文书既是一种相对独立的法律文书,又分别成为审判文书、检察文书、公安文书和监狱文书的一部分。

国家赔偿文书有广义与狭义之分。广义的国家赔偿文书包括行政赔偿与刑事赔偿。狭义的国家赔偿文书仅限于刑事赔偿(包括适用刑事赔偿程序的非刑事赔偿案件)。两者的主要区别在于:行政赔偿通过行政复议并最终由诉讼程序解决;刑事赔偿则不经诉讼程序,而由人民法院赔偿委员会解决。本章所讲授的是狭义的国家赔偿文书。

二、国家赔偿文书的种类和适用范围

国家赔偿文书,适用于刑事赔偿案件和非刑事赔偿案件,后者仅限于人民法院在民事诉讼、行政诉讼过程中,违法实施司法拘留、罚款、查封、扣押、冻结、错误执行(《国家赔偿法》第38条)或者具有《国家赔偿法》第17条第4项、第5项和第18条第1项规定的情形。

国家赔偿文书的种类,在国家赔偿文书修订后,有了较大变化。2012年9月20日,最高人民法院修订了《人民法院国家赔偿案件文书样式》,共有文书样式38种,分为两大类,即人民法院赔偿义务机关办理的赔偿文书和人民法院赔偿委员会适用的赔偿文书。2011年4

月,最高人民检察院对人民检察院刑事赔偿法律文书的样式也做了调整,共有文书样式17种。根据《国家赔偿法》和上述规定,国家赔偿文书就其内容和用途,可分为以下七类:

1. 立案受理文书。主要适用于赔偿案件的受理。具体包括:赔偿申请书或者登记表、受理案件通知书、不予受理案件通知书和立案通知书。

2. 审查(审理)文书。主要适用于对赔偿申请的审查、通知听取意见或参加质证、决定指令或中止审查、终结审查,以及直接审查或重新审查等。

3. 赔偿决定书。分别适用于赔偿义务机关或者人民法院赔偿委员会所作出的决定赔偿或者不予赔偿,也适用于国家赔偿协议的确认。

4. 复议文书。主要用于对不服赔偿事由的复议事项。包括受理复议请求通知书、刑事赔偿复议决定书、指令复议就机关作出决定。

5. 撤案文书。适用于决定准许或不准许撤回赔偿申请、程序性驳回赔偿申请。

6. 赔偿支付文书。用于支付赔偿金申请、确定国家赔偿金额。

7. 赔偿监督文书。主要用于国家赔偿案件立案、审查结果的监督。

三、国家赔偿文书的特点

国家赔偿文书同裁判文书一样,都具有法律效力或者法律意义。但它又不同于裁判文书,有着自己独有的特点:

1. 国家赔偿文书是解决国家应否承担赔偿责任的书面决定,这一点与裁判文书不同。人民法院的裁判文书要分别解决的是刑事被告人的刑事责任、民事当事人的民事责任,以及行政诉讼中的具体行政行为的合法性问题。这些实体问题的解决,又都是分别通过三大诉讼法所规定的诉讼程序来实现的。国家赔偿文书所解决的则是赔偿请求人(即被侵权的个人或者组织)的赔偿申请能否成立,以及国家应否承担赔偿责任,即国家赔偿义务机关(在这里主要是指刑事侵权机关)应否代表国家履行赔偿义务。具体解决这一侵权行为的补救,则又必须严格依照国家赔偿法规定的赔偿程序进行。

2. 国家赔偿文书是无被告程序的司法文书。裁判文书是诉讼活动的反映,没有被告的诉讼是不可能存在的。而国家赔偿文书则不同,它所反映的并非诉讼活动。受害人提出的是赔偿请求,即国家机关或者国家机关工作人员因违法行使职权造成损失的一种救济,而不是追究侵权机关的法律责任。由于国家赔偿责任的侵权主体是国家,因此,构成刑事侵权的司法机关依法只负有赔偿的义务,也就是说,司法机关作为国家赔偿责任的义务主体,具体的赔偿义务由侵权的司法机关代表国家履行,在国家赔偿程序中不能成为当事人一方。

3. 国家赔偿决定书一经人民法院赔偿委员会作出即发生法律效力。国家赔偿案件由于其不经过诉讼程序,因而只有管辖的不同,没有审级的划分。赔偿请求人要求赔偿,应先向赔偿义务机关提出,赔偿义务机关逾期不予赔偿或者赔偿请求人对赔偿数额有异议的,可依法向其上一级机关申请复议。如果不服复议决定或者复议机关逾期不作出决定的,赔偿请求人可以向复议机关所在地的同级人民法院赔偿委员会申请作出赔偿决定。如果赔偿义务机关是人民法院的,可以依法向其上一级人民法院赔偿委员会申请。人民法院赔偿委员会作出的赔偿决定,是终局裁决,即发生法律效力的裁决,必须执行。国家赔偿文书不同于诉讼裁判文书,没有诉,也就不存在上诉或者抗诉的问题。因此,人民法院作出的国家赔偿文书是代表国家行使司法权的体现,也可以说是国家审判权的延伸。

四、制作国家赔偿文书的意义

国家赔偿文书是国家保障公民、法人和其他组织合法权益的重要法律文书。司法人员必须严格依照《国家赔偿法》的规定和国家赔偿案件文书样式要求制作国家赔偿文书,以保护人民利益,维护社会主义法制。

制作国家赔偿文书的意义主要表现在以下方面:

1. 有利于进一步保障公民、法人和其他组织的合法权益。如果他们的合法权益受到侵犯,有权依照《国家赔偿法》的规定提出赔偿请求。国家赔偿文书的制作,使《国家赔偿法》的规定得以具体落实,也为进一步保障公民的这一项权利提供了有力的保证。

2. 有利于促进国家机关及其工作人员依法行使职权,公正司法,严肃执法。《国家赔偿法》规定,国家机关及其工作人员在行使职权的时候,如果违法行使职权,造成侵权损害,依照《国家赔偿法》规定应当给予赔偿。这对于增强国家机关及其工作人员的责任感,改进工作作风,推动廉政建设,总结经验,提高办案质量都有着积极的意义。

3. 有利于缓解社会矛盾,维护社会稳定,保障社会和谐。国家通过制作国家赔偿文书,一方面加强宣传教育,可以预防和减少违法侵权事件,促进社会的民主化、法制化进程;另一方面被侵权的受害者也由于国家赔偿文书的法律效力而得到了补救,从而有利于消除对立,增强团结,化消极因素为积极因素,促进社会的长治久安。

第二节 立案受理文书

一、立案受理文书的概念

立案受理文书,是指赔偿义务机关或者人民法院赔偿委员会依法对是否符合国家赔偿案件立案条件的赔偿申请进行审查后,通知赔偿请求人或其他相关主体予以受理或者决定不予受理的文书。

立案受理是国家赔偿案件启动赔偿程序的标志。《国家赔偿法》第 2 条规定:“国家机关和国家机关工作人员行使职权,有本法规定的侵犯公民、法人和其他组织合法权益的情形,造成损害的,受害人有依照本法取得国家赔偿的权利。”第 22 条第 2 款、第 24 条、第 25 条明确规定,申请国家赔偿的,应先向赔偿义务机关提出,再向人民法院赔偿委员会提出。这些规定是赔偿义务机关或者人民法院赔偿委员制作立案受理文书的法律依据。

依据最高人民法院《关于国家赔偿案件立案工作的规定》第 4 条、《人民检察院国家赔偿工作规定》第 9 条的规定,收到赔偿申请的赔偿义务机关应就赔偿请求人是否具备法定主体资格、本院是否适格的赔偿义务机关、是否有具体的申请事项和理由,以及赔偿请求是否属于国家赔偿案件受案范围进行审查。同样,人民法院赔偿委员会收到赔偿申请的,则应根据前述立案规定，对不同情况的国家赔偿案件，按照各自不同的条件，诸如是否有赔偿义务机关的赔偿决定书或者复议机关的复议决定书、是否符合法定的请求期间，而分别予以立案审查。经过审查符合立案条件的赔偿申请，应予以受理，并在法定期限内制作受理案件通知书送达赔偿请求人。

对于不符合立案条件的赔偿申请，赔偿义务机关或者人民法院赔偿委员应在收到赔偿申请之日起 7 日内决定不予立案受理，并及时制作不予受理案件决定书，于法定时限内送达赔偿请求人。

立案受理文书具体制作的程序、样式、要求，因制作主体不同而不尽相同。赔偿义务机关是人民检察院的，其制作的这类文书为"刑事赔偿立案通知书"。若人民法院作为赔偿义务机关，其所制作的则分别采用"受理案件通知书"与"不予受理案件决定书"的样式。人民法院赔偿委员会制作的"受理案件通知书"有二式，分别适用于通知赔偿请求人和通知赔偿义务机关或者复议机关。"不予受理案件决定书"则只有一式，适用于不受理国家赔偿的申请。

二、受理案件通知书

受理案件通知书，是指赔偿义务机关（人民法院）或者人民法院赔偿委员会经审查对符合立案条件的赔偿申请予以受理的书面告知。

受理案件通知书由首部、正文、尾部及附项三部分组成。

（一）首部

1. 制作文书机关名称、文书名称。在文书眉部居中分两行写明制作机关名称和文书名称，如"北京市第二中级人民法院""受理案件通知书"。

2. 文书编号，即案号。在文书名称的右下方写明文书编号，即"（××××××）×法赔字第×号"。它由立案年度、制作法院和案件性质的代字及案件顺序号组成，如"（2017）京二法赔字第 5 号"。人民法院作为国家赔偿义务机关受理的案件，用"法赔字"；人民法院赔偿委员会受理的案件，则应使用"法委赔字"。

3. 抬头。写明赔偿请求人的姓名，是法人或者其他组织的则要全称书写其名称。赔偿请求人是多人的，可用顿号隔开，逐个写明。用于通知赔偿义务机关或者复议机关的，则需写明赔偿义务机关或者复议机关的名称。

（二）正文

正文叙事是通知书的核心，包括三项内容，在写作上为填充式。

1. 叙述案件由来。写明："你（你单位）于×年×月×日以……（即申请国家赔偿的案由）为由，向本院申请国家赔偿。"如果是由人民法院赔偿委员会受理的案件，这一段还要增写是哪个赔偿义务机关向人民法院赔偿委员会提出国家赔偿申请。其表述为："以×××（赔偿义务机关名称）……（申请国家赔偿的案由）为由，向本院赔偿委员会申请作出赔偿决定。"

2. 写立案审查部分。具体表述为："经审查，你（你单位）国家赔偿申请符合立案条件，本院于×××××年××月×××日决定予以受理。"

3. 如有其他需要通知赔偿请求人的事项,则要续写“现将有关事项通知如下:……”。有关事项的书写,要根据案件的具体情况和工作需要,一并列明。例如,告知赔偿请求人的权利义务、补充提交证据的时间。用于通知赔偿义务机关或者复议机关的文书,对有关事项的表述应另起一段:

“现随文发送国家赔偿申请书副本一份,并将有关事项通知如下:

一、你单位自收到国家赔偿申请书副本之日起十日内向院提交书面答辩意见及你单位法定代表人身份证明书;需要委托代理人的,应提交授权委托书和委托代理人的身份证明书。

二、为便于公正审理该案,请你单位自收到国家赔偿申请书副本之日起十日内向院提交……(具体要写明递交的有关案卷材料)。”

(三)尾部

写明“特此通知”,独立成行。在用于赔偿义务机关或者复议机关法的通知书中,有附件的,需以目录形式写明国家赔偿申请书和证据清单等。接着,在其右下方写明日期,即“××××年××月××日”加盖人民法院印章。这里的日期,一般是指签发通知书的日期。

三、不予受理案件决定书

不予受理案件决定书,是指赔偿义务机关(人民法院)或者人民法院赔偿委员会经审查对不符合立案条件的赔偿申请不予受理的书面决定。

不予受理案件决定书,包括首部、正文、尾部三部分。

(一)首部

1. 制作文书机关名称。文书名称写为“不予受理案件决定书”。文书编号,需在案件性质的代字中增加一个“立”字,即将“法赔字”“法委赔字”分别改为“法赔立字”“法委赔立字”,其余部分的写法与受理案件通知书相同。

2. 赔偿请求人的基本情况。是自然人的,写明姓名、性别、民族、职业(或单位及职务)、住址等,是法人或者其他组织的则应分行写明法人名称、地址;法定代表人姓名、职务;法定或委托代理人姓名、性别、职业(或单位及职务)、地址。“决定书”是人民法院赔偿委员会制作的,还要写明赔偿义务机关、复议机关的名称、住所地,及其法定代表人姓名和职务。

3. 案件由来。依次写明赔偿请求人何时因何(即申请赔偿的案由)向本院申请国家赔偿。人民法院赔偿委员会制作的,则应在案由表述后写明:“申请×××(赔偿义务机关名称)国家赔偿一案……(不服赔偿义务机关或复议机关的决定,或是其逾期不作出决定等情形)向本院赔偿委员会申请作出赔偿决定。”

(二)正文

正文由理由和决定主文两部分组成,是决定书的主体部分,也是写作的重点。

1. 阐明理由

此部分以固定用语“经审查,本院认为,”开头行文,核心内容是阐述不予受理案件的理由。具体要围绕最高人民法院《关于国家赔偿案件立案工作的规定》规定的立案审查的若干要件,并针对案件的实际情况,相应说明决定不予受理的理由。

赔偿义务机关制作的"决定书",重点阐说赔偿请求人不符合请求赔偿的适格主体;或者被请求赔偿的对象不是适格的赔偿义务机关;或者请求人没有提出明确、具体的申请事项和理由;或者其请求不属于人民法院国家赔偿案件的受案范围;或者申请超出了相关的时限要求,等等。如果"决定书"是人民法院赔偿委员会制作的,阐说理由则要区分两种不同情况:(1)对不服赔偿义务机关或者复议机关的申请,主要应说明请求人没有提供赔偿义务机关作出的国家赔偿决定书或者复议机关的复议决定书,或者说明其赔偿申请不符合法定的请求期间。(2)对因赔偿义务机关或者复议机关逾期未作出赔偿决定而提出申请的,则要具体写明请求人不具备立案审查的要件,或者写明请求人没有提供这两机关收到的赔偿申请凭证及相应证据,以及其申请不符合法定的请求期间。上列所叙不符合立案规定的情形,只要具备其中任何一种,即可构成决定不予受理案件理由的事实依据。

援引法律、法规和其他规范性法律文件。具体表述为:"依照《最高人民法院关于国家赔偿案件立案工作的规定》第九条的规定,决定如下:"。

2. 决定主文

此部分写明:"对赔偿请求人……(姓名或者名称)的国家赔偿申请不予受理。"

赔偿义务机关制作的"决定书",在写明决定主文后,要另起一段写明救济途径。

具体表述为:"如不服本决定,可在决定书送达之日起三十日内,向×××(上级人民法院的名称)人民法院赔偿委员会申请作出赔偿决定。"

(三)尾部

文书制作主体不同,尾部的构成亦不完全相同。人民法院赔偿委员会制作的,需明文确认"决定书"的法律效力,即在决定主文下一行独立成段,写明"本决定为发生法律效力的决定"。

两者相同之处是均以日期和盖章为行文结尾。具体写法和要求与受理案件通知书相同。

四、制作立案受理文书应注意的问题

1. 立案受理文书属于填充类文书,要严格按照各自规定的样式、用语、适用范围和要求依法制作。该立案受理的案件,无论哪个制作机关,都应适用"受理案件通知书";不应立案受理的,则一律采用"不予受理案件决定书"。对于需要填充的部分,单项简易的按照格式要求填写相应的文字即可,无须赘述。叙述较为复杂的立案审查要点以及受理或者不予受理的理由时,则要针对个案的具体情况,有的放矢,完整清晰、详略得当。

2. 对于案由的表述,应参照最高人民法院《关于国家赔偿案件案由的规定》的内容据实填写。如赔偿涉及虐待造成公民身体伤害的,案由为虐待致伤赔偿。同一赔偿义务机关对同一权利人存在两个以上司法侵害行为的,则应并列填写多个案由。如涉及既违法保全,又错误执行的,案由须填写为违法保全、错误执行赔偿。

3. 制作立案受理文书必须严格遵守时限规定。收到国家赔偿申请的,应在7日内决定

是否立案,决定立案的,应当自立案之日起5日内制作“受理案件通知书”,并送达赔偿请求人。决定不予立案的,则应在7日内作出,并自决定之日起10日内制作“不予受理案件决定书”。

第三节　赔偿义务机关国家赔偿决定书

一、赔偿义务机关国家赔偿决定书的概念

赔偿义务机关国家赔偿决定书,是指赔偿义务机关依照《国家赔偿法》的规定,对赔偿请求人申请赔偿所作出的应否赔偿的书面决定。赔偿义务制作赔偿决定书的法律依据源于《国家赔偿法》第21条第1款、第4款的规定,即“行使侦查、检察、审判职权的机关以及看守所、监狱管理机关及其工作人员在行使职权时侵犯公民、法人和其他组织的合法权益造成损害的,该机关为赔偿义务机关”,“再审改判无罪的,作出原生效判决的人民法院为赔偿义务机关”。第22条第1款进一步明确规定:“赔偿义务机关有本法第十七条、第十八条规定情形之一的,应当给予赔偿。”同条第2款规定:“赔偿请求人要求赔偿,应当先向赔偿义务机关提出。”

国家赔偿决定书是赔偿义务机关决定赔偿或者不予赔偿的法律凭证,也是赔偿请求人据以提出复议的文书依据。在人民法院赔偿委员会审查阶段,它既是立案的重要证明之一,又是赔偿委员会审查的主要文书。

赔偿义务机关赔偿决定书按赔偿主体和文书名称的不同,又可分公安机关刑事赔偿决定书、[1]人民检察院刑事赔偿决定书、人民法院国家赔偿决定书、看守所赔偿决定书、监狱管理局赔偿决定书等。

二、人民法院国家赔偿决定书

人民法院赔偿决定书,是指人民法院作为赔偿义务机关依照《国家赔偿法》对赔偿请求人的赔偿请求在实体上作出的赔偿或者不予赔偿的书面决定。它由首部、正文和尾部三部分组成。

(一)首部

1. 制作文书机关名称、文书名称和文书编号。在文书上部正中写明制作机关名称和文书名称,“如江西省吉安市中级人民法院国家赔偿决定书”。在文书的右下方写明文书编号,由年度、制作法院和文书性质的代字及案件顺序号组成,如“(2017)赣吉法赔字第×号”。

2. 赔偿请求人基本情况。主要写明请求人的姓名、性别、民族、职业(或工作单位和职务)和住址。如果赔偿请求人是法人或者其他组织的,应写明:赔偿请求人名称(或字号)、

[1]　公安机关赔偿决定书因《公安机关刑事法律文书格式(2002版)》中没有加以规范,故本书不对其进行介绍。

住所地;法定代表人姓名、职务;代理人(是法定、指定或委托)姓名、性别、职业(或工作单位和职务)和住址。

3. 案件由来及审查经过。写明赔偿请求人的姓名或者名称,于何年何月何日以何理由(即申请国家赔偿的案由)向本院申请国家赔偿。同时写明人民法院依法对本案进行审查的情况,最后以“本案现已审查终结”结尾。

(二)正文

正文包括事实、理由和决定主文三部分,是赔偿决定书的核心,也是制作的重点。

1. 事实

事实是处理的基础,也是处理理由和结果的依据。因此,把事实写清楚,是制作好赔偿决定书的关键。这部分大致包括两项内容:

(1)赔偿请求人的申请事项及理由。这部分要按照赔偿请求人的原意叙述其向赔偿义务机关申请赔偿的事项、理由,不得任意取舍。对于其所述冗长重复的,可在保持其真实意思的基础上择要概述。经过人民法院听证的,还要写明听取意见或者听证的有关情况。

(2)人民法院查明的事实及证据。这部分行文以“经审查查明”起头,首先要写明案件事实,并依照时序全面客观地叙述案件发生的原因、进展情况、情节后果。接着写明据以认定事实的证据。叙写证据不能局限于列举,而更要注重对证据的分析,对不予采信的证据,要说明理由,不能一否了之。如果证据材料是相关的法律文书,如宣告无罪的刑事判决书,也可以集中叙述。人民法院予以调查取证或者进行鉴定、评估的,亦应载明相关情况。对于赔偿申请是否属于《国家赔偿法》第 19 条规定国家不承担赔偿责任的情形,应叙写是否具有查明的免责的事实,以表明应否予以赔偿。

如果赔偿请求人与赔偿义务机关经协商达成协议的,则应另起一段写明双方协商及达成协议的具体情况。

2. 理由

理由是处理结果的事实依据和法律依据,要结合案情重点阐述为什么应予赔偿或者不予赔偿的理由,并引用《国家赔偿法》及司法解释和其他规范性法律文件的相应条款作为处理决定的法律依据。

在阐述理由中,对于赔偿请求,哪些应赔偿,哪些不予赔偿,要按照《国家赔偿法》规定的刑事赔偿范围、赔偿方式、赔偿标准以及赔偿数额的计算,进行具体分析,逐项予以充分阐明。对于本院及其工作人员行使职权违法、错误或者不当的,应予以确认。对于赔偿请求人的请求,哪些应支持哪些不予支持,须分别阐释。对于双方达成协议的,可简述理由,说明协议符合自愿、合法原则。关于理由阐述的基本程式是:“本院认为:……(决定赔偿或者不予赔偿的理由,或者认为协商协议合法有效)。依照……(法律及司法解释条文)的规定,决定如下:”。

关于以“本院认为”开头,以“决定如下”结尾的程式,不要机械套用。如果该讲的理由一笔带过而不予阐述,直接引用法律条文,必然使说理显得苍白无力。

3. 决定主文

决定主文,即对赔偿案件处理的结果。根据决定的内容,有三种不同的处理结果,应根据不同情况分别予以适用。

(1)决定赔偿的,具体写明:赔偿的方式、赔偿项目及赔偿数额。例如:"一、向赔偿请求人聂学生、张焕枝支付死亡赔偿金、丧葬费1264820元;二、向赔偿请求人聂学生、张焕枝支付聂树斌生前被侵犯人身自由217天的赔偿金52579.1元;三、一次性支付张焕枝生活费64000元;四、向赔偿请求人聂学生、张焕枝支付精神损害抚慰金1300000元。以上赔偿金合计为2681399.1元。"这里说的"赔偿方式",是指支付赔偿现金、返还财产、恢复原状等。

(2)决定不予赔偿的,具体写明:驳回赔偿请求人提出的国家赔偿申请。可表述为:"驳回×××(赔偿请求人姓名或者名称)关于……(申请事项)的国家赔偿申请。"

(3)决定部分赔偿的,先写予以赔偿的部分,后写不予赔偿的部分。可表述为:"一、……(赔偿的方式及赔偿数额);二、驳回×××(赔偿请求人姓名或者名称)关于……(申请事项)的国家赔偿申请。"

(三)尾部

尾部包括:(1)交代救济途径。其表述内容固定,即在决定主文之后,另起一行表述为:"如不服本决定,可在本决定书送达之日起三十日内向×××人民法院赔偿委员会申请作出赔偿决定。"(2)文书末尾右下方加盖人民法院院印。(3)按年、月、日写明签发本决定的具体日期。

三、人民检察院刑事赔偿决定书

人民检察院刑事赔偿决定书,是人民检察院依照《国家赔偿法》的规定,对赔偿请求人的赔偿请求进行审查后所作出的应否赔偿的书面决定。

人民检察院作为国家赔偿义务机关,始为制作国家赔偿文书的主体。国家赔偿文书又称刑事赔偿决定书,为叙述式文书。其结构内容有以下部分:

1. 首部。包括文书制作机关的名称(赔偿请求人为外国人时,应在人民检察院的名称前冠以"中华人民共和国"字样);文书名称,即"×检赔偿字〔　〕×号",依次填写制作机关简称、具体办案部门简称,中括号内填写文书制作年度,最后填写文书序号。注意其中年度须用四位数字表述。

2. 赔偿请求人的基本情况。包括赔偿请求人的姓名(赔偿请求人如有与案件有关的别名、化名的,应当在其姓名后面用括号注明;赔偿请求人是外国人的,应在中文译名后面用括号注明外文姓名)、性别、年龄、工作单位和住所(应写经常居住地,如与"户籍所在地"不一致时,须括号注明户籍所在地),法定代表人或者主要负责人的姓名、职务。

3. 申请赔偿具体事项及理由。应写明:"赔偿请求人(姓名或名称)于×年×月×日,以……(申请赔偿理由)为由,要求本院……(申请赔偿的具体事项)。"

4. 经本院查明的案件事实及证据。即叙述应予赔偿或不予赔偿的事实,以及查明的证据。如果具有国家赔偿法规定的免责情形的,应具体写明免责事实以及查明的依据。

5. 决定赔偿或不予赔偿的法律依据、理由和内容。这是本文书的重点,具体应写明:

(1)"根据《中华人民共和国国家赔偿法》第×条的规定,本院认为:……(决定赔偿或不予赔偿的理由)。”(2)“现决定如下:……(决定赔偿或不予赔偿的内容)。”(3)“如不服本决定,可以自本院受理赔偿申请两个月的期间届满之日起30日内向……(复议机关名称)申请复议。”

6. 尾部,即制作刑事赔偿决定书的年、月、日(为签发决定书的日期),并加盖人民检察院印章。

本文书制作一式二份,一份送达赔偿请求人,一份附卷。

四、制作国家赔偿决定书应当注意的问题

1. 要严格按照规定的格式要求书写。制作国家赔偿决定书的主体是赔偿义务机关。不同的国家赔偿义务机关,因不同违法侵权行为而导致依法单独承担国家赔偿责任。作为国家赔偿义务机关,无论是侦查、检察还是审判或监狱管理机关,所发生的都是刑事侵权行为,但各自侵权的范围、内容和方式又不尽相同,有的是错拘、错捕,有的是错判、错押,各有特点。因此,各赔偿义务机关制定的赔偿决定书的样式,包括文书名称、内容构成等,也不完全相同。具体制作这种文书时,要按照各自的样式要求进行。

2. 叙事说理要加强针对性。一般要从赔偿请求人提出的侵权和要求赔偿的事实入手,对是否构成侵权,是否属于赔偿范围,有无免责条件,都要分别作出回答,依法说明理由,做到是非分明。不要你提你的,我讲我的,形成两张皮,否则是很难以理服人的。

3. 引用法律法规、司法解释和其他规范性法律文件要全面、准确、规范。决定赔偿的,不仅要引用决定成立的法律条款,还要引用赔偿方式和计算标准的法律条款;决定不予赔偿的,则要引用相应的免责条款。

4. 在赔偿决定主文中,赔偿金额计算涉及国家上年度职工日平均工资标准,且作出决定时尚未公布该标准的,应当在决定主文后注明:“本院于国家××××年度日平均工资标准公布后十五日内,以通知书的形式确定具体的赔偿数额”。

5. 决定主文表述要完整、具体、明确,不能有歧义。对于决定赔偿的,如果经赔偿义务机关依法确认具有《国家赔偿法》第15条第1项、第2项、第3项规定情形之一,并造成受害人名誉权、荣誉权损害的,还应当在决定主文中,写明恢复名誉、赔礼道歉的内容,为受害人在遭受侵权行为影响的范围内,消除影响。对于赔偿义务机关与赔偿请求人达成协议需用决定予以确认的,在主文的表述上应当以决定赔偿或者部分决定赔偿的形式书写,不宜仿照民事调解书的写法,即不能直接确认协议内容。

第四节 刑事赔偿复议决定书

一、刑事赔偿复议决定书的概念

刑事赔偿复议决定书,是赔偿义务机关的上一级机关对赔偿请求人不服赔偿义务机关赔偿决定的复议申请,经审查后对复议事项所作出的书面决定。

《国家赔偿法》第24条规定,赔偿义务机关逾期不予赔偿或者赔偿请求人对赔偿数额有异议的,赔偿请求人可以自期限届满之日起30日内向其上一级机关申请复议。根据《国家赔偿法》规定,制作刑事赔偿复议决定书的机关是检察、侦查或者监狱管理机关。如果赔偿义务机关是人民法院的,则由其上一级人民法院赔偿委员会直接对赔偿申请作出赔偿决定。

刑事赔偿复议决定书适用于赔偿义务机关的上一级机关受理赔偿请求人不服赔偿决定而提出复议申请的情形。刑事赔偿复议程序是赔偿义务机关办理刑事赔偿案件中的最后程序,刑事赔偿复议实行一次复议制。鉴于实践中制作刑事赔偿复议决定书的主体通常是检察机关,因此本文书的制作程序、要求均以人民检察院刑事赔偿决定书为蓝本进行阐述。依照《人民检察院国家赔偿工作规定》第24条规定,对审查终结的复议案件,应制作赔偿复议案件的审查终结报告,提出具体处理意见,经部门集体讨论、负责人审核,报检察长或者检察委员会决定。第25条规定,复议赔偿案件,应分别不同情况作出相应决定。第26条规定,复议机关应当自收到复议申请之日起2个月内作出复议决定。复议决定作出后,应当制作刑事赔偿复议决定书。

二、刑事赔偿复议决定书的内容和制作方法

刑事赔偿复议决定书为叙述式文书,其内容有以下八个部分组成。

1. 首部。包括制作文书机关的名称;文书名称,即“刑事赔偿复议决定书”;文书编号,即“检　赔复字〔　〕号”,空格的填写方法与人民检察院刑事赔偿决定书相同。

2. 赔偿请求人的基本情况,赔偿义务机关名称。应分两段写明,先写赔偿请求人的姓名(赔偿请求人如有与案件有关的别名、化名的,应当在其姓名后面用括号注明;赔偿请求人是外国人的,应当在其中文译名后面用括号注明外文姓名)、性别、年龄、工作单位和住所。如果是非自然人的,应写明单位的名称、住所,法定代表人或主要负责人的姓名、职务。赔偿义务机关的名称,即×××人民检察院。

3. 申请赔偿的具体事项及理由,赔偿义务机关决定情况。应写明:(1)“赔偿请求人×××(姓名或名称)于××××年××月××日,以……(申请赔偿理由)为由,请求×××(赔偿义务机关名称)……(申请赔偿的具体事项)。”(2)赔偿义务机关决定情况。

4. 申请复议的具体事项及理由。应写明:“赔偿请求人×××(姓名或名称)不服……(赔偿义务机关的决定情况),于××××年××月××日,要求本院……(申请复议的具体事项及理由)。”

5. 复议机关认定的事实和依据。可表述为:“本院经审查查明:……(写明复议机关认定的事实和依据)。”复议机关要客观地、实事求是地认定事实真相并正确适用认定事实的法律规定。

6. 复议决定的法律依据、理由和内容。其表述为:“根据《中华人民共和国国家赔偿法》第×条的规定,本院认为……(根据不同情形,分别写明:维持原决定、变更原决定、撤销原决定重新作出赔偿决定,或者作出赔偿或不予赔偿的理由),现决定如下:”。

(1)维持原决定的主文。原决定事实清楚,适用法律正确,赔偿方式、项目、数额适当,予以维持。

(2)纠正原决定,重新作出决定的主文。原决定认定的事实或适用法律错误,予以撤销,重新作出决定的内容。

(3)变更原决定的主文。原决定赔偿方式、项目、数额不当,决定予以变更的内容。

(4)决定赔偿或不予赔偿的主文(适用于赔偿义务机关逾期未作出决定的情况)如:“×××(赔偿请求人姓名或名称)申请的赔偿,×××(赔偿义务机关名称)逾期未作出决定,经本院审查,……(决定的内容)。”

7. 交代申请赔偿权利。行文固定,表述为:“如不服本决定,可以在收到本决定之日起三十日内向×××(复议机关所在地的同级人民法院名称)赔偿委员会申请作出赔偿决定。”

8. 尾部。写明刑事赔偿复议决定书的年、月、日(为决定书的签发日期),在年、月、日上加盖的复议机关院章。

三、制作刑事赔偿复议决定书应当注意的问题

1. 要正确理解和掌握本文书的适用条件和范围。在复议中要根据经复议认定的事实和法律规定,严格依照赔偿程序,依法作出赔偿复议决定。

2. 刑事赔偿复议决定书的写作重点是复议机关所认定的事实和法律依据。原案事实不清的,可要求原办案机关补充调查,也可以由复议机关自行调查。对损害事实及因果关系、重要证据有争议的,要在听取赔偿请求人和赔偿义务机关意见的基础上,据实认定。办理刑事赔偿案件的基本原则是“以事实为根据,以法律为准绳”。在复议刑事赔偿中,必须客观、全面地、实事求是地认定事实,并且准确地适用法律规定。经复议认定的事实和依据是复议机关作出复议决定的前提,必须严格依法办事,严肃认真对待。

3. 本文书制作一式三份,一份送达赔偿请求人,一份送达赔偿义务机关,一份附卷。文书应在复议决定作出之日起10日内直接送达赔偿义务机关和赔偿请求人。如果直接送达赔偿请求人有困难的,可以委托其所在的人民检察院代为送达。

第五节 人民法院赔偿委员会国家赔偿决定书

一、人民法院赔偿委员会国家赔偿决定书的概念

人民法院赔偿委员会国家赔偿决定书,是指人民法院依照国家赔偿法规定的赔偿程序,对赔偿请求人不服赔偿义务机关或复议机关的决定,或者因赔偿义务机关或复议机关逾期不作决定而提出的赔偿申请,经过审理后对赔偿请求作出的实体决定。

人民法院赔偿委员会是中级以上人民法院审理赔偿案件的审判组织。依据《国家赔偿法》第23条和第24条的规定,人民法院赔偿委员会对赔偿请求人依照法定程序提出的赔偿

申请,在立案受理后,开始启动赔偿委员会决定程序。人民法院赔偿委员会对其所审理的国家赔偿案件,依照最高人民法院《关于人民法院赔偿委员会审理国家赔偿案件程序的规定》第20条和第21条规定应制作人民法院赔偿委员会国家赔偿决定书,并应当载明以下事项:(1)赔偿请求人的基本情况,赔偿义务机关、复议机关的名称及其法定代表人;(2)赔偿请求人申请事项及理由,赔偿义务机关的决定、复议机关的复议决定情况;(3)赔偿委员会认定的事实及依据;(4)决定的理由与法律依据;(5)决定内容。

人民法院赔偿委员会国家赔偿决定书,是“一决生效”的法律文书。它同判决书、裁定书一样,都是人民法院裁判文书的组成部分,都具有同样的法律效力。

二、人民法院赔偿委员会国家赔偿决定书的内容和制作方法

人民法院赔偿委员会国家赔偿决定书,同刑事赔偿决定书一样,由首部、正文和尾部三部分组成。

(一)首部

这一部分的内容和写法,与人民法院国家赔偿决定书基本相同。不同之处主要如下:

1. 制作文书机关名称和文书名称要表述为“×××人民法院赔偿委员会国家赔偿决定书”,文书编号的代字要增加一个“委”字,以示审理组织为人民法院赔偿委员会。

2. 在赔偿请求人基本情况栏目下,要另起一行并分项依次写明赔偿义务机关的名称和住所地。并另起一行分项写明“法定代表人……(姓名、职务)”;“委托代理人……(姓名、住址等基本情况)”。“复议机关……(名称和住所地)”;“法定代表人……(姓名、职务)”;“委托代理人……(姓名、住址等基本情况)”。

3. 在案件由来及审查经过上,要依次写明:

> “×××(赔偿请求人姓名或者名称)因……(申请国家赔偿的案由)申请×××(赔偿义务机关名称)国家赔偿一案,……(不服赔偿义务机关或复议机关的决定,或者赔偿义务机关、复议机关逾期不作出决定等情形),向本院赔偿委员会申请作出赔偿决定。本院赔偿委员会依法对本案进行了审理,现已审理终结。”

(二)正文

正文,也是由事实、理由和决定主文三部分构成。

1. 事实

事实部分包括四个层面的内容:一是叙述赔偿义务机关的处理情况、复议机关的复议情况;二是赔偿请求人申请赔偿事项及理由;三是赔偿委员会质证的内容;四是赔偿委员会认定的证据及查明的事实。

在叙述方法上,原则上要按上述四项内容依次写清。第一项重点是分别写明两机关决定书所认定的事实、证据、理由和决定结果,复议决定相对于原决定在内容上的变化更需细述。第二项的表述重在反映赔偿请求人的真实意思,明确案件争议焦点。第三项应注意写清质证事项各方的意见;如果没有质证程序的,则这项无须叙述。第四项叙述的必须是经赔偿委员会审理查明的事实,要客观真实地反映案件的全过程。与第一项的认定相同的,可略

述，也可不分层次，一气呵成。

关于证据材料的叙述，要因文制宜，灵活运用。可分别列举，可集中分析，也可结合事实对应分析。而对于重要证据、关键证据，以及意见分歧的证据，则要重点分析。

2. 理由

理由写明赔偿与否的理由和法律依据。具体可按规定的样式书写：“本院赔偿委员会认为，……（决定赔偿或者不予赔偿的理由）。依照……（法律及司法解释条款）的规定，决定如下：”。

理由阐述分两个层次，一是讲道理，包括事理与法理；二是引用法律条款作依据。后一个层次的援引方法，与前述的人民法院国家赔偿决定书相同。前一个层次的阐述，要因案而异，对于请求人的赔偿申请，合理合法的支持，不合理合法的不予支持，旗帜鲜明。对于赔偿义务机关、复议机关没有作出实体处理的，要重点分析应否赔偿、如何赔偿；作出处理的，要对其认定的事实、适用的法律及处理结果的正确与否进行评析。对于涉及违法归责、过错归责的，要在确认侵权的基础上，释明赔偿责任，寓法于理。确属依法免责情形的，应阐明缘由，以法论事。对于赔偿方式、标准的选择，赔偿数额的计算，也要逐项阐述。总之，要根据主文决定的不同情况，有针对性地进行阐述，使理由与主文相照应，为“决定”作铺垫。

3. 决定主文

主文写明处理决定，要根据以下不同情况，分别适用决定赔偿、不予赔偿、撤销原决定和决定赔偿或驳回申请、维持原决定、撤销原决定和重新决定、变更原决定六种决定主文。具体要按规定的样式书写：

(1)赔偿义务机关或复议机关逾期没有作出决定，赔偿委员会决定赔偿的，可直接表述为：“……（赔偿方式及赔偿数额）。”

(2)赔偿义务机关或复议机关逾期没有作出决定，赔偿委员会决定不予赔偿的，可表述为：“驳回×××（赔偿请求人姓名或名称）关于……（申请事项）的国家赔偿申请。”

(3)赔偿义务机关或复议机关不予受理或程序性驳回国家赔偿申请，赔偿委员会作出决定的，可表述为：“一、撤销……（机关名称及文号）决定；二、……（赔偿的方式及赔偿数额）或者驳回……（赔偿请求人姓名或名称）关于……（申请事项）的国家赔偿申请。”

(4)维持原复议决定或者赔偿义务机关决定的，直接写明维持原决定，即：“维持……（机关名称及文号）决定。”

(5)撤销原复议决定或者赔偿义务机关决定，重新作出决定的，可表述为：“一、撤销……（机关名称及文号）（国家赔偿）决定；二、……（赔偿的方式及赔偿数额）或者驳回×××（赔偿请求人姓名或名称）关于……（申请事项）的国家赔偿申请。”

(6)变更复议决定或者赔偿义务机关决定的，可表述为：“一、撤销……（原决定主文的事项）；二、维持……（原决定主文的事项）；三、……（其他决定的事项，如果变更决定的赔偿金额高于原赔偿决定且赔偿金已支付的，则应写明予以扣除）。”

（三）尾部

尾部内容和写作方式，与人民法院国家赔偿决定书基本相同。不同的是，在主文末尾另起一行，写明：“本决定为发生法律效力的决定。”

三、制作人民法院赔偿委员会国家赔偿决定书应当注意的问题

1. 人民法院赔偿委员会制作的“国家赔偿决定书”与“决定书”,因适用范围各异而归为两类不同的文书。前者只适用于对国家赔偿案件的实体问题作出决定的文书,后者则是对赔偿案件程序事项作出决定的文书。制作文书时,应注意区别,避免错用。

2. 在举证责任分配上,国家赔偿案件实行“谁主张,谁举证”的原则,但在特殊情况下,举证责任可实行倒置。正确适用这些原则,对于举证责任归属的认定,赔偿证据的分析、判断都是至关重要的,叙述赔偿决定的事实务必全面精细、突出重点、详略得当,以体现事实认定的客观、公正。

3. 赔偿委员会认为重大、疑难的国家赔偿案件,报请审判委员会讨论的,应当在国家赔偿决定书中写明“经本院审判委员会讨论决定”字样。

4. 决定主文后,赔偿金额涉及国家年度职工平均工资标准计算的表述,与人民法院国家赔偿决定书的写法相同。

第十一章　监 狱 文 书

第一节　概　　述

一、监狱文书的概念

监狱文书,是监狱在执行刑罚和改造罪犯过程中使用的具有现实效用、规范体式的应用文体,是监狱依法规范履行职能和处理公务的重要工具。

监狱是国家的刑罚执行机关,依法履行对死刑缓期二年执行、无期徒刑和有期徒刑罪犯执行刑罚和实施改造的重要职责。作为监狱刑罚执行活动的重要载体,监狱文书涵盖监狱在刑罚执行、狱政管理、教育改造等执法活动中所使用的各种文书。监狱文书是监狱执法规范化、制度化的重要表现形式,是衡量执法质量的显著标志,是执法过程的重要证据,同时也是确保监狱执法顺利开展、提高执法水平的重要保障。

二、监狱文书的特性

1. 监狱文书的依法性。监狱文书的制作和处理有着明确的法律依据。主要有:《刑法》《刑事诉讼法》,以及《监狱法》《人民警察法》和《国家赔偿法》等法律的规定;也包括有关监狱管理的行政法规、部门规章,以及有关的刑事司法解释和规范性文件的规定。监狱文书承载着监狱工作的具体业务,显示着监狱执法的真实水平和实际质量。无论哪一方面的监管业务都必须严格依照法定的条件和程序处理。文书中不管是记述事实、阐述见解还是表述意图,都必须符合法律规定。

2. 监狱文书的工具性。监狱文书是处理监狱执法实务的文字工具,在监狱公务活动中发挥着重要作用。(1)监狱文书是监狱执法过程的记录和凭证。罪犯从入监服刑起,监狱就要制作罪犯入监登记表记录罪犯的自然情况、判决内容、家庭成员、社会关系和健康状况,为了解罪犯提供原始而真实的信息资源;服刑期间,又持续用文书记载罪犯服刑和改造表现,为刑罚执行和监管改造活动的运行提供事实依据;罪犯出监前,还要制作罪犯出监鉴定表等文书,总结罪犯服刑全过程的实际表现,并将有关信息提供给县级司法行政机关、公安机关和政府的安置帮教部门,以利于对出监人员的管理、安置和帮教。部分监狱文书依法制作后,即发生法律效力,成为处理监狱执法实务的凭证。(2)监狱文书具有研究和借鉴的作用。监狱文书不仅记载了罪犯服刑改造的大量信息,也记录了狱警执法的丰富经验,既为监狱提升监管业务水平和罪犯改造质量积累了重要资源,也为研究理刑事执法、预防控制犯罪提供了第一手资料。

3. 监狱文书的规范性。监狱文书是规范化程度比较高的应用文体,有着严格的制作规范和技术规范。经过历次修订、补充,监狱文书的内容充实、结构完整、格式规范,监狱文书体系进一步完善。

三、监狱文书的分类

在监狱文书体系中,按照不同的标准,有不同的分类方法,常见的有以下几种:

1. 按文书内容可分为:(1)监狱执行刑罚文书。主要有收监文书、暂予监外执行文书、提请减刑假释建议文书、出监文书等。(2)狱政管理文书。主要有对罪犯的奖惩文书、评审鉴定表、抓捕脱逃罪犯文书等。(3)监狱侦查文书。包括狱内案件立案文书、结案文书等。

2. 按受文对象和处理方式,可分为监狱机关内部文书和监狱对外文书两类。前者有监狱内使用的登记、报告、审批文书;后者包括向人民检察院和人民法院提请处理或者裁定的文书。

3. 按行文格式,可分为表格式文书(如罪犯收监登记表)、填空式文书(如罪犯病危通告书)、叙述式文书(如监狱起诉意见书)、笔录式文书(如讯问笔录)。

第二节 收 监 文 书

一、收监文书的概念

收监文书,是监狱将人民法院交付执行的死刑缓期二年执行、无期徒刑、有期徒刑的罪犯收入监狱并开始执行刑罚所制作的各种文书。

监狱执行刑罚始于收监。根据《刑事诉讼法》第253条的规定,对被判处死刑缓期二年执行、无期徒刑、有期徒刑的罪犯,由公安机关依法将该罪犯送交监狱执行刑罚。在被交付执行刑罚前,剩余刑期在3个月以下的有期徒刑罪犯,由看守所代为执行。

监狱对罪犯收监要经过法律文件审查、人身物品检查、入监登记、通知家属等程序,需要相应制作罪犯入监登记表和入监通知书、物品保管收据、不予收监决定书等。本节重点讲授以下三种有关罪犯收监的文书。

二、罪犯入监登记表

(一)罪犯入监登记表的概念

罪犯入监登记表,是监狱用于全面记录收押执行罪犯基本情况的文书。

对于人民法院交付执行的罪犯,监狱经过审查决定收监执行后,要制作罪犯入监登记表。这是罪犯初始信息的记载,填写务必完整、准确、凝练。

(二)罪犯入监登记表的内容结构

罪犯入监登记表分为眉栏、腹栏和尾栏。

1. 眉栏。有单位、编号和入监日期。“单位”一栏填写监狱名称,“罪犯编号”按照现行狱政信息管理系统规定的编号方法确定,“入监日期”用阿拉伯数字填写。

2. 腹栏。这一部分项目较多,可分为四种类型。(1)罪犯自然现状,包括姓名、性别等常规项目;(2)罪犯履历,包括个人简历、曾受过何种惩处两项内容;(3)罪刑简况,包括判决机关、判决日期、罪名、刑种、刑期和主要犯罪事实等项目;(4)与罪犯关系密切的人员情况,包括家庭成员、主要社会关系和同案犯的情况。

3. 尾栏。含文书的使用说明。

(三)罪犯入监登记表的制作要求

罪犯入监登记表一式两份,分别归入罪犯服刑档案的正卷和副卷。文书制作时要注意以下问题:(1)弄清每一栏目的确切含义和要求。如“曾受过何种惩处”系指罪犯因现案被采取强制措施之前所受到行政拘留以上的惩处。(2)填写的依据要准确可靠。填写的依据是本案的人民检察院起诉书副本,人民法院的刑事判决书、执行通知书和结案登记表。要有可靠的出处。个别栏目填写时还要询问罪犯本人加以核实。(3)注意掌握摘录的技巧。由于文书内容多属摘录而成,特别是“主要犯罪事实”一栏,应以刑事判决书认定的犯罪事实为蓝本,摘录犯罪时间、地点、手段、情节、后果等内容。摘录由提取和加工组成。提取要适度,过细则显得臃肿,过粗则显得干瘪。加工,指在不伤原意的前提下,选用恰当的过渡词或标点符号,使栏目内容前后衔接,浑然一体。

三、罪犯入监通知书

罪犯入监通知书,是监狱依法将罪犯收监情况通知其家属时制作的文书。

根据《监狱法》第20条的规定,罪犯收监后,监狱应当及时通知罪犯家属,入监通知书应当自收监之日起5日内发出。

罪犯入监通知书分正本、回执和存根三联。正本用于将罪犯的有关情况告知罪犯家属。其主要项目有标题、发文字号、称谓、正文、监狱的详细地址、探监时的乘车路线、与罪犯的通信信箱、邮政编码和咨询电话等,最后注明发文日期,并加盖监狱公章。回执与入监通知书正本一起寄送罪犯家属,罪犯家属收到通知后应在回执联上签字或者盖章,然后将其寄回监狱。罪犯入监通知书的存根由监狱留存。

作为知照性文书,罪犯入监通知书是罪犯家属获得罪犯入监信息的正式途径,有利于保障罪犯家属的知情权、通信权和探视权,必须依法及时制作并发出。

四、不予收监通知书

不予收监通知书,是监狱因交付执行文件不符合法律要求而作出不予收监的决定后,将有关情况通知给交付执行和送交罪犯的机关时使用的文书。

根据《刑事诉讼法》第253条和《监狱法》第16条的规定,人民法院的刑事判决和裁定在发生法律效力后执行。对于应当由监狱执行刑罚的罪犯,交付执行的人民法院应当将人民检察院的起诉书副本,人民法院的判决书、执行通知书、结案登记表同时送达监狱。监狱没有收到上述文件的,不得收监;上述文件不齐全或者记载有误的,作出生效判决的人民法院应当及时补充齐全或者作出更正;对其中可能导致错误收监的,不予收监。监狱应当按照以上规定,对人民法院交付执行的法定文件进行检查。对于尚未发生法律效力、缺少法定文件或因记载有误可能导致错误收监的,监狱应作出不予收监的决定,并制作罪犯不予收监通知书,将不予收监的决定通知给交付执行的人民法院和送交罪犯的公安机关。

罪犯不予收监通知书有三联,其中两联分别送达人民法院和公安机关,主要项目有罪犯的情况、不予收监的理由和法律依据等。另一联为存根,记录项目与其他两联基本相同,但须由填发人和送押人共同签字。这一文书在制作时需要注意,各联之间竖排的骑缝文书号中的数字,包括发文年度号和发文顺序号都要使用中文大写形式。

第三节 暂予监外执行文书

一、暂予监外执行文书的概念

暂予监外执行文书,是人民法院、公安机关、监狱管理部门在为符合法定条件的罪犯办理暂予监外执行和处理相关事务时所制作的各种文书。

暂予监外执行是指对于被判处监禁刑的罪犯,因患有严重疾病需要保外就医,或者怀孕、哺乳自己的婴儿,或者生活不能自理适用暂予监外执行不致危害社会的,暂时采用不予关押但对其实行严格监督管理的方式执行原判刑罚,是一种刑罚执行方式和场所的变更措施。对暂予监外执行的罪犯实施社区矫正。暂予监外执行的适用有以下三种情况:(1)由人民法院决定的,适用于罪犯被交付执行前;(2)由公安机关决定的,适用于余刑在3个月以下,在看守所留所服刑的罪犯;(3)由监狱管理机关决定的,适用于在监狱服刑的罪犯。这里讲的暂予监外执行文书,指的是第三种,即监狱和省级以上监狱管理机关办理罪犯暂予监外执行时依法制作的各种文书。

根据刑事诉讼法的规定并结合刑罚执行工作实际需要,最高人民法院、最高人民检察院、公安部、司法部、国家卫生和计划委员会联合发布了《暂予监外执行规定》,自2014年12月1日起施行。司法部监狱管理局随后制定了《暂予监外执行执法文书》,其内容紧密结合《暂予监外执行规定》的各个执法环节和管理节点。暂予监外执行文书有14种,分为三类,即前期准备文书、审批决定文书和实施文书。

二、暂予监外执行前期准备文书

(一)罪犯生活不能自理鉴别书

罪犯生活不能自理鉴别书,是监狱对因生活不能自理拟暂予监外执行罪犯的身体情况进行现场考察和鉴别的法律文书。

这一文书的主要项目有罪犯的基本情况、既往病史、生活不能自理的主要表现、现场考察情况和鉴别意见。生活不能自理鉴别应由监狱组织有医疗专业人员参加的鉴别小组进行,参与鉴别的人员应当签名,由监狱长审核签名,并加盖公章。

（二）拟暂予监外执行罪犯调查评估委托函

拟暂予监外执行罪犯调查评估委托函，是监狱在办理罪犯暂予监外执行前，对需要委托罪犯居住地县级司法行政机关核实居住地、调查罪犯对所居住社区影响时使用的法律文书。

监狱在需要对拟暂予监外执行罪犯调查评估时，应制作委托函，发给受委托的司法行政机关。后者应根据委托机关的要求，对罪犯的居所情况、家庭和社会关系、一贯表现、犯罪行为的后果和影响、居住地村（居）民委员会意见等事项进行调查了解，形成评估意见，送委托机关。

（三）保证人资格审查表

保证人资格审查表，是监狱在对罪犯拟办理罪犯保外就医时，对保证人基本情况和担保资格的调查、审核所用的文书。保证人需符合保证人的资格及条件。保证人需提供自己的身份证明及所在街道、社区、乡镇村（居）民委员会或派出所出具的罪犯与被保证人的关系证明等相关材料，提交监狱审核确认。

（四）暂予监外执行保证书

暂予监外执行保证书，是监狱对拟暂予监外执行罪犯的保证人明确其须履行义务，承担法律责任的书面告知和协议。

罪犯在暂予监外执行期间，保证人应当履行法律法规规定的保证义务，并签订暂予监外执行保证书，保证人必须在保证书上签名捺印。这一文书含正本和副本共五联。第一联为正本，留存监狱；其他四联分别送社区矫正机构、驻监检察机构、交保证人和罪犯本人。

三、暂予监外执行审批决定文书

（一）暂予监外执行审批表

暂予监外执行审批表，是监狱用于对罪犯申报暂予监外执行的书面审批文书。

根据《暂予监外执行规定》的规定，监狱应当对罪犯是否提请暂予监外执行进行审议，经审议决定罪犯提请暂予监外执行的，由申报单位填写暂予监外执行审批表，连同有关诊断、检查、鉴别材料、担保材料等，提请省级以上监狱管理机关批准。已经委托进行核实、调查的，还应当附县级司法行政机关出具的调查评估意见书。监狱审议暂予监外执行前，应当将相关材料抄送人民检察院。

暂予监外执行审批表包括罪犯的基本情况、出监后居住地、主要犯罪事实、改造表现，病情诊断、妊娠检查或生活不能自理鉴别情况，保证人情况，综合评估意见，监区意见、监狱刑罚执行科意见、监狱意见、监狱管理局意见。

这里说的“病情诊断”“妊娠检查”，必须是由省级人民政府指定的医院分别出具的证明拟保外就医罪犯身体疾病伤残情况或者罪犯妊娠情况的，具有法律效力的医学鉴定材料。

（二）暂予监外执行决定书

暂予监外执行决定书，是有批准权的监狱管理机关决定批准罪犯暂予监外执行所制作的法律文书。

根据有关规定，批准机关自收到监狱提请暂予监外执行材料之日起 15 个工作日内作出决定,并在5个工作日内将暂予监外执行决定书送达监狱,同时抄送同级人民检察院、原判人民法院、罪犯居住地县级司法行政机关和罪犯本人。决定书主要内容包括:罪犯罪名、刑期、病情、服刑监狱等基本情况,批准该罪犯暂予监外执行的依据及时间等。

此决定书一式六份,申报单位留存两份,同级人民检察院、原判人民法院、罪犯居住地县级司法行政机关和罪犯本人各留存一份。

(三)不予批准暂予监外执行决定书

不予批准暂予监外执行决定书,是有批准权的监狱管理机关决定不予批准罪犯暂予监外执行所制作的法律文书。

此决定书一式三份,申报单位留存两份,罪犯本人留存一份。其他要求与暂予监外执行决定书基本相同。

四、暂予监外执行实施文书

(一)暂予监外执行告知书

暂予监外执行告知书,是监狱对决定暂予监外执行罪犯在离开监狱之前,书面告知其在暂予监外执行期间应当遵守的法律和有关监督管理规定的文书。

监狱对于决定暂予监外执行的罪犯,应当进行出监教育,并制作暂予监外执行告知书。其主要内容是告知罪犯在暂予监外执行期间应当遵守暂予监外执行和社区矫正管理的相关规定,服从管理,接受监督,并告知违反规定应当承担的法律责任。告知书要加盖监狱公章,罪犯应当在告知书上签字(捺印)。此文书一式三份,罪犯服刑监狱、罪犯本人、接收罪犯进行监督管理的社区矫正机构各留存一份。

(二)暂予监外执行罪犯移交证明书

暂予监外执行罪犯移交证明书,是监狱在罪犯暂予监外执行被批准后,向接受并履行监督管理职责的县级司法行政机关发出的书面通知。

对决定暂予监外执行的罪犯,由监狱移交县级司法行政机关实施社区矫正。监狱和县级司法行政机关要共同签署暂予监外执行罪犯移交证明书。此文书一式三份,移交单位、接收单位、驻监检察室各留存一份。

(三)暂予监外执行收监决定书

暂予监外执行收监决定书,是暂予监外执行罪犯接受社区矫正所在地的省级监狱管理局制作的将暂予监外执行罪犯予以收监执行的法律文书。

根据《社区矫正实施办法》第26条规定,暂予监外执行罪犯有下列情形之一的,应当依法收监执行:发现不符合暂予监外执行条件的;未经司法行政机关批准擅自离开居住的市、县(旗),经警告拒不改正,或者拒不报告行踪,脱离监管的;因违反监督管理规定受到治安管理处罚,仍不改正的;受到司法行政机关两次警告,仍不改正的;保外就医期间不按规定提交病情复查情况,经警告拒不改正的;暂予监外执行的情形消失后,刑期未满的;保证人丧失保证条件或者因不履行义务被取消保证人资格,又不能在规定期限内提出新的保证人的;其他违反有关法律、行政法规和监督管理规定,情节严重的。对上述罪犯,批准机关应当作出收监执行决定书。此文书一式七份，罪犯原监管单位留存两份，罪犯居住地县级司法行政机关、同级人民检察院、公安机关、原判人民法院、罪犯本人各留存一份。

(四)暂予监外执行期间不计入刑期建议书

暂予监外执行期间不计入刑期建议书，是监狱用于向所在地中级人民法院提请将罪犯暂予监外执行的全部或部分期间不计入刑期的执法文书。

根据《刑事诉讼法》第257条的规定，不符合暂予监外执行条件的罪犯通过贿赂等非法手段被暂予监外执行的，在监外执行的期间不计入执行刑期。罪犯在暂予监外执行期间脱逃的，脱逃的期间不计入执行刑期。出现上述情形，社区矫正机构应当在收监执行建议书中说明情况，并附有关证明材料。批准机关进行审核后，应当及时通知监狱向所在地的中级人民法院提出不计入执行刑期的建议书。监狱应在建议书中详细、真实填写罪犯基本情况、存在不计入刑期的法定情形以及不计入刑期的具体日期。人民法院应当自收到建议书之日起1个月以内依法对罪犯的刑期重新计算作出裁定。

第四节 提请减刑假释文书

一、提请减刑假释文书的概念

提请减刑假释文书，是监狱对于符合法定条件的服刑罪犯向人民法院提请减刑假释过程中制作的文书总称。

减刑、假释是激励罪犯改造的行刑制度，是贯彻宽严相济刑事政策、最大限度地发挥刑罚的功能、实现刑罚目的的刑罚执行变更措施。减刑假释依法由执行机关提出建议，由人民法院裁定，人民检察院对建议和裁定是否合法进行监督。监狱作为刑罚执行机关，应严格依照《监狱提请减刑假释工作程序规定》，制作罪犯减刑(假释)审核表、提请减刑建议书和提请假释建议书；对罪犯提请假释的，应当发出调查评估委托函，委托其居住地县级司法行政机关调查评估。

二、罪犯减刑(假释)审核表

(一)罪犯减刑(假释)审核表的概念

罪犯减刑(假释)审核表，是监狱集中记录对罪犯提请减刑、假释审核过程和结果的文书。

根据《监狱提请减刑假释工作程序规定》规定，对罪犯提请减刑、假释应当制作罪犯减刑(假释)审核表，分别由分监区、监区、监狱刑罚执行部门、提请减刑假释评审委员会、监狱填写有关栏目。

对死刑缓期二年执行罪犯的减刑，无期徒刑罪犯的减刑和假释，还要将罪犯减刑(假释)审核表等材料报送省、自治区、直辖市监狱管理局审核。

(二)罪犯减刑(假释)审核表的内容结构

罪犯减刑(假释)审核表分为眉栏和腹栏。

1. 眉栏。罪犯服刑单位和罪犯编号。单位填写罪犯所在的监区或直属分监区、罪犯编号按有关规定填写。

2. 腹栏。包括以下内容:

(1)罪犯基本情况栏。包括罪犯的姓名、性别等自然情况,以及原判和执行变更情况。

(2)改造表现栏。由分监区严格比照减刑、假释的条件组织事实材料。第一次提请减刑建议的,总结入监以来的悔改、立功或重大立功表现;减过刑的,侧重于上次减刑后的改造表现。填写要突出重点,注意归纳罪犯的计分考核结果、获得行政奖励、评为改造积极分子以及受到行政处罚的情况。

(3)分监区意见栏。填写分监区全体警察会议的评议结论。如:“经2016年4月9日分监区全体警察会议评议,认为罪犯孔××确有悔改表现,建议对其提请减刑一年。”然后由分监区负责人签名并注明日期。

(4)监区意见栏。填写监狱长办公会的审核结论。如:“经2016年4月11日监区长办公会审核,同意以确有悔改表现为由,建议对罪犯孔××减刑一年。”然后由监区负责人签名并注明日期。

(5)监狱刑罚执行部门意见栏。经对报送材料审查后认为,材料不全或不符合提请条件的,应予补充或退回;有疑义的,提讯罪犯核查;材料齐全、符合提请条件的,出具审查意见,提交监狱减刑假释评审委员会评审。提请罪犯假释的,还应将调查评估报告一并提交。

(6)监狱提请减刑假释评审委员会意见栏。评审委员会应召开会议,对提请减刑、假释建议进行评审,并将评审意见填入该表格内,由评审委员会负责人签字。

(7)监狱意见栏。填写监狱长办公会的审议决定,如:“经2016年4月22日监狱长办公会审议决定,因罪犯×××确有悔改表现,提请人民法院减刑一年。”然后由监狱长签名并注明日期。

(8)监狱管理局意见栏。监狱管理局审核同意对罪犯提请减刑、假释的,由局长在罪犯减刑(假释)审核表上签署意见,加盖监狱管理局公章。

(三)罪犯减刑(假释)审核表的制作要求

罪犯减刑(假释)审核表旨在完整、如实记载拟提请减刑(假释)罪犯的基本情况、改造表现,以及相关单位、组织、部门的意见。罪犯减刑(假释)审核表制作完成后,要存档备查。监狱长办公会议决定提请减刑、假释的,由监狱长在罪犯减刑(假释)审核表上签署意见,加盖监狱公章,并由监狱刑罚执行部门根据法律规定制作提请减刑建议书或者提请假释建议书,连同有关材料一并提请人民法院裁定。被判处死刑缓期二年执行的罪犯的减刑,被判处无期徒刑的罪犯的减刑、假释,应当将省、自治区、直辖市监狱管理局签署意见的罪犯减刑(假释)审核表连同其他材料一起提交人民法院。

三、提请减刑建议书

(一)提请减刑建议书的概念

提请减刑建议书,是监狱依法向人民法院建议对罪犯减刑时制作的文书。

监狱对罪犯提请减刑,在完成规定的评议、审核程序后,由监狱制作提请减刑建议书。提请减刑的有期徒刑罪犯,应提请罪犯服刑地的中级人民法院裁定。被判处死刑缓期二年执行的罪犯的减刑、被判处无期徒刑的罪犯的减刑,应提请罪犯服刑地的高级人民法院裁定。

监狱制发提请减刑建议书,是监狱依法行使减刑建议权的具体体现,也是人民法院依法启动罪犯减刑案件审理程序的标志性文书。

(二)提请减刑建议书的内容结构

提请减刑建议书采用通用格式,包括下列内容:

1. 首部

首部分为三部分:(1)文书名称,即"提请减刑建议书";(2)文书编号,由年号、机关文种代字和文书顺序号组成;(3)罪犯基本情况,包括姓名、性别、出生日期、民族、原户籍所在地、罪名、作出生效判决的人民法院、判决时间、判决书案号、附加刑情况、刑期、收监日期等。如果罪犯在服刑期间刑种、刑期或者服刑场所发生过变动,要写明具体变动情况。对判处死刑缓期二年执行并处终身监禁或者限制减刑的罪犯,要一并加以说明。

2. 改造表现

这部分是监狱依据法定减刑条件对罪犯服刑改造表现的认定,可表述为:"该犯在近期确有……表现。"这是提请减刑建议书的核心见解,对"表现"的叙述,要根据《刑法》第78条和最高人民法院有关减刑假释司法解释规定的"确有悔改表现""立功表现""重大立功表现"标准,区分不同情况,准确填写。

3. 具体事实

在写明"改造表现"后,用"具体事实如下"叙述罪犯具有法定减刑条件的具体表现。

对认定确有悔改表现的,可分为四个部分横向展开。(1)认罪悔罪的表现。主要叙述罪犯对判决所认定的犯罪事实是否确认,对判决的罪名和量刑是否认可。在方法上可引用罪犯的思想汇报或者采用前后对比叙写罪犯对所犯罪与刑的认识变化。对于提出刑事申诉的罪犯,要如实说明其申诉的理由,并着重介绍罪犯对判决的服从和对服刑罪犯身份的认同情况。(2)认真遵守法律法规及监规,接受教育改造的表现。可介绍罪犯是否有违纪行为,也可以记述罪犯因严格遵守监规、接受教育改造而受到奖励和表彰的情况。(3)积极参加思想、文化、职业技术教育的表现。可用参加课程学习的到课率、成绩排名来印证,也可用个人学习成绩的前后变化以及心得体会来佐证。(4)积极参加劳动,努力完成劳动任务的表现。可从劳动态度、劳动绩效、劳动习惯养成、劳动技能提升等方面入手,用考核积分等材料说明。

对认定确有立功或重大立功表现的,可用时间顺序法,介绍立功或重大立功具体事实的经过及结果,写清罪犯有利于国家和社会的突出事迹或对国家和社会的重大贡献。叙述时一定要按照立功或重大立功的法定条件来组织材料,切忌把罪犯获得的一般性奖励当成减刑条件中的立功或重大立功表现。事实叙述结束后,可用“综上所述”转入阐释建议减刑的理由,对具体事实进行综合分析和评价,做到由事而理、由理而断,说理充分。

4. 法律依据及减刑建议

此部分具体表述为:“为此,根据《中华人民共和国监狱法》第××条、《中华人民共和国刑法》第××条第×款、《中华人民共和国刑事诉讼法》第××条第×款的规定,建议对罪犯×××予以减刑×××,特提请裁定。”

需要注意的是,对于被判处有期徒刑和无期徒刑的罪犯,需要引用《监狱法》第30条、《刑法》第78条的某一款项和《刑事诉讼法》第262条第2款;对于被判处死刑缓期执行的罪犯,需要引用《监狱法》第31条、《刑法》第50条的某一款和《刑事诉讼法》第250条第2款,作为提请减刑建议的法律依据。

减刑的具体建议,要根据罪犯减刑审核表的最终意见书写。对于有期徒刑罪犯,写为“减刑×年有期徒刑”;对于无期徒刑罪犯,写为“减刑为有期徒刑××年”;对于死刑缓期二年执行罪犯,应写为“减刑为无期徒刑”或“减刑为有期徒刑二十五年”等。

5. 尾部

尾部包括致送机关、落款、成文日期、公章和附件。附件要写清附送罪犯服刑改造档案的卷数、册数及页数。

(三)提请减刑建议书的制作要求

提请减刑建议书由监狱刑罚执行部门根据监狱长办公会的决定制作,经监狱长审查批准后,加盖监狱公章,然后连同其他材料一起送达人民法院。在制作和使用过程中要注意如下问题。

1. 据实叙事,标注出处。不能将建议书当成证据材料使用,不写没有证据支撑的“事实”。写明的具体事实,要注明证据材料的来源。如“以上事实,有××为证”。

2. 展现个性,切忌雷同。罪犯的服刑改造表现因人而异,提请减刑建议书要把重点放在揭示罪犯具体表现上,用典型的材料、合理的结构和准确的语言,写出既符合统一规范又充分显示个性的文书。不要用简单的复制、粘贴来替代建议书的精细写作,切忌出现除了人名和基本情况外,其他内容基本雷同的现象。

四、提请假释建议书

提请假释建议书,是监狱依照法定程序,对符合假释条件的罪犯向人民法院提出假释建议时所制作的文书。

提请假释建议书和提请减刑建议书在文书格式、内容及制作要点方面基本相似,但“改造表现”部分的写法与减刑建议书不同。提请假释建议的,写法有两种:一是确有悔改表现,假释后不致再危害社会;二是具有“特殊情况”(即涉及国家政治、国防、外交等方面特殊需要的情况)。重点要写好“假释后不致再危害社会”的事实和理由。

第五节　特定事项处理意见文书

一、特定事项处理意见文书的概念

特定事项处理意见文书,是监狱就刑罚执行中的特定法律实务向人民检察院或人民法院表达处理意见时使用的拟制式文书。

监狱在执行刑罚过程中需要就特定事项制作意见书的,主要有三种情况;一是监狱在执行刑罚中根据罪犯申诉认为刑事判决可能有错误而向人民检察院或者原判人民法院提请处理的;二是在转递罪犯申诉材料时需要填写的文书;三是罪犯在监狱内犯罪的案件经侦查终结后,需要制作监狱起诉意见书,这是该类处理意见书中的重要文书,将专节介绍。

二、对罪犯刑事判决提请处理意见书

(一)对罪犯刑事判决提请处理意见书的概念

对罪犯刑事判决提请处理意见书,是指监狱在执行刑罚过程中,认为对罪犯的判决有错误而提请人民检察院或人民法院处理时所制作的文书。

根据《刑事诉讼法》第 264 条的规定,监狱和其他执行机关在刑罚执行中,如果认为判决有错误或者罪犯提出申诉,应当提请人民检察院或者原判人民法院处理。因此,监狱在执行刑罚中,发现罪犯的刑事判决的内容有错误,应当制作对罪犯刑事判决提请处理意见书,提请人民检察院或者人民法院处理。

(二)对罪犯刑事判决提请处理意见书的内容结构

根据目前统一的格式,对罪犯刑事判决提请处理意见书分为正本和存根两部分。

1. 正本。正本包括以下内容:

(1)首部。包括标题、发文字号和致送机关。其中致送机关为人民检察院或者人民法院。

(2)判决情况。写明对罪犯的生效判决的核心内容和判决可能有错误情况,接着用“具体理由是”引起下文。

(3)提请处理的理由。这是此文书的重点内容,应先行说明提请处理的缘由并对判决可能有错误的具体情况加以概括,然后展开阐述和说明。

(4)提请依据和建议。在阐明理由之后,写明提请处理的法律依据和具体要求。

(5)尾部。注明成文时间并加盖监狱公章。

2. 存根。主要项目包括罪犯的姓名、罪名、刑期、提请理由、转递单位、时间、承办人、回复时间和回复结果。

(三)对罪犯刑事判决提请处理意见书的制作要求

对罪犯刑事判决提请处理意见书正本发往人民检察院或者人民法院,存根由监狱保存备查。具体制作本意见书应注意以下问题:

1. 阐述提请处理理由要针对判决中的错误来写。主要有刑期计算错误、事实不清、定

性不准和量刑不当等,要逐一指出,以利纠正。

2. 提出处理的要求,要具体、明确。发给人民检察院的,写为"提请你院审查立案"等;发给人民法院的,则写为"提请你院复查"等,不宜笼统地写为"提请你院处理"。

3. 引用法律条款要准确。根据罪犯申诉,监狱认为判决可能有错误的,引用《刑事诉讼法》第262条和《监狱法》第24条;监狱在执行刑罚过程中主动发现的,则只引用《刑事诉讼法》第262条。

三、罪犯材料转递函

罪犯材料转递函,是监狱根据罪犯的申诉,在提请人民检察院或者人民法院对可能存在错误的刑事判决进行处理过程中转递罪犯申诉材料时需要填写的文书。

罪犯材料转递函共分三部分:正本、回执和存根。正本要写明接收材料的机关名称、材料的种类和份数,以及转递监狱和发文时间。回执由接收材料机关在接到申诉材料后填写并签章再寄回转递监狱。存根由监狱保存,具体内容有罪犯的姓名、材料类型、材料的卷数和页数、材料内容摘要、转递监狱的名称、填发时间、承办人及回复时间。

罪犯材料转递函,也适用于罪犯的控告和检举材料的转递。

第六节 监狱起诉意见书

一、监狱起诉意见书的概念

监狱起诉意见书,是监狱对罪犯在服刑期间又犯罪的案件或者发现了判决时没有发现的罪行,经侦查终结后,认为应当追究刑事责任而向人民检察院提出起诉意见所制作的文书。

《刑事诉讼法》第262条第1款规定,罪犯在服刑期间又犯罪的,或者发现了判决的时候所没有发现的罪行,由执行机关移送人民检察院处理。《监狱法》第60条规定,监狱侦查终结后,写出起诉意见书,连同案卷材料、证据一并移送人民检察院。上述规定,是监狱制作起诉意见书的法律依据。监狱起诉意见书适用于罪犯在狱内服刑期间所犯的新罪,以及发现在狱内服刑的罪犯在判决宣告以前还有其他罪没有判决的两种情形。

二、监狱起诉意见书的内容和制作方法

(一)首部

首部由标题、文书编号和罪犯的基本情况三部分组成。标题为"监狱的名称+起诉意见书"。文书编号由年度号、机关文种代字和文书顺序号组成。罪犯基本情况,依次写明姓名、性别、出生日期、民族、原户籍所在地、原判情况、交付执行时间、现关押地点。有多名罪犯的,应按在犯罪中的地位及作用的主次顺序排列。

（二）正文

正文，包括案件由来（侦查结论）、涉嫌犯罪事实、法律依据和起诉建议。

1. 案件由来。正文开始，写明案件侦查的结论，具体表述为："现经侦查，罪犯______（姓名）在服刑期间涉嫌________（罪名）。"这句作为引领后续内容的叙述，是写好监狱起诉意见书的关键，涉嫌罪名用语要准确符合《刑法》规定，不能臆造。

2. 事实。用"主要事实如下"一语承接，转入叙事部分，在叙述罪犯涉嫌的主要犯罪事实之后，另起一段以"认定上述事实的证据如下"引入证据说明，简明扼要地列举主要证据。接着，另起一段写明是否有立功、自首以及其他影响量刑的情节。

3. 理由。用"综上所述"起头，转接到理由分析。根据犯罪构成简要说明罪状，最后归结到侦查结论，即罪犯的行为涉嫌某罪（罪名）。例如："综上所述，罪犯张××，在服刑期间，以秘密窃取的手段，非法占有监狱生产用的贵重原材料，给监狱造成严重经济损失，其行为已触犯刑法，涉嫌盗窃罪。"

4. 法律依据和起诉建议。在理由分析之后，写明法律依据。表述为："为此，根据《中华人民共和国监狱法》第六十条、《中华人民共和国刑法》第××条和《中华人民共和国刑事诉讼法》第二百六十二条第一款，特提请你院审查起诉。"

（三）尾部

尾部写致送机关、成文日期，并加盖监狱公章。附项，写明移送案卷的卷数、随案移交的物品数量等。被害人及其亲属提出刑事附带民事诉讼的，应当在起诉意见书的附项中说明。

三、监狱起诉意见书的制作要求

监狱起诉意见书在制作和使用中需要注意以下问题：

1. 言必有据。监狱起诉意见书中认定的事实都要有证据证明，并经法定程序查证属实。叙事要以证据为依托，没有根据的不写。

2. 突破难点。叙事是对整个侦查卷宗事实材料的梳理和综合概括，写作难度较大，叙事要以犯罪构成要件为基本尺度，与犯罪无关的事实不写，如违反监规行为，不能成为叙述犯罪事实的内容。

3. 要把作案叙述清楚，还须找好角度，一般要以犯罪嫌疑人为叙述主体，以其活动为线索展开。

4. 叙事要详略得当，先详后略。涉嫌同一罪名，多次作案且作案情节又基本相同的，可择其最严重、最有代表性的一次或两次作案事实详尽叙述，其他几次的作案事实则予归纳略述即可。

第七节　出监文书

一、出监文书的概念

出监文书，是监狱在罪犯被裁定假释、被决定暂予监外执行、被裁定特赦和刑满释放时制作的鉴定和证明文书。

出监文书主要有罪犯出监鉴定表、假释证明书、暂予监外执行罪犯移交证明书、特赦证明书和释放证明书等。

二、罪犯出监鉴定表

(一)罪犯出监鉴定表的概念

罪犯出监鉴定表,是指监狱对即将出监罪犯的服刑改造表现作出结论性鉴定意见时制作的文书。

罪犯出监前,监狱应当对罪犯服刑期间的表现进行全面鉴定,并填写罪犯出监鉴定表。制作罪犯出监鉴定表,目的在于总结罪犯在监狱内执行刑罚期间的改造表现,揭示罪犯在监狱内服刑改造的整个过程。

(二)罪犯出监鉴定表的内容和制作方法

罪犯出监鉴定表属于表格类文书,封面印有"罪犯出监鉴定表"字样,正下方填写罪犯姓名、填表机关名称、填表日期。表格有三页,各页填写的内容如下:

1. 第一页,填写以下内容:(1)罪犯基本情况,即姓名、别名、性别、民族、出生日期、健康状况、家庭地址、原户籍所在地;(2)原判情况,即罪名、原判法院、判决书编号;(3)刑期情况,包括原判刑期、附加刑、原判刑期起止日期、刑期变动情况;(4)出监时情况,有出监原因、出监时间、文化程度(原有和现有文化程度)、有何特长及技术等级、主要犯罪事实。

2. 第二页,填写家庭主要成员及主要社会关系、个人简历、改造表现。(1)"家庭主要成员及主要社会关系"一栏,应当根据罪犯出监时家庭主要成员的实际情况填写,以如实地、准确地反映现时的情况;切不可照抄罪犯收监时的档案材料,因为在罪犯服刑期间家庭成员及主要社会关系可能已经发生变化。(2)"个人简历"一栏,应当写明罪犯入监前后的简历:入监前主要写罪犯个人学习与工作的经历,有何劣迹应当写明;入监后主要写罪犯个人接受劳动和教育改造的经历。时间要有连续性,不可间断。(3)"改造表现"一栏,应当写明出监的罪犯在认罪服法、思想改造、遵守监规纪律、劳动态度、生产技能和文化学习等方面的实际表现。

3. 第三页,填写服刑期间奖惩情况、分监区意见、监区意见、监狱意见等。

(三)罪犯出监鉴定表的制作要求

1. 填写第三页内容应当注意:(1)"服刑期间奖惩情况"一栏,应如实、具体、详细地写明罪犯在服刑期间所受到的行政奖惩和刑事奖惩情况。(2)"分监区意见"一栏,应根据出监罪犯在服刑期间改造的实际情况,写出结论性的意见。评价要切合实际,分寸得当,语言中肯,文字准确、适当。(3)"监区意见"和"监狱意见"一栏,应当以极其简洁的语言写明概括性的结论,针对性要强,态度要明朗。

2. 罪犯出监鉴定表制作后,除留存监狱归入罪犯档案外,对假释和暂予监外执行的罪犯,可送罪犯居住地县级司法行政机关,对特赦和刑满释放人员可转送户籍所在地公安机关。

三、假释证明书

假释证明书，是监狱为假释的罪犯出具的证明文书。罪犯被裁定假释后，监狱应当发给其假释证明书。

假释证明书分为正本、副本和存根三联。正本由刑释人员持有并用来办理相关手续；副本送达假释罪犯居住地县级司法行政机关；存根由监狱保留。正本和副本的基本格式为：

“兹有×××，男（女），××××年××月××日生，原户籍所在地××××××，因×××罪于××××年××月××日经×××人民法院判处×××，附加×××。现依据×××人民法院裁定，予以假释。假释考验期自××××年××月××日起至××××年××月××日止。”

另外，在假释证明书（副本）的下端还应标明注意事项：

（1）“持证人必须在×年×月×日以前将本证明书副本送达×××县（市）×××派出所办理户口登记手续。”（2）“本证明书私自涂改无效。”

假释证明书存根内容除正本中所列事项外，还应注明假释考验期、假释后住址以及填发人、审核人、填发日期，最后由被假释人签名并注明时间。

四、释放证明书

释放证明书是证明被释放人已依法被解除监禁、恢复人身自由的重要法律文书。《监狱法》第35条规定：“罪犯服刑期满，监狱应当按期释放并发给释放证明书。”

释放证明书分为正本、副本和存根三联。正本和副本的基本格式为：

“兹有×××，男（女），××××年××月××日生，原户籍所在地××××××，因×××罪于××××年××月××日经人民法院判处×××，附加×××。服刑期间，减刑×次，减刑×年×月，加刑×次，加刑×年×月，实际执行刑期×××，附加×××。现因×××予以释放。”

在释放证明书（副本）的下端还应标明注意事项：

（1）“持证人必须在××××年××月××日以前将本证明书副本送达×××县（市）×××派出所办理户口登记手续。”（2）“本证明书私自涂改无效。”

释放证明书存根内容除正本中所列事项外，还应注明原判人民法院、释放后住址以及填发人、审核人、填发日期，最后由被释放人签名并注明时间。

释放证明书正本由刑释人员持有并凭它办理落户手续；释放证明书副本和出监鉴定表、判决书一起移送刑释人员落户所在地的公安机关；释放证明书存根由监狱保留。

第十二章　律 师 文 书

第一节　概　　述

一、律师文书的概念

狭义上的律师文书，是指律师在执业过程中以律师事务所或律师的名义出具的各类文书，广义上的律师文书，是指律师在执业过程中制作的各类文书。无论是从狭义上还是从广义上来说，律师文书都可以分为诉讼类文书和非诉讼类文书。

律师制作的文书不是一般意义上的文书，而是一种法律文书，是有法律效力的。律师制作文书是依据《律师法》规定的执业行为，非律师制作的文书不能被称作律师文书，律师制作文书必须严格遵循国家的有关法律规定。

二、律师文书的特点

律师文书具有一般法律文书的规范性、约束性、时限性、程式性的特点，且还有一个独有的特点，就是大部分律师文书都属于代书文书。

代书文书在律师文书中占有很大比例，尤其在诉讼文书中，更是以代书文书为主。所谓代书文书，是律师根据当事人意愿、事实与法律以及一定的格式，以当事人的名义为其拟定的文书。代书并非仅是代笔，也不是当事人要怎么写，律师就怎么写，而是要充分运用律师自己的专业知识，认真核实支撑文书的证据材料，仔细分析相关法律规定，做到合法有据。

三、律师文书的种类

律师文书一般分为诉讼类文书和非诉讼类文书。

诉讼类文书，是指律师在从事争议解决类业务中所制作的文书，律师在制作这一类文书时，一般是作为争议一方主体的代理人，为了维护己方当事人的权利而制作并向争议解决机构提交文书。争议解决类业务一般指民事诉讼、刑事诉讼、行政诉讼这三大诉讼，其他还包括劳动争议仲裁、商事争议仲裁等仲裁，对行政决定不服的行政复议、对商标权、专利权等知识产权登记事项存在纠纷的行政争议。在诉讼过程中，律师为维护当事人的合法权益而出具的辩护词、代理词、调查笔录，都属于诉讼类文书。

律师诉讼类文书，又可以出具文书的主体来划分为两类，凡以律师名义出具的文书，称为律师诉讼文书，包括代理词、辩护词、法律意见书、律师函等；如果是以当事人的名义出具的，称为代书文书，如起诉状、答辩状、反诉状、上诉状、财产保全申请书、先予执行申请书、强制执行申请书、仲裁申请书、行政裁决申请书，等等。还可以律师参与诉讼活动的性质来分，分为刑事案件代理委托协议、律师会见在押犯罪嫌疑人书函、提请收集、调取证据申请书、通知证人出庭申请书、取保候审申请书；民事案件委托代理合同、行政案件授权委托书、法定代表人身份证明书，以及强制执行申请书，等等。

非诉讼类文书，是指律师在办理非诉讼业务时制作的文书。这类文书以业务属性来划分，主要有公司类律师文书、金融证券类律师文书、房地产类律师文书、知识产权类律师文书、涉外类律师文书。以文书的形式来划分，主要包括法律意见书、律师函、尽职调查报告等。

四、律师文书的作用

律师的职责在于维护当事人合法权益，维护法律正确实施，维护社会公平和正义。因此，律师诉讼文书的作用就在于，为实现律师的这一根本职责而推动诉讼活动使诉讼案件获得公正处理。非诉讼类文书体现了律师的专业判断，对于减少交易风险，规范市场行为起着非常重要的作用。简单讲，律师文书的作用有两点：一是提出要求，主张权利，比如诉状、答辩状等；二是作出判断，比如法律意见书、尽职调查报告等。当然，律师文书是律师执业活动的重要方式和真实记录，非诉讼文书更是律师执业活动的成果。

第二节　辩　护　词

一、辩护词的概念

《宪法》第 125 条规定："被告人有权获得辩护。"《刑事诉讼法》第 32 条规定："犯罪嫌疑人、被告人除自己行使辩护权以外，还可委托一至二人作为辩护人。"第 35 条规定，辩护人的责任是根据事实和法律，提出犯罪嫌疑人、被告人无罪、罪轻或者减轻、免除其刑事责任的材料和意见，维护犯罪嫌疑人、被告人的诉讼权利和其他合法权益。第 193 条还规定，经审判长许可，公诉人、当事人和辩护人、诉讼代理人可以对证据和案件情况发表意见并且可以互相辩论。

根据上述法律规定，律师作为被告人的辩护人，需要当庭发表辩护意见。一般来说，把律师庭前制作的或者当庭发表的辩护意见予以总结的书面演说称为辩护词。

虽然《刑事诉讼法》并不要求律师制作辩护词，但是，在实践中，几乎所有律师都会提前制作辩护词。这一方面可以提前捋清辩护思路，避免当庭发表辩护意见时挂一漏万；另一方面可供法官庭后合议时充分研究律师的辩护意见，达到更好的辩护效果，因此，刑事案件辩护词是律师在办理刑事案件过程中必须要掌握的一种法律文书。

随着刑事诉讼制度的改革，律师参与刑事诉讼庭审的程度日益深化，律师在法庭调查阶段的发问、举证质证阶段的证据开示和发表质证意见，尤其是对证人的发问，更需律师提前做好准备,写好发问提纲。因此,律师的这些意见以及发问提纲,也属于广义上的辩护词,上述内容,在事后总结的辩护词中也可予以充分体现。

二、辩护词的内容和制作方法

辩护词写作,并无法定格式,实践中也没有形成一种固定格式,其最基本的要求是要把辩护观点阐述清楚。但仅此一点还是不够。一篇好的辩护词首先应是一篇好的论文。辩护人为何提出某个辩护观点?依据是什么?必须要进行详尽论述。其次应是一篇能够打动人的演讲稿。辩护词要当庭发表,因此,必须要口语化,要朗朗上口,要有感染力,要能打动法庭上的所有人。

辩护词一般分为首部、正文(事实和理由)和结语三个部分。

首部,即引言部分。先写标题。如"×××(姓名)××(案件性质)一案的辩护词"。接着写明该辩护词的听取人,如审判长、审判员。尔后写明出庭的根据、律师受托后的工作概况、对案件的认识和提请法庭注意的事项。如:"辩护人认为,本案对被告人的指控存在××情况,现依法发表辩护意见如下"。

正文部分,是辩护词的核心部分。律师的辩护意见应围绕公诉机关所指控的罪名和事实,从证据和法律两个方面进行充分的分析,找出公诉方在认定事实和适用法律方面的错误、漏洞和疑点,逐一论证,或者反驳公诉机关的指控,或者指出被告人在本案中具有的从轻、减轻或者免除处罚的情节,为被告人做出无罪或者罪轻的辩护。为便于人民法院了解辩护人的辩护观点,应就辩护观点分段分标题论述。在论述的时候,要结合证据进行充分的论述。

结语部分,是律师对整个辩护意见的总结,主要是强调辩护观点,根据《刑事诉讼法》的规定,提出对被告人的处理建议,并恳请人民法院采纳辩护人的辩护意见。

在司法实践中,控辩双方往往会在法庭的引导下发表两轮或者多轮的辩论意见,而且,在法庭调查阶段和举证质证阶段,还有一些内容应该补充到辩护词中。因此,律师在庭后提交的辩护词往往需要根据庭审的实际情况进行修改,这样,才能够真正反映庭审的实际情况,最大限度的维护被告人的合法权益。

辩护词表述的示例如下:

审判长、审判员:

【首部】××××律师事务所接受×××的委托,指派我们担任被告人×××的一审辩护人。现依法发表如下辩护意见,供合议庭参考:

【正文】略

【结语】综上,辩护人(略)……,恳请人民法院依法采纳辩护人的辩护意见。

辩护人:××××律师事务所

律师:×××

××××年××月××日

三、制作辩护词应当注意的问题

1. 在司法实践中，控辩双方往往会在法庭的引导下发表两轮或者多轮的辩论意见。因此，要早做预估，针对公诉人可能会在哪些情节上进行反驳，准备好二轮发言。还要善于根据公诉人反驳的发言，当场发挥，予以辩驳。要抓住案件的实质性分歧意见进行辩论，不要在枝节问题上纠缠。更不要随意更改辩护的主旨意见。

2. 在法庭调查阶段和举证质证阶段，由于案情可能随时变化，必然牵涉到辩护词的变动。需要根据庭审的实际情况随机应变，及时对辩护词进行补充、修改，使其论点更加明确，证据更加可靠，内容更有针对性，最大限度地维护被告人的合法权益。

第三节　刑事案件代理词

一、刑事案件代理词的概念

《刑事诉讼法》第 44 条规定，公诉案件的被害人及其法定代理人或者近亲属，附带民事诉讼的当事人及其法定代理人，自案件移送审查起诉之日起，有权委托诉讼代理人。自诉案件的自诉人及其法定代理人，附带民事诉讼的当事人及其法定代理人，有权随时委托诉讼代理人。人民检察院自收到移送审查起诉的案件材料之日起 3 日以内，应当告知被害人及其法定代理人或者其近亲属、附带民事诉讼的当事人及其法定代理人有权委托诉讼代理人。人民法院自受理自诉案件之日起 3 日以内，应当告知自诉人及其法定代理人、附带民事诉讼的当事人及其法定代理人有权委托诉讼代理人。第 193 条规定，当事人和辩护人、诉讼代理人可以对证据和案件情况发表意见并且可以互相辩论。

根据上述规定，律师作为刑事案件被害人的代理人、刑事附带民事诉讼的代理人以及刑事自诉案件自诉人的代理人，在发表辩论意见之前制作的或者在当庭发表辩论意见后总结的书面辩论意见均称为刑事案件代理词。

上述三种刑事案件代理词，写作要求各不相同：

1. 第一类是刑事自诉人代理人的代理词，是提前制作或当庭发表的辩论意见。写作重点是要论证刑事自诉案件被告人构成犯罪以及应该处以什么样的刑罚。首先，要根据案件的事实和证据论证被告人的行为在性质上不但具有社会危害性，而且不属于情节显著轻微危害不大的情况。其次，要论证被告人的行为具有刑事违法性，符合刑法分则所规定的犯罪构成要件。总之，要以实现自诉人的自诉请求作为代理词的写作目的。

2. 第二类是刑事公诉案件被害人及其法定代理人或者近亲属诉讼代理人的代理词。由于这一类案件是公诉案件，由公诉人代表国家行使公诉的权力，而诉讼代理人的职责是维护被害人的合法权益，写作要点主要应从公诉人容易忽略或者阐述不足的被害人的合法权益受到侵害，以及被害人、被害人的近亲属由于被告人的犯罪行为受到的伤害等方面详加论述，写作目的是务必使刑事犯罪的被告人受到应有的惩罚。

3. 第三类是刑事附带民事诉讼代理人的代理词。由于刑事附带民事诉讼本质上属于民事诉讼,其代理意见实际上属于民事代理范畴,故在此不再赘述。

二、刑事案件代理词的内容和制作方法

刑事案件代理词,在结构上,与辩护词一样,由首部、正文和结语三个部分组成。首部应开宗明义,亮明观点,写明自己的身份及律师代理所根据的法律规定,对法庭调查的结果进行简明扼要的概括,要发表这篇代理词的理由与观点。

正文部分的内容,要结合本案证据,引证法庭调查,论证被告人构成何罪,在处以何刑,摆事实、讲道理,做到有理有据。表述要尽量全面、完整,注意区别于公诉人的公诉词,既要尽量避免重复公诉词的内容,又不要与之发生冲突,针对分歧要重点进行分析、论证,更多的是补充起诉书和公诉词对犯罪的遗漏。

结语部分主要应对正文做出概括性的总结,并形成结论性的意见,明确提出自诉请求。

三、制作刑事案件代理词应当注意的问题

制作刑事案件代理词,应当注意两点:(1)写这类代理词不能毫无根据地迎合被害人或者近亲属的要求,发表请求将被告人处以重罪的代理意见。(2)代理词要坚持以理服人,切忌诘问、讽刺、谩骂、嘲讽攻击对方。

除了上述辩护词和代理词以外,律师在检察机关审查批捕阶段和审查起诉阶段,可以向检察机关出具法律意见书,阐明律师对犯罪嫌疑人不必要适用逮捕强制措施或者建议不起诉的法律意见,还可以向公安机关、人民检察院、人民法院提出各种申请书:包括取保候审申请书、解除强制措施申请书、调查取证申请书、通知证人出庭申请书、延期审理申请书、重新鉴定勘验申请书等,除法律意见以外,上述申请书均有有关部门统一制作的格式文书,律师根据需要予以填写即可。

第四节 民事案件代理词

一、民事案件代理词的概念

《民事诉讼法》第141条规定,法庭辩论按照下列顺序进行:(1)原告及其诉讼代理人发言;(2)被告及其诉讼代理人答辩;(3)第三人及其诉讼代理人发言或者答辩;(4)互相辩论。根据以上规定,民事诉讼代理人在庭审前制作或庭审后整理的在法庭辩论时发表的意见称为民事案件代理词。根据民事诉讼中的审级及委托人身份的不同,民事案件代理词可以分为原告方代理词、被告方代理词、第三人代理词、上诉人代理词、被上诉人代理词等。但是,不管是哪一方的辩论意见,都是代理人根据法庭调查以及本案的证据,依据事实和法律发表的综合意见。

代理词不等于诉状、答辩状、上诉状中的事实和理由部分。首先,代理词是代理人在法庭辩论阶段发表的辩论意见,对抗性强。其次,辩论环节是在法庭调查和举证质证阶段之后,律

师发表代理意见必须充分考虑法庭调查所查明的事实以及双方举证质证的情况。最后，代理词要紧紧围绕请求权依据以及法庭归纳的争议焦点进行论述，不要天马行空，否则，既浪费了宝贵的诉讼资源，又会由于重点不突出，导致法官无法准确把握代理意见的要点，最终损害当事人的合法权益。

二、民事案件代理词的内容和制作方法

民事案件代理词没有法定格式，在司法实践中也没有形成统一的格式。一般来说，民事案件代理词也分为首部、正文和结语三个部分。

由于代理词是代理词当庭发表的代理意见，所以，代理词的首部应该开宗明义，亮明观点，或者是诉讼请求，或者是上诉请求，或者是答辩意见，然后说明提出请求或者答辩意见最基本的理由。

代理词的正文部分主要是围绕法庭调查的事实和双方质证的证据，根据法庭梳理的争议焦点，进行充分的阐述。

代理词的结语部分主要是做出结论性的概括和归纳。

需要指出的是，代理词的制作应该分为三个阶段，第一个阶段是在开庭前，律师根据现有的证据材料进行准备。这个时候的代理词要坚持以我为主，要形成基本完整的辩论观点。第二个阶段在法庭调查和举证质证阶段，律师要根据法庭调查和举证质证的情况，有针对性的不断修改和完善代理词，在法庭辩论阶段，要根据辩论情况随时完成补充辩论意见，并及时予以记录。第三个阶段是庭审以后，律师应该根据庭审情况，及时整理一份完整的代理词递交法庭。因此，代理词的制作不是一蹴而就的，而是贯穿诉讼过程的始终。

三、制作民事案件代理词应当注意的问题

近年来，法院也在进行庭审流程的改革，各地法院均在探索和试行要件审判法。其中，邹碧华法官的《要件审判九步法》成为许多法院法官审理案件时的重要参考。要件审判九步法，是指固定权利请求、确定权利请求基础规范、确定抗辩权基础规范、基础规范构成要件分析、诉讼主张的检索、争点整理、要件事实证明、事实认定及要件归入作出裁判这九个步骤。律师在制作代理词的时候，也要适应法官的这一思路，尤其要认真思考权利请求权基础和抗辩权基础，这样，才能更好地维护当事人的合法权益。此外，随着计算机图形学的发展，越来越多的律师在制作代理词的时候，注意把可视化的理念引入代理词之中。可视化可以使代理词中一些复杂的法律关系图形化，对于法官可以准确理解律师的观点具有重要的作用。

第五节　行政案件代理词

一、行政案件代理词的概念

《行政诉讼法》第31条规定，当事人、法定代理人，可以委托一至二人作为诉讼代理人。

第10条规定,当事人在行政诉讼中有权进行辩论。

根据上述规定,律师作为行政诉讼当事人的代理人,在庭审前制作或在庭审后总结的在行政诉讼的法庭辩论阶段发表的书面辩论意见,就是行政案件代理词。

二、行政案件代理词的内容和制作方法

行政案件代理词也分为首部、正文和结语三个部分。首部,除简述权利来源外,即写明委托人、被委托的律师师事务所以及被指派的律师,主要是提出观点,阐明对案件的看法。正文部分,写明根据法庭调查查明的事实和经质证的证据,论证代理意见的正确性。结语部分,对代理意见予以总结和归纳。

三、制作行政案件代理词应当注意的问题

行政诉讼代理词根据代理人所代理的当事人不同,可分为行政诉讼原告代理人代理词、行政诉讼被告代理人代理词及行政诉讼第三人代理人代理词。由于《行政诉讼法》对于行政诉讼被告即行政机关的特殊要求,律师在制作代理词时,需要特别注意的是:首先,被告在行政诉讼中对作出的行政行为负有举证责任,应当提供作出该行政行为的证据和所依据的规范性文件。其次,在行政诉讼中,被告不提供或者无正当理由逾期提供证据,视为没有相应证据。最后,在行政诉讼中,原告可以提供证明行政行为违法的证据。原告提供的证据不成立的,不免除被告的举证责任。

第六节　律师代理文书

律师代理文书,是指是指律师、律师事务所在承办各类诉讼业务中接受当事人委托或者当事人授权委托代理进行诉讼的凭据,以及为当事人提供法律帮助所制作的各种文书的总称。

根据《律师法》的规定,律师的工作就是接受委托或者指定,为当事人提供法律服务。在律师所提供的法律服务中,代理是其中一项非常重要的服务形式。律师代理文书就是这种服务形式的书面载体。

律师代理文书,按文书性质可分为刑事案件代理文书、民事案件代理文书、行政案件代理文书。按内容可分为:委托代理协议、授权委托书、各类申请书。本节只重点讲授前两种文书的制作方法。

一、委托代理协议

(一)委托代理协议的概念

委托代理协议,是律师事务所与当事人经协商签订,用以确定双方产生诉讼代理法律关系的文书。它规定了委托人与律师事务所双方的权利义务关系,也是律师代理委托人在诉

讼活动中代理权限范围的依据。

《刑事诉讼法》第 33 条、《民事诉讼法》第 58 条、《律师法》第 25 条规定，被告人有权随时委托辩护人，律师可以接受当事人委托，参加民事诉讼活动。《行政诉讼法》第 31 条也规定，当事人、法定代表人，可以委托一至二人代为诉讼。这些规定是制作委托代理协议的法律依据。

律师和当事人之间建立委托代理关系的文书就是委托协议，律师得到代理权的时限、权限范围的依据就是授权委托书。除了提供法律援助服务以外，律师与当事人建立法律关系均需签订委托代理协议。

（二）委托代理协议的内容和制作方法

（1）写明委托人的姓名或名称、地址及联系方式、被委托人即律师事务所的名称、地址及联系方式。

（2）写明委托事项。如果是诉讼，就是律师作为某某案件的代理人或者是辩护人，如果是非诉讼，就是律师作为某某事项的代理人或者是为某某事项提供法律服务。

（3）写明授权范围。在刑事案件委托代理协议中，授权范围不需要特别写明，而在民事诉讼或行政诉讼中，是否是特别授权非常重要，授权范围必须要约定清楚。

（4）写明代理期限。无论是民事诉讼还是刑事诉讼、行政诉讼，都有不同的诉讼阶段。律师代理从哪个阶段开始，到哪个阶段结束，必须要明确约定。

（5）如何支付报酬，费用如何承担。在代理协议中，必须要把费用的数额以及支付的时间、地点、方式、条件约定清楚。

（6）代理因故终止的处理方法。鉴于委托方有权单方终止委托协议，所以在委托协议中必须对委托方单方终止合同时费用如何解决的问题予以约定。

（7）明确指定承办律师。由于委托协议具有严格的人身属性，当事人往往会指定承办律师，即使当事人不指定承办律师，律师事务所也应该主动指定承办律师完成当事人所委托的事务。

委托协议通常一式二份，双方各执一份，经双方签字或者盖章后生效。

二、授权委托书

律师为了证明自己代理人的身份、被授权的权限范围以及属于有效授权，需要当事人向律师出具授权委托书。

（一）刑事案件授权委托书

刑事案件授权委托书是刑事案件的委托人单方出具的证明律师权限的文书，一般由律师制作，由委托人签名盖章。该委托书主要有：刑事辩护委托书、刑事代理委托书和刑事附带民事诉讼委托书。

1. 刑事辩护委托书由以下部分组成：文书名称（委托书）、文书编号；委托人的姓名、被告人或者犯罪嫌疑人的姓名及所涉及的罪名、受委托的律师事务所的名称及承办律师的姓名；委托书的有效时限及委托日期。刑事辩护委托书一般由委托人签字盖章，有些地区的人民法院及人民检察院还要求除委托人签名外，犯罪嫌疑人或被告人本人也要签名。

示例如下:

委 托 书

编号:

委托人＿＿＿＿＿＿根据法律的规定,特聘请＿＿＿＿＿律师事务所律师＿＿＿＿＿＿为涉嫌＿＿＿＿＿＿＿＿＿＿案件＿＿＿＿＿＿＿＿＿＿的辩护人。本委托书有效期自即日起至＿＿日止。

委托人:

＿＿＿＿年＿＿月＿＿日

注:本委托书一式三份,由委托人、律师事务所各持一份,交人民检察院或人民法院关一份。

2. 刑事代理委托书包括以下内容:委托人的姓名、所涉及的刑事案件的被告人的名字和罪名、被害人的名字、受委托的律师事务所的名称及承办律师的姓名、委托书的有效时限及委托日期。刑事代理委托书一般由委托人签字盖章后生效。

3. 刑事附带民事诉讼委托书的格式与刑事代理委托书的格式相同,在此不再赘述。

(二)民事案件授权委托书

民事案件授权委托书是民事案件的当事人单方出具的证明律师代理权限的文书。《民事诉讼法》第59条规定,委托他人代为诉讼,必须向人民法院提交由委托人签名或者盖章的授权委托书。授权委托书必须记明委托事项和权限。诉讼代理人代为承认、放弃、变更诉讼请求,进行和解,提起反诉或者上诉,必须有委托人的特别授权。侨居在国外的中华人民共和国公民从国外寄交或者托交的授权委托书,必须经中华人民共和国驻该国的使领馆证明;没有使领馆的,由与中华人民共和国有外交关系的第三国驻该国的使领馆证明,再转由中华人民共和国驻该第三国使领馆证明,或者由当地的爱国华侨团体证明。

虽然民事案件授权委托书是由当事人单方出具,但是在实践中,民事案件授权委托书一般是由律师制作后,再由委托人签名或盖章。

民事案件授权委托书由以下部分组成:文书名称(授权委托书);委托人的姓名或者名称,受委托人的姓名、单位及职务;案件名称(包括双方当事人的名称及案由);代理权限;委托有效期限。代理权限包括一般代理和特别授权代理,一般代理是指在诉讼中不需要对案件的实体问题做出表态的代理,包括代为起诉、应诉,递交和收取法律文书;特别授权代理包括代为提出、变更、放弃诉讼请求,进行和解,提起反诉或者上诉。无论是一般代理还是特别代理,都应写明具体授权内容,不能笼统的表述为一般代理或者特别代理。

示例如下:

授权委托书

委托单位:

法定代表人:　　　　　职务:

受委托人:姓名:　　　　工作单位:

职务:

姓名: 工作单位:

职务:

现委托上列受委托人在我单位与 因 纠纷一案中,作为我方诉讼代理人。

代理人 的代理权限为:

代理人 的代理权限为:

委托单位: (盖章)

法定代表人: (签名或盖章)

年 月 日

(三)行政案件授权委托书

行政案件授权委托书,是由行政诉讼当事人单方出具的载明委托事项和授权代理权限的法律文书。

行政案件授权委托书的主要内容包括:文书名称;委托人的姓名或名称,被委托人的姓名及工作单位、职务;委托事项;代理权限,有效期限。

由于行政诉讼的特点,行政案件授权委托书的代理权限中,除行政赔偿部分外,代理人没有调解的权利,也没有提起反诉的权利。

行政案件授权委托书一般由律师制作,由委托人签名盖章。

第七节 律师非诉讼文书

一、律师非诉讼文书的概念

传统的律师非诉讼业务一般指常年法律顾问业务,随着社会主义法治建设的完善,律师的非诉讼业务诸如公司、金融证券、房地产、知识产权以及涉外等大量增加。律师在办理非诉讼业务过程中,为相关非讼业务进行的法律审查、评估所制作的各种文书即为律师非诉讼文书。

《律师法》第28条规定:"律师可以从事下列业务:……(六)接受委托,从事非诉讼法律服务。"第29条规定,律师担任法律顾问的,应当按照约定为委托人就有关法律问题提供意见,草拟、审查法律文书。这些规定是律师制作非诉讼文书的法律依据。

律师非诉讼文书的制作,对于为公司、金融、证券、房地产等各类非诉讼业务提供法律服务,维护市场秩序,促进经济建设,有重要的意义。如果律师出具非诉讼文书不当或者不实,有可能会引起严重的法律后果,给经济活动的参与者带来不可估量的损失,同时也会给出具文书的律师带来严重的法律后果,因此,律师出具非诉讼类文书时,一定要严谨,要依法依规制作。

二、公司上市业务律师文书

根据《证券法》第173条、《公开发行证券公司信息披露的编报规则(第12号)——公开发行证券的法律意见书和律师工作报告》(以下简称《12号规则》)第5条,以及《律师事务所从事证券法律业务管理办法》第12~14条规定,为证券业务活动制作、出具的法律意见书等文件,应对其所依据的文件资料内容的真实性、准确性、完整性进行核查和验证。律师在律师工作报告中应详尽、完整地阐述所履行尽职调查的情况,律师进行核查和验证,可以采用面谈、书面审查、实地调查、查询和函证、计算、复核等方法。律师在出具法律意见时,对与法律相关的业务事项应当履行法律专业人士特别的注意义务,对其他业务事项履行普通人一般的注意义务,其制作、出具的文件不得有虚假记载、误导性陈述或者重大遗漏。

律师在上市业务中,根据上述法律及法规的规定,制作法律意见书和律师工作报告。

(一)法律意见书和律师工作报告的基本要求

按照《12号规则》第一章规定,制作法律意见书和律师工作报告的基本要求是:拟首次公开发行股票公司或已上市公司(以下简称发行人)所聘请的律师事务所及其委派的律师应按《12号规则》要求出具法律意见书、律师工作报告并制作工作底稿。其内容应符合《12号规则》的规定。某些具体规定确实对发行人不适用的,律师可根据实际情况作适当变更,但应向中国证监会书面说明变更的原因。对发行人发行上市有重大影响的法律问题,律师应发表法律意见。对《12号规则》规定的事项及其与此次发行有关的法律问题,律师应明确发表结论性意见。对不符合有关法律、法规和证监会规定的事项,或者不能作出准确判断的事项,可保留意见并说明理由。律师工作报告应详尽、完整阐述所履职调查的情况,所发表意见或结论的依据、有关核查验证过程和所涉及的必要资料或文件。

律师签署的法律意见书和律师工作报告报送后,不得修改。如律师认为需补充或更正,应另行出具补充法律意见书和律师工作报告。文书用语应简洁明晰,不得使用“基本符合条件”或“除××××以外,基本符合条件”一类的措辞。法律意见书和律师工作报告正式文本,应经二名以上具有执行证券期货相关业务资格的经办律师和其所在律师事务所的负责人签名,并经该律师事务所加盖公章、签署日期。

(二)法律意见书

法律意见书开头部分应载明,律师是否根据《证券法》《公司法》等有关法律、法规和中国证监会的有关规定,按照律师行业公认的业务标准、道德规范和勤勉尽责精神,出具法律意见书。

律师的声明事项是法律意见书的重要组成部分。按照《12号规则》要求,律师的声明事项包括以下内容:律师承诺已依据《12号规则》的规定及本法律意见书出具日以前已发生或存在的事实和我国现行法律、法规和中国证监会的有关规定发表法律意见。律师应承诺已严格履行法定职责,遵循了勤勉尽责和诚实信用原则,对发行人的行为以及本次申请的合法、合规、真实、有效进行了充分的核查验证,保证法律意见书和律师工作报告不存在虚假记载、误导性陈述及重大遗漏。律师应承诺同意将法律意见书和律师工作报告作为发行人申请公开发行股票所必备的法律文件,随同其他材料一同上报,并愿意承担相应的法律责任。律师应承诺同意发行人部分或全部在招股说明书中自行引用或按中国证监会审核要求引用法律意见书和律师工作报告的内容,但发行人作上述引用时,不得因引用而导致法律上的歧义或曲解,律师应对有关招股说明书的内容进行再次审阅并确认。律师可作出其他适当声明,但不得做出违反律师行业公认的业务标准、道德规范和勤勉尽责精神的免责声明。

法律意见书正文部分,应包括以下主要内容:律师应在进行充分核查验证的基础上,对本次股票发行上市的下列(包括但不限于)事项:(1)上市的批准和授权、上市的主体资格及实质条件;(2)发行人的设立、独立性、股本及其演变、业务、主要财产、税务、重大债权债务、重大资产变化及收购兼并,环境保护和产品质量、技术等标准,募集资金的运用、业务发展目标;(3)发起人或股东(实际控制人),关联交易及同业竞争;(4)发行人股东大会、董事会、监事会议事规则及规范运作,董事、监事和高级管理人员及其变化,公司章程的制定与修改、招股说明书法律风险的评价;(5)诉讼、仲裁或行政处罚,原定向募集公司增资发行的有关问题(如有),以及律师认为需要说明的其他问题,明确发表结论性意见。所发表的结论性意见应包括是否合法合规、是否真实有效、是否存在纠纷或潜在风险。

最后,写明律师对本次发行上市的总体结论性意见,如无肯定性意见,应写保留意见,并说明理由及其对本次发行上市的影响程度。

(三)律师工作报告

报告开头部分应载明,律师是否根据《证券法》《公司法》等有关法律、法规和中国证监会的有关规定,按照律师行业公认的业务标准、道德规范和勤勉尽责精神,出具律师工作报告。

报告引言部分应包括以下内容:简介律师及律师事务所,包括(但不限于)注册地及时间、业务范围、证券执业律师人数、本次签名律师的证券业务执业记录及其主要经历、联系方式等。说明律师制作法律意见书的工作过程,包括(但不限于)与发行人相互沟通的情况,对其提供材料的查验、走访、谈话记录、现场勘查记录、查阅文件的情况,以及工作时间等。

律师工作报告正文应包括的内容,与律师意见书正文写明的事项基本相同。

对于《12 号规则》未明确要求,但对发行上市有重大影响的法律问题,律师应当发表法律意见。

(四)制作法律意见书和律师工作被告应注意的问题

在制作法律意见书和律师工作被告的同时,律师应及时、准确、真实地制作工作底稿(包括工作记录及工作中获取的所有文件、会议纪要、谈话记录等资料)。工作底稿的正式文本应由两名以上律师签名,其所在的律师事务所加盖公章,其内容应真实、完整、记录清晰,并标明索引编号及顺序号码。

工作底稿资料应注明来源。凡涉及律师向有关当事人调查所作的记录,应由当事人和律师本人签名。工作底稿由制作人所在的律师事务所保存,保存期限至少 7 年。中国证监会根据需要可随时调阅、检查工作底稿。

三、公司并购业务中的律师文书

企业并购,是指企业之间的兼并与收购行为,是企业法人在平等自愿、等价有偿基础上,以一定的经济方式取得其他法人产权的行为,企业并购主要包括公司合并、资产收购、股权收购三种形式。无论哪种方式,都需要律师出具相应的法律意见书。

律师出具公司并购法律意见书的主要法律依据是《公司法》《证券法》《上市公司重大资产重组管理办法》《律师事务所从事证券法律业务管理办法》《律师事务所证券法律业务执业规则(试行)》及其他有关法律、法规和中国证券监督管理委员会发布的规范性文件的规定。

公司并购法律意见书的首部,首先,要声明制作意见书的法律依据。其次,要声明尽职调查的过程、出具文书的原则以及保证法律意见书所认定的事实真实、准确、完整,所发表的结论性意见合法、准确,不存在虚假记载、误导性陈述或者重大遗漏,并愿意承担相应的法律责任。接下来要说明资料的来源及资料来源方的真实性、完整性保证,此外,律师出具法律意见书一定要进行责任免除声明,说明法律意见书的适用范围。律师出具法律意见书对法律意见书中的概念要有明确的定义。

法律意见书的正文部分一般包括以下内容:

1. 交易方案,包括概述,交易对方、标的,收购主体、定价依据,交易价格、方式,标的公司的持续经营与管理。

2. 资产购买方及对方的主体资格,是否构成借壳上市。

3. 本次交易已经或者尚需取得的批准和授权,相关主要合同和协议,标的资产,涉及的债权债务处理,交易的披露和报告义务。

4. 本次交易的实质性条件,包括是否符合政策法规,以及对上市条件、定价、产权、债权债务处理、经营能力、独立性、法人治理结构等的评价。

5. 本次交易涉及的关联交易及同业竞争、参与交易的中介机构的资格、相关人员买卖收购方控股股票的情况。

6. 其他事项;结论意见。

最后,由律师事务所在法律意意见书上盖章,律师事务所主任及承办律师签字。

四、公司破产业务中的律师文书

公司破产,是指公司因不能清偿到期债务,无力继续经营,由法院宣告停止营业,进行债权债务清理的状态。依法宣告破产的公司,由法院依照《破产法》的规定,组织股东、有关机关及有关专业人员成立清算组,对公司进行破产清算。

在公司破产业务中,律师有重要的作用。律师事务所可以接受人民法院的指定,或者受破产企业、债权人、其他相关企业破产当事人的委托,提供与企业破产相关的法律服务。例如,根据法院指定,担任破产企业管理人;根据债务人委托,向法院提交申请企业破产的材料,申请企业破产;根据债权人委托,制作债权申报材料,向法院申报债权,参加整个破产程序,监督管理人,协调债权人和法院及其他企业破产当事人的关系,依法积极维护债权人合法权益;根据委托,主持、参加或列席管理人、债权人、债务人及其他破产当事人召开的各项工作会议,发表律师意见或建议;根据委托,协助企业草拟破产财产清算报告、破产财产分配方案,企业进行和解整顿的,草拟和解整顿方案。根据委托,依法对破产财产清算报告、和解整顿方案、破产财产分配方案出具相关法律意见书等。

（一）破产申请书

破产申请书，是律师作为破产申请人的代理人制作的一种文书。其主要的破产申请书的内容有以下几项：申请人、被申请人的基本情况；申请目的和请求；债权发生的相关事实和证据；债权的性质、数额及相关证据；债权有无担保及相关证据；债务人不能清偿到期债务，及资产不足以清偿全部债务或者明显缺乏清偿能力的相关证据。

（二）破产财产清算报告

破产财产清算报告，是律师在担任破产企业管理人时，制作的一种文书。具体包括以下内容：（1）清算报告的工作准则；（2）编制清算报告的工作程序；（3）编制清算报告的相关事实材料和依据；（4）完成的主要清算工作，包括：接管破产企业具体时间、地点、财产内容，交接人员；确定企业留守人员，明确留守人员工作职责范围；审计破产企业财务，审核资产负债情况；清理破产企业债权债务、追讨债权的情况；核查破产企业对外投资情况及对投资的处理结果；确定破产企业破产债权总额、有财产担保的债权总额、无财产担保的债权总额等；清理破产企业涉诉案件清理情况及案件的诉讼过程及结果；管理破产企业签订合同的情况及合同履行或解除情况；对破产企业职工安置、拖欠工资偿还、社会保险费补缴情况；制定破产财产分配方案及对破产财产分配方案的执行结果；破产企业大宗资金的走向及回收情况；（5）清算报告的结论。

（三）破产财产分配方案

破产财产分配方案，是律师在担任破产企业管理人时编作的另一种文书。

破产财产分配方案包括以下内容：（1）破产企业基本情况（历史沿革、主营业务、人员结构、财务状况、近几年的经营情况、组织结构图等）；（2）破产的事实依据和法律依据；（3）参加破产财产分配的债权人名称、住所；（4）可供分配的破产财产的数额；（5）对资产评估及权、债务、对外合同的处置说明；（6）未列入破产财产资产的情况说明；（7）职工工资和社会保险福利情况说明；（8）有关共益债务和取回权、别除权、撤销权的行使情况说明；（9）破产财产分配的债权人清单和比例；（10）担保债权优先受偿情况的说明；（11）破产财产分配的顺序、比例及数额。

第八节　律师代书文书

一、律师代书文书的概念

律师代书文书，是指律师以当事人名义出具的各种代为书写诉讼文书和有关法律事务的文书的总称。包括起诉书、答辩状、上诉书、申诉书、法定代表人身份证明、遗嘱书等。

《律师法》第28条规定："律师可以从事下列业务：……（七）解答有关法律的询问、代写诉讼文书和有关法律事务的其他文书。"

最高人民法院2016年2月制定的《人民法院民事裁判文书制作规范》《民事诉讼文书样式》以及司法部于1996年12月20日印发的《刑事诉讼中律师使用文书格式（试行）》，均对一些诉状和申请书的样式和内容作出了规定。这些规定都是制作律师代书文书的重要依据。

常用的律师代书文书主要有诉状和申请书两类。不常用的还有法定代表人身份证明、财产约定书、遗嘱等。

诉状,以诉讼性质分,有刑事诉状、民事诉状和行政诉状;以审级分,有一审诉状和二审诉状;以内容分,有起诉状、答辩状、反诉状和上诉状。

申请书,按照请求事项可分为:申诉书和再审申请书、支付令申请书、公示催告申请书、特别程序案件申请书、复议申请书、执行异议书。

律师代书文书的作用在于通过运用诉状、申请书的形式,帮助当事人行使法律赋予的权利,向人民法院提起诉讼或者其他请求事项,以维护和实现自身的合法权益;人民法院通过对诉状和申请书的审查,决定是否受理,从而启动诉讼程序或者其他程序,以保护人民,惩罚犯罪,维护法治,保障社会主义建设事业顺利进行。

二、起诉状的内容和制作方法

起诉状,是诉讼当事人为维护和实现自身的合法权益,向人民法院提起诉讼的文书。起诉状包括:刑事自诉状、刑事附带民事起诉状、民事起诉状和行政起诉状。

起诉状由首部、正文和尾部组成。具体要根据各种不同起诉状作相应的表述。

(一)首部

首部应依次写明:(1)文书名称、即“刑事自诉状”“刑事附带民事起诉状”“民事起诉状”“行政起诉状”。(2)原告(刑事称自诉人)、被告(刑事称被告人)、代为告诉人的姓名、性别、出生年月日、民族、职业、工作单位、住所、联系方式。有诉讼代理人的,要写明其基本信息。

(二)正文

正文应依次写明:(1)案由和诉讼请求;(2)事实与理由;(3)证据及证据来源,证人的姓名、住所等。

1. 案由,要按照最高人民法院有关确定罪名的规定、民事案件案由的规定等予以表述,并写明诉讼请求。

2. 事实部分,刑事自诉案件应当写明被告人犯罪的时间、地点、侵害的客体、动机、目的、情节、手段及造成的后果。附带民事诉讼的,叙写被告人的犯罪行为,给被害人、附带民事诉讼原告人造成实际经济损失的情况。民事案件应写明双方产生民事法律关系的时间、民事法律关系的主要内容、发生纠纷的原因、经过和现状;侵权纠纷应写明侵权人实施侵权行为的时间、经过、情节和造成的损害后果。行政案件则要针对被告作出行政行为的事实,实事求是地写明事实真相。

3. 理由部分,刑事自诉案件应当根据有关法律规定,写明被告人的行为构成何罪,构成犯罪的理由。附带民事诉讼的,写明要由附带民事诉讼被告人承担民事责任的理由等。民事案件写明起诉人对纠纷或者争议以及是非责任的看法,提出支持其诉讼请求的法律依据。行政案件则重在说明行政行为的违法性。

4. 写明证据和证据来源,所要证明的问题,证人的姓名、住所等,并说明证人可以证明的问题。其他证据,应当写明证据的名称、种类及其来源,所要证明的问题。行政案件的原告在制作起诉状时依法可不举证,但请求被告赔偿的,则应就损害情况举证。

(三)尾部

尾部依次写明:(1)致送人民法院的名称,表述为“此致　××××人民法院”;(2)起诉状副本的份数;(3)起诉人签名或者盖章;(4)起诉日期。

行政起诉状应当附被告作出的具体行政行为的书面文书。

(四)制作起诉状应注意的问题

制作起诉状需要注意的是:(1)被害人不能告诉,由其法定代理人、近亲属代为告诉的,代为告诉人还应当提供与被害人关系的证明和被害人不能亲自告诉的原因的证明。(2)附带民事诉讼案件的首部,当事人称为附带民事诉讼原告人、附带民事诉讼被告人。其诉讼请求应写明赔偿的项目和具体数额。事实部分,由于检察机关已对被告人的犯罪行为提起公诉,因而无须具体写明被告人的犯罪事实,只需写明给被害人造成的物质损失情况及有关的证据即可。(3)行政诉讼案件被告的名称,只能写为作出行政行为的行政机关或者法律、法规授权的组织的名称。复议机关改变原行政行为的,复议机关是被告;共同作出具体行政行为的行政机关是共同被告;原告在起诉时并不知晓被告法定代表人姓名的,在起诉状中可以不写。

三、上诉状的内容和制作方法

上诉状,是诉讼当事人或者依照法律规定有权提出上诉的其他人不服人民法院的第一审判决、裁定,在法定期限内向上一级人民法院提出上诉,请求撤销或者变更原裁判的文书。上诉状包括:刑事上诉状、民事上诉状和行政上诉状。

上诉状由首部、正文和尾部组成。

(一)首部

首部应当依次写明:(1)文书名称,即“刑事上诉状”,或“民事上诉状”“行政上诉状”;(2)上诉人和被上诉人的姓名(或者名称)及其基本情况,具体写法与起诉状相同。刑事公诉案件被告人提出上诉的,不列被上诉人项。民事案件上诉人和被上诉人称谓后应用括号注明该当事人在原审时的诉讼称谓;共同诉讼的案件,上诉的内容未涉及的当事人仍列原审时的诉讼称谓,而不列为被上诉人。

(二)正文

正文包括:(1)案由、案件由来;(2)上诉请求;(3)上诉理由。应依次写明:

1. 案由、收到一审裁判的时间、一审法院名称和裁判文书文号。刑事上诉的,一般可表述为:“上诉人因……(写明案由)一案,于××××年××月××日收到×××人民法院××××年××月××日(××××)××字第××号刑事判决(或者裁定),现因不服该判决(或者裁定),提出上诉。”民事上诉的,一般可表述为:“×××因与×××……(写明案由)一案,不服××××人民法院××××年××月××日作出的(××××)……号民事判决或者裁定,现提起上诉。”

2. 上诉请求。刑事上诉的,应当明确写明要求撤销原判,宣告无罪,或者要求从轻、减轻处罚或者免除处罚的内容。民事上诉的,应写明要求撤销或者变更原审裁判的具体内容。行政诉讼上诉的,不仅要写明撤销或者变更原审裁判的具体内容,还要写明对行政机关的行政行为要求予以撤销、变更或者维持的主张。

3. 上诉理由。应当针对原审裁判认定事实错误或者部分错误,提出否定或者部分否定的事实和证据;针对原审裁判适用法律不当,或者原审在诉讼程序上的错误,提出依法应予纠正的意见,以支持其上诉请求。上诉理由要始终针对原裁判内容,紧紧围绕支持自己的上诉请求来叙述。

(三)尾部

尾部除文书名称表述不同外,其他部分与起诉状相同。

四、答辩状的内容和制作方法

答辩状,是民事或者行政诉讼的被告或者上诉的对方当事人针对原告的起诉状或者上诉人的上诉状,作出答复和辩驳的文书。答辩状,可分为民事答辩状和行政答辩状。

答辩状由首部、正文和尾部组成。

(一)首部

首部依次写明:(1)文书名称,即“民事答辩状”或“行政答辩状”;(2)答辩人的姓名、性别、出生年月日、民族、工作单位、职业、住所。答辩人是法人或者其他组织的,应当写明法人或者其他组织的名称、所在地和法定代表人或者主要负责人的姓名、职务。

(二)正文

正文依次写明:(1)案由,行文上可表述为:“对××××人民法院(年度)……民初……号……(当事人和案由)一案的起诉,答辩如下:……”;(2)答辩内容,即写明答辩意见,证据和证据来源,证人姓名和住所。

答辩意见是答辩状的核心,具体书写要针对起诉状或上诉状中的事实、理由和请求逐一回答;回复意见要客观,实事求是,不夸大不缩小;要据理以论,依法而辩,用事实和法律辩驳对方的主张。

(三)尾部

尾部,与起诉状相同。

(四)制作答辩状应注意的问题

在制作答辩状时,如果是行政诉讼案件,作为被告的行政机关或者法律、法规授权的组织,答辩要针对原告起诉状中的诉讼请求和事实根据,充分叙述查明的事实、证据和作出行政行为所依据的规范性文件,从而证明行政行为的合法性。

五、申诉书和再审申请书的内容和制作方法

申诉书和再审申请书,是当事人、法律规定有权申诉的其他人,对人民法院已经发生法

律效力的判决、裁定,认为有错误,向人民法院提出申诉或者再审申请,请求重新审判的文书。

根据诉讼法的有关规定,刑事案件、行政案件使用申诉书,民事案件使用再审申请书。

申诉书和再审申请书由首部、正文和尾部组成。

(一)首部

首部依次写明:(1)文书名称,刑事、行政案件称“申诉书”;民事案件称“再审申请书”;(2)申诉人或者申请人的姓名或者名称及其基本情况。有律师代理申诉的,应当在申诉人项下,增写代理人项。再审申请书的当事人称为“申请人”。

(二)正文

正文依次写明:

1. 原审人民法院名称、案件编号,刑事、行政申诉的,一般可表述为:“申诉人……(姓名或者名称)对×××人民法院××××年××月××日(××××)×字第××号刑事(或者行政)判决(或者裁定),提出申诉。”民事再审申请的,可表述为:“再审申请人×××因与×××……(写明案由)一案,不服××××人民法院(写明原审人民法院的名称)××××年××月××日作出的(××××)……号民事判决或者裁定或者调解书,现提出再审申请。”

2. 请求事项,应当明确、具体。

3. 事实与理由,应针对原审裁判错误之处叙述事实、阐明理由。对调解书申请再审的,事实与理由要着重叙述调解怎样违反了自愿原则,调解协议的内容违反了哪部法律和该法律的哪一条款。

(三)尾部

尾部依次写明:(1)致送人民法院的名称;(2)申诉人或者申请人签名或者盖章;(3)申诉或申请再审的日期。

向人民法院递交申诉书(或再审申请书)时,应当附原判决、裁定,以及新的证据材料等。

第十三章　仲裁文书

第一节　概　　述

一、仲裁文书的概念及特点

仲裁文书，是仲裁法律关系主体在仲裁活动过程中依照《仲裁法》和仲裁规则制作的具有法律效力的文书。

仲裁文书属于法律文书范畴，它具有以下特点：

1. 仲裁文书的制作主体是仲裁机构和仲裁当事人。在我国，仲裁机构指的是仲裁委员会，包括中国国际经济贸易仲裁委员会、中国海事仲裁委员会以及依照《仲裁法》新组建的各仲裁委员会。

2. 仲裁文书的制作必须符合法律和仲裁规则的规定。仲裁机构和仲裁当事人只能依据法律和仲裁规则所赋予的职权或者权利制作、使用仲裁文书。仲裁文书的格式、内容也要符合相关规定。

3. 仲裁文书具有一定的法律效力或者法律意义。无论是仲裁机构制作、使用的仲裁文书，还是当事人所制作、使用的仲裁文书，都是具有一定法律效力或者法律意义的载体。尤其是仲裁调解书、仲裁裁决书还具有强制执行的法律效力，非经法定程序，任何人不得予以变更或者撤销。

二、仲裁的特点及其与诉讼的区别

（一）仲裁的特点

仲裁，是争议双方在争议发生前或者争议发生后达成协议，自愿将争议交双方同意的第三方进行裁决，并有义务执行的一种解决争议的方式。仲裁具有以下特点：

1. 仲裁是由中立的第三方出面解决争议的一种方式。第三方既不代表国家，也不代表一方当事人。仲裁只涉及当事人双方之间发生的一定范围内的争议。能够仲裁的争议范围，不仅取决于当事人的愿望，而且应符合法律的规定。

2. 仲裁以双方自愿为前提。仲裁必须有三方活动主体，第三方的行为以双方当事人自愿为基础。《仲裁法》第 4 条明确规定，当事人采用仲裁方式解决纠纷，应当双方自愿，达成仲裁协议。也就是说，之所以能够通过仲裁解决争议，是因为双方当事人授权。如果双方或者一方不同意仲裁，则第三方无权对纠纷进行裁断。

3. 仲裁裁决具有一裁终局的法律效力。仲裁庭根据双方当事人的仲裁协议作出的裁决具有法律效力，当事人应当履行。仲裁法规定，仲裁实行一裁终局制度。裁决作出后，当事人就同一纠纷再申请仲裁或者向人民法院起诉的，仲裁委员会或者人民法院不予受理。如果一方当事人不履行仲裁裁决，另一方当事人可以依照《民事诉讼法》的有关规定，向人民法院申请执行。

（二）仲裁与诉讼的区别

仲裁与诉讼作为两种不同的解决民商事纠纷的重要方式，其区别主要表现在：

1. 性质不同。诉讼是人民法院代表国家行使审判权依法审理案件；而仲裁是仲裁员根据当事人的授权审理案件，并不代表国家。

2. 管辖权基础不同。法院的管辖来自法律的规定，带有强制性，主要是实行地域管辖、级别管辖、专属管辖原则；仲裁实行的则是协议管辖，由当事人自愿选择仲裁机构，没有地域管辖、级别管辖的限制。

3. 开庭审理的原则不同。诉讼一般实行公开审理，只有涉及国家秘密、未成年人和个人隐私的案件可以不公开审理。仲裁则实行不公开审理（当事人协议公开审理的除外），充分体现了保护当事人的商业秘密，维护商业信誉，同时又尊重当事人意愿的原则。

4. 审理者的产生方法不同。法院的审判组织，无论是合议庭还是独任庭，其组成人员均由法院指定；而仲裁庭组成人员则由当事人选定，在当事人无法选定的情况下才由仲裁机构指定。

5. 审理的具体程序不同。仲裁由当事人选择适用某一仲裁机构的仲裁规则或者由当事人对具体程序进行约定；而诉讼只能由法院按照《民事诉讼法》规定的程序进行，当事人不得约定。

此外，诉讼程序还具有强制性。例如，对必须到庭的被告，经两次传票传唤，无正当理由拒不到庭的可以拘传；违反法庭规则的，可以训诫、责令退出法庭，或者予以罚款、拘留；对严重扰乱法庭秩序的，可依法追究刑事责任。而仲裁程序没有强制性。

6. 审级不同。诉讼实行两审终审；而仲裁实行一裁终局，对仲裁裁决不得上诉，但可依法申请撤销或者不予执行。

正因为仲裁具有上述不同于诉讼的特点和优点，具有较大的灵活性和便利性，有利于及时解决纠纷，减少时间成本和费用，所以成为解决民商事纠纷的一种重要方式。

三、我国仲裁制度的发展概况

20 世纪 50 年代，我国首先建立了涉外仲裁制度。1954 年 5 月 6 日，政务院通过了《关于在中国国际贸易促进委员会内设立对外贸易常设仲裁委员会的决定》。1956 年中国国际贸易促进委员会制定了《对外贸易仲裁委员会仲裁程序暂行规则》。1958 年国务院通过了《关于在中国国际贸易促进委员会内设立海事仲裁委员会的决定》。1959 年中国国际贸促进委员会制定了《海事仲裁委员会仲裁程序暂行规则》。在此基础上，涉外仲裁制度逐渐发展起来。

国内仲裁制度的建立主要是在 1981 年颁布了《经济合同法》以后。为了及时解决经济合同纠纷,1983 年国务院颁布了《经济合同仲裁条例》;1985 年国家工商行政管理局制定了《经济合同仲裁委员会办案规则》。1987 年第六届全国人民代表大会常务委员会第二十一次会议通过了《技术合同法》。为及时解决技术合同纠纷,国家科学技术委员会于 1991 年制定了《技术合同仲裁机构仲裁规则(试行)》。

但是,由于国内仲裁制度是在计划经济体制下形成和发展起来的,仲裁机构设立过多,带有明显的行政色彩,且有关仲裁的法律、法规不统一,甚至相互矛盾。为了完善仲裁制度,1994 年 8 月 31 日,第八届全国人民代表大会常务委员会第九次会议通过了《仲裁法》。《仲裁法》的颁布,是我国仲裁制度建设上的一个里程碑,标志着我国新仲裁制度的开始。根据《仲裁法》第 10 条的规定,仲裁委员会可以在直辖市和省、自治区人民政府所在地的市设立,也可以根据需要在其他设区的市设立,不按行政区划层层设立。

四、仲裁文书的种类

1. 根据制作主体的不同,可以将仲裁文书分为仲裁机构制作的仲裁文书和当事人制作的仲裁文书。前者如仲裁调解书、仲裁裁决书等;后者如仲裁申请书、仲裁答辩书等。

2. 根据案件是否具有涉外因素,可以将仲裁文书分为国内仲裁文书和涉外仲裁文书。

3. 根据使用用途的不同,可以将仲裁文书分为仲裁申请书、仲裁答辩书、仲裁调解书、仲裁裁决书和撤销仲裁裁决申请书等。

第二节　仲裁协议书

一、仲裁协议书的概念

仲裁协议书,是各方当事人自愿将他们之间可能发生或者已经发生的争议提交仲裁解决的书面协议。

依照我国《仲裁法》第 16 条的规定,仲裁协议包括合同中订立的仲裁条款和以其他书面方式在纠纷发生前或者纠纷发生后达成的将争议提交仲裁的协议的两种形式。"其他书面方式",按照 2006 年 9 月 8 日施行的最高人民法院《关于适用〈中华人民共和国仲裁法〉若干问题的解释》(以下简称《仲裁法解释》),是指以合同书、信件和数据电文(包括电报、电传、传真、电子数据交换和电子邮件)等形式达成的请求仲裁的协议。[1]

仲裁条款是仲裁协议最常见的和最主要的表现形式,即合同各方当事人表示愿意将他们之间就合同的相关事项发生的争议提交仲裁解决的条款,作为合同的一项内容订立于合同中,成为合同不可分割的组成部分。仲裁协议独立存在,合同的变更、解除、终止或者无效,不影响仲裁协议的效力。由于仲裁条款是合同中的一项条款,所以制作比较简单,只是概括约定将以后可能发生的争议事项提交某仲裁机构仲裁即可,通常是在合同中插入某仲

〔1〕《人民法院报》2006 年 9 月 8 日第 1 版。

裁机构推荐的简短的示范性条款,如:“凡因执行本合同而产生的或者与本合同有关的一切争议,双方当事人一致同意提请××仲裁委员会进行仲裁”。但也要符合《仲裁法》关于仲裁协议内容的规定,即应当包括请求仲裁的意思表示、仲裁事项、选定的仲裁委员会。

仲裁协议的另一种重要的表现形式是专门性的单独订立的仲裁协议书,即各方当事人在争议发生前或者争议发生后单独订立的愿意将他们之间的争议事项提交仲裁解决的书面文件。这是在合同中没有约定仲裁条款的情况下,由双方当事人另行共同商定的一种仲裁协议。

《仲裁法》第22条规定,当事人申请仲裁,应当向仲裁委员会递交仲裁协议。这是制作仲裁协议书的法律依据。仲裁协议一旦生效即对当事人产生严格的约束力,排除了法院对争议事项的管辖权,成为仲裁委员会受理仲裁申请的依据。没有仲裁协议,仲裁委员会无权受理案件。协议范围内发生的争议,当事人只能向选定的仲裁委员会申请仲裁,任何一方当事人无权向法院起诉,法院也不能受理有仲裁协议的争议案件。

二、仲裁协议书的内容和制作方法

仲裁协议书由首部、正文和尾部三部分组成(其他仲裁文书也由这三部分组成。为了避免重复,下文文书制作不再提及)。

(一)首部

1. 文书名称为“仲裁协议书”。

2. 写明当事人的基本情况。包括各方当事人的姓名、性别、年龄、职业、通讯方式、工作单位和住所;申请人若为法人或者其他组织的,则应列明法人或者其他组织的名称、住所和法定代表人或者主要负责人的姓名、职务。如果申请人委托律师或者他人代理进行仲裁活动的,还应写明委托代理人的上述基本情况(为了避免重复,下文文书中涉及当事人的基本情况不再具体写明)。

(二)正文

正文部分应载明仲裁协议的内容。仲裁协议的内容至关重要,它直接关系到争议能否通过仲裁方式予以解决,关系到当事人的切身利益。因此,制作仲裁协议应当详细、明确,订立仲裁条款更应谨慎,不可缺少某些关键性的内容或者要点,以便发生争议需要仲裁时能有所遵循。

依据我国《仲裁法》第16条的规定,不论何种形式的仲裁协议都应当具有下列内容:请求仲裁的意思表示;仲裁事项;选定的仲裁委员会。

1. 请求仲裁的意思表示。这是指各方当事人在订立合同或者签订其他形式的仲裁协议时,一致同意将他们之间已发生或者将来可能发生的争议,采取仲裁方式解决的共同而明确的意思表示。

2. 仲裁事项。这是指各方当事人提请仲裁的争议范围,即当事人欲采取仲裁方式解决何种争议。一方当事人提请仲裁的争议和仲裁委员会受理的争议,都不得超过仲裁协议中所约定的提交仲裁的事项范围。

3. 选定的仲裁委员会。仲裁机构的选择是仲裁协议中极为重要的内容,当事人在签订仲裁协议时,必须约定解决争议事项的仲裁委员会。依据国务院办公厅颁发的《重新组建仲裁机构方案》(国办发[1995]44 号)的规定,新组建的仲裁委员会的名称应当规范,一律在仲裁委员会之前冠以其仲裁委员会所在市的地名(地名 + 仲裁委员会),如北京仲裁委员会、广州仲裁委员会、深圳仲裁委员会等。因而当事人在仲裁协议中选定的仲裁委员会的名称一定要准确,否则会引起仲裁协议效力的争议,拖延解决争议的时间。

(三)尾部

由当事人或者委托代理人签字并加盖公章,写明仲裁协议书签订的日期和地点。

三、制作仲裁协议书应当注意的问题

1. 仲裁事项必须十分明确。如果仲裁协议对仲裁事项没有约定或者约定不明确的,当事人可以补充约定;达不成补充协议的,则仲裁协议无效。要注意争议事项的可仲裁性。根据《仲裁法》第 2 条、第 3 条的规定,平等主体的公民、法人和其他组织之间发生的合同纠纷和其他财产权益纠纷,可以仲裁;婚姻、收养、监护、扶养、继承纠纷以及依法应当由行政机关处理的行政争议,不能仲裁。

2. 要有选定的仲裁委员会。根据《仲裁法》第 18 条的规定,仲裁协议对仲裁委员会没有约定或者约定不明确的,当事人可以补充协议;达不成补充协议的,仲裁协议无效。仲裁协议约定的仲裁机构名称不准确,但能够确定具体的仲裁机构的,应当认定选定了仲裁机构。按照《仲裁法解释》的规定,仲裁协议仅约定纠纷适用的仲裁规则的,视为未约定具体的仲裁机构,但当事人达成补充协议或者按照约定的仲裁规则能够确定仲裁机构的除外。仲裁协议约定两个以上仲裁机构的,当事人可以协议选择其中的一个仲裁机构申请仲裁;当事人不能就此仲裁机构选择达成一致的,仲裁协议无效。仲裁协议约定由其他仲裁机构仲裁且该地仅有一个仲裁机构的,该仲裁机构视为约定的仲裁机构。该地有两个以上仲裁机构的,当事人可以选择其中的一个仲裁机构申请仲裁;当事人不能就仲裁机构选择达成一致的,仲裁协议无效。可见,为了避免出现不必要的纷争,还是在仲裁协议中写明仲裁机构名称更为妥当。

3. 不能既约定仲裁又约定诉讼。按照《仲裁法解释》的规定,当事人约定争议可以向仲裁机构申请仲裁也可以向人民法院起诉的,仲裁协议无效。但一方向仲裁机构申请仲裁,另一方未在《仲裁法》第 20 条第 2 款规定期间内提出异议的除外。

第三节　仲裁申请书和仲裁答辩书

一、仲裁申请书

(一)仲裁申请书的概念

仲裁申请书,是平等主体的自然人、法人和其他组织之间发生了合同纠纷或其他财产权益纠纷,当事人根据双方自愿达成的仲裁协议,向仲裁协议中所选定的仲裁委员会提出仲裁

请求,要求该仲裁委员会通过仲裁解决纠纷的文书。

《仲裁法》第22条规定:“当事人申请仲裁,应当向仲裁委员会递交仲裁协议、仲裁申请书及副本。”这是制作仲裁申请书的法律依据。

提出仲裁申请是开始仲裁程序的最基础的法律步骤,也是开始仲裁程序的必要环节。依据我国《仲裁法》的规定,当事人申请仲裁必须采取书面方式,即向仲裁委员会递交仲裁申请书。

(二)仲裁申请书的内容和制作方法

根据《仲裁法》第23条的规定,仲裁申请书应当载明下列事项:当事人的姓名、性别、年龄、职业、工作单位和住所,法人或者其他组织的名称、住所和法定代表人或者主要负责人的姓名、职务;仲裁请求及其所依据的事实、理由;证据和证据来源、证人姓名和住所。

根据上述规定和仲裁实践中的具体要求,仲裁申请书由首部、正文和尾部三部分组成。

1. 首部

首部包括:(1)文书名称为“仲裁申请书”。(2)写明申请人和被申请人的基本情况。

2. 正文

(1)申请仲裁的依据,即申请仲裁所依据的仲裁协议的内容。

(2)仲裁请求及其所依据的事实、理由。这是仲裁申请书的核心内容,也是仲裁庭审理的依据。仲裁请求是指申请人通过仲裁委员会向被申请人提出有关实体权利的具体请求,即通过申请仲裁所要解决的具体问题和要达到的具体目的,要求裁决被申请人履行某种义务,或者变更某种法律关系,或者确认某种法律关系是否存在等。仲裁请求所根据的事实、理由主要包括:当事人之间争议事项形成的事实;双方当事人争执的具体内容和焦点;被申请人应承担的责任及所适用的法律等。

(3)证据和证据来源、证人姓名和住所。争议事实是否存在,仲裁请求能否得到支持,都需要依靠证据来证明,因而申请人在仲裁申请书中应当提供能够证明争议事实和自己主张所依据的各种证据及其来源。提供证人的,则应写明证人的姓名和住所,以便于查证。在仲裁申请书中,申请人只要提供了证据和证据来源、证人姓名和住所即可,至于证据是否采纳、仲裁请求是否成立,则有待于仲裁庭审理后作出判断。

3. 尾部

写明选定的申请仲裁的仲裁委员会的名称、申请人的姓名、申请的年月日。在附录中注明仲裁申请书的份数、提交证据的名称、份数,并按编号顺序附于申请书之后。

(三)制作仲裁申请书应当注意的问题

1. 仲裁请求事项应当一一列出,既要明确、具体,又要言简意赅,不能模棱两可,也不能有所疏漏,否则仲裁请求将无法得到支持。

2. 事实和理由部分应当表述清楚,言之有据,逻辑严谨。

二、仲裁答辩书

(一)仲裁答辩书的概念

仲裁答辩书,是仲裁案件的被申请人为维护自己的权益,针对申请人在仲裁申请书中所提出的仲裁请求及所依据的事实、理由所作出的书面答复与反驳。《仲裁法》第25条第2款规定:“被申请人收到仲裁申请书副本后,应当在仲裁规则规定的期限内向仲裁委员会提交答辩书。”这是制作仲裁答辩书的法律依据。

仲裁答辩书是非常重要的仲裁文书。被申请人通过向仲裁委员会提交答辩书,可以表明自己对申请人仲裁请求的态度和所持的观点,并有利于仲裁庭全面了解案情,掌握双方当事人争执的焦点,从而查明案件事实。因此,被申请人对仲裁答辩书应当给予足够的重视。当然,是否提交答辩书是被申请人的一项权利;未提交答辩书的,并不影响仲裁程序的进行。

(二)仲裁答辩书的内容和制作方法

仲裁答辩书由首部、正文和尾部三部分组成。

1. 首部

首部包括:(1)文书名称为“仲裁答辩书”。(2)写明答辩人(被申请人)和被答辩人(申请人)的基本情况。

2. 正文

(1)案由。简要写明被申请人针对申请人提出的仲裁案件进行的答辩,包括案由、案件编号。

(2)答辩意见。这是答辩书最重要的内容。在这一部分,被申请人应当针对申请人的仲裁请求逐项给予明确答复,清楚表明自己的态度,写明自己对案件的主张和理由。一般可先陈述事实,而后写出自己的意见,即承认申请人的仲裁请求或者反驳申请人的仲裁请求。对仲裁请求的反驳,既可以是程序方面的内容,也可以是实体方面的内容。在程序方面主要应集中在申请人是否有权提请仲裁,仲裁协议是否有效或者仲裁委员会对该案件是否有管辖权等;在实体方面重点是针对申请人的仲裁请求及其所依据的事实和理由进行反驳和辩解,阐明自己的主张和根据,如指出申请人陈述的事实或者所依据的证据中的不实之处,提出相反证据,阐明自己行为的合法性和正确性等。

(3)反请求。被申请人如有反请求,可以单独提出仲裁反请求申请书(内容和制作方法与仲裁申请书基本一致),也可以在答辩书中写明反请求的各项内容及其所依据的事实、理由,并附相关证据。

3. 尾部

写明受理仲裁申请的仲裁委员会的名称、答辩人的姓名,注明年月日。在附目中载明仲裁答辩书的份数,提交证据的名称、份数,并按编号顺序附于答辩书后。

(三)制作仲裁答辩书应当注意的问题

1. 答辩应当针对申请人的仲裁请求作出,做到有的放矢,有理有据。

2. 抗辩和反驳的观点一定要明确,论证有力,条理清晰。

第四节　仲裁调解书

一、仲裁调解书的概念

仲裁调解书,是仲裁庭依照《仲裁法》规定的程序,对当事人自愿达成的调解协议依法制作的,记载当事人之间调解协议内容的具有法律效力的文书。

调解书既是当事人协商结果的记录,又是仲裁庭认可调解协议的证明。我国《仲裁法》第51条规定:“仲裁庭在作出裁决前,可以先行调解。当事人自愿调解的,仲裁庭应当调解。调解不成的,应当及时作出裁决。调解达成协议的,仲裁庭应当制作调解书……”第52条规定:“调解书应当写明仲裁请求和当事人协议的结果。调解书由仲裁员签名,加盖仲裁委员会印章,送达双方当事人。”这是制作仲裁调解书的法律依据。调解并不是仲裁的必经程序,仲裁庭应当在查明事实、分清是非的基础上,以自愿、合法为原则,进行调解工作。

仲裁调解书自双方当事人签收之日起生效,与裁决书具有同等的法律效力,可作为执行的根据。如果一方当事人不履行调解书,对方当事人可以依照《民事诉讼法》的规定向有管辖权的人民法院申请执行。

二、仲裁调解书的内容和制作方法

(一)首部

1. 写明文书制作机关名称、文书名称和文书编号。如文书名称为“××仲裁委员会仲裁调解书”,并在其右下方标明文书的编号,如“(××××)×仲调字第×号”。

2. 写明申请人和被申请人的基本情况。

(二)正文

1. 写明仲裁委员会受理案件的依据、仲裁庭的产生和组成情况,以及仲裁庭对案件的审理情况。

2. 写明双方当事人之间订立的合同以及所发生的争议事项。

3. 写明仲裁请求和当事人协议的结果。这是调解书中最为重要的内容。我国《仲裁法》第52条第1款规定:“调解书应当写明仲裁请求和当事人协议的结果。”在仲裁庭的主持下,双方达成调解协议的内容应与事实相符,不得相互矛盾。协议不止一项的,应分别列明,并记载履行的具体期限和方式,使调解内容具有可操作性。

4. 仲裁费用的分担情况。

(三)尾部

调解书在写明仲裁费用分担情况后,应当另起一行写明:“本调解书与裁决书具有同等法律效力,自双方当事人签收之日起生效。”在调解书的右下方由仲裁员签名,加盖仲裁委员会印章,并注明制作调解书的年月日。

三、制作仲裁调解书应当注意的问题

调解书应当在查明事实、分清是非、双方当事人自愿的前提下制作。调解协议的内容必须合法,不得损害国家、集体和他人的合法权益。

第五节 仲裁裁决书

一、仲裁裁决书的概念

仲裁裁决书,是仲裁庭依照《仲裁法》规定的程序,根据查明的事实和认定的证据,对申请人提交仲裁的请求事项依法作出的予以支持或者驳回,或者部分支持、部分驳回的书面决定。《仲裁法》第54条规定:“裁决书应当写明仲裁请求、争议事实、裁决理由、裁决结果、仲裁费用的负担和裁决日期。当事人协议不愿写明争议事实和理由的,可以不写。裁决书由仲裁员签名,加盖仲裁委员会印章。”这是制作仲裁裁决书的法律依据。

根据我国《仲裁法》的规定,仲裁实行一裁终局制度。裁决书自作出之日起发生法律效力,非经法定程序,任何人不得随意变更和修改。当事人就同一纠纷再申请仲裁或者向人民法院起诉的,仲裁委员会或者人民法院不予受理。

仲裁裁决书作为记录仲裁活动过程的载体,具体展现了仲裁庭审理案件的程序和经过。它是仲裁庭行使仲裁权的重要形式,也是确定当事人权利义务的重要依据。可以说,仲裁的公正和权威就体现在裁决书上。因此,制作好仲裁裁决书十分重要。

二、仲裁裁决书的内容和制作方法

(一)首部

1. 写明文书制作机关、文书名称和文书编号,如“××仲裁委员会仲裁裁决书”,并在其右下方注明文书编号,如“(××××)×仲裁字第×号”。

2. 写明申请人和被申请人的基本情况。

(二)正文

这是裁决书的主要内容,由引言、案情、仲裁庭意见和裁决结果四个部分构成。

1. 引言。应当详细说明案件的全部程序事项,包括:(1)仲裁委员会受理案件的时间、依据、案件编号以及案件适用的仲裁程序;(2)仲裁庭的产生和组成情况,包括组庭时间、仲裁员姓名、仲裁庭成员是由当事人选定还是由仲裁委员会主任指定,如果曾出现仲裁员回避的情况,亦应予以说明;(3)仲裁材料、文件和通知的递交、转发和送达情况;(4)当事人申请财产保全或者证据保全的,应写明转交保全材料的情况和人民法院是否进行保全的情况;(5)当事人提出反请求或者管辖权异议的,应说明对反请求的受理或者对管辖权异议作出决定的情况;(6)案件进行书面审理或者开庭审理的情况,开庭审理的,应写明开庭的次数和每次开庭的时间、双方当事人的出庭情况、庭审的主要阶段性过程、仲裁庭调解或者当事人和解的情况;(7)中间裁决、部分裁决作出的情况等。

2. 案情。主要写明:(1)争议的事实,如当事人之间订立的合同、与争议有关的合同条款的约定,应按照争议发生的先后顺序叙述事实经过;(2)申请人的仲裁请求及其所依据的主要事实和理由;(3)被申请人的答辩要点及其所依据的主要事实和理由;(4)反请求的主要事项及其所依据的主要事实和理由;(5)申请人对反请求的答辩要点及其所依据的主要事实和理由。上述第(2)、(3)、(4)、(5)项的内容,既可以将申请人、被申请人各自请求、依据的主要事实和理由集中表述,也可以围绕案件每个争议焦点,归纳双方当事人各自的请求、依据的主要事实和理由表述。

3. 仲裁庭意见。这部分是仲裁庭依据事实和法律,明确当事人是非责任,作出裁决的依据,是裁决书的核心内容。主要包括:仲裁庭经过庭审调查、辩论、质证所认定的事实和采纳的证据、适用的法律,对双方当事人主张、理由以及当事人之间的责任所作的分析判断,对仲裁请求予以支持还是驳回,仲裁费用如何负担等,并阐明具体理由。

4. 裁决结果(裁决事项)。这部分应当针对当事人的请求事项作出,不得超过当事人的请求范围;明确权利人享有的权利和义务人履行的义务,履行期限和方式。对裁决结果的表述要求准确、全面、明确、具体,避免发生歧义,影响执行。如有给付事项,应写明给付义务人、给付对象、给付的标的物、给付数额、给付的时间和具体方式、逾期给付应承担的责任。此外,还应写明仲裁费用的分担数额和理由,确定是一方负担还是双方分担;如双方分担,要写明如何分担。

按照我国《仲裁法》的规定,裁决书应当写明争议事实和裁决理由。但双方当事人协议不愿写明的,也可以尊重当事人的意见,不在裁决书中阐述这两部分内容。

(三)尾部

写明:“本裁决为终局裁决,自作出之日起生效。”在裁决书的右下方由仲裁员签名并加盖仲裁委员会印章,注明制作裁决书的年月日期和裁决作出地点,如:“××××年××月××日于北京”。根据《仲裁法》的规定,仲裁裁决应当按照多数仲裁员的意见作出。对仲裁裁决持有不同意见的仲裁员,在裁决书上可以签名,也可以不签名。

三、制作仲裁裁决书应当注意的问题

1. 在案情部分叙述当事人的仲裁请求、依据的主要事实和理由,应当完整、客观,包括争议的主要问题和当事人提供的证据等。要按照当事人的意愿进行归纳或者直接引用,切忌断章取义,或者将仲裁庭自己的理解写进去。综合当事人争议焦点,应当全面、准确,有关仲裁请求的争议焦点,要一一陈述,不要遗漏。同时要注意对当事人的主要观点进行归纳、整理,避免重复,行文切忌冗长烦琐。

2. 在仲裁庭意见部分,制作时应当注意以下几点:

(1)对事实的认定应以证据为基础。不能只写仲裁庭对事实的判断,回避事实来源,不作证据分析。认定事实过程中要依据经庭审举证、质证或者经庭下当事人之间交换并质证的证据,从证据的客观性、关联性、合法性上进行分析;从证据与认定的事实之间的逻辑关系上进行论述,阐明仲裁庭对证据予以采信或者不予采信的理由。

(2)说理应有针对性,坚持有的放矢。对于争议焦点、当事人的仲裁请求和理由,应逐

一作出分析和回答,力求对争议的每一个问题有一个合理合法的说法和结论。避免遗漏仲裁请求事项;避免说理公式化,笼统、空泛;避免仲裁庭自说自话,回避当事人争议的问题和理由。

(3)逻辑严密,层次分明。分析当事人仲裁请求和理由要注意前后呼应,论点、论据要严密,并且注重法言法语的运用,做到严谨、准确、简练、条理清楚、层次分明,避免条理不清、层次不分、语言表达不准确,否则容易产生歧义;避免仲裁庭意见与争议焦点、当事人请求和理由不一致,互相矛盾。例如,对争议焦点、当事人请求和理由涉及的问题,在仲裁庭意见中没有涉及,有头无尾;或者,在案情中没有涉及的问题,在仲裁庭意见中进行论述,前后不一致。

(4)充分运用法律说理。对当事人的仲裁请求、主张和理由进行分析、评判,要根据仲裁庭查明的事实和法律的有关规定,有理有据地详细论述,使法律规定准确适用于案件,通过说理体现仲裁的公正,使当事人理解和接受法律的规定。切忌只有结论而不说明理由,或者说理不清楚、不充分,如只笼统地说明仲裁请求(或者反驳)所依据的事实清楚、证据充分或者事实不清、证据不充分,却没有阐述具体理由。

四、特殊类型仲裁裁决书的制作方法

(一)中间裁决书或部分裁决书

《仲裁法》第55条规定:"仲裁庭仲裁纠纷时,其中一部分事实已经清楚,可以就该部分先行裁决。"这是制作中间裁决书或部分裁决书的法律依据。各仲裁委员会往往在仲裁规则中进一步规定:"仲裁庭认为必要或者当事人提出经仲裁庭同意时,可以在最终裁决作出前,就案件争议问题作出中间裁决或者部分裁决。"实践中,中间裁决一般用于处理管辖权异议等程序性事项或要求当事人采取某些措施,以利于进一步审理和作出最终裁决。部分裁决一般用于处理部分实体请求已经审理清楚需要先行作出具有强制执行力的终局性裁决以便及时妥善地保护当事人的合法权益的情形。当事人不履行中间裁决或者部分裁决的,不影响仲裁程序的进行和最终裁决的作出。

与一般的裁决书相比,制作中间裁决书或部分裁决书应当注意的问题如下:

1. 文书名称中要注明是中间裁决或部分裁决,如"××仲裁委员会中间裁决书"或"××仲裁委员会部分裁决书"。

2. 关于文书编号,中间裁决要注明"(××××)×仲中裁字第×号",单独编排裁决号;部分裁决则注明"(××××)×仲裁字第×号-1、2、3、……",顺次编号。

3. 在"引言"部分,除了说明案件截止到作出中间裁决或部分裁决时已经进行的全部程序事项,一般还要简要说明作出中间裁决或部分裁决的必要性或目的。

4. 在"仲裁庭意见"部分仅就跟中间裁决事项或部分裁决事项有关的问题进行阐述,其余的问题等到作出最终裁决时再全面阐述。

(二)根据和解协议制作的裁决书

《仲裁法》第49条规定:"当事人申请仲裁后,可以自行和解。达成和解协议的,可以请求仲裁庭根据和解协议作出裁决书。"同时,《仲裁法》第51条规定:"仲裁庭在作出裁决前,可以先行调解。……调解达成协议的,仲裁庭应当制作调解书或者根据协议的结果制作裁

决书。”这两个条文是根据和解协议制作裁决书的法律依据。

与一般的裁决书相比，根据和解协议制作裁决书应该注意的问题如下：

1. 在“引言”部分，除了说明通常的程序事项，还要说明双方当事人达成和解并要求仲裁庭根据和解协议出具裁决书。

2. 在“仲裁庭意见”部分，无须就事实认定和法律适用展开分析论证，一般只需列出当事人达成的和解协议的内容，接着说明仲裁庭对该和解协议进行审查后所得出的结论，比如和解协议是否为双方当事人真实意思的表示；内容是否违反法律、行政法规的强制性规定；根据双方当事人向仲裁庭提交的全部书面材料，仲裁庭是否发现有损害国家、集体或第三人利益的情形，等等。

第六节　涉外仲裁文书

一、涉外仲裁文书的概念

涉外仲裁文书，是仲裁机构和当事人在涉外经济贸易、运输和海事纠纷的仲裁过程中，按照涉外仲裁程序制作的具有法律效力的文书。

在我国，涉外仲裁指的是争议具有涉外因素的仲裁。“涉外”的确切含义，法律未作出明确表述。根据最高人民法院《关于贯彻执行〈中华人民共和国民法通则〉若干问题的意见（试行）》中第178条关于“凡民事关系的一方或者双方当事人是外国人、无国籍人、外国法人的；争议的标的物在外国领域内的；产生、变更或者消灭民事权利义务关系的法律事实发生在外国的，均为涉外民事法律关系”的规定，涉外民事关系的当事人发生财产权益纠纷，依据仲裁协议申请仲裁的，即为涉外仲裁。港、澳、台地区的法人或者自然人之间，或者其与大陆的法人或者自然人之间，或者其与外国法人或者自然人之间发生的纠纷的仲裁，参照涉外仲裁案件处理。

在我国《仲裁法》施行以前，有权受理涉外仲裁案件的仲裁机构只有两个，即中国国际经济贸易仲裁委员会和海事仲裁委员会。《仲裁法》生效后，如果涉外案件的争议双方当事人明确选择由新组建的仲裁委员会仲裁的，则该仲裁委员会依据有效的仲裁条款也可以受理，并按照涉外仲裁程序的特别规定进行审理。

涉外仲裁应当遵循独立自主、平等互利、参照国际惯例的原则进行。我国《仲裁法》第七章对涉外仲裁作了特别规定，并在第65条说明：“涉外经济贸易、运输和海事中发生的纠纷的仲裁，适用本章规定。本章没有规定的，适用本法其他有关规定。”

涉外仲裁文书主要包括涉外仲裁申请书、涉外仲裁答辩书、涉外仲裁裁决书等。由于我国加入的《承认及执行外国仲裁裁决公约》（又称《1958年纽约公约》）并没有规定调解书的承认和执行问题，《联合国国际贸易法委员会国际商事仲裁示范法》也没有规定调解书的执行问题，因此在涉外仲裁中，调解达成协议但需要到国外履行的，不宜制作调解书，而应制作裁决书，以便在外国法院申请执行。

二、涉外仲裁文书的内容和制作方法

我国《仲裁法》正式施行后,国内仲裁在其基本原则和制度上逐渐与国际惯例接轨,与涉外仲裁已不再具有明显差异。涉外仲裁文书与国内仲裁文书的内容和制作方法趋于统一。因此,制作涉外仲裁申请书、涉外仲裁答辩书、涉外仲裁裁决书时可以参照前述的相关文书(仲裁申请书、仲裁答辩书、仲裁裁决书)的内容和方法制作。

(一)涉外仲裁申请书

涉外仲裁申请书,是具有涉外因素的争议发生后,当事人根据双方自愿达成的仲裁协议,向仲裁协议中所选定的仲裁委员会提出仲裁请求,要求该仲裁委员会通过仲裁解决纠纷而制作的文书。

涉外仲裁申请书与国内仲裁申请书的格式要求基本相同,也由首部、正文、尾部三部分组成。各部分包含的内容与国内仲裁申请书内容一致。但在文书制作机关即"××仲裁委员会"前,应当冠以"中华人民共和国"的国名;在叙述当事人基本情况时,如果当事人是外国人、无国籍人或者外国的法人、其他组织的,还应当写明其国籍、住所地并加注外文(下同)。在正文部分,有些当事人在叙述仲裁请求及所依据的事实、理由后,会加上选定仲裁员或者委托选定仲裁员的声明事项。

(二)涉外仲裁答辩书

涉外仲裁答辩书,是涉外仲裁案件的被申请人为维护自己的权益,针对申请人在仲裁申请书中所提出的仲裁请求及所依据的事实、理由所作出的书面答复与反驳。

涉外仲裁答辩书的内容与国内仲裁答辩书内容一致,制作时可以参照其进行。

(三)涉外仲裁裁决书

涉外仲裁裁决书,是仲裁庭依照《仲裁法》中涉外仲裁特别规定的程序,根据查明的事实和认定的证据,对涉外争议的请求事项依法作出的予以支持或者驳回,或者部分支持、部分驳回的书面决定。

涉外仲裁裁决书与国内仲裁裁决书内容基本相同,可以参照国内仲裁裁决书制作。

制作涉外仲裁裁决书一定要准确适用法律。仲裁适用的实体法,主要遵循以下原则:(1)根据意思自治原则选择所适用的法律;(2)根据冲突规范选择所适用的法律;(3)根据我国缔结或者参加的国际条约或者国际公约选择所适用的法律;(4)必要时可以参照国际惯例。

三、制作涉外仲裁文书应当注意的问题

1. 制作涉外仲裁文书,在书写仲裁文书名称时,注意不要冠以"涉外"二字,仍应称为仲裁申请书、仲裁答辩书、仲裁裁决书。无论是仲裁委员会还是案件当事人,在制作涉外仲裁文书时都应当注明申请人与被申请人的国籍。

2. 制作涉外仲裁协议时还要注意相关法律的规定。根据《仲裁法解释》的规定,对涉外仲裁协议的效力审查,适用当事人约定的法律;当事人没有约定适用的法律但约定了仲裁地的,适用仲裁地法律;没有约定适用的法律也没有约定仲裁地或者仲裁地约定不明的,适用法院地法律。

第七节　其他仲裁文书

一、仲裁管辖权异议书

（一）仲裁管辖权异议书的概念

仲裁管辖权异议书，是被申请人向人民法院或者受理案件的仲裁机构提出的，认为受理案件的仲裁机构对该案件没有管辖权的书面意思表示。

《仲裁法》第4条规定："当事人采用仲裁方式解决纠纷，应当双方自愿，达成仲裁协议。没有仲裁协议，一方申请仲裁的，仲裁委员会不予受理。"第20条规定："当事人对仲裁协议的效力有异议的，可以请求仲裁委员会作出决定或者请求人民法院作出裁定。""当事人对仲裁协议的效力有异议，应当在仲裁庭首次开庭前提出。"这是制作仲裁管辖权异议书的法律依据。

（二）仲裁管辖权异议书的内容和制作方法

仲裁管辖权异议书由首部、正文和尾部三部分组成。

1. 首部。写明文书名称，即"仲裁管辖权异议书"和申请人的基本情况。

2. 正文。写明受理案件的仲裁委员会没有管辖权的事实和理由，包括合同依据和法律依据。在阐述仲裁管辖权异议的理由时可以从两个角度考虑：（1）案件应该由法院受理，仲裁机构没有管辖权。这可能是因为当事人之间没有仲裁协议，或者是虽有仲裁协议，但仲裁协议无效；还可能因为当事人之间虽有合法、有效的仲裁协议，但仲裁协议已经被终止或者解除。（2）案件应该由其他仲裁机构受理，现在受理案件的仲裁机构没有管辖权。

在陈述完管辖权异议的理由后，应当明确请求仲裁委员会作出决定或者人民法院作出裁定支持其管辖权异议。

3. 尾部。写明致送的仲裁委员会或者人民法院的名称；在其右下方列出提出异议的申请人的名称，加盖公章，并注明提出申请的年月日。

（三）制作仲裁管辖权异议书应当注意的问题

1. 因为仲裁管辖权异议既可以向仲裁委员会提出，也可以向人民法院提出，因此当事人应该综合考虑案件的具体情况和管辖权异议的理由，决定向哪个机构提出。一般来说，除非管辖问题特别疑难，仲裁委员会作出决定会更快一些。

2. 法律没有规定仲裁管辖权异议由哪一级人民法院管辖。但根据最高人民法院《关于当事人对仲裁协议的效力提出异议由哪一级人民法院管辖问题的批复》，当事人协议选择国内仲裁机构仲裁后，一方对仲裁协议的效力有异议请求人民法院作出裁定的，应当由该仲裁委员会所在地的中级人民法院管辖。当事人对仲裁委员会没有约定或者约定不明的，由被告所在地的中级人民法院管辖。

3. 仲裁管辖权异议书应该在法律规定的期限内制作并提出，即应当在仲裁庭首次开庭前提出。

二、仲裁管辖权异议决定书

(一)仲裁管辖权异议决定书的概念

仲裁管辖权异议决定书,是仲裁委员会针对被申请人提出的管辖权异议作出的支持或者驳回其管辖权异议的书面决定。《仲裁法》第20条规定:“当事人对仲裁协议的效力有异议的,可以请求仲裁委员会作出决定或者请求人民法院作出裁定。”这是制作仲裁管辖权异议决定书的法律依据。

当事人向仲裁委员会提出管辖权异议后,仲裁委员会就应当对当事人的管辖权异议作出决定。支持当事人管辖权异议的决定将会导致仲裁委员会撤案,仲裁程序结束;驳回当事人管辖权异议的决定作出后,仲裁程序将继续进行。

(二)仲裁管辖权异议决定书的内容和制作方法

1. 首部。写明文书名称,即“关于×××仲裁案管辖权异议的决定”和申请人与被申请人的基本情况。

2. 正文。简要叙述仲裁委员会于何时受理了本案及案由;被申请人提出管辖权异议的理由;充分论述仲裁委员会支持或者驳回当事人管辖权异议的理由和法律依据;最后明确概括仲裁委员会的决定。

3. 尾部。写明制作决定书的仲裁委员会的名称,加盖仲裁委员会印章,并注明年月日。

(三)制作仲裁管辖权异议决定书应当注意的问题

1. 被申请人提出管辖权异议的理由不论是否有道理,都应当将其一一列出。

2. 对被申请人提出管辖权异议的理由,决定书应根据事实和法律逐一做出明确回答,或者支持,或者驳回,都应当详细阐明理由。

三、撤销仲裁裁决申请书

(一)撤销仲裁裁决申请书的概念

撤销仲裁裁决申请书,是仲裁裁决作出后,当事人认为该裁决存在法律规定应予撤销的情形,而向仲裁委员会所在地的中级人民法院提出撤销该裁决的书面请求。仲裁庭作出的仲裁裁决具有终局性,任何人不得随意更改。但为了保证裁决的正确性和合法性,保护当事人的合法权益,使得错误的裁决得到纠正,仲裁法赋予人民法院撤销仲裁裁决的权力。

撤销仲裁裁决应当由当事人提出申请,人民法院一般不主动行使司法审查权而撤销裁决。我国《仲裁法》第58条规定,当事人提出证据证明仲裁裁决有下列情形之一的,可以申请撤销裁决:(1)没有仲裁协议的;(2)裁决的事项不属于仲裁协议的范围或者仲裁委员会无权仲裁的;(3)仲裁庭的组成或者仲裁的程序违反法定程序的;(4)裁决所依据的证据是伪造的;(5)对方当事人隐瞒了足以影响公正裁决的证据的;(6)仲裁员在仲裁该案时有索贿受贿、徇私舞弊、枉法裁判行为的。

此外,《仲裁法》还对涉外仲裁的撤销裁决事项作出了这样的特别规定:“当事人提出证据证明涉外仲裁裁决有民事诉讼法第二百六十条第一款规定的情形之一的,经人民法院组成合议庭审查核实,裁定撤销。”我国《民事诉讼法》经2012年第二次修正,原第260条第1

款修改为第274条第1款，该款规定了四种情形：(1)当事人在合同中没有订有仲裁条款或者事后没有达成书面仲裁协议的；(2)被申请人没有得到指定仲裁员或者进行仲裁程序的通知，或者由于其他不属于被申请人负责的原因而未能陈述意见的；(3)仲裁庭的组成或者仲裁的程序与仲裁规则不符的；(4)裁决的事项不属于仲裁协议的范围或者仲裁机构无权仲裁的。

如果当事人认为仲裁裁决具备了上述情形之一，即有权向人民法院申请撤销仲裁裁决。当事人申请撤销裁决必须自收到裁决书之日起6个月内向仲裁委员会所在地的中级人民法院提交申请书。

（二）撤销仲裁裁决申请书的内容和制作方法

1. 首部。写明文书名称，即“撤销仲裁裁决申请书”，及申请人和被申请人的基本情况。

2. 正文。写明请求事项和所依据的事实、理由。

(1)请求事项。写明：“申请人与被申请人因何纠纷到××仲裁委员会进行仲裁。该仲裁委员会于××××年××月××日作出了(××××)×仲裁字第×号裁决书，申请人认为该裁决书违反了《仲裁法》第×条第×款的规定，因而申请予以撤销。”

(2)申请撤销所依据的事实和理由。应当围绕仲裁裁决具有法律规定的予以撤销的情形阐述事实、理由，并提出证据加以证明。例如，如果以仲裁庭的组成违反法定程序为由申请撤销，就应指出仲裁庭组成违反了什么法定程序，是仲裁员应当回避而没有回避，还是剥夺了当事人选定仲裁员的权利。如果以裁决所依据的证据是伪造的为由申请撤销，就应指出裁决所依据的什么证据是伪造的，有何证据能够证明该证据是伪造的。如果以对方当事人隐瞒了足以影响公正裁决的证据为由申请撤销，就要提出证据，证明对方当事人隐瞒了何证据，该证据对仲裁裁决具有的重要意义足以影响裁决的公正性。以其他理由申请撤销的，在陈述依据的事实、理由时，都要做到证据有力，理由充分。

3. 尾部。写明致送的人民法院的名称，并在申请书结尾右下方写明申请人的姓名、加盖公章，注明年月日。在附录中载明撤销裁决申请书的份数，以及仲裁裁决书的复印件、提交证据的名称、份数，并按编号顺序附于申请书后。

（三）制作撤销仲裁裁决申请书应当注意的问题

1. 撤销仲裁裁决申请书中列明的被申请人应当是对方当事人，不能错误地将仲裁委员会列为被申请人。

2. 依据法律规定，有权受理撤销裁决申请的人民法院是仲裁委员会所在地的中级人民法院，书面致送单位要准确。

3. 申请人对仲裁裁决具有法定的撤销情形依法负有举证责任，因此在撤销裁决申请书中陈述事实、理由时，一定要举证加以说明。

第十四章　公 证 文 书

第一节　概　　述

一、公证文书的概念

公证文书，是国家公证机构依照《公证法》的规定和当事人的申请，按照法定的程序依法证明民事法律行为、有法律意义的事实和文书的真实性、合法性，以保护自然人、法人或者其他组织身份上、财产上的权利和其他合法利益所制作的各类法律文书的总称。

公证是国家为保证法律的正确实施，稳定社会经济、民事流转秩序，预防纠纷，减少诉讼，保护自然人、法人或者其他组织的合法权益而设立的一种预防性的司法证明制度。

公证文书具有以下法律特征：(1)公证文书的制作主体必须是国家公证机构和公证员。(2)必须依照法律规定的程序和格式制作。(3)公证证明的对象是民事法律行为、有法律意义的文书和事实。(4)公证文书的标准是真实性、合法性。(5)公证文书具有特殊的法律效力。(6)公证文书是一种非诉讼司法文书。

二、公证文书的适用范围

根据法律规定和公证实践，公证文书的适用范围主要为：

1. 公证民事法律行为。主要公证下列事项：(1)各类合同、协议；(2)继承、认领亲子；(3)单方民事法律行为，如遗嘱、赠与、委托、声明等；(4)招标投标、拍卖、抽签、开奖以及法律允许的各种有奖活动。

2. 公证有法律意义的事实。包括证明：(1)法律事件，如出生、死亡、不可抗力事件、意外事件等；(2)其他在法律上有一定影响的事实，如证明婚姻状况、亲属关系、收养关系、学历、经历、法人的资信情况等。

3. 公证有法律意义的文书，如证明专利证书、法人营业证书、公司章程，董事会决议、文书的副本、复印本与原本相符、文书的译文与原文相符、文件上的签名印鉴属实等。

4. 出具具有强制执行效力的公证书。

5. 保全证据公证。

6. 依照法律规定出具提存、登记等专项证书。

三、公证文书的效力

公证文书效力是指公证证明在法律上的效能和约束力。根据法律规定，公证文书的效力有：

1. 证据效力。《公证法》第 36 条规定："经公证的民事法律行为、有法律意义的法律事实和文书，应当作为认定事实的根据"。证据效力是公证书最基本的效力，接受者无须审查，可直接作为认定事实的根据。其证据效力是广泛的，不仅体现在诉讼活动中，更主要的是表现在日常民事、经济交往和行政管理活动中；不仅在国内具有效力，而且在域外也具有法律效力，这是公证证据效力在空间上的延伸。

2. 强制执行效力。《公证法》第 37 条规定："对经公证的以给付为内容并载明债务人愿意接受强制执行承诺的债权文书，债务人不履行或者履行不适当的，债权人可以依法向有管辖权的人民法院申请执行。"这是法律赋予公证机构的特殊职能，是法律强制性在公证活动中的体现。

3. 法律要件效力。《公证法》第 38 条规定："法律、行政法规规定未经公证的事项不具有法律效力的，依照其规定。"即依照法律、行政法规规定或者国际惯例或者当事人的约定，特定的法律行为或法律文书只有经过公证证明才能成立，并产生法律效力；不履行公证程序，则该项事项就不能成立，不具有法律效力。

4. 其他效力，如《担保法》规定，公证机构办理的抵押登记具有对抗第三人的效力。《继承法》第 20 条规定："自书、代书、录音、口头遗嘱，不得撤销、变更公证遗嘱。"《合同法》规定，经公证的赠与合同，赠与人不得撤销，并应当实际履行。

四、公证文书的种类

1. 公证书，是最基本、最主要的公证文书。以文书的构成形式划分，可分为要素式公证书和定式公证书两类。

2. 专项证书，是特定的公证文书。主要有提存证书、登记证书、保管证书等。

3. 公证决定书，是公证机构根据事实和法律，为解决某些公证程序事项而作出的书面处理意见。根据规定，公证活动中的决定主要有：受理决定、不予受理决定、回避决定、终止公证决定、不予公证决定、撤销公证书决定等。

4. 公证通知书，是公证机构向当事人通告公证决定或者其他公证程序事宜的文书。主要分为口头通知、书面通知、公告通知三种。

5. 辅助性公证文书，是在办理公证业务活动中制作的服务于公证的文书。包括：公证法律意见书、司法建议书、公证接待簿、公证登记簿、公证申请表、谈话笔录、调查笔录、调查公函、调查报告、现场勘验记录、勘验报告、送达回证、公证档案文书等。

五、制作公证文书总的要求

1. 公证机构出具公证文书应当一律使用中文制作。公证书是国家法律文书，使用什么文字，涉及国家主权和民族的尊严。因此，《公证法》第 32 条第 2 款规定："公证书应当使用全国通用的文字；在民族自治地方，根据当事人的要求，可以制作当地民族通用的文字文本。"

2. 制作公证文书必须贯彻真实、合法的原则。《公证法》第 2 条规定："公证是公证机构……依照法定程序对民事法律行为、有法律意义的事实和文书的真实性、合法性予以证明的活动。”在不违背真实、合法的原则下,制作公证文书力求简明、扼要,表达准确,用语规范。

3. 应当严格按照法定程序、规定或者批准的格式、要求制作公证文书。国家对办理公证的程序和制作公证文书的格式、方法等都有严格的要求,作为代表国家办理公证事务的公证机构必须认真遵守,严格执行。

第二节 公 证 书

一、公证书的概念

公证书,是公证处对当事人申请公证的事项,经过审查核实,认为符合公证条件的,按照法定程序制作的,具有特殊法律效力的司法证明文书。公证书由公证机构制作,是其依照公证程序办理公证事项的结果,公证的效力和作用集中体现在公证书之中。

《公证法》第30条规定,公证机构经审查,认为申请提供的证明材料真实、合法、充分,申请公证的事项真实、合法的应当自受理公证申请之日起15个工作日内向当事人出具公证书。这是制作公证书的法律依据。

二、公证书的式样和内容

公证书自2003年起由16开纸改为A4纸大小,不得扩大或者缩小。公证书由封面、证心、封底组成,大批量办理的,在国内使用的公证书,可以不用封面、封底。公证书的封面一律采用铅印,上部居中为“公证书”三个字,使用初号宋体字;下部下方居中为公证处的全称(用二号宋体字);证心中的证词页,使用三号宋体字打印。

公证书的证词页可分为首部、正文(证词)、尾部三部分。

(一)首部

1. 公证书名称。在证词页上部居中写“××公证书”。

2. 公证书编号。在公证书名称右下方,由年份、地区、公证处、证书类别、证书顺序四种代码组成。表述为“(年份代码)××字第××号”。地区代码为省(自治区、直辖市)简称,可加所在市(地)简称;其他三种代码由公证处自定,但不得与同省其他公证处相同;不得与本处本年度其他公证书相同。例如,(2016)京东证外字第055号、(2015)津和证民字第217号。编号中的数字均使用阿拉伯数字。一件公证书编一个号,不得几件公证书编一个号,也不得重复编号;同一公证处同一年度办理的同一证书类别代码的公证书应当按出证的时间顺序编号;同一申请人同时办理几件公证书的,应当按公证事项之间的逻辑顺序编号,如申请人申办继承公证和委托处理遗产的委托书公证的,继承公证书编号应当排在委托公证书编号之前。

3. 当事人及其代理人的基本情况。(1)根据新实施的定式公证书的要求,当事人为自然人的，应写明姓名、性别、公民身份号码，或者出生日期、住址、联系方式等情况，发往域外使用的公证书应当注明出生日期；申请人为外国人的，用出生日期、国籍和护照号码代替公民身份号码；申请人为港澳台居民的，用出生日期、居住地区和证件号码代替公民身份号码。申请人为法人或者非法人组织的，应写明组织名称、机构代码、登记注册地址，另起一行注明法定代表人或者负责人的姓名、性别、职务、公民身份号码。(2)代理人的基本情况，应当在所代理的申请人基本情况后另起一行注明代理人的姓名、性别、公民身份号码。

4. 公证事项。这是要素式公证书新增加的内容，应单列一行，简要写明公证证明对象的名称或类别。

(二)正文(证词)

正文又称公证证词，是公证书的主要部分，应当根据证明事项来写。其内容包括：公证证明的对象、范围和内容，以及证明所依据的法律、法规等。公证证明对象、范围不同，公证的条件、内容和适用的法律也不同，这些都要在证词中有所反映。公证证词所涉及的组织名称，第一次出现时必须使用全称；所涉及的日期要采用公历，须涉及农历时应采用括号注明。

(三)尾部

1. 制作文书的公证处名称。名称必须用全称，不能用简称，如“北京市长安公证处”。

2. 承办公证员的签名或者签名章。除发往阿根廷使用的公证书必须由承办公证员亲自签名外，其他公证书一般用公证员签名章代替公证员的签名。签名章为横排式，使用蓝色印油。此处不得添加“公证员”以外的其他职务，如“主任公证员”“高级公证员”等。

3. 出证日期，即出具公证书的年月日。司法部《公证程序规则》第 44 条规定：“公证书自出具之日起生效。”“需要审批的公证事项，审批人的批准日期为公证书的出具日期；不需要审批的公证事项，承办公证员的签发日期为公证书的出具日期；现场监督类公证需要现场宣读公证证词的，宣读日期为公证书的出具日期”。

4. 公证机构印鉴。公证处印章应使用红色印油，押盖在公证书出证日期上。涉外及涉港澳台公证书必须加盖公证处钢印，其他公证书根据需要加盖钢印。钢印应盖在公证书左下方，公证书粘贴照片的，钢印应盖在照片的骑缝处。

5. 照片。部分涉外及涉港澳台公证书需要加贴当事人的照片，照片应当贴在公证书证词页左下方的空白处。

三、出具公证书的条件

1. 出具法律行为公证书应符合下列条件：(1)当事人具有从事该行为的资格和相应的民事行为能力；(2)当事人意思表示真实；(3)当事人行为的内容和形式合法，不违背社会公德；(4)公证法规定的其他条件。

2. 出具有法律意义的事实或者文书公证书应符合下列条件：(1)该事实或者文书对公证当事人具有法律上的利害关系；(2)事实或文书真实无误；(3)事实或者文书的内容和形式合法，不违背社会公德；(4)公证法规定的其他条件。

3. 公证文书上的签名、印鉴、日期，该文书上的签名、印鉴、日期应当准确、属实；公证文书的文本相符，被证明的文本内容应与原本完全一致。

4. 具有强制执行效力的债权文书的公证书,应当符合下列条件:(1)债权文书以给付货币、物品或者有价证券为内容;(2)债权债务关系明确,债权人和债务人对债权文书有关给付内容无疑义;(3)债权文书中载明当债务人不履行义务或者不适当履行义务时,债务人愿意接受强制执行的承诺;(4)公证法规定的其他条件。

债务人不履行或者不适当履行经公证的具有强制执行效力的债权文书的,公证机构可以根据债权人的申请出具执行证书。

四、制作公证书的要求

制作公证书总的要求是:内容真实、合法,符合办证程序,文字简明、准确、易懂、用词规范,印制装订整洁、美观、大方。具体要求如下:

1. 按一事一证的原则制作公证书。其好处在于:(1)便于申请人使用,既可单独使用,也可合并使用;(2)证明事项清楚,便于制作。可以使公证书内容清晰、简练,不致因证明事项过多造成表述困难或者引起歧义。

2. 出生地和出生日期。(1)出生地,一般只写省(自治区、直辖市)、县(市)的名称。如有名称变化,则应写出生时的名称。如果出生时的名称现已不存在,可在地名前加“原”字。(2)出生日期,一般用公历,写明出生的年、月、日;必要时可用括号注明农历日期。公证书中一律不写年龄。

3. 加贴照片。按照规定和使用国的要求,经历、学历、结婚、部分出生、亲属关系、未婚公证书需要加贴照片,其他公证书可以根据当事人的要求加贴照片。

4. 当事人的姓名、名称和称谓。当事人的姓名要写准确,特别是现用名,不能用同音字代替。对曾用名、又名、别名等,可根据需要用括号注明。机关、团体、企事业单位等组织名称,在公证书上第一次出现时应当写全称,其后方可用简称。当事人之间的称谓必须采用法律规范的称谓,不能用地方性习惯称谓和方言称谓。

5. 译文和认证。发往域外使用的公证文书,除使用国不要求附译文或者免除认证的以外,如日本,一般要根据使用国的要求附相应的外文译文并办理外交认证,如发往德国、奥地利的要附德文译文,发往西班牙、阿根廷的要附西班牙文译文。译文中的姓名,中国人的姓名、地名采用汉语拼音译名,对地方方言译名可用括号注明;外国的人名、地名,可直接使用该国原语言文字。

6. 公证书用纸。公证书证词页一般应采用70克的书写纸或者复印纸,封面、封底用纸应等于或者好于证词页用纸。发往域外或者港澳台地区使用的公证书,必须使用公证专用纸。

7. 装订。公证书的装订顺序为:(1)公证书封面;(2)所证明的文件;(3)公证书(证词页);(4)所证明文件的译文;(5)公证书(证词页)译文;(6)证明译文与原文相符的公证书;(7)证明译文与原文相符的公证书译文;(8)公证书封底。装订方法为:(1)为同一使用目的的数份公证书,可以按法律关系的顺序合乎规律的排列装订在一起,只使用一个封面、封底。(2)装订公证书一般应当用胶水粘贴,要粘得平整,不宜用糨糊粘贴,也不宜用装订机装订;公证书页数较多,粘贴有困难的,可以将公证书证心用装订机装订,然后再粘上封面、封底。

8. 公证书的修改。公证书不得涂改、挖补，必须修改的应加盖公证处校对章。

9. 公证书用语要规范，一般应使用简化字；公证书中的数字，除公证书编号使用阿拉伯数字外，其他数字一律使用汉字数字。

五、涉外及涉港澳台公证书

（一）涉外及涉港澳台公证文书的概念

涉外公证文书，是公证机构办理涉外公证所出具的公证文书。涉外公证是指公证机构办理的含有涉外因素的公证事项，即公证当事人、证明对象或者公证书使用地等诸因素中至少含有一个以上涉外因素的公证事项。主要是指公证书将发往域外使用的公证事项。

涉港澳台公证文书，是公证机构办理涉港澳台公证所出具的公证文书。香港、澳门、台湾地区是我国不可分割的领土，但由于历史的原因，香港、澳门、台湾地区实行着与内地不同的政治、经济、法律制度。这一特点决定了涉港澳台公证既不属于涉外公证，也不同于一般国内公证。

1. 涉外公证的特点如下：(1)涉外公证书要根据使用国和当事人的要求，附相应的外文译文，并办理外交认证手续。(2)公证书通常要发往域外使用，并在域外发生法律效力。(3)在适用法律上，既要符合我国法律，又不能违反使用国法律，否则，将影响公证书效力的实现。

2. 涉港澳公证文书的特点如下：(1)在法律适用上，首先要符合我国法律，同时也要考虑香港特别行政区、澳门特别行政区的法律规定。(2)部分发往香港、澳门地区使用的公证书要附译文。(3)一般适用涉外公证的有关程序性规定，如涉港澳公证要由司法部批准的办理涉外公证业务的公证处和公证员办理。(4)香港、澳门当事人提供的证明材料，一般要经司法部委托的香港公证人或者澳门机构社团的证明。

3. 涉台公证文书的特点如下：(1)在法律适用上，要坚持适用中华人民共和国法律的原则，同时也要考虑台湾的特点、历史情况、台湾地方法的规定等特殊因素。在办理涉台继承、收养、婚姻状况、亲属关系公证时，这一特点表现得尤为突出。(2)发往台湾使用的公证书，要经省级以上公证员协会将公证书副本寄送台湾海基会。(3)台湾当事人在台湾所作的意思表示、提供的事实情况和有关证明材料，应当经台湾公证机关公证。(4)实行办证三优先原则，即优先受理、优先调查、优质服务。(5)对有反共反社会主义、分裂祖国、鼓吹“台独”等反动内容的文件或者证明材料，公证处应当不予公证或者拒绝采证。

（二）制作涉外及涉港澳台公证文书的特殊要求

1. 涉外及涉港澳公证文书要由具有办理涉外公证资格的公证处和公证员制作，涉台公证文书要由省级司法行政机关指定的公证处制作。

2. 要严格按规定办理。涉外及涉港澳台公证涉及的法律关系复杂、政策性很强，公证处切实贯彻真实、合法原则，认真核查有关证件、证明材料和事实，严格审批制度，并加强与有关部门的沟通、联系，对疑难问题要及时请示汇报，确保公证文书质量。

3. 制作涉外及涉港澳台公证文书的法律适用原则。考虑到法律规定不尽相同，办理涉外及港澳台继承、收养、合同等公证文书时，首先要遵守我国法律的有关规定，这是制作涉外及涉港澳台公证文书的基本原则;其次要参考有关的国际惯例;最后要不违背文书使用地法律。

4. 这类公证文书必须使用公证专用纸,要单独编号,应区别于国内公证文书。同时,涉外及涉港澳台公证文书在编号上也要有所区别。制作这类公证文书要使用标准简化字,不宜使用繁体字,更不能简体字、繁体字混用。

5. 涉外公证书一般要根据使用国的要求附相应的外文译文并办理外交认证。涉台公证书应当制作三份副本以便向海基会寄送。

6 要注意公证文书的使用时效。一些涉外及涉港澳台的公证事项有较强的时效性,如继承、劳工赔偿、领保险金、诉讼索赔、纳税、婚姻状况、有无犯罪记录等公证事项,都受到法律规定或者使用部门规定的时效限制。对于涉台公证,公证处应当及时通过本省公证员协会向台湾海基会寄送公证书副本,以免影响公证书正本的使用。

7. 公证外文文书。公证机构一般不对外文文书进行公证。但根据规定,我国自然人、法人在国外诉讼、投标、申请专项登记注册的,对外国司法、行政机构制发的外文制式申请表格、委托书,公证机构可以依法证明我国自然人、法人在该表格或者文书上的签名、印鉴属实。

第三节 要素式公证书

一、要素式公证书概述

要素式公证书,是指文书内容由规定的要素构成,文字表述等则由公证员酌情撰写的公证文书。要素,即构成事物的必要因素。要素式公证书与定式公证书相对称。

根据司法部规定,目前要素式公证书的适用范围是:在国内使用的保全证据类公证书、现场监督类公证书、合同(协议)类公证书、继承类公证书、具有强制执行效力的公证书。随着实践的需要和公证员素质的提高,它的适用范围今后将逐步扩大。

要素式公证书格式由首部、证词要素(内容)、尾部及使用说明构成。证词要素是构成公证书证词的必要内容,包括:必备要素和选择要素两部分。"必备要素"为公证书证词中必须具备的内容;"选择要素"为根据公证证明的实际需要或者当事人的要求,酌情在公证书证词中写明的内容。

使用说明即要素式格式中的"注"是对要素式格式中相关内容的说明或者解释,是对格式内容的必要补充,是需要贯彻执行的内容。在使用要素式公证书格式时必须认真学习、领会。

为便于公证人员学习、掌握、使用要素式公证书格式,同时配发了一些参考格式。"参考格式"是相应要素式公证书格式的实用范本,仅供公证人员学习参考之用,起示范作用;但不是标准格式,也不是要素式公证书的检验标准。

制作要素式公证书的要求是:内容真实、合法,符合办证程序,文字简明、准确、易懂,用词规范，语句通顺流畅，对事实表述要清楚，要注意相关内容的时间顺序和逻辑关系，适用法律要正确。切忌冗长累赘或者使用虚拟、夸张等文学写法，要认真审查校对，严防出现错句、病句或者错别字。

“要素式，要的是公证员的素质”。在要素式公证书中，对证明对象的研究分析必须是具体的、立体的，对法律的适用必须从实体法到程序法整体考虑，这些对公证员的业务素质、分析判断能力、文字表达能力等提出了更高的要求。

二、合同（协议）公证书

（一）合同（协议）公证书的概念

合同公证书，是公证机构根据法律的规定和当事人的申请，依法证明当事人之间签订合同的行为真实、合法所出具的一种公证文书。

合同公证书适用于：（1）《合同法》和其他法律规定的有名合同、协议；（2）无名合同、协议；（3）混合合同、协议。

在格式上，这类公证书适用于下列三种：（1）一般合同或者协议的通用格式；（2）土地使用权出让或者转让合同的格式；（3）商品房买卖合同的格式。

（二）合同公证书的内容和制作方法

合同公证书内容分为首部、正文（证词）、尾部三个部分。

首部公证书名称仅写“公证书”三字，新增的“公证事项”一栏写明被证明的合同、协议的具体名称或者类别，力求简明、严谨、准确。首部及尾部其他各项的写法，已如前所述。

正文，即证词部分，由必备要素和选择要素构成，要根据合同类别、主体、内容、签订时间、地点、方式、适用法律的不同而有所不同。以通用合同公证书为例：

1. 证词的必备要素如下：

（1）申请人全称或者姓名、申请日期及申请事项。甲、乙双方先后、分别申请公证的，具体的申请日期可以不表述。

（2）公证处审查（查明）的事实。包括：其一，当事人的身份、资格及签订合同的民事权利能力和行为能力；其二，代理人的身份及代理权限；其三，担保人的身份、资格及担保能力；其四，当事人签订合同的意思表示是否真实，是否对合同的主要条款取得了一致意见；其五，合同条款是否完备，内容是否明确、具体（可以简述合同的关键性内容）；其六，是否履行了法律规定的批准或许可手续。无须经批准或者许可的，不写此内容。

（3）公证结论。包括：其一，当事人签订合同（协议）的日期、地点、方式等；其二，当事人签订合同行为的合法性；其三，合同内容的合法性；引用《合同法》或者有关法律、法规的规定；其四，当事人在合同上的签字、盖章的真实性。

2. 证词的选择要素如下：

（1）合同标的物的权属情况及相关权利人的意思表示。权属情况指所有权、使用权、担保物权、专有权、专用权等；相关权利人包括与合同标的有关的共有权人、所有权人、使用权人、担保权人等。转让、承包或者租赁合同标的物时，应按法律规定征得相关权利人的同意或者认可。

(2)当事人对合同内容的重要解释或者说明。

(3)当事人是否了解合同的全部内容。在签订格式合同时,此点特别重要。

(4)合同生效日期及条件等。如法律规定合同须经登记或者批准方能生效的,公证书中应予注明。

(5)公证员认为需要说明的其他事实或者情节。

(6)附件。附件的名称、顺序号应在公证证词中列明。

(三)制作合同公证书应当注意的问题

1. 公证处应当审查当事人的行为能力和签订合同的意思表示的真实性,只有合同的内容和形式真实、合法,不违背社会公德的,才能依法制作公证书。

2. 被证明的合同、协议及其附件是公证文书的组成部分,应当装订在公证书证词页之前。为了保证质量,预防纠纷,公证员应当帮助当事人修改、完善合同内容,使当事人了解各合同条款的含义、自己的权利义务和将引起的法律后果。

3. 合同中存在担保的情况时,对担保人名称或者姓名、担保方式、担保的范围和承诺的时间、地点等应在证词中列明。

4. 对符合规定条件的合同,如借款合同、还款协议等,公证机构可以依法赋予强制执行效力。对此必须在公证书中注明。

三、现场监督公证书

(一)现场监督公证书的概念

现场监督公证书,是公证机构依法办理招标、拍卖等现场监督公证所出具的公证文书。包括:招标公证书、拍卖公证书、有奖活动公证书、抽签(号)活动公证书、公司创立大会公证书等。

招标、拍卖、有奖等活动是特定人与社会上不特定多数人的活动,具有社会影响大、无法恢复原状的特点。因此,现场监督公证是一类特殊的公证活动,公证人员必须亲临招标、拍卖等活动现场进行法律监督,并当场宣读公证词,然后根据现场公证词制作公证书。现场监督公证是维护公开、公平、公正原则,保护相对人合法权益的重要法律手段。

(二)现场监督公证书的内容和制作方法

现场监督公证书是现场公证词的书面表现形式,分为首部、正文(证词)、尾部三个部分。首部、尾部与合同公证书相同。证词(正文)部分要根据现场活动的性质、特点、参加人、活动内容、适用法律等情况具体确定。

1. 招标公证书

招标公证书,是公证机构按照法定程序,对招标活动程序和方法、招标参加人在招标、投标、开标、评标、决标过程中的行为进行现场监督和审查,并证明招标活动真实、合法所出具的公证书。“公证事项”栏写招标项目的类别,如建设工程招标、政府采购招标、世行贷款项目招标等。招标公证书可根据招标投标活动的实际情况,分阶段出具。

(1)这类证词的必备要素:其一,申请人全称、申请日期及申请事项。其二,对招标人、招标代理机构及投标人资格的审查情况。招标人、招标机构的资格应符合《招标投标法》第二章的规定,投标人的资格应符合《招标投标法》第三章及招标公告的规定。其三,招标项目名称、招标方式(公开或者邀请)及是否得到有关部门的批准。无须经批准的招标活动,不写此内容。其四,招标公告或者投标邀请书、招标文件的发布及送达情况。其五,对招标文件的审查结果。其六,标箱密封、投标文件封存情况及投标截止时间收到的投标文件情况。要根据查验的时间顺序表述。其七,承办公证机构名称、承办公证人员姓名及公证的法律依据。法律依据是《招标投标法》《公证法》《公证程序规则》等。其八,开标的时间、地点及对开标程序的监督结果,对投标文件有效性的审查结果。投标文件密封状况如系在开标时查验,应在此注明。其九,对评标委员会资格的审查及评标程序的监督结果。未参与评标过程的,不写对评标程序监督的内容。其十,中标结果及公证结论。

(2)这类证词的选择要素:其一,申请人提供的主要证据材料的真实性、合法性。其二,招标人对招标文件、投标人对投标文件的澄清或者说明。其三,对评标原则、标准和方法的审查结果。其四,对招标投标活动中形成的重要工作记录及视听资料的真实性及封存情况的证明。其五,有调查取证情节,可据查证时间对查证认定的事实在公证书中逐项列出。其六,招标活动有见证人的,应将其民事主体资格状况连同"见证人×××、×××在场见证"字样一并在公证书中加以描述。其七,公证员认为需要认定的其他程序事项。其八,公证生效日期。公证生效日期为公证员在招标现场宣读公证词的日期。其九,附件。附件包括:中标通知书、招标现场获取的重要证据材料等。附件的名称、顺序号应在公证证词中列明。

2. 拍卖公证书

拍卖公证书,是公证机构依法对拍卖活动进行现场法律监督,并证明拍卖活动真实、合法所出具的公证书。"公证事项"栏写拍卖活动的名称或者类别,如文物拍卖、土地使用权拍卖、罚没物资拍卖等。

(1)这类证词的必备要素:其一,申请人全称或者姓名、申请日期及申请事项。其二,对委托人、拍卖人、拍卖师及竞买人资格的审查情况。委托人、拍卖人、拍卖师的资格应符合《拍卖法》第三章的规定,竞买人的资格应符合拍卖公告的规定。其三,拍卖标的的基本情况及对其所有权或者处分权的审查结果。其四,拍卖公告及拍卖标的的展示情况。其五,对拍卖规则内容的审查结果。其六,拍卖活动是否得到有关部门的批准或者许可。"批准"指与拍卖标的有关的主管部门或监管机关批准,如文物管理机构、国有资产管理机构、海关、人民法院等。"许可"指其他权利人的许可,如抵押权人、拍卖标的的共有人等。其七,承办公证机构名称、承办公证人员姓名及公证的法律依据。法律依据是《拍卖法》及有关法规等。其八,拍卖的时间、地点及拍卖过程(含拍卖方式、竞价形式)是否符合拍卖规则。"拍卖方式"指拍卖标的有无保留价,是往上拍还是往下拍;"竞价形式"指采用何种方式报价,如举牌报价、口头报价、电话报价等,写明竞价单位和币种。其九,拍卖结果及公证结论。包括:买受人姓名、拍卖成交价格、成交标的物名称、成交时间等。

(2)这类证词的选择要素:其一,申请人提供的主要证据材料的真实性、合法性。其二,拍卖人对拍卖标的来源、瑕疵及相关责任的说明。其三,如有调查取证情节,可据查证时间对查证认定的事实在公证书中逐项列出。其四,拍卖活动有见证人的,应将其民事主体资格状况连同"见证人×××、×××在场见证"字样一并在公证书中加以描述。其五,公证员认为需要认定的其他事实或者情节。其六,公证生效日期(同招标公证)。其七,附件。包括:成交确认书、中买通知书、拍卖现场获取的重要证据材料等。附件的名称、顺序号应在公证证词中列明。

3. 有奖活动公证书

有奖活动公证书,是公证机构依法对有奖活动进行法律监督,并当场证明有奖活动程序和中奖结果真实、合法所出具的公证书。"公证事项"写有奖活动的名称或者类别,如体育彩票的开奖、某有奖销售活动等。有奖活动公证书可根据有奖活动的实际情况分阶段出具。

(1)这类证词的必备要素:其一,申请人全称、申请日期及申请事项。其二,对有奖活动主办单位资格的审查情况。其三,有奖活动名称、开奖方式及是否得到有关部门的批准。其四,对有奖活动规则(办法)的审查结果。其五,奖券发行总额、回收的有效奖券数额、未发出的奖券封存、销毁等情况。其六,开奖的时间、地点及对开奖器具的查验结果。其七,承办公证机构名称、承办公证人员姓名及公证的法律依据。其八,对有奖活动程序及开奖方式的监督结果。其九,开奖结果及公证结论。包括:中奖号码、中奖等级、中奖人姓名、奖品名称等。

(2)这类证词的选择要素:其一,申请人提供的主要证据材料的真实性、合法性。其二,有奖活动通知(公告)的发布情况,主办单位对有奖活动规则的澄清或说明。其三,需要进行评奖的,应写明对评奖人资格、评奖原则、标准、方法的审查结果,及对评奖程序的监督结果。其四,对开奖活动中形成的重要工作记录和视听资料真实性及封存情况的证明。其五,有调查取证情节,可据查证时间对查证认定的事实在公证书中逐项列出。其六,开奖活动有见证人的,应将其民事主体资格状况连同"见证人×××、×××在场见证"字样一并在公证书中加以描述。其七,公证员认为需要认定的其他程序事项。其八,公证生效日期(同招标公证)。其九,附件。

4. 公司创立大会公证书

公司创立大会公证书,是公证机构对公司创立大会进行现场监督所出具的公证书。公司股东大会、董事会会议、临时股东会会议公证可参照适用此公证书格式制作公证书。公司创立大会公证书可根据公司创立大会的实际情况分阶段出具。

(1)这类证词的必备要素:其一,申请人全称、申请日期及申请事项。其二,对申请人及公司创立大会参加人资格的审查情况。其三,对创立公司的有关文件、依据的审查情况,以及对设立公司的有关批准文件及验资情况的审查。其四,公司创立大会会议通知(公告)及有关议案的发布及送达情况。其五,会议及其议程是否符合《公司法》的要求。包括:股东代表产生办法是否公正、公平,与会股东所代表的股权数是否达到法定数额,议事规则及议案通过程序、表决方式等是否合法等。其六,承办公证机构名称、承办公证人员姓名及公证的法律依据。法律依据是《公司法》及有关法规等。其七,股东及其代理人的资格情况。其八,监票人、检票人、计票人资格情况及监票、检票、记票过程的真实性、合法性。其九,各项议案的表决结果。大会通过的各项决议及表决结果应逐项列明。表决结果中应载明赞成、反对、弃权、无效的票数,及其所代表的股权数。其十,公证结论。

(2)这类证词的选择要素:其一,申请人提供的主要证据材料的真实性、合法性。其二,筹委会负责人委托他人主持会议的，证词中应写明委托代理的情况。其三，公司创立大会主持人对表决文件的澄清或者说明。其四，对票箱或者其他投票器具的查验结果。其五，议案涉及董事会、监事会成员的，要说明对其资格的认定情况。其六，对公司创立大会投标活动中形成的重要工作记录及视听资料真实性及封存情况的证明。其七，公司创立大会有见证人的，应将其民事主体资格状况连同“见证人×××、×××在场见证”字样一并在公证书中加以描述。其八，公证员认为需要认定的其他程序事项。其九，公证生效日期（同招标公证）。其十，附件。会议中形成的文件、材料、记录如需与公证书一并使用，可作为公证书附件，但应将附件的名称、顺序号在公证证词中列明。

5. 股票认购证抽签公证书

股票认购证抽签公证书，是公证机构对股票认购证抽签进行现场监督所出具的公证书。其他抽签活动的公证可参照适用本公证书格式制作公证书。

（1）这类证词的必备要素：其一，申请人、申请事项及申请日期。申请人通常为发行人或承销人。其二，股票发行人、承销人（代销人）、抽签人的资格情况，以及抽签活动是否得到有关主管机构批准或许可。其三，抽签规则（办法）是否科学、规范、公平、合法，文字表述是否清楚、准确。其四，抽签的方式和种类，以及抽签活动公告及抽签规则的发布情况。其五，发出认购证的数量，未发出的认购证的封存、销毁情况。其六，承办公证机构名称、承办公证人员姓名及公证的法律依据。法律依据是《民法通则》《公司法》及有关法规等。其七，抽签的时间、地点及对抽签器具的查验结果。其八，对抽签程序及抽签方式的监督结果。其九，抽签结果及公证结论。

（2）这类证词的选择要素：其一，申请人所提供主要证明材料的真实、合法性。其二，对抽签活动中形成的重要工作记录及视听资料真实性及封存情况的证明。其三，有调查取证情节，可据查证时间对查证认定的事实在公证书中逐项列出。其四，抽签活动有见证人的，应将其民事主体资格状况连同“见证人×××、×××在场见证”字样一并在公证书中加以描述。其五，公证员认为需要认定的其他程序事项。其六，公证生效日期（同招标公证）。其七，附件（同公司创立大会公证）。

（三）制作现场监督公证书应当注意的问题

1. 现场监督公证一般应当由两名以上公证人员共同办理，其中至少有一名是公证员，现场公证词、公证书和公证活动的记录中，对此要有所反映。

2. 公证员要亲自到招标、拍卖、有奖活动现场，对活动的各个环节进行法律监督。对活动内容和程序真实、合法的，公证员应当场宣读公证词，并在活动结束后的7日内，根据现场公证词制成公证书。公证从宣读公证词之日起生效。对任何违反法律和程序的行为，公证员要当场纠正或者制止，当事人拒不改正的，公证机构应当不予公证。

3. 对于各类现场监督公证书证词的必备要素的表述，其中在叙述其结果及公证结论时，应当包括以下三项内容：（1）当事人的资格是否合法，意思表示是否真实；（2）相关程序是否真实、合法；（3）对结果的确认。具体包括的内容要根据不同公证书的不同而作相应的表述。比如招标公证书可写：中标人名称、中标项目、中标价格、中标日期及地点等。

4. 现场监督公证词的制作，应当根据不同的现场情况参考相应格式的证词要素撰写。

并要写明“对本次×××(写现场活动名称,如拍卖、开奖、公司创立大会等)过程及×××(同上)结果的合法有效性,本公证处日后将以书面形式予以确认”的内容。

5. 现场监督公证词要有一定的灵活性,要符合口语习惯并与现场气氛相吻合;宣读时,要注意形象和效果,切忌呆板、僵化。

6. 现场公证书,是公证机构出具的正式法律文书,必须根据现场公证词来制作,但又不能全文照抄,成为它的翻版。文书要简明、扼要、严谨、规范,充分反映现场公证词的核心内容。

四、保全证据公证书

(一)保全证据公证书的概念

保全证据公证书,是指在诉讼开始之前,公证机构根据自然人、法人或者其他组织的申请,对与申请人权益有关的,日后可能灭失或者难以提取的证据加以验证提取,以保持它的真实性和证明力所出具的公证文书。公证机构保全证据,可以有效地防止证据的灭失,为人民法院和行政机关及时解决纠纷和诉讼提供可靠的法律依据。公证机构保全的对象包括证人证言、书证、物证、视听资料、意外事件现场情况等。

根据所保全证据的种类、性质、特点,目前启用了四种要素式格式,分别是:保全证人证言(当事人陈述)公证书格式、保全物证(书证)公证书格式、保全视听资料(软件)公证书格式、保全行为公证书格式。

(二)保全证据公证书的内容和制作方法

保全证据公证书分为首部、正文(证词)、尾部三个部分。首部及尾部与其他要素式公证书相似,证词部分则根据保全对象、保全方法的不同而有所不同。

1. 保全证据公证书证词的必备要素。包括:

(1)申请人姓名或者全称、申请日期及申请事项。

(2)证人的基本情况(包括:自然人的人数、姓名、性别、出生日期、住址、国籍等)及行为能力(即证人的智力、识别判断能力及精神健康状况)。这一项只适用于保全证人证言公证。

(3)保全标的的基本状况。包括:物证的名称、数量、表状特征等(物证为普通商品时,要注明商品的品牌、型号、生产厂家名称、售价等;物证为房屋等不动产时,要注明位置、坐落、四至、面积、结构、附属物等);书证的数量、名称、页数、标题、形成时间等;视听资料、软件的名称、数量、表状特征,所有人或使用人、经营人、传播者、实验者的名称,视听资料或者软件的播放、销售、使用、制作、运行的地点等;行为的名称、参与人的数量、姓名(名称),活动的起止时间、地点及内容等。物证、书证、视听资料、软件不在公证处的,应注明存放地点。

(4)保全物证、书证、视听资料、软件、证人证言、行为的时间、地点。

(5)保全的方式方法。保全证人证言包括:自书、他人代书、公证人员记录、录音、录像等,后四种方式的制作人等。保全物证、书证、视听资料、软件包括:申请人提交、公证人员提取、公证人员记录、现场勘验、照相、录像、技术鉴定、复制、下载等。保全行为包括:现场记录、照相、录像等。

（6）保全证据的关键过程。仅以保全物证为例：其一，参与保全的人员。包括：承办公证人员及在场的相关人员的人数、姓名。相关人员包括：申请人、关系人、代理人、见证人、勘验人、鉴定人以及照相、录像、绘图人员等。其二，公证人员保全过程中所做的主要工作，如对重要事实进行了现场勘验、询问，对取得的证据履行了提示义务等。其三，物证取得的时间、方式，或物证的存在方式、地点、现状等。其四，取得的证据数量、种类、形式、存放处所等。当事人对取得的证据予以确认的方式和过程。

（7）公证结论。以保全物证为例，应包括以下内容：保全证据的方式、方法、程序是否真实、合法，用于作证的书面文件（如发票、产地证明等）要同时证明这些书证的真实性。取得证据的数量、种类、日期，取得证据的存放方式及存放地点。

2. 保全证据公证书证词的选择要素。包括：

（1）申请保全证据的原因、用途。

（2）办理该项公证的法律依据（公证法规或者有关规章等）。

（3）有书证能够证明物的来源或者存在的，应写明书证的名称、保全行为的性质和法律意义。

（4）保全拆迁房屋时，要写明与该房屋有关的所有权人或使用权人、代管人等。

（5）物品、视听资料、软件难以长期保存的，在结论中应写明保存期限。已采取变通保存措施的，结论中也应一并写明。

（6）公证书的正本和副本。

（7）附件。附件的名称、顺序号应在公证证词中列明。

（三）制作保全证据公证书应注意的问题

1. 保全证据公证要重点查明：（1）申请人的身份和行为能力；（2）保全的证据与申请人的合法权益有哪些关系；（3）保全的证据是否要灭失或者难以取得；（4）需要保全的证据的实际情况，以便确定保全证据的方案。

2. 保全证人证言，公证员要直接询问证人和有利害关系的人，必要时，要用录音机录音；保全书证、物证，主要采用照相、封存、复制、勘验和鉴定等方法，对不在公证处的实物，公证人员应进行现场勘验；保全视听资料主要采取复制、封存等方法。保全的证据较多时，要制作保全证据的清单逐项列明。

3. 保全证据一般应当由两名公证人员共同进行。公证书要全面、客观地反映所保全证据的真实情况，记明保全的时间、地点、理由、方式、方法和保全的过程及保全的结果。

4. 对保全的书证、物证、视听资料要加强保管，对计算机软盘、录音录像磁带等应制作备份并定期复制，防止证据灭失。

5. 承办公证员发现当事人是采用法律、法规禁止的方式取得的证据，应当不予办理公证。

五、继承公证书

（一）继承公证书的概念

继承公证书，是公证机构依法证明继承人的继承行为真实、合法所出具的公证文书。继承公证书可分为：法定继承公证书、遗嘱继承公证书、接受遗赠公证书等。继承公证对稳定财产关系和家庭关系,妥善处理遗产继承事宜,保证《继承法》的贯彻实施,保护自然人财产上的合法权益,预防继承纠纷,减少诉讼,维护家庭和睦和社会的安定团结具有重要意义。

(二)继承公证书的内容和制作方法

继承公证书分为首部、正文(证词)、尾部三个部分。首部和尾部与其他式要素公证书相近。证词则要根据继承的种类、内容而有所不同。

1. 继承公证书的必备要素。包括:

(1)继承人的姓名、申请日期、申请事项。

(2)当事人提供的证明材料。

(3)公证机构向当事人告知继承权公证的法律意义和可能产生的法律后果。

(4)公证机构查明(核实)的事实,包括:其一,被继承人的死亡时间、地点。其二,继承人申请继承被继承人的遗产情况。其三,被继承人是否立有遗嘱、遗赠扶养协议的情况。其四,继承人中有无死亡的情况;继承人与被继承人的关系;有无代位继承人或其他继承人。其五,继承人中有无丧失继承权的情况。其六,有无放弃继承权的情况。

(5)公证结论。包括:其一,法律事实、理由。其二,被继承人遗留的个人财产为合法财产。其三,被继承人的合法继承人。其四,遗产由何人继承、如何继承。

2. 继承公证书的选择要素。包括:

(1)被继承人的死亡原因。

(2)继承人提供的主要证据材料的真实性、合法性。

(3)适用遗嘱继承的,当事人是否了解遗嘱的内容,公证机构向所有继承人核实,有用于继承的遗嘱为被继承人所立的最后一份有效遗嘱。

(4)对遗嘱见证人、执行人、遗产使用人、保管人等事项的说明。

(5)根据遗嘱信托办理继承权公证的,应当根据遗嘱的内容,列明受托人应当承担的义务。

(6)根据《公司法》《保险法》《合伙企业法》《个人独资企业法》等有关继承的特别规定办理继承权公证的,写明特别法的具体适用。

(7)被继承人生前未缴纳的税款和债务情况,以及继承人对此所作的意思表示。

(8)公证员认为需要告知的有关继承的其他法律规定。

(9)公证员认为需要说明的其他事实或情节。

(三)制作继承公证书应当注意的问题

1. 遗产的名称、继承人与被继承人的关系、有无放弃继承权的情况以及有无代位继承、转继承的情况应当在继承公证书中写清楚。

2. 法律依据可直接引用《继承法》的有关条文。

3. 涉及遗产分割的可另纸公证,也可在继承公证书中一并写清楚,如“××(遗产名称)由×××继承;××(遗产名称)由×××继承”。

六、有强制执行效力的公证书

(一)有强制执行效力的公证书的概念

有强制执行效力的公证书,是指公证机关依据《公证法》第37条规定出具的一种具有特殊效力的公证书。

根据最高人民法院、司法部《关于公证机关赋予强制执行效力的债权文书执行有关问题的联合通知》(以下简称《通知》)规定,有强制执行效力的公证书由两份公证文书构成:一是对符合规定条件的债权文书赋予其强制执行效力的公证书,即在债权文书公证时预置强制执行效力;二是执行证书,即在债务人不履行赋予强制执行效力公证书的事实发生时,公证机构出具的载明执行对象、执行标的的公证书。

《通知》规定,公证机关可以赋予下列债权文书强制执行效力:(1)借款合同、借用合同、无财产担保的租赁合同;(2)赊欠货物的债权文书;(3)各种借据、欠单;(4)还款(物)协议;(5)以给付赡养费、扶养费、抚育费、学费、赔(补)偿金为内容的协议;(6)符合赋予强制执行效力条件的其他债权文书。

(二)有强制执行效力的公证书的内容和制作方法

有强制执行效力的公证书分为首部、正文(证词)、尾部三个部分。首部、尾部与其他公证书相近。证词则要根据证明对象、内容的不同而有所不同。

1. 具有强制执行效力的债权文书公证书

其必备要素如下:

(1)申请人的姓名、申请日期及申请公证的事项。

(2)公证机构查明的事实。包括:其一,当事人的身份及签订债权文书的民事权利能力与民事行为能力;其二,代理人的身份及代理权限;其三,担保人的身份及民事权利能力与民事行为能力;其四,债权文书所附担保合同标的物的权属情况及相关权利人的意思表示;其五,债权文书主要条款是否完备,内容是否明确、具体;其六,当事人签订债权文书的意思表示是否真实、是否对所有条款达成了一致意见;其七,当事人是否了解、确认了债权文书的全部内容;其八,是否履行了法律规定的批准、许可或登记手续;其九,公证机构对强制执行公证的法律意义和可能产生的法律后果的告知;其十,债权文书当事人对强制执行的约定及债务人、担保人自愿直接接受强制执行的意思表示,以及就执行证书出具前公证机构核查内容、方式达成的在先约定。

(3)公证结论。包括:其一,当事人签订债权文书的日期、地点等;其二,当事人签订债权文书行为的合法性;其三,债权文书内容的合法性;其四,当事人在债权文书上签字、盖章的真实性;其五,赋予该债权文书强制执行效力;其六,债权文书生效的日期、条件等。

其选择要素为:(1)当事人向公证机构提交的证据材料;(2)当事人对债权文书的重要解释或说明;(3)公证员认为需要说明的其他情况;(4)相关附件。

2. 执行证书

其必备要素为:(1)申请执行人和被申请执行人名称或姓名、申请日期及申请事项;(2)申请执行人所提交的证据材料;(3)公证机构查明的事实;(4)公证结论。包括:其一,被执行人;其二,具体执行标的(违约金、利息、滞纳金等可列入执行标的);其三,第三人对申请出具本证书是否提出过异议;其四,申请执行的期限。

其选择要素为:(1)抵押物、质物的登记情况;(2)可供执行标的物;(3)有管辖权的人民法院;(4)公证员认为需要说明的其他情况;(5)附件。

(三)制作有强制执行效力的公证书应当注意的问题

1.《通知》规定,债权人凭原公证书及执行证书向有管辖权的人民法院申请执行。因此,制作执行证书时,应将原公证书附后。

2. 公证书中的物品应写明名称、规格、数量、质量、交付地点和交付方式等;债权文书中未标明利息的,按人民银行规定的利息计算。

第四节 定式公证书

一、定式公证书的概念

关于定式公证书,是指按照固定的格式语言,填充其中的变量撰写的公证书。2011 年修订后的定式公证书格式,增加了申请人基本情况、公证事项、证词变量、使用说明等内容,增强了格式的适用性,大幅度减少了格式数量,实现了公证书形式要件的标准化、规范化。

关于定式公证书的首部、尾部,第二节已做了介绍,下面着重介绍几种常见的定式公证书证词内容和制作方法。

(一)单方民事法律行为公证书

单方民事法律行为公证书,是公证机构依法证明单方民事法律行为真实、合法所出具的公证文书。常见的这类公证书有:委托公证书、声明公证书、赠与公证书(不含赠与合同公证书)、遗嘱公证书、保证(保函、担保)公证书等。

证词的表述,则要根据法律行为的种类、内容而有所不同。一般包括:(1)行为人姓名、性别、出生日期、住址;(2)行为发生的时间、地点;(3)行为类别、名称、表现形式和行为方式;(4)承办公证员姓名(遗嘱公证应有两名公证员);(5)公证结论及适用的法律。

制作单方民事法律行为公证书应当注意:(1)遗嘱、委托、赠与、声明等单方民事法律行为是自然人个人单方的意思表示,为保证公证内容的真实、正确,当事人本人必须亲自到公证处申办,遗嘱人到公证处有困难的,公证员可以到遗嘱人的居住的地方办理。(2)公证处办理遗嘱公证应当由两名公证人员共同进行,其中一名是公证员;特殊情况下,有见证人在场时,可由一名公证员办理。公证处办理遗嘱公证必须保密。(3)被证明的遗嘱、委托书、赠与书、声明书等应当装订在公证书证词页之前。公证处要审查上述文书是否符合法律、内容是否完善、语言文字是否规范、签名印章是否齐全等。

(二)公司章程公证书

公司章程公证书,是指公证机构按照《公司法》规定,依法证明公司章程设立、变更行为真实、合法所出具的公证文书。

公司章程公证书的证词可表述为:

“兹证明××××公司（公司全称）于××××年××月××日在××（地点）举行的公司股东大会（或者公司董事会、股份有限公司创立大会等）上，以投票方式表决通过了前面的《××××公司章程》。出席会议的股东及股东代理人共××人，代表×××股；赞成的××人，代表×××股；反对的×人，代表×××股；弃权的×人，代表×××股。该公司章程的内容及通过程序符合《中华人民共和国公司法》的规定，章程上×××、×××、×××、×××（股东姓名）的签名（印章）属实。”

制作公司章程公证书应当注意如下问题：

1. 必须贯彻执行《公司法》和有关法律、法规规定，如不能为分公司办理法人资格的公证。

2. 要根据公司性质适用相应的法律，如公证股份有限公司章程应适用《公司法》第9条第2款、第79条、第72条、第107条规定；公证中外合资经营公司章程应适用《中外合资经营企业法》的规定。

3. 公证其他组织章程，如社团章程、合伙章程，可以参照适用本格式进行制作。

（三）认领亲子公证书

认领亲子公证书，是公证机构依法证明当事人认领亲子行为真实、合法所出具的公证文书。认领亲子公证有利于更好地保护自然人人身的合法权益和非婚生子女的利益。

认领亲子公证书的证词可表述为：

“兹证明×××（甲）、×××（乙）于××××年××月××日来到我处，在本公证员面前确认，×××（关系人）是×××（甲）的儿子（女儿），×××（甲）是关系人的父亲。经××××（医学鉴定机构全称）于××××年××月××日作出的医学鉴定证实，×××（甲）与×××（关系人）存在血缘关系。×××（甲）愿意认领×××（关系人）作为自己亲生的儿子（女儿），并履行父亲的权利和义务，×××（乙）对此无疑义。”

制作认领亲子公证书应当注意：（1）证明生父母认领失散子女的行为，可以参照适用本格式制作公证书，但表述要作相应调整。（2）如甲或者乙为已婚者，其配偶对此无疑义的，应在公证书中注明。（3）申请人之间就抚养费问题达成一致的，可增加以下表述：“申请人间商定，关系人由×××（乙）（或甲）负责抚养，×××（甲）（或乙）负担×××××（抚养费的数额及支付方式）。”

二、有法律意义的事实类定式公证书

（一）人身状况公证书

人身状况公证书，是公证机构依法证明与自然人人身状况有关事实真实、合法所出具的公证文书。包括：出生公证书、死亡公证书、生存公证书、身份公证书、姓名公证书等。

人身状况公证书证词，要根据所证明事实的种类、内容而有所不同。总的要求是简明扼要地说明事实，不得添加与证明对象无关的内容。例如，出生公证书证词为：“兹证明×××（申请人）于××××年××月××日在××省××市（县）出生。×××（申请人）的父亲是×××(公民身份号码×××),×××(申请人)的母亲是×××(公民身份号码×××)。"

制作人身状况公证书应当注意:(1)部分发往域外使用的人身状况公证书需要加贴本人照片。(2)公证书内的当事人姓名、出生或者死亡的日期以及所证明的其他事实应当准确无误,出生或者死亡的地点应详细注明。(3)生存公证书必须本人亲自申办,不得委托他人代理。用于领取养老金、退休金、保险金的生存公证书必须按规定期限定期办理。

(二)学历、经历、职务(称)公证书

学历(学位)公证书,是公证机构依法证明当事人的学习经历,以及取得的学习成绩、学位的真实、合法所出具的公证文书。包括证明:就读的学校、学习时间、学习成绩单、毕业(肄业)与否和取得的学位等。

经历、职务(称)公证书,是公证机构对自然人的工作经历或者担任的职务或取得的职称,或者法人或其他组织的活动的这一有法律意义的事实真实性、合法性给予证明所出具的公证文书。经历公证分为自然人和法人(组织)两类,分别适用两种格式。

学历公证书通常只公证最高学历。经历公证书包括证明当事人全部工作经历,当事人在某段时间里从事某项专业技术工作等。自然人的经历一般应当从参加工作之日起到公证之日止,中间不能间断。对1949年前的工作经历或者担任的职务,如果有充分证据证明,公证机构也可给予公证。对需要保密的学历、经历、职务、职称,公证时要作特殊处理。

(三)资格类公证书

资格公证,是公证机构根据当事人的申请,依法证明其具有某种法律意义上的资格的活动,是对当事人已取得某种资格的存续事实的证明。

此类公证有三种格式,即法人资格公证书格式、非法人组织资格公证书格式、职业资格公证书格式。前两者是针对组织资格的格式,后者是针对自然人的职业资格的格式。例如,企业法人资格公证书的证词可表述为:"兹证明×××(申请企业全称)于××××年××月××日经×××工商行政管理局核准登记,取得工商××字第××号《企业法人营业执照》,具有法人资格。法定代表人是×××(姓名),法人代码:××××××,法人住所在××市××街××号。"

办理资格公证书应当注意:(1)组织资格要重点查明申请单位成立时间、性质、隶属关系、注册地、办公地点、法定代表人等与资格公证有关的情况。(2)公证书可以根据申请人的要求增加资格证书中的相关内容,如企业法人的注册资金。(3)执业资格可以参照适用职业资格公证书格式,但应增加"并于××××年××月××日经××××(机构名称)批准(或核准)"的表述。

(四)无(有)犯罪记录公证书

无(有)犯罪记录公证书,是公证机构依法证明我国公民或者在我国居住的外国公民在中国居住期间未受过(或者受过)刑事处罚所出具的公证文书。

此类公证书格式有两种,即无犯罪记录的和有犯罪记录的,在公证事项及证词表述上都有所不同。

办理此类公证应当注意:(1)对未到法定刑事责任年龄的公民,公证机构一般不出具无

(有)犯罪记录公证书。有特殊需要时,公证处可以根据我国法律直接推定当事人未受过刑事处罚,并出具公证证明,但证书中应当增加“未达到中华人民共和国刑法规定的刑事责任年龄”的表述。(2)对当事人在我国境外居住期间是否受过刑事处罚,公证机构一般不予公证。(3)无(有)犯罪记录公证的效力是有时间限制的。例如,阿根廷法律规定,无(有)犯罪记录公证从公证书生效之日起6个月内有效;在有效期内未办妥赴阿手续的,需要重新办理有无犯罪记录公证。(4)申请人要求办理无(有)违法行为记录公证的,可以参照适用本格式制作公证书。

(五)婚姻状况公证书

婚姻状况公证书,是公证机构依法对当事人现存的婚姻状况这一法律事实的真实性、合法性给予证明所出具的公证文书。婚姻状况公证书是我国公民在域外办理探亲、结婚、定居、留学等法律手续所不可缺少的法律文件。

婚姻状况分为未婚和已婚两种状况,对此,有四种格式,即未婚状况两式,包括未婚公证书格式、离婚或丧偶(未再婚)公证书格式;已婚状况两式,包括初婚公证书格式、再婚公证书格式。此四种格式在公证事项及证词表述上都有所不同。总的要求是简明扼要地说明事实,不得添加与证明对象无关的内容。例如,未再婚公证书证词,可表述为:“兹证明×××(申请人)于××××年××月××日离婚(或者丧偶),至××××年××月××日未再次在中华人民共和国民政部门登记结婚。”

制作婚姻状况公证书应当注意:(1)根据具体情况的不同,正确选择使用相应格式。如对曾经结过婚但公证时处于未婚状况的,不能适用未婚公证书格式,只能适用再婚公证书格式。(2)发往域外使用的已婚(再婚)公证书,应在公证书的左下方贴夫妻二人单身或者合影的免冠照片,并加盖公证处钢印。用于继承的结婚公证书,如配偶一方已死亡,另一方提供不了死者的照片,则不必在公证书中加贴照片,但认证时应加以说明。其婚姻状况公证书可根据文书使用国或者当事人要求加贴照片。(3)当事人经人民法院判决离婚的时间应以该法院出具的判决生效证明书所确定的判决书生效时间为准。(4)婚姻状况公证只证明申请人现存的或离境时的婚姻状况,对当事人婚史或已经消灭的婚姻关系,公证机构不单独予以证明,但可在未再婚或再婚公证书中,对曾经存在过的婚姻事实进行完整的、不间断的描述。

(六)亲属关系公证书

亲属关系公证书,是公证机构依法证明申请人与其他自然人(关系人)之间因血缘、婚姻或者收养而产生的亲缘关系真实、合法所出具的公证文书。亲属关系公证是一种常见的民事公证文书,是办理出国探亲、定居、继承域外财产、申请劳工伤亡赔偿、申请减免税收等事务时,不可缺少的法律文件。

亲属关系公证书首部和尾部与其他公证书相近。证词要根据证明对象、公证书用途的不同而有所不同。主要有两个格式,即一般的亲属关系公证书格式和用于继承的亲属关系公证书格式,适用时要特别注意。

制作亲属关系公证书应当注意:(1)公证书中亲属间的称谓要使用法定的、规范的称谓,方言或者习惯称谓可在法定称谓后用括号注明;亲属间的称谓要准确,以免给当事人或者其他人造成不良后果。(2)公证处必须查明公证文书的使用目的、使用地和文书用途,再据此制作适用的亲属关系公证书。如到加拿大申请探亲所需要的亲属关系公证书,必须按我方和加方共同商定的内容制作。(3)用于继承的亲属关系公证书,应将属于继承人范围的亲属均列于公证书中。如该范围的亲属有人已死亡,要注明何时死亡,并附死亡公证书。

(七)收养关系公证书

收养关系公证书,是公证机构依法证明申请人与关系人形成的收养关系真实、合法所出具的公证文书。

收养关系公证书的证词为:"兹证明×××、×××(申请人)与×××、×××(送养人或者××福利院)于××××年××月××日达成收养协议,收养×××(关系人)为养子(女),×××××(民政部门)于××××年××月××日为其办理了收养登记,颁发了××××号中华人民共和国收养登记证。该收养关系自××××年××月××日成立。"

事实收养公证书的证词为:"兹证明经×××、×××(送养人)同意,×××、×××(申请人)于××××年××月收养×××(关系人)为养子(女),双方共同生活,以父母子女相称,并履行抚(扶)养义务,已形成事实收养关系。×××是×××的养父,×××是×××的养母。"

制作收养关系公证书应当注意:(1)收养是一种变更人身关系的重要法律行为,必须严格按照《收养法》规定办理。(2)收养人、送养人等必须亲自到公证处提出申请,不得委托他人代理。(3)发往法国使用的收养关系公证书,必须增加"收养人、送养人已自愿放弃《中华人民共和国收养法》第四章规定的请求解除收养关系的权利,保证不解除该收养关系"的表述,在"成立"之后增加"并不可撤销"的表述。

(八)财产权公证书

财产权公证书,是公证机构依法证明申请人享有股权、知识产权等财产权利真实、合法所出具的公证文书。

财产权公证书有下列四种格式,其证词为:

1. 股权公证书的证词:"兹证明×××(申请人)至××××年××月××日持有×××(公司全称)的×××(数量)股权,股权证编号为:×××××。"

2. 知识产权公证书的证词:"兹证明×××(申请人)于××××年××月××日获得中国国家知识产权局核准,为××专利权的权利人,专利证书编号为:××××,专利权期限××年。"

3. 存款公证书的证词:"兹证明×××(申请人)在××银行存有×××(货币名称)×××元,存款期限从××××年××月××日至××××年××月××日。"

4. 不动产物权公证书的证词:"兹证明×××(申请人)对位于××省××市(县)××××的房屋享有所有权,房屋的××面积为×××平方米,房屋权属证书编号为:×××××。"

制作财产权公证书应当注意:(1)其他财产权的公证,可以参照适用最相似的格式。(2)商标权公证书中,应增加"商标图案附后"的表述。(3)活期存款一般不予证明。如果使用单位要求的,应当加括号注明存款为活期。

(九)票据拒绝公证书

票据拒绝公证书,是用以证明持票人曾经依法行使票据权利而被拒绝或者无法行使票据权利的一种公证文书。它是《票据法》中所规定的持票人为行使追索权所必须提供的法定证明文件。按照各国票据法规定,票据拒绝证书主要有拒绝承兑证书、拒绝付款证书、拒绝见票证书、拒绝交还复本、原本证书等。

票据拒绝公证书的证词如下:“兹证明×××(申请人或者申请人的受托人)持×××(票据名称),在票据有效期内,于××××年××月××日在中华人民共和国××省××××(请求承兑的具体地点),向承兑人(付款人)×××提示承兑(付款)被拒绝,承兑人(付款人)未依照《中华人民共和国票据法》的规定出具拒绝证明(退票理由书)。”

制作票据拒绝公证书应当注意:(1)持票人所持票据在要求付款或者承兑而遭到拒绝后,应在2日内到承兑地或者付款地的公证处提出申请,并提供身份证明、原始票据及有关凭证。(2)公证处应当将申请人提供的票据拿到付款人处核实,证实付款人确实拒绝承兑或者拒绝付款时,即可出具票据拒绝证书。(3)公证处应将票据附于公证书之后,加盖骑缝章,作为该证书不可分割的组成部分。(4)票据拒绝证书至少须制作两份,正本交票据持有人,副本留公证处存查。

(十)若干有特色的定式公证书

1. 不可抗力(意外)事件公证书

不可抗力事件公证书,是公证机构依法出具的证明不可抗力事件的真实性、合法性的公证文书。在各国法律和国际贸易惯例中,不可抗力是免除责任的最一般条件,但受不可抗力事件影响的当事人必须提供有力的证明,否则对方不予承认。

不可抗力(意外)事件公证书证词一般为:“兹证明××××年××月××日在中华人民共和国××省××××(事件发生具体地点),发生了××××××(事件名称和灾害等级),造成××××××(对损害后果状况的描述)。”

制作不可抗力事件公证书应当注意:(1)在可能的情况下,公证处应当到实地进行查勘,并做好记录。(2)如果不可抗力达到一定的规模,社会影响力很大,公证处应注意掌握国家权威部门的报告,使公证书有可靠的根据。(3)各国法律对不可抗力事件规定不尽相同,公证处出具的公证书要尽量符合使用国要求。

2. 纳税状况公证书格式

纳税状况公证书,是公证机构依法申请人纳税状况的真实性予以证明所出具的公证文书。

纳税状况公证书的证词为:“兹证明×××(申请人)自××××年1月1日至12月31日止,个人所得税应纳税所得额为人民币×××(大写),个人所得税应纳税额为人民币×××(大写),已于××××年××月××日交纳完毕。”

制作纳税状况公证书应当注意:(1)组织的纳税状况、特定期间的纳税状况、偶然所得的纳税情况,可参照适用本格式制作公证书。(2)证词中表述的税务术语、纳税数额以税务部门出具的完税证明为准。(3)交纳多种税的可逐项列明。

3. 选票公证书格式

选票公证书的证词为:“兹证明×××(申请人)于××××年××月××日××时在

本公证员面前,将选票装入信封,并将该装有选票的信封装入另一个信封,封签完整”。

此类公证书适用于在华工作或者居留的奥地利等国的外国公民参加本国大选所投选票的证明,投票人的姓名直接用外文填写。

4. 指纹公证书格式

指纹公证书的证词为:“兹证明×××(申请人)于××××年××月××日来到我处,在本公证员的面前,在前面的指纹卡片上所按的指纹属实。”

证明掌纹、脚纹可参照适用本格式制作公证书。

5. 查无档案记载公证书格式

查无档案记载公证书的证词为:“兹证明在中华人民共和国××省××市(县)地方档案馆(或保管档案的机构)××××年××月××日至××××年××月××日的档案中,无×××(申请人)的××(具体事项)的档案记载。”

三、有法律意义的文书类定式公证书

(一)证书(执照)公证书

证书(执照)公证书,是公证机构根据当事人的申请,对其持有的由法定机构或职权机构依法颁发的证书、执照等制式文书的真实、合法性给予证明所出具的公证文书。法定机构指行政机关或者依据法律规定享有颁发证照职能的机构。职权机构指以自身职能具有颁发证照职责的机构,如学校颁发毕业证,具有学位授予资格的科研机构颁发学位证书等。

证书(执照)公证书的证词为:“兹证明××××(单位全称)于××××年××月××日颁发(或者发给×××的)《××××》(证照名称)的原件与前面的复印件相符,原件属实。”

制作证书(执照)公证书应当注意:(1)本格式的出证条件适用《公证程序规则》第37条的规定。(2)本格式的证明对象的共同特点是:由法定机构或职权机构依照职责权限,按照规定的要求和程序制作的有固定形式、固定项目、规范内容的文书,其真实性、可靠性、合法性有基本的保障,便于公证机构审查核实。不具有本特点的文书,如各类私文书、为处理个别事情而出具的公文书,不宜适用本格式。(3)证照的名称,应当表述全称,不能采用简写、缩写的名称。(4)可以表述证照的相关内容。如证明驾驶执照,应当加注准驾车型;证照内容使用代码或者缩略语的,应当按规定还原,以便于使用。如驾驶证标明的准驾车型是“C1”,应当按规定将“C1”还原为“小型汽车、小型自动挡汽车、低速载货汽车、三轮汽车”。

(二)文书上的签名(印鉴)公证书

文书上的签名(印鉴)公证,是公证机构依照法定程序对有法律意义的文书上的签字、印鉴的真实性予以证明所出具的公证文书。

文书上的签名(印鉴)公证书的证词为:“兹证明×××(申请人)于××××年××月××日来到我处,在本公证员的面前,在前面的××××(文件名称)上签名(或盖章)。”

制作文书上的签名(印鉴)公证书应当注意:(1)本格式的出证条件适用《公证程序规则》第38条的规定。(2)签署形式应当如实表述,仅有盖章的,表述为“盖章”;既签名又盖章的,表述为“签名、盖章”。申请公证前已经签署好的,表述为“在本公证员面前确认,前面的××(文件名称)上签名(印鉴)是其本人(机构)所为”。签署形式除签名、盖章外,还有

按手印、指印、脚印、火漆印等。(3)文书名称,应当如实表述,引用全名。如为无名文书,表述为“文书”,即“在前面的文书上……”。(4)签署的时间和地点,应当如实表述。不在公证员面前签署的,签署时间和地点改为申请人确认签署形式的时间和地点。(5)签名、按指印属于《公证程序规则》第11条规定的与人身有密切关系的亲务行为,不得由他人代理;盖章不属于亲务行为事项,可以委托他人代理。(6)被证明文件为外文文本且不附中文译文本的,公证书中文证词应直接引用该文件的外文名称。被证明文件为外文文本且附有中文译文本的,公证书中文证词应表述为“在××(文件中文名称)的外文本上签名”,外文本应具体到何种外文文本,如英文本、法文本等,下同。被证明文件既有外文文本,也有中文文本,公证书中文证词应直接引用该文件的中文名称,可表述为“在××(文件中文名称)的外文本和中文本上签名”。

(三)文本相符公证书

文本相符公证书,是公证机构依法证明有法律意义的文书的其他文本与原本或者其他文本相互间的内容相一致所出具的公证书。

文本相符公证书的证词为:“兹证明前面的副本(影印本)与×××(申请人)出示给本公证员的××××(文件名称)的原本相符。”

制作文本相符公证书应当注意:(1)本格式的出证条件适用《公证程序规则》第38条的规定。(2)本公证的证明对象为一个文书的两个不同文本之间内容相符,分为两类:一是其他文本与原本相符,公证事项表述为:“副本(或者其他文本名)与原本相符”;二是文书原本以外的其他文本相互间内容相符,公证事项表述为:“副本(或者其他文本名)与复印本(或者其他文本名)相符”,此时,证词内容要作相应调整。(3)需要证明的副本附有译本需要一并证明的,证词增加“前面的副本所附的××文译本内容与××文原本内容相符”的表述。(4)虽然本公证不包含对文本内容真实性、合法性的证明,但作为法律专门机构和专业人员,发现文书内容不真实或者违反法律和社会公共利益的,应当提请申请人更正,申请人拒绝的,可以不予公证。

第五节　公证机构制作的专项证书

专项证书,是指公证机构根据《公证法》第12条的规定办理的非公证法律事务所出具的证书,主要有提存证书、登记证书、保管证书等。

一、提存证书

(一)提存证书的概念

提存证书,是公证机构根据债务人的申请,按照法定程序对债务人交付的债之标的物依法进行提存所出具的法律文书。提存是清偿债务的一种特殊方式,是指债务已到清偿期限,而因债权人的原因致使债务人无法给付债之标的物时,债务人可将债之标的提存于法定的提存机关;从提存之日起,视为债务人履行了给付义务,提存物及风险责任转归债权人,提存之债即告清偿。《公证法》规定,公证机构是法定的提存机关。

(二)提存证书的内容和制作方法

提存证书分为首部、正文(证词)、尾部三个部分。首部、尾部与其他公证书相近。证词则要根据提存的种类、内容而有所不同。

1. 适用于债务人无法直接向债权人给付到期债务的提存证书证词为:"兹证明债务人××××(单位全称)因××××(债务依据及无法直接给付的原因),于××××年××月××日将债务标的××××(标的的名称、数量)提交于我处。从即日起,债务人×××(单位全称)所欠债权人×××(单位全称)的上述债务已经履行。"

2. 适用于在合同中约定用提存方式先行给付货款的提存证书证词为:"兹证明购货方××××(单位全称)根据××××年××月××日与××××(单位全称)签订的(×××××合同)的约定,于××××年××月××日将该合同购货款××××(币种、数额)提交于我处。"

(三)制作提存证书应当注意的问题

1. 提存公证要重点查明:(1)提存之债是否真实、合法;(2)提存标的物是否与提存之债的标的相一致,是否适合提存;(3)是否存在债务人无法直接履行债务的事实。

2. 公证处出具提存证书后,应当按照规定:以通知书或者公告方式通知债权人在确定的期限内领取提存标的物。

3. 制作提存证书、提存通知书、提存公告时,当事人如为自然人的,应写明其姓名、性别、出生年月、身份证号码、住址等。

4. 对不易保存的或者债权人到期不领取的提存物品,公证处可以拍卖,保存其价款。

二、登记证书

(一)登记证书的概念

登记证书,是公证机构根据《公证法》第12条第1项的规定办理登记事务所出具的法律证明文书。如公证机构依据《担保法》规定办理抵押登记所出具的抵押登记证书。

(二)抵押登记证书的内容

抵押登记证书证词的核心是抵押登记事项,包括:抵押人、抵押权人的名称或者姓名,抵押物的种类、名称、数量、价值、抵押率,设立抵押的日期、抵押期限、登记日期,抵押权益、抵押文书及登记的法律依据等。

(三)制作抵押登记证书应当注意的问题

1. 抵押物内容复杂或者种类、数量较多的,应当制作抵押物清单,作为证书的附件,该抵押清单是证书的组成部分。

2. 公证员应当帮助当事人完善抵押行为,使当事人了解抵押的含义、自己的权利义务和将引起的法律后果。

参考书目

1. 周道鸾主编、张泗汉副主编:《新编司法文书教程》,法律出版社 1999 年版。
2. 宁致远主编:《司法文书学》(修订本),中国政法大学出版社 1993 年版。
3. 张泗汉主编:《法律文书教程》(修订本),中国政法大学出版社 2001 年版。
4. 马宏俊主编:《法律文书写作》,中国人民大学出版社 2007 年版。
5. 周道鸾主编、张泗汉副主编:《法律文书教程》,法律出版社 2008 年版。
6. 宁致远主编:《法律文书》,高等教育出版社 2011 年版。
7. 周水清、云山城主编:《公安机关刑事法律文书的制作和使用》,警官教育出版社 1997 年版。
8. 罗锋主编:《公安机关刑事法律文书制作与范例》,中国人民公安大学出版社 2003 年版。
9. 最高人民检察院法律政策研究室编著:《检察法律文书制作与适用》,中国法制出版社 2002 年版。
10. 最高人民检察院法律政策研究室编:《人民检察院刑事诉讼法律文书适用指南》,中国检察出版社 2013 年版。
11. 周道鸾主编:《法院刑事诉讼文书的修改与制作》,人民法院出版社 1999 年版。
12. 周道鸾:《怎样制作刑事裁判文书》,人民法院出版社 2003 年版。
13. 沈德咏主编:《民事诉讼文书样式》,人民法院出版社 2016 年版。
14. 人民法院行政审判庭编:《行政诉讼文书样式》,人民法院出版社 2015 年版。
15. 最高人民法院赔偿委员会办公室编著:《〈人民法院国家赔偿案件文书样式〉制作依据与应用说明》,中国法制出版社 2013 年版。
16. 吴炳林、王清明:《监狱文书写作》,群众出版社 2003 年版。
17. 李林:《仲裁与仲裁文书》,陕西人民出版社 1996 年版。
18. 司法部律师公证工作指导司编写:《要素式公证书试行格式辅导材料》,中国民主法制出版社 2002 年版。

图书在版编目(CIP)数据

法律文书教程 / 张泗汉主编. -- 3 版. -- 北京：法律出版社,2017(2022.3 重印)

ISBN 978-7-5197-1271-6

Ⅰ. ①法… Ⅱ. ①张… Ⅲ. ①法律文书-写作-中国-教材 Ⅳ. ①D926.13

中国版本图书馆 CIP 数据核字(2017)第 207027 号

法律文书教程(第三版)
FALÜ WENSHU JIAOCHENG
(DI-SAN BAN)

张泗汉 主编

责任编辑 吴 昉
装帧设计 乔智炜

出版发行 法律出版社
编辑统筹 法律教育出版分社
责任校对 郑怡萍
责任印制 刘晓伟
经　　销 新华书店

开本 787 毫米×1092 毫米 1/16
印张 20.5 **字数** 446 千
版本 2017 年 8 月第 3 版
印次 2022 年 3 月第 6 次印刷
印刷 天津嘉恒印务有限公司

地址：北京市丰台区莲花池西里 7 号(100073)
网址：www.lawpress.com.cn
投稿邮箱：info@lawpress.com.cn
举报盗版邮箱：jbwq@lawpress.com.cn

销售电话：010-83938349
客服电话：010-83938350
咨询电话：010-63939796

书号：ISBN 978-7-5197-1271-6
定价：42.00 元

凡购买本社图书,如有印装错误,我社负责退换。电话：010-83938349